该教材获海南热带海洋学院教材基金资助

旅游社会工作

方礼刚　著

中国海洋大学出版社
·青岛·

图书在版编目（CIP）数据

旅游社会工作 / 方礼刚著. —青岛：中国海洋大学
出版社，2020.2（2022.7重印）
ISBN 978-7-5670-1817-4

Ⅰ.①旅…　Ⅱ.①方…　Ⅲ.①旅游社会学—高等
学校—教材　Ⅳ.①F590-05

中国版本图书馆CIP数据核字（2019）第297690号

出版发行	中国海洋大学出版社			
社　　址	青岛市香港东路23号	邮政编码	266071	
出 版 人	杨立敏			
网　　址	http://pub.ouc.edu.cn			
电子信箱	1193406329@qq.com			
订购电话	0532-82032573（传真）			
责任编辑	孙宇菲　刘依佳	电　　话	0532-85902342	
印　　制	日照日报印务中心			
版　　次	2020年3月第1版			
印　　次	2022年7月第2次印刷			
成品尺寸	185 mm × 260 mm			
印　　张	20.75			
字　　数	460千			
印　　数	1001—1500			
定　　价	68.00元			

发现印装质量问题，请致电18663037500，由印刷厂负责调换。

序　言

有旅游就有旅游社会，就有旅游社会学和旅游社会工作。

与成熟的社会学、社会工作分支学科相比，旅游社会学和旅游社会工作还处于发轫阶段。20世纪30年代，德国人开始从社会学视角对旅游进行研究。改革开放以来，随着旅游的升温，旅游社会学得到快速发展，旅游社会工作也应运而生。20世纪末，我国学者开始旅游社会学研究。2013年，本人作为专家参与了海南热带海洋学院（当时为琼州学院）社会工作专业人才培养方案和学科发展规划的评审。与会评审专家一致认为，海南是国际旅游岛，旅游是海南经济社会发展的支柱，旅游社会工作应当作为服务地方经济社会发展的重点学科予以重点发展，建议将旅游社会工作作为海南热带海洋学院社会工作专业的培养方向。

方礼刚教授研究旅游社会工作已近10年，早在2010年，方礼刚教授的论文《旅游休闲应当成为社会工作的一个新领域》，就被第七届中国社会工作教育协会年会论文集收录。方礼刚教授为海南热带海洋学院社会工作专业学生开设了旅游社会工作课程。课程教学效果良好，深受学生好评，对于海南热带海洋学院申报社会工作专业硕士学位点起到了重要的支撑作用。海南热带海洋学院如今已开始招生社会工作专业硕士，旅游社会工作是其社会工作本科和硕士重要的培养方向之一。

当今世界已进入"旅游时代"。旅游业是世界公认的资源消耗低、就业机会多、综合效益高的产业，是现代服务业的重要业态，也是产业结构调整的重要方向。中国旅游对世界旅游的影响力与日俱增。国际社会普遍认为，要想把握世界旅游业大势，必须关注中国旅游走向。

旅游正在悄然改变我们的社会，旅游是促进社会变迁的最重要最活跃的因素之一。但与此同时，旅游也面临诸多挑战，暴恐事件、病毒疫情、自然灾害、环境污染、国际政治矛盾等问题都会对旅游事业造成重大影响，旅游事业的健康发展需要旅游社会工作提供助力。

该教材对旅游社会工作的基础理论、服务领域、专业方法、服务手段等进行了系统的探讨和梳理，构建了旅游社会工作的基本框架，具有重要的学科意义和社会价值。该教材的出版既是对旅游研究的深化和创新，也是对社会工作专业教育的丰富和拓展。期待作者在教学实践中不断完善教材结构、丰富教材内容，使之成为旅游社会工作的经典教材。

中国社会工作教育协会副会长　华中科技大学社会学院教授

2019年11月

目 录

CONTENTS

第五编　旅游社会工作的发展

第一编　导言与概述

导言：旅游社会工作——社会工作的一个新领域

　　本章教学目标是认识旅游社会工作作为社会工作专业一个新的分支领域，其产生与发展的理论与实践问题，初步厘清旅游社会工作的概念与产生背景。教学的重点和难点是旅游社会工作作为社会工作专业一个新领域的依据与意义。

　　在古代社会，旅游只是少数有闲阶层和文人雅士的专利或爱好，所谓"仁者乐山，智者乐水"。正因如此，中国才产生了《徐霞客游记》这样的传世经典作品。进入现代社会，旅游已成为世界各国人们普遍认可的一种消费方式。一个全新的休闲时代已经来临。

　　1999年第12期《时代》杂志预测：2015年前后，发达国家将进入"休闲时代"。早在200多年前，席勒就已经指出："游戏是人类最终脱离动物界的标志，在游戏中人的天性得到充分的发挥和满足，只有当人是完全意义上的人，他才玩游戏，只有当人游戏时，他才完全是人。"①

　　于光远也说过："玩是人生的根本需要之一，玩是人的一种本能；它是使人处于放松与自由的一种状态。"②

　　在中国，特别是经过改革开放的经济社会的发展，人们的物质文化生活水平得到了极大程度的提高，"旅游"慢慢进入寻常百姓家，正逐渐成为一种生活必需品。2012年北京市出台"北京市和谐家庭指标体系"，在这个指标体系中，"会上网、藏书量300册

---

　　① 席勒《审美教育书简》，北京大学出版社1985年版，第80页。
　　② 于光远《于光远论坛》，《平原大学学报》1997年第4期，第96页。

以上、常旅游聚餐等成了新的评选指标"[1]。尽管有网友认为这些标准，特别是旅游标准与家庭是否和谐无关。但至少，人们已经认识到旅游对于家庭生活的重要性。

世界旅游组织（WTO）一直看好中国旅游市场。该组织在2007年曾经预测，到2015年，中国将成为全球最大的旅游接待国；到2020年，中国将成为全球最大的旅游客源输出国。到2023年中国旅游经济将取代美国成为世界第一。[2]

据文化和旅游部发布的消息，2018年，国内旅游人数达55.39亿人次，比上年同期增长10.8%；出境旅游总人数达2.91亿人次，同比增长7.8%；全年实现旅游总收入5.97万亿元，同比增长10.5%。旅游业占全国就业总人口的10.29%。到2018年，中国出境游目的地已增至157个国家。中国无疑已成为世界上最活跃的旅游市场。[3]

旅游带来的改变不仅仅体现在经济方面，还有社会方面。正如世界休闲组织秘书长克里斯托弗·爱丁顿（Christopher R.Edginton）所言："休闲是一种社会转变的力量。"这里所指的休闲也包含了旅游，因此也可以说"旅游是一种社会转变的力量"，而且是当今世界的一种重要的社会转变力量，是一种软实力。从人类社会发展史来看，除了革命、战争、科技发明和重大自然灾害以外，旅游是促进社会变迁的最重要和最现实的因素。

今天，我们已经进入了全球化的旅游时代，为迎接这种旅游时代的到来，我们需要做好准备。

一、旅游社会工作的研究背景

旅游促进社会变迁是一个动态的、渐进的、长期的过程，长路漫漫。一方面，旅游可能会不断促进当地经济社会向好的方向发展；另一方面，如果把控不好，也可能向坏的方向发展。对于重要的旅游目的地而言，伴随着旅游带来的社会变迁，成就与问题并存，发展与隐忧同在。那么，如何共享成就与发展，共克问题与隐忧，仅靠政府和市场是办不到的，或不能完全办到，与政府、市场成三足鼎立之势的社会工作也就应运而生。但在旅游背景下，无论问题与隐忧，抑或是成就与发展，均有其独特之处，而处理的方法亦应有针对性。因此，传统的社会工作理论与实务满足不了这种现实的需求，旅游社会工作成为一门社会工作新领域，既是适应旅游社会变迁的大势所趋，也是对传统社会工作的继承、丰富和发展，是社会工作教育的一种新的尝试与探索。

我国的旅游资源十分丰富，以行政区划为单位的旅游大区、大省为数众多，如海南、云南、广西、四川、西藏、湖南、河南等，都各具特色。2015年，国内旅游总收入已占到国内生产总值的4.99%。随着城乡居民的收入水平和改善生活质量需求的提高，尤其是随着中等收入群体规模的不断增加，旅游消费预期会得到极大释放，旅游参与者规

① 魏铭言《和谐家庭需常购物引争议》，《新京报》2012年2月3日A01：头版。

② 宋瑞、李为人《世界如何看待中国旅游，中国旅游怎样走向世界》，载《2013—2014年中国旅游发展分析与预测》，社会科学文献出版社2013年版，第58页。

③ 王珂《2018年实现旅游总收入5.97万亿》，《人民日报》2019年2月3日海外版。

模将迅速扩大，旅游产业规模会不断扩张。据世界旅游组织预测，到2020年，中国将成为全球第一大旅游目的地，旅游总收入将占国内生产总值的8%，未来增长空间较大。[①]因此，加快发展和创新发展旅游服务业，既是经济社会发展的需要，也是教育工作者和社会工作者义不容辞的职责。

旅游与社会工作的重要切入点是，旅游业的发展急需社会工作，社会工作可以促进旅游业的发展。目前，旅游文化中缺少社会工作这一重要服务元素，是我国旅游经济与社会发展的重要制约因素。简单地说，旅游目的地所急需的护理、疗养、治疗、康复、矫正、赋权、维权、教育、培训、危机处理等具有旅游特色的专业社工极为缺乏。旅游社会工作是社会工作本土化的一个重要内容。

我国社会工作的服务对象主要是特定的人群或特定的机构，如老年社会工作、青少年社会工作、妇女社会工作、企业社会工作、学校社会工作、医院社会工作等，而以一个产业或行业作为服务对象的旅游社会工作则是社会工作理论与实践所应探讨的一个新领域。

该教材在方法论上，主要以旅游社会学和社会工作学为理论基础，以旅游促进社会变迁为基本假设，以旅游目的地的实践检视为重要论据。

二、概念的界定

（1）旅游的定义。世界各国的专家学者对旅游有各种各样的定义，科恩（Cohen，2002）认为下面八种定义较为重要：旅游是一种商业化的好客；旅游是一种民主化的游历；旅游是一种现代休闲运动；旅游是现代版的传统朝圣活动；旅游是基本的文化观念的表达；旅游是文化适应的一种过程；旅游是种族关系的一种类型；旅游是新殖民主义的一种形式。[②]总之，人们大都认为旅游是一种外来游客对本土的政治、文化、精神、经济的植入过程。

（2）休闲的定义。克里斯托弗·爱丁顿（Christopher R. Edginton，2002）认为，要给休闲下定义并非易事，但他在综合各家之言后指出，休闲的关键词是"时间、行动和精神状态"。从时间上来看，休闲是一段不受外在约束或说是自由支配的闲暇时间。从行动上来看，休闲往往是一种不计报酬并乐而为之的活动，包括体育活动、户外游戏、业余爱好、文学活动、艺术活动、表演艺术、水上运动、社会活动、康体健身、旅游观光和志愿者活动。从精神状态来看，感觉到自己是自由自在的；感觉到自己是有能力胜任的，即有知识与技巧；感觉到自己拥有一种内在的动力，即愿意为之。

从上述定义来看，旅游是包括在休闲之中的一个子概念，旅游也是一种休闲。该教材的侧重点是旅游目的地或接待地的社会工作，所以将该教材命名为《旅游社会工作》。

---

① 中国产业信息网《2017年中国旅游业发展现状及未来发展趋势分析》。

② 张晓萍、李伟《旅游人类学》，南开大学出版社2008年版，第109～110页。

三、旅游社会工作成为社会工作新领域的理论依据

旅游社会工作的研究假设是，旅游推动社会变迁，社会变迁产生社会问题，旅游背景下产生的社会问题需要以社会工作的视角加以解决。旅游社会工作的理论依据是旅游社会学、旅游心理学、旅游人类学、旅游文化学、社会学和社会工作相关理论。旅游社会工作的论据是以海南省的旅游社会工作实践经验的总结为参照。这里只着重介绍旅游促进社会变迁、社会变迁带来社会问题、社会问题需要社会工作来解决这样一个三段论式的研究假设。

关于旅游促进社会变迁的观点不外乎以下三种论调：一是乐观论，二是悲观论，三是中间论或两分论。

乐观论以克里斯托弗·爱丁顿为代表，他在《休闲：一种转变的力量》中对旅游休闲促进社会变迁表示极为赞同。他有以下几个观点。

首先，旅游是社会变迁的政治动力。休闲曾是有闲阶级的专利，一般穷人或贫民是可望而不可即的。而随着世界各国经济社会的发展以及观念的转变，休闲已逐渐进入寻常百姓家，成为一种大众消费项目，这不仅仅是世界潮流和经济市场化使然，也是世界公民社会一种应得权利的回归。《联合国世界人权宣言》（1948）第24条明确规定："人人享有休息和休闲的权利，这包括对工作时间的合理限定以及对带薪休假期的享有。"在国际社会的其他一些协约、公约和规定当中，对儿童、妇女、老年平等享有休闲机会与权利问题也有进一步的确认。如《联合国儿童权利公约》（1989）、《联合国反妇女歧视公约》（1979）、《联合国老年人公约》（1999）中都确证休闲是一种基本的人权。世界旅游组织1999年制定的《全球伦理规范》，于2001年由联合国大会A/RES/56/212号决议核准。该规范正文共9条45款，其中"权利"部分有3条共15款，占1/3，主要包括"旅游权利""游客往来的自由""旅游业员工和经营者的权利"等。当然诸如前述的一些人权公约与人权实现并不能画等号，在一些国家，人们争取世界公民身份和地位的斗争还在继续进行，但可以预期，全世界所有的人，其应享有的基本人权，从美好的理想变为一种生活方式，是一种世界潮流和趋势，就如专制国家的空间越来越小而民主制越来越深入人心一样。从这种意义上来说，争取旅游休闲的权利是社会变迁的政治动力。

其次，旅游是社会变迁的经济动力与文化动力。从以下三个层面可以说明这个问题：一是旅游促进个人的变迁，使个人有机会重新发展和建立与他人之间的关系，旅游创造了周游世界的机会，凭着这样一种活动，个人得以走向异域文化、语言和行为活动之中，不但扩大了活动范围，其生活和观念甚至也发生了转变，而这些转变在他们的原生状态或本土状态中是做不到的。这与中国传统文化中"读万卷书，行万里路""开眼看世界"的观点是一致的。二是旅游促进社区的变迁。爱丁顿教授以"社区动力机制"来说明休闲促进社区变迁。他指出，"社区可以共同努力，着力培养和倡导休闲导向的价值理念，并且营造一种具有各类休闲设施和资源条件的良好环境，以此来提升人们的

生活品质"。这种描述可理解为，让社区以良好的条件吸引世界各地的游客，客源增加带来的利益又反哺给当地的建设，如此循环，社区发展会越来越好。三是旅游促进国家的变迁。认为世界上绝大多数国家从旅游中带来了巨大的经济、社会文化和环境改善方面的实惠。爱丁顿教授在论及休闲促进社会变迁的例证中，更称中国为这一"转变中的巨人"。以乐观派的观点来看待旅游中的社会工作，就会更多地关照人的需要的满足，特别是居于马斯洛需求层次论的"塔尖"层次的需要的满足，在旅游社区甚至国家中，极大限度地为当地人和游客广泛提供自我发展的机会。

所谓悲观论体现的是一种忧患意识，这种忧患意识更多地聚焦在文化冲突方面。纳什在1996年的经典文献中就陈述了印度尼西亚的巴厘岛在发展旅游业过程中的一个案例，指出巴厘岛发展初期，由于当地居民并没有从看似红火的旅游中获得利益，以致通过破坏当地文化遗迹来发泄对政府的不满，这种情形在澳大利亚等其他国家亦有存在。悲观论认为，一些第三世界国家被卷入了发展旅游的旋涡之中，但是当地人对旅游的控制力却微乎其微，外来文化侵蚀甚至侵吞了当地文化，形成了外来文化圈，发生旅游业与当地社会"隔离"的现象，以致隔离成为一种变相的殖民，这被一些人类学家称为新的帝国主义，或新殖民主义。杨（G. Young）的《旅游：福音抑或灾难？》认为旅游现代化的进程常常以破坏环境为代价。路易丝·特纳（Louis Turner）和约翰·阿什（John Ash）的《金色的马队》（*The Golden Hordes*）①一书指出当今休闲时代的野蛮人正如鞑靼帝国一样到处冲闯，与远离自己的文化产生冲突，并且掠夺那些明显欠发达的社会。以悲观论观点看旅游社会工作，就会更多地关注弱势群体的利益，增权、赋能型社会工作将受到重视。

中间论或两分论的代表性观点如美国学者佛克斯（Fox）所言，"旅游业像一把火，它可以煮熟你的饭，也可以烧掉你的屋"，认为旅游休闲业是一把双刃剑，既给接待地带来了前所未有的社会文化运行环境状况的更新，同时也不可避免地造成了一些消极影响，但承认旅游对于接待地社会文化的作用"总体上是积极的"。旅游"也不可能单独承担接待地一切不利现象的全部责任"。因此，不能因噎废食，社会工作的"保护与发展"应相提并论。

该教材认为，中间论较为客观。因此，该教材的研究亦建立在这一观点的基础之上。下面将依据中间论的观点，进一步说明旅游休闲对经济、社会文化、环境三个方面积极和消极的影响。张文、张力等对西方学者的此类观点做了一些梳理，综合如表1-1所示。

---

① Turner L，Ash J. The Golden Hordes：International Tourism and the Periphery. London：Constable，1975，134～142.

表1-1 发展旅游对目的地所产生的积极和消极影响[①]

	经济影响	社会文化影响	环境影响
积极影响	增加居民收入，提高生活水平； 促进当地的经济发展，改善经济结构； 增加就业机会； 增加用于开发和建设的投资； 增加税收； 改善基础设施（如交通、公共设施等）； 增加购物场所	改善生活质量； 增加休闲娱乐场所与机会； 增强消防、治安等防护能力； 增进社区或文化之间的相互理解； 促进文化交流； 学习与不同地区的人交往； 保持目的地文化个性； 增加展示当地历史文化的机会	保护自然资源（如动植物、水、原始森林等）； 维护生态系统平衡； 保护古建筑与文物史迹； 树立地方形象
消极影响	价格上涨、通货膨胀； 物资与服务短缺； 房产与地价上涨； 生活费用上涨	导致居民与游客关系紧张； 社区生活变得忙碌、浮躁； 出现伪民俗、文化商品化； 加剧卖淫和娼妓现象； 加剧赌博和酗酒现象； 加剧走私和贩毒现象； 价值观念和伦理道德蜕变	交通拥堵； 人口拥挤； 污染增加（噪音、空气、水、垃圾）； 破坏野生动物生存栖息环境

在上表"社会文化影响"一栏中，应该再补充一项因外来文化的"涵化"（acculturation）或"同化"（assimilation）造成本土文化的削弱或消失的内容。以中间论的观点看旅游社会工作，就会兼顾"发展"与"增权"的功能，针对接待地的消极现象，对症下药，开展有特色的旅游社会工作，而上表所列的接待地的"消极影响"亦即旅游所产生的社会问题，这些社会问题很好地回答了旅游社会工作存在的必要性、独特性和紧迫性。

四、旅游社会工作作为社会工作新领域的实践基础

以海南为例，海南的旅游特色决定了其作为国际旅游岛的社会工作的特色。而海南在旅游方面的特色表现在以下几个方面。

一是酒店及休闲场所发展较快。目前海南全省已建成旅游饭店400多家，其中五星级及按五星级标准建设的饭店有40多家，正在建设的五星级饭店20家。希尔顿、喜来登、万豪等10多家国外顶级管理公司已进入海南，全省四、五星级饭店外籍管理人员占到25%以上。此外，大量休闲度假村、高尔夫球场、旅游景区主题休闲公园等休闲度假类

---

① 张文、张力《旅游影响下的旅游目的地社会文化变迁机制研究》，载《旅游社会学研究》，南开大学出版社2006年版，第209页。这里在个别字句上略有改动。

房地产的建成，吸引了大量的旅游度假人群进入，推动海南旅游从以低端游客为主向高端游客为主转型，由大众消费市场向中高档消费市场转移。酒店及休闲业的快速发展在获取巨大经济利益的同时，也带来一些社会问题，需要寻求解决之道。

二是旅游产业发展较快。海南得天独厚的气候条件和良好的生态环境，吸引了摩根士丹利、雅居乐、中信等一大批国内外知名的大企业进军海南旅游房地产业。建设国际旅游岛政策的宣布，迎来了海南旅游房地产业的快速发展时期。房地产开发重点除传统的一线城市海口、三亚外，还带动了周边的琼海、陵水、文昌、万宁、澄迈、保亭等二三线市县房地产业的发展。在旅游产业大发展的同时，加剧了旅游业与当地居民的区隔，再加上外来经济与文化的冲击，使当地一些青少年迷失了自我。如骑抢问题、宰客问题、导游打人问题、"黄赌毒"问题等，这不仅仅是民事或刑事个案问题，而是在旅游背景下，在旅游的涵化与抵抗过程中，在熟人社会和生人社会的变迁与区隔过程中，所产生的新的社会问题。缓解这些问题，亦需要用新的思维。

三是得天独厚的休闲疗养条件。特别是在冬天，海南更是越冬宝地，来自国内和海外的大批老人聚集于此，享受海岛阳光，在大笔资金流入的同时，他们也需要有针对性的服务。比如，2009年11月12日的《南国都市报》就记录了他们的五个心愿：一是找个可以同住的伴，二是医保能联网，三是玩的地方再多点，四是充电再奉献，五是打官司有人帮。这几个方面都与社会工作关系密切。海南的社会工作更应以休闲疗养为特色，不光是老年人休闲有去处，关键还是要有康复、疗养、养老安老等方面的专业社工与专业的设施、机构。而这些在海南还是空白。

四是独特的人文资源。贬官文化、热带岛屿文化、南山文化、崖城文化、海南黎族文化等，是海南旅游文化的亮点，特别是黎族文化在与外来文化的"涵化"与"抵抗"过程中，暴露出来的族群融入及文化隔离的矛盾问题亦是旅游区必须十分重视的一个社会问题。

五是涉外旅游在快速发展。据世界旅游组织预测，到2020年，中国将成为世界第一大旅游接待国，入境游客将达1.37亿人次，旅游总收入相当于全国生产总值的8%；党中央也提到了到2020年把我国建设成为世界旅游强国的奋斗目标。海南作为国际旅游和自由贸易试验区，外来游客的休闲娱乐、康复保健、权益保障、外来移民的融合帮助、旅游社区出现旅游危机及危机干预、游客与从业者心理及精神健康问题等都是旅游社会工作需要考虑的问题。

依据政府失灵、市场失灵，甚至志愿者失灵理论，解决以上的这些社会问题和发展问题，仅靠政府和市场的力量显然是不够的，社会工作因此应运而生。旅游目的地青少年成长和当地居民与旅游社区和游客关系的建立、游客与旅游从业者的关系建立及心理辅导、民族旅游区的族群融合、老年游客的关顾与介护、旅游犯罪的预防与矫治、艾滋病与药物滥用的防治以及智慧旅游中的人文关怀等便成为旅游社会工作的题中应有之义。旅游目的地的社会工作自有其独特性、专业性、规律性、功能性和工具性，应紧紧围绕旅游做足社会工作大文章。现有的社会工作存在的突出问题，一是机构与人员严重不足；二是社会工作者和从业人员极端缺乏旅游背景知识，如上述旅游心理学、旅游社会学知识等，以致不理解许多社会问题与个人问题是由"旅游"因素而引起，不知道解决的办法亦需要从"旅游"的角度切入。因而，旅游社会工作成为社会工作的一个新领域是顺应时代需要，是旅游业的发展对社会工作提出的新的要求。不同的旅游目的地可能会有不同的社会工作形态，但旅游社会工作成为社会工作新领域应当是旅游社区社会发展的共同需要。

五、旅游作为社会工作新领域的基本方法

传统的社会工作包括个案工作、小组工作、社区工作、社会工作研究、社会工作行政等方面。以旅游的角度观之，前述五个方面作为基本的工作方法和巧技无须改变，就如老年社会工作和青少年社会工作一样，需要改变的只是其对象和内容。该教材正是从旅游社会工作角度对上述基本方法和技巧进行探索。

旅游个案工作。其针对对象包括接待地居民、外来游客、旅游从业者、旅游管理者、新移民等。其工作方法与技巧以旅游社会学、旅游心理学、旅游人类学以及个案社会工作为理论依据，从大旅游的视角理解个体的行为，从行为修正、人本治疗、理性情绪治疗、家庭治疗、现实治疗、心理社会学派、危机干预、任务中心、功能学派、问题解决等多种方法入手，进行个案辅导，并依据旅游相关案例，对个案辅导的方法进行介绍。

旅游小组工作。其对象亦如个案工作，但不同的是，小组工作不是一对一，而是一对多，是以一个群体为单位进行社工辅导。这个群体可能是同质的，也可能是异质的，例如，可能是一个由游客组成的小组，也可能是由接待地居民、外来游客、旅游从业者、旅游管理者、新移民等交叉组合的小组。有些时候，需要各方面来共同参与，解决面临的问题。如当地居民与游客的相互尊重、相互接纳与理解，从业者、管理者与游客之间诚信关系的建立，从业者群体的心理疏导、能力提升等。其工作方法与技巧是以小组动力理论、需要理论、人类行为理论、社会互动理论和社会学习理论为基本依据，根据旅游社区的特点，创造性地开展独具特色的小组工作。

旅游社区工作。这里所指的社区主要是旅游社区。张文等（2006）认为，所谓旅游社区可简单地理解为存在于特定聚居地的、具有特定文化的社会群体，其主体应包括三类社会成分，即一般居民、从事旅游业的居民、当地的社会组织。这里所指的社区居民特指社区的原住民。社会工作研究者墨菲指出："将旅游业考虑为一种社区的活动来进行管理，那么一定能够获得更佳的效果，这就是社区方法。"墨菲认为，旅游业更应看成是一种社区活动，社区工作方法是管理旅游业的一个行之有效的方法。另外一些学者提出了"社区参与"是解决旅游社区可持续发展问题的一个重要途径。笔者与另一位同仁根据三亚市河西区所做的社区参与试点经验撰写的论文入选了2010年6月在中国香港举行的"2010联合世界大会：社会工作及社会发展之愿景与蓝图"，这些试点的经验显示，作为旅游区的社会工作自有其独特之处。

旅游社区工作应遵循的基本理论是旅游视角下的生态系统理论、社会支持理论、女性主义理论、优势视角理论、赋权理论，其实务模式仍不外乎社区发展、社会策划、社会行动、社区照顾四个方面，该教材亦从社区分析、关系建立、组织技巧、政治技巧等四个方面分别进行介绍。

旅游社会工作研究。综观国际国内关于旅游的研究甚为丰富，但多限于旅游学、旅游社会学、旅游经济、休闲、休闲经济、休闲与社会转型等社会学、经济学视角的研究，而缺少应用社会学方面的研究。旅游社会工作作为一门学科的提出，更是一个空白领域。目前国际通行的社会工作分类主要有以服务对象和服务机构为类型的老年社会工作、青少年社会工作、妇女社会工作、少数族裔社会工作、医院社会工作、学校社会工作等，而这种以支柱产业或特色产业为类型划分的旅游社会工作尚未进入国内国际相关研究的视野，只在少数论文中有只言片语的提及。旅游社会工作视角的社会调查、个案研究、行动研究、评估研究将是主要内容。

旅游社会工作行政。从对海南地区实际情况的分析来看，海南作为旅游大社区，体现在社会工作行政方面的主要特色是社会企业和社会组织，抓住了社会企业和社会组织就抓住了旅游社会工作中社会工作行政的关键点。具体来说，主要是旅游社会企业和社会组织的组织管理与人事管理的问题。旅游社会工作行政亦是促进旅游社会工作发展的重要保证，行政管理理论是旅游社会工作行政应参照的基本理论依据，在此基础上，结合现代组织管理的观点，如激励理论、系统理论、权变理论、X理论和Y理论等，探讨旅游社区社会企业和社会组织如何进行计划、组织、协调、控制、领导以及评估与发展的问题。根据旅游特色，创造性地发展社会工作行政的新模式，是旅游社会工作行政应有的贡献。

六、结语

旅游社会工作这一课题的提出，于当代西方社会工作发展的十大趋势而言，至少有四个契合点：一是认识论的多元化，契合本课题独特、多元的视角；二是专业关系的重构，契合旅游社会工作专业的建构；三是研究的重要性日益凸现，契合本课题的研究意义所在；四是社会工作教育的不断革新，契合本课题新的探索。于当代中国社会工作的发展而言，至少契合了社会工作本土化的这一时代主题。所谓社工的本土化即是要为关照中国的现实服务，旅游社会工作秉持的就是这样一种理念与使命。

一个缺少社会工作参与的旅游业将是一个畸形发展的旅游业，只强调经济发展、不强调社会发展的旅游文化也是一种病态的旅游文化，注定了发展必然受限。相信旅游社会工作的研究在不久的将来会成为一门越来越多的学者参与的成熟学科，亦将会产生越来越多的系列成果。从印度尼西亚的巴厘岛，美国的夏威夷，中国的香港、台湾的实践中，我们窥见了社会工作的旅游特色与模式，看到了旅游社会工作的发展前景。

◀ 思考与练习题 ▶

1. 如何理解旅游促进社会的变迁？

2. 以全国的视角，旅游社会工作的新领域有哪些？

3. 怎样认识旅游业与社会工作的关系？

第一章 旅游社会工作概述

本章教学目标是进一步了解旅游社会工作的概念定义问题。教学的重点和难点是介绍该教材理论与实务的逻辑框架及各章节的基本内容。

第一节 旅游社会工作的定义

一、旅游

世界各国的专家学者对旅游有各种各样的定义。

1927年，德国的蒙根·罗德对旅游下的定义是："旅游从狭义的理解是那些暂时离开自己的居住地，为了满足生活和文化的需要或各种各样的愿望，而作为经济和文化商品的消费者逗留在异地的人的交往活动。"

1942年，瑞士学者汉沃克尔和克拉普夫认为："旅游是非定居者的旅行和暂时居留而引起的一种现象及关系的总和。"

1979年，英国旅游协会（BTS）的定义是，"旅游是指与人们离开其日常生活和工作地点向目的地作暂时的移动以及在这些目的地作短期逗留有关的任何活动"。

1980年，美国密执安大学的伯特·麦金托什和夏西肯特·格波特对旅游的定义是："旅游可以定义为在吸引和接待旅游及其访问者的过程中，由于游客、旅游企业、东道政府及东道地区的居民的相互作用而产生的一切现象和关系的总和。"这个定义强调的是：旅游引发的各种现象和关系，即旅游的社会性、综合性。

美国著名旅游人类学家瓦伦·L·史密斯（Valene L. Smith）在其论文集《东道主与游客》中说道："要对旅游一词下定义是困难的……但一般来说，一名旅游者指的是一个暂时休闲的人，他（她）自愿离开自己的家，到某一处地方参观、访问，目的是为了经历一种变化。"

2002年，科恩（Cohen）总结了旅游的八种定义：旅游是一种商业化的好客；旅游是一种民主化的游历；旅游是一种现代休闲运动；旅游是现代版的传统朝圣活动；旅游是基本的文化观念的表达；旅游是文化适应的一种过程；旅游是种族关系的一种类型；旅游是新殖民主义的一种形式。总之大都认为旅游是一种外来游客对本土的政治、文化、精神、经济的植入过程。

1985年，我国经济学家于光远说："旅游是现代社会中居民的一种短期性的特殊生活方式，这种生活方式的特点是：异地性、业余性和享受性。"

通过上面的一些描述，我们看到旅游的一些特征：异地性，是人们离开永久或固定居住地而到另外一个地方的空间位置上的转移；暂住性，这种空间位置上的转移不是转瞬即逝的路过，而是要停留一段时间；观光性与体验性，这个暂留的时间，是一个精神和物质文化的体验与享受的过程；运动性，这个过程带有一种体育运动的特征；互动性，这种运动不只是单方面欣赏，而是游客与当地人之间的互动、交流与融合，甚至冲突的过程。因此可以说，旅游是一种集异地性、暂住性、观光性、体验性、运动性与互动性于一体、身心兼修的精神与物质文化交互活动的过程。

二、社会工作

关于社会工作的定义，研究者从专业活动、助人过程、助人方法、专业学科、社会制度、艺术门类等不同视角提出了一些不同的表述。

1. 社会工作是一种专业的活动

美国社会工作者协会（National Association of Social Worker，NASW）在"社会服务人力标准"（Standards for Social Service Manpower）的文献中指出：社会工作是一种专业活动，用以协助个人、群体和社区去强化或恢复能力，以发挥其社会功能，并创造有助于达成其目标的社会条件。[①]

这个定义隐含的潜台词是，承认社会有部分人因各种原因全部或部分失去了能力，丧失了功能，需要未得到满足，从而影响了他们的正常生活。而社会工作正是帮助他们恢复能力、发挥功能、满足需求、解决困难的这样一种专业活动。

2. 社会工作是一种助人的过程

中国台湾的李增禄所编的《社会工作概论》一书中认为：社会工作系由社会工作者协助人们认清（define）困难和问题；寻找（find）解决问题的途径，改善（manipulate）生活环境，改变（change）行为、态度及动机，并促进（develop）生活能力与潜能之发挥。[②]

这个定义，强调社会工作是一种助人的过程，社会工作者协助其服务对象经由认清问题、寻找方法、改善环境、改变行为、增强能力等过程，逐步解决其所遭遇的困难或问题。

3. 社会工作是一种助人的方法

美国学者法利等人（Farley, etc all., 2005）在其所著《社会工作概论》（Introduction to Social Work）一书中，曾引用《纽约时报》（New York Time）的社论，指出：一个新兴的专业已臻成熟，它是社会工作。曾被以为是手提篮子对穷人的协助，现在已是一种有

① 李迎生《社会工作概论》，中国人民大学出版社2004年版，第3～4页。
② 李增禄《社会工作概论》，台湾巨流图书公司1987年版，第5页。

训练、有科学的方法与艺术的行事风格，以针对社会问题采取处理的行动。

这个定义表明，社会工作是一种助人的方法，助人之所以要讲求方法，目的是要使助人活动具有可持续性和可复制性，从而更好地帮助人，帮助更多的人。

4. 社会工作是一门专业学科

中国香港的何国良在其所撰的《社会工作的本质：论述分析的启示》一文中认为：社会工作是一门技术性的学科，是利用科学方法调整人际关系，讲求个人与社会的和谐及人格的充分发展。

这个定义，显示社会工作不只是好心办好事的慈善工作，而是一门专业学科，必须经由专门学科的研习或训练，才能获得专业助人所需的知识与技术。

5. 社会工作是一种社会制度

魏特默（Witmer）在其所著的《社会工作：一个社会制度的分析》一书中指出：社会工作是一个有组织的机关或社团，为解决个人所遭遇的困难问题而施行的一种援助，同时也是为协助个人调整其社会关系的各种服务。

这个定义，强调社会工作应该是一种社会制度安排，强调政府和社会对于弱势群体的责任。古代臣民社会强调个人权威，现代公民社会强调制度建设，以制度助人而非以权威管人，是公民社会的重要标志。

6. 社会工作是一种艺术、科学和专业

史基摩曾为社会工作下了一个综合性的定义，说明社会问题与社会工作实务的关系：社会工作可以定义为一种艺术、一种科学以及一种助人的专业。透过社会工作实务，帮助人们解决个人、团体（尤其是家庭），以及社区的问题，并助人获得令人满意的个人、团体与社区关系。

这个定义明确指出社会工作是综合运用个案、团体（小组）、社区三种助人方法，并将工作焦点放在人与环境的互动，以达成调适人际关系，改善社会环境，增强社会功能的目的。这种人与环境的互动，体现了社会责任，体现了公民社会的权利意识与人本意识。

根据国际社会工作协会的定义："社会工作产生于人文主义和民主的理想，社会工作的价值观的基础建立在尊重人人平等，尊重人的尊严和尊重人的价值基础之上。……维护人权和社会公正成为社会工作实践的主要奋斗目标和推动力。通过与弱势群体团结一致，社会工作者致力于消除贫困，解除对弱势群体的压迫，实现社会融合。"

综上所述，社会工作的基本内涵是指，在一定的社会福利制度框架下，根据一定的价值观，帮助有困难的人走出困境的职业活动，从事这类活动的人称为社会工作者。在国际上，社会工作指的是一个专门的职业领域，即一种职业化、专业化的助人活动，也是一门科学和学科。

上述传统的社会工作定义主要是将其定位于为弱势群体服务。事实上，社会工作发展到今天，其触角已延伸到为非弱势群体服务，如通过社会工作帮助服务对象改善他们发展中遇到的困扰和问题，以及知识的普及更新、教育培训、心理咨询、族群融入、危机处理与冲突调解等。

近年来，中国政府十分重视社会工作，强力推动社会工作，2011年11月8日，中央组织部、中央政法委、民政部等18个部委联合发布《关于加强社会工作专业人才队伍建设的意见》，对社会工作者做了专门的界定："具有一定社会工作专业知识和技能，在社会福利、社会救助、慈善事业、社区建设、婚姻家庭、精神卫生、残障康复、教育辅导、就业援助、职工帮扶、犯罪预防、禁毒戒毒、司法矫治、人口计生、应急处置等领域直接提供社会服务的专门人员。"也就是说，社会工作是具有一定的专业知识和技能，在上述领域开展活动，提供服务的一种专业或职业。需要补充说明的是，社会工作是有组织的行为，须在组织框架内开展活动，离开了组织，个人行为不能称为社会工作。

社会工作与义工亦有区别，虽然二者的共同点都是服务社会和他人，但社工是需要拥有一定专业知识和技能，遵循一定专业理论，具备一定专业资质，服务于一定机构组织并领取薪金，具有较强专业性和组织性的一种职业行为。而义工不需要具备专业知识，无须太注重专业理论，不强调技能与资质，不领薪金的一种个人利他行为。社工是职业行为，义工是个人行为，社工以此为业，义工以此为乐。前者侧重职业需要，后者侧重精神需要。

三、旅游社会工作

与医务社会工作、老年社会工作、学校社会工作等社会工作领域一样，旅游社会工作首先是一种社会工作，其次是突出旅游特色的社会工作，是社会工作与旅游业相结合，是一般性与特殊性相结合而形成的一个新的社会工作领域，是社会工作体系中一个新的学科分支。

旅游社会工作是以社会工作的基本理论与方法为主要框架，以旅游目的地为场所或领域，以游客、当地居民、旅游业者、旅游管理者为对象，以个人、家庭或社区为层面，以旅游社会学、旅游文化学、旅游人类学、旅游心理学等旅游相关知识为视角，目的是促进或保障旅游区社会功能更好实现的一种职业活动。旅游区的社会功能从形式上主要是提供旅游消费与旅游服务的场所，从内涵上主要是使游客与当地人融洽共处，并各自从消费与服务中获得发展与快乐。

旅游社会工作的理论假设是建立在旅游社区的功能往往由于旅游带来的社会变迁等原因而不能正常实现，或实现受阻，需要旅游视角的社会工作专门针对因旅游产生的社会问题而进行"治疗"和"预防"，以减轻因旅游变迁造成的负面影响，改善旅游区社会环境，调适旅游区人际关系，促进工作对象社会功能的重建、恢复和发展以及权能提升的基础之上。

除了这些传统的助人或扶弱之外，旅游社会工作的概念中还应包括帮助人们通过旅游体验进行教育培训、身心修炼和灵性探索的内容。

第二节　旅游社会工作的功能与特征

一、旅游社会工作的功能

关于社会工作的功能与特征有多样的表述，有时候功能与特征甚至没有明显的分界线。梅耶（Meyer）曾有过这样的追问："所有具有生命力的专业都主动适应社会的变化，以追求自身的利益。但是任何专业的核心部分都保持不变。建筑师设计房子，医生处理疾病和健康问题……"而社会工作做什么呢？"心理功能？社会服务传递？管理社会服务机构？政策分析？社会变化……所有这些或是其中一部分？"莫拉莱斯（Morales）的回应是："我们认为，答案是'所有这些'。"那么，如何才能表达社会工作的特征？弄清这个问题的一个途径当然首先应该是从社会工作的基本功能入手。社会工作有三个基本功能或目标：照顾、治疗和改变。

所谓照顾是帮助功能受限者提高生活质量，如对残疾人、老年人、身患绝症的人的照顾等；所谓治疗是对有社会功能问题的个人、家庭或群体提供治疗。如社会工作者运用心理社会治疗、行为矫正、现实治疗、危机干预、认知疗法、各种小组和家庭治疗等，这种"治疗"不同于医生开处方，而是一种"助人自助"的自我治疗方式；所谓改变是针对社会而言的，即通过社会工作者的努力，从案主的利益出发，寻求制度层面的改变，从而有利于案主状况的改善，如通过社会动员、大众教育、宣传说服、压力团体等途径，寻求地方或全国层面的决策者回应人们的需要而带来的社会改变，如立法、态度、制度、政策等方面的改变。

王思斌（2006）认为社会工作的主要功能是"助人""救难""解困""发展"，这亦相当于对照顾、治疗和改变的细分化。"发展"相当于"改变"，"助人""救难""解困"均包含有照顾与治疗的内容，但前一种分法更具体，更适合中国国情。不过，这里需要指出的是，救难、解困、发展都是"助人"，因此，没有必要将"助人"作为一种功能单列出来，而救难、解困、发展正好由低级到高级层层递进，很清晰地界定了社会工作的功能。

今天，关于社会工作的功能有了全新的界定，并已获得体制层面的确认。2011年11月8日，中组部等十八部委联合发布《关于加强社会工作专业人才队伍建设的意见》，指出：全社会要"充分发挥他们在困难救助、矛盾调处、人文关怀、心理疏导、行为矫治、关系调适等个性化、多样化服务方面的专业优势，对解决社会问题、应对社会风险、促进社会和谐、推动社会发展具有重要基础性作用"。我们将这个界定解读为以下两个层面。

一是专业—微观层面。即困难救助、矛盾调处、人文关怀、心理疏导、行为矫治、关系调适等个性化、多样化服务功能。这个表述肯定了社会工作的功能具有专业性和微观性的特点。

二是基础—宏观层面。即解决社会问题、应对社会风险、促进社会和谐、推动社会发展的功能。这个表述突出了社会工作的功能具有基础性和宏观性的特点。

旅游社会工作的功能从基础性与宏观性层面看，与上述界定是一致的。社会工作的功能如一个金字塔，塔的顶部是一般社会工作所具有的基础性与宏观性层面的功能，这是各专业领域社会工作功能的终极目标；塔的底部是各专业领域社会工作特有的专业性与微观性层面的功能，这是社会工作的专业目标。上述"困难救助、矛盾调处"等内容是对社会工作专业功能的一般性表述，它相当于金字塔底部与顶部之间的一条垂直中轴线（图1-1中的粗线条），是一条基线和参照线，是对各专业领域社会工作微观层面功能的概括和总结，反映的虽是社会工作的专业—微观层面的功能，但仍然是一种普遍性的描述，当我们研究不同专业领域的社会工作的时候，自应考察其专业功能的特殊性。

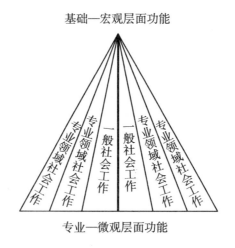

图1-1　社会工作的功能塔形结构

一般来说，旅游社会工作的功能与旅游引起社会的负面变迁密切相关。旅游"实际上，对于第三世界国家而言，国际旅游业的发展并没有取得鼓吹者预期的效果……旅游业的发展无法起到经常刺激当地农业生产发展的作用"。不仅如此，发展旅游业还可以加剧财富的两极分化以及社会分层的明朗化。在第三世界发展旅游业，利润流向精英阶层，这些人本已富有，享有政治影响力。从整体上看，这将延迟国家的发展，这里指出的只是旅游业对于经济的可能产生的负面影响，实际上旅游对当地的影响不仅仅在经济方面，而存在于整个旅游环境，旅游学界认为，旅游环境是指适宜发展旅游业和开展旅游活动的空间，它是由非生物、生物和人类构成，即自然、社会、经济、文化等要素在空间上组成的相互依存的有机体。因此，旅游的负面影响渗透在当地的自然、社会、经济、文化等方面。

旅游社会工作的功能就是要运用旅游社会工作的方法，帮助旅游环境中的人们，因环境的改变而造成的生活生存困难，社会功能受限，个人、家庭及社区发展受阻等系列问题的解决，调适旅游环境中的人与环境及环境之间的相互关系，疏导与处置旅游环境中的旅游心理、旅游矛盾、旅游危机等问题，协调旅游环境中文化差异的理解、接纳与共融，倡导旅游环境中的良好人际关系与人文关怀体系的构建，减缓或改变旅游变迁中经济社会政策对旅游相关者的不利影响，促进旅游业的健康发展与旅游地的社会和谐。

二、旅游社会工作的特征

旅游社会工作作为社会工作学科体系的分支，既具有一般社会工作的共性特征，又表现出明显的个性特征。旅游社会工作是把社会工作的知识、方法和技巧应用到旅游环境中利益相关者的困难解决、关系调适、心理疏导、矛盾化解与权能促进之中，因而很大程度上彰显了旅游特色与旅游知识。当然，这个个性特征的显示是以社会工作学科体系为参照系统的。概括而言，旅游社会工作的基本特征体现在以下几个方面。

1. 地域性

地理学者将旅游作为人类活动的一种空间表现形式来研究，认为旅游空间由旅游客源地、旅游目的地和联系客源地与目的地之间的旅游通道构成。天下之大，但并非每一寸空间都是旅游空间，只有构成客源地、目的地及二者之间的旅游通道才称得上是旅游空间，那么这个空间显然是有地域限定的。并且，该教材研究的领域专指旅游目的地，尚未将触角延伸到客源地以及旅游通道之中。那么，旅游目的地更具有明显的地域性，地域性可谓是旅游的生命，物以稀为贵，体现在旅游中是新、奇、特，具备这些要素的旅游资源只存在一定的甚至是少数的地域之中，也正因如此才体现了旅游价值之所在，如路南石林、桂林山水、敦煌石窟、北京长城、冰城冰雕雪景、海南热带风光等都是特定的旅游目的地，是不可复制的旅游资源。因而，附诸其上的旅游社会工作也就具有了地域性。

2. 季节性

虽然社会工作随时可以开展，并无季节性之分，但由于旅游业本身具有季节性，因而旅游社会工作也就具有了季节性。这种季节性于社会工作而言，并非停止或开始的概念，而是开展活动频率的季节均衡性问题，如旅游旺季，社会工作活动开展得多；淡季活动则开展得少。

3. 生态性

这里所指的生态性是强调旅游社会工作更注重"人在环境中"，因为旅游利益相关者存在多个方面、多个主体，既有人与人的关系、人与社会的关系，同时还有人与环境、人与土地的关系。这种生态性与生态中心主义是一致的，奥尔多·利奥波德（Aldo Leopold，1887—1948）认为大地是人与万物相互依存的共同体，并首次提出土地共同体这一概念，认为土地不光是土壤，它还包括气候、水、植物和动物，而土地道德则是要把人类从以土地征服者自居的角色，变成这个共同体中平等的一员和公民。利奥波德这样概括他对土地伦理的理解："一个事物，只有在它有助于保持生物共同体的和谐、稳定和美丽的时候，才是正确的，否则，它就是错误的。"这个观点与社会工作的价值观相契合。旅游社会工作所做的，正是减少和弥补"错误的"，倡导和达到"正确的"。生态性是旅游社会工作的重要特质。

4. 服务性

传统的观点仍将旅游业归类为服务业，"旅游业是服务性行业，也是第三产业的一个部门""旅游业是一个以提供服务为主的综合性服务行业"。尽管有学者质疑旅游业不应归类为服务业，而应当成为一个独立的产业，但旅游业的服务属性则是毋庸置疑，因此，与旅游相伴而生的旅游社会工作便同样具有了服务属性。

5. 文化性

旅游属于"上层建筑"，因而"文化性"自然是其主要属性。旅游的文化性表现在两个方面：一是从形式到内容方面具有文化性。从形式来看，旅游群体的整个旅游过程的外在表现无不展示其文化现象，从内容来看，旅游观光的对象、旅游活动的本质，既不是物质的，也不是经济的，最终能留在人们记忆中的只能是文化。二是从体验到传播具有文化性。旅游体验也是一种旅游消费，它消费的是什么？体验的是什么？既不是能吃，也不是能用，更不能带走。体验的是一种意识形态的东西，它就是文化。体验完成之后，旅游地的好与坏是需要传播的，旅游者能够传播的又只能是什么呢？传播语言、回忆、照片、影像。

6. 增权性

增权性既是旅游社会工作的一个重要特征，也是其成为一门分支学科的价值所在。旅游是一种权利，维护这种权利，进行"旅游增权"是旅游社会工作的功能之一。

7. 综合性

相对于其他领域社会工作而言，旅游社会工作一个最鲜明的特点是综合性强。从相关学科来看，旅游社会工作涉及旅游学、社会学、旅游社会学、民族学、民俗学、人类学、文化学、宗教哲学、旅游心理学、社会工作、老年学、护理学、教育学等学科领域；从工作对象来看，涉及当地居民，包括新移民和流动人口、游客、旅游从业者、旅游管理者、地方政府甚至游客所在地的政府等。而这些工作对象又可分为老年、妇女、儿童、民族甚至国际人士，特别是老年、民族更为突出；从工作内容来看，涉及康复疗养、戒毒、艾滋病防治、社会冲突、旅游危机等独特领域或旅游重点领域。

第三节　旅游社会工作的逻辑架构

该教材基于对旅游社会工作特点的认识，按"理论—基础—实务—服务—发展"这样一个架构展开编写，它们之间有着一定的内在逻辑性。

一、"理论"部分

本部分阐述旅游社会工作的理论来源或依据，即回答"开设旅游社会工作的理论依据是什么"的问题，具体内容为旅游社会工作概述、基本理论和基础知识。基础知识又分为实践的知识和事实的知识。

二、"基础"部分

所谓的"基础"不是通常所指的理论基础，而是缘起、缘由或条件，说明旅游社会工作不仅有理论来源作支撑，更重要的是有现实的需要，有产生的土壤，并能自成一体，回答的是"为什么要开展旅游社会工作"的问题，具体内容包括旅游与人类行为的关系、旅游与对目的地的影响、旅游业与社会问题、旅游与危机处理等。

三、"实务"部分

"实务"部分是该教材的重点内容，是将旅游元素或旅游环境与社会工作五大方法相结合，形成的旅游社会工作实际操作或介入方法，回答的是"开展哪些社会工作实务"的问题，具体内容包括旅游个案工作、旅游小组工作、旅游社区工作、旅游社会工作行政、旅游社会工作研究。

四、"服务"部分

此部分亦是该教材的重点内容，即旅游社会工作涉及哪些特定的个人、群体、社区或领域。一般来说，旅游区，特别是沿海、边境或国际旅游区，旅游社会工作的重点服务对象或领域在这几个方面：戒毒与艾滋病防治；流浪乞讨人员的救助；矫治服务；少数民族服务；老年人健康照顾；乡村社会工作（农村、城郊、山区、渔区、岛区）；边防海防建设；生态环境的维护；文化遗产的保护；旅游社会企业；冲突与危机的处理等。这部分内容回答的是"开展哪些旅游社会工作"或者"旅游社会工作为谁服务"的问题。

五、"发展"部分

这部分主要是以国内、国际视角，对旅游社会工作的未来进行分析与展望。它回答的是"旅游社会工作前景怎么样"的问题，具体内容包括：旅游社会工作的国际视野、后现代旅游社会工作、我国旅游社会工作前景展望等内容。

综上所述，该教材编写逻辑架构是回答五个"W"（What，Why，Which，Who，How）或者回答五个疑问的问题。

◀ 思考与练习题 ▶

1. 旅游社会工作定义、功能和特征是什么？
2. 旅游社会工作作为一门课程，其基本逻辑架构是什么？

◆扩展阅读◆

旅游目的地居民幸福感指标体系[①]

按：旅游可增加游客的幸福感，面对一些风光秀丽的旅游目的地，人们也许会感慨："这儿的居民多幸福！"真的都是这样吗？答案当然是未必的，幸福与否还得以事实说话，事实源于实地调研。旅游社会工作的功能之一，就是要促进旅游目的地居民福祉的提升。要做到这一点，必须了解旅游目的地居民想要什么，现实状况怎么样。下面这个资料提供了一个观察的视角和方法，录此供参考：

通过研究，笔者发现：从幸福的内涵看，旅游目的地居民的幸福至少包括外在美好的生活状态和内在主观的快乐体验；幸福作为一种快乐的心理体验状态，外在表现为一种美好的客观生存状态，内在表现为愉悦的心理体验，即幸福感。从旅游影响的角度看，旅游目的地居民幸福感是目的地居民通过开展旅游生产、生活实践活动所获取的幸福感受，是对旅游的经济、社会文化和环境影响的稳定、正面的心理体验。从幸福的源头看，幸福源于个人生活和人际生活的满足，幸福感的影响因素也是其需要、欲望满足度的受制因素，而人的需要基本可分为物质性需要、人际性需要和精神性需要。因此，我们可从幸福源头的两个方面探究旅游目的地居民幸福感的主要影响因素，从幸福感得以实现的三个层次，把握旅游目的地居民幸福感的结构。

从20世纪50年代起，国内外学者就影响幸福感的主要因素进行了深入的研究。就研究成果而言，个人生活方面，收入对幸福感的影响达到了显著水平，在发展中国家，收入与幸福感相关性更强；失业会对幸福感产生极大负面影响；人格是主观幸福感最可靠、最有效的预测因子之一；自尊能促进和增加幸福。人际生活方面，社会关系是影响幸福感的主要因素之一；西方文化群体倾向于把幸福看成个体的一种内在体验，而东方文化群体则倾向于从幸福的外在标准去评价个人幸福。

从幸福感得以实现的三个层次的角度，旅游目的地居民幸福感可分三元结构：物质性生活的满足感，即旅游目的地居民通过旅游生产实践活动所获得的对自身客观生存状态的满足感，其表现为生活富裕、衣食无忧；精神性生活的愉悦感，主要是指目的地居民在开展旅游生产、生活实践活动中，由于认知、自我实现等需要得以相对实现而体验到的身心、情感的愉悦感；人际性生活的价值感，即目的地居民在开展旅游生产实践中体验到社会价值感，其表现为受人尊敬、家庭温馨等（见下表）。

[①] 黎志逸、赵云、程道品《旅游目的地居民幸福指数评价体系构建》，《商业时代》2009年第29期，第104～106页。

旅游目的地居民幸福指数体系[1]

目的层	准则层		评价层
旅游目的地居民幸福指数体系	物质指数	满足感	旅游对居民就业与收入状况影响程度的评价 旅游对居民居住条件及环境改善程度的评价 旅游对居民交通设施便利性影响程度的评价 旅游对公共安全及人身财产安全的影响评价
	人际指数	价值感	对所受教育程度的评价 对职业发展现状的评价 对所处社会角色的评价 对未来发展空间的评价 对亲情的评价 对友谊的评价 对婚姻的评价 对同事的评价
	精神指数	愉悦感	对情绪愉悦程度的评价 对心态满意程度的评价 对心理健康程度的评价 对自我实现程度的评价

---

[1] 黎志逸、赵云、程道品《旅游目的地居民幸福指数评价体系构建》，《商业时代》2009年第29期，第104～106页。

第二编　旅游社会工作的基础知识

第二章　旅游社会工作的哲学文化基础

本章教学目标是从哲学、文化层面了解旅游社会工作从何而来，即旅游社会工作得以产生的基础知识问题。教学的重点和难点是认识这些哲学、文化基础对于指导社会工作的现实意义。

第一节　哲学基础

持什么样的哲学观，决定了各门学科研究的出发点和终结点。旅游社会工作同样要以哲学作为学科研究的起点，通过考察其在哲学层面的系列问题而深刻认识旅游社会工作的本质，走进旅游社会工作的领域。

一、哲学

哲学，是社会意识形态之一，是关于世界观的学问，即关于人们对现实世界总的和根本的看法，因此它是理论化、系统化的世界观，是对自然知识、社会知识、思维知识的概括和总结。哲学也是一种方法论，是以确立世界观和方法论为内容的一门社会科学。

哲学的基本问题是思维与存在的关系问题，也是世界的本原或本质的问题。这个基本问题包括两个方面：第一方面是关于思维和存在（或意识和物质）谁是第一性、何者为本原的问题。即认为是物质决定意识，还是意识决定物质的问题。这是划分哲学史上唯物主义与唯心主义两条路线的根本依据。第二个方面是物质和意识是否具有同一性的问题，即人的意识能否认识和反映客观物质世界，能否指导实践，并对实践具有反作用，同时意识能否在实践中得到检验和发展。这既是哲学的基本问题，也是划分哲学史上的可知论和不可知论两条认识路线的根本依据。

二、社会工作哲学

社会工作的哲学显然是关于人们对社会工作总的和根本的看法，是人们从事社会工作的世界观和方法论，与马克思主义哲学和其他流派的哲学要回答关于世界的一系列问题一样，社会工作哲学同样要回答关于社会工作的一系列问题，这些问题主要包括以下几方面。

1. 社会工作的基本问题

任何派别的哲学几乎都承认，哲学是研究思维和存在之间的关系问题。社会工作同样如此，只不过在社会工作活动中，思维变成了"助人意识"，"存在"变成了社会工作实践。唯物主义社会工作哲学观认为，助人的意识来源于助人的实践，同时，助人意识又反作用于助人实践，即有什么样的助人意识便有什么样的助人实践。但这种"助人意识"主要是社会工作实践经验的总结，正如西方社会工作的开展模式是基于"实践—教育—实践"一样，即社会工作首先是来自社会实践，其次是在实践基础上加以理论总结，并反过来指导实践，在实践中检验完善，如此循环往复，构成了西方社会工作发展的基本模式。例如社会工作起源于19世纪中后期欧洲的社会福利及慈善组织实行的救济制度和开展的救济活动——德国的"汉堡制""爱尔伯福制"以及英国的"睦邻组织运动"。[①]我国的社会工作是在引进西方理论的基础上架构起来的，因此，我国社会工作的发展模式是"理论—实践—理论"，即引进西方理论，指导和开展我们的实践，然后再回到理论的起点，用理论对照我们的实践。这种模式一方面能让我国的社会工作基本架构很快建立起来，另一方面又对本土化的发展过程带来阻力。如果我们的发展模式能转变到"实践—教育—实践"，那么可以说，我们的社会工作基本实现了本土化。

2. 社会工作的本质

社会工作的本质是什么？因学者所持的观点不一而有不同的界说，亦如哲学中唯物主义者与唯心主义者对世界本原的看法有区别一样。但在关于社会工作的本质的争论这个问题上，唯心主义的声音较为微弱，唯心主义所宣扬的社会工作是"上帝的仁慈"的

---

① 1772~1773年德国遇饥荒，迫切需要对贫民进行救济，汉堡市民于1788年组织民间团体，提出救助方案：把全市划分为若干区，每区设监督员1人，并设中央办事机构管理全市事务，形成一种统一管理、分区助人自助的救济制度，此即社会工作界所称的"汉堡制"。1852年，德国的另一个小镇爱尔伯福市对汉堡制加以改良，将全市划为564段，每段约有居民300人，要求每段贫民不得超过4人，每段设管理员一名，综合管理济贫工作，全市每14段为一区，设监督员一名，是为"爱尔伯福利"。睦邻组织运动源于英国维多利亚女皇时代，是19世纪80年代出现的社区改造运动。1884年伦敦东部犹太教区牧师巴涅特（Samuel A. Barnett）创设了一个名为"汤恩比馆"的睦邻中心，这种与社区贫民共同生活，努力从事经济、生活、文化改革与救助的活动，又称为"睦邻组织运动"。见夏建中主编《社区工作》，中国人民大学出版社2005年版，第42～44页。

观点少有市场，唯物主义的主流观点基本趋同于社会工作是改造客观物质世界的一种实践活动，只不过认识的侧重点各有不同。

3. 开展社会工作的原因

一般认为，社会工作存在的意义是基于以下理由。

（1）人们有这种需求。根据马斯洛需求层次论，由于现实中个人的生存环境条件不一样，每个需求层次都可能成为某些个体生存与发展的稀缺资源。对于一些人来说，可能是生存最重要；对于另外一些人来说，可能是自尊或自我实现最重要。社会工作就是帮助那些在发展中存在障碍的人群获得所需的稀缺资源，解决个人发展中的问题。

（2）民主社会的要求。有人认为，社会工作是民主社会的哲理和民族社会的理想，所谓民主社会的哲理是人人生而平等，人人都有生存的权利，人人都有追求幸福的权利，而社会工作是努力实现或争取这些权利。所谓民族社会理想是族群融合，社会和谐，而社会工作是实现这一理想的手段。人人平等，社会和谐，是公民社会的境界。

（3）公民的权利要求。社会工作就是帮助人们获得公民权利或资格。马歇尔的论文《公民与社会阶层》中被称为"最为人肯定的部分"，就是回答了公民权利与资格保障问题。他认为公民权利与保障体现在三个方面：① 民权。即指保障各种自由所必须具备的权利，主要为人身自由、言论、思想及信仰自由，法院是其制度化的基础。② 政治权利。即指包括选举及被选举权，议会制度是其制度化的基础。③ 社会权利。即指得到最起码经济福利及保障的权利，其结果是确立了整个社会福利制度。在这"三权"中，民权是政治权利和社会权利的基础。

4. 开展社会工作的理论依据

中外学者普遍认为，社会工作凭借的理论依据是马克思主义、人道主义、实证主义和乌托邦理想。马克思主义认为人的问题即是社会的问题，社会的问题是社会制度的不合理造成的，而社会工作就是要改造这种不合理制度，社会工作同样不在于解释世界，而在于改变世界。

在西方，人道主义与人本主义是同一个名词，从字面上已说明了人道主义强调以人为本，强调人应得到的权利，人道主义起源于欧洲文艺复兴时期，针对基督教教会统治社会的神道主义而形成的一种思潮，该主义的核心正是重视人的幸福，强调人类之间的互助、关爱，后来也延伸为扶助弱者的慈善精神。在东方，人道与天道是合一的，老子指出："天之道，损有余而补不足。"这种削富济贫，人人平等的思想，亦可视为中国最古老的人道主义思想。

国际人道主义组织在其共同起草的纲领性文件《人道主义宪章》（2001）中首先确立了人道主义原则："应当采取一切可能的措施防止和减轻因战争和自然灾害给人们带来的痛苦，灾民具有受保护和受救助的权利。"这不是对人道主义的解释，而是对人道主义的应用。从这种视角来看，社会工作也是一种人道主义理论的实际运用。

实证主义反对用理论作为解释社会现象的依据，认为只有经过实践证实的才是客观事实，而社会问题亦需要通过实践去解决，社会工作就是一种"实证"的过程。实证主义认为"经验科学是人类获取知识唯一可靠的形式"。实证主义的代表人物是法国社会学家涂尔干，涂尔干指出，社会学应主要关注于"社会事实"，所谓社会事实是"凡是能从外部给予个人以约束的，或者换一句话说，普遍存在于该社会各处并具有其固有存在的，不管其在个人身上的表现如何，都叫作社会事实"。他坚持认为，要用其他社会事实来解释社会事实，而不是用生理的、心理的特征来解释，离开社会事实，就找不到分析社会问题的支点，比如，"对于野蛮人来说是正常的现象，对于文明人来说就不一定是正常的"，因此，"必须从社会本身的性质中去寻求对社会生活的解释"。实证主义是社会工作的一个重要视角。

乌托邦理想亦是社会工作的一种精神原动力。空想社会主义的创始人托马斯·莫尔（Thomas More）在《乌托邦》这一著作中虚构了一个航海家航行到一个奇异国家"乌托邦"的旅行见闻。在那里，拥有完美的社会、政治和法制体系，财产是公有的，人民是平等的，实行按需分配的原则，大家穿统一的工作服，在公共餐厅就餐，官吏由秘密投票产生。后来人们往往将一种不易实现的美好理想称为"乌托邦"，甚至有人认为乌托邦是"原则上永远不能实现的思想"，但也有人认为"乌托邦常常只是早熟的真理""今天的乌托邦可能会变成明天的现实"。无论怎样，乌托邦理想毕竟是引领人们追求美好生活的标杆，也正因其具有一定的合理性或示范性，而成为马克思科学社会主义理论的思想来源之一。

三、旅游社会工作的哲学

旅游社会工作的哲学显然是关于人们对旅游社会工作总的和根本的看法，是人们从事旅游社会工作的方法论，旅游社会工作哲学同样要回答关于旅游社会工作的一系列问题，这些问题主要包括以下几方面。

1. 旅游社会工作的基本问题

旅游社会工作哲学层面上研究的基本问题同样是思维与存在之间的关系问题。思维即旅游社会工作的助人意识，存在即旅游社会工作的实践或社会现实。唯物主义旅游社会工作的哲学观认为，旅游地的社会现实决定需要什么样的社会工作助人意识，同时，助人意识一经形成，它又会反作用于社会现实。旅游社会工作不是凭空设想出来的一门学科，而是首先有这种现实的环境和需求，因此，旅游社会工作必须立足旅游地的社会现实，研究和解决旅游地的社会问题。根据思维与存在的关系问题可知，一方面，旅游地的现实状况，决定了在旅游地区开展社会工作除了需要具备一般的社会工作知识外，还需具备相应的旅游、民俗、文化、民族、人类、社会、心理、医学、保健等方面的知识；另一方面，这些知识的吸收与储备直接关系到提供社会服务的质量和水平。简言之，旅游社会工作研究的基本问题是基于旅游地背景下的社会工作的特定需求与供给之间的关系问题。

2. 旅游社会工作的本质

旅游社会工作的本质是改变或者调适人与人之间、人与旅游环境之间、人与自然之间的紧张关系或不合理状态，以达到人与人之间、人与旅游环境之间、人与自然环境之间更加和谐的关系。旅游社会工作的本质同样是基于"以人为本"，但属于广义的以人为本，即通过社会服务追求人、环境、自然均达到最好状态，这近似于生态中心主义，即不是以人类为中心，而是以生态为中心，强调生态中心主义的最大受益者当然还是人类本身。

如同上述对社会工作本质的诸多表述一样，旅游社会工作的本质同样可以做如下的表述。

旅游社会工作是一种专业的活动。它是由具备旅游社会工作专业知识的职业社工开展的一系列专业性社会服务活动。

旅游社会工作是一种助人的过程和方法。前者说明它是一种长期的、动态的助人活动，后者说明它是一种助人的手段或工具。

旅游社会工作是一门专业学科。与企业社会工作、学校社会工作一样，旅游社会工作亦是运用专门的知识，服务旅游社会工作这一特定领域的技术性学科，旅游社会工作者需经由专业技术培训方能获得助人所需要的知识与技能。

旅游社会工作是一种社会制度，也是一种艺术、科学和专业。

3. 开展旅游社会工作的原因

旅游社会工作存在的意义同样是基于以下理由。

（1）人们有这种需求。因旅游变迁而导致一些旅游利益相关者，特别是旅游地居民、游客、旅游从业人员等，在生存、生活、发展方面受到困扰，需要一种与旅游关系密切、能够从旅游的视角了解或理解旅游利益相关者的处境，并依然从旅游的视角对需要帮助的人们进行照顾、治疗的一种新的社会工作模式的介入。

（2）旅游公平的要求。近年来，旅游公平论越来越多地被人们关注，所谓旅游公平论是指因旅游发展所带来的利益应由旅游利益相关者共享，反之，所造成的负面影响也应共同分摊，而不能是强者分享利益，弱者承担灾难。1999年10月1日在智利首都圣地亚哥举行的世界旅游组织第十三届大会上通过的《全球旅游伦理规范》中指出："当地人民应当与旅游活动相联系，平等地分享这些活动的经济、社会和文化利益，特别是分享由于这些活动的开展所创造的直接和间接就业方面的利益"，还提道："要特别关注沿海区域和岛屿地区以及易于受到破坏的农村和山区的特殊问题，因为对这些区域来说，在面临传统经济活动衰退情况下，旅游经常是得以发展的难得的机会。"[①]社会工作能够扮演旅游公平的倡导者、协调者和利益代言人。

（3）旅游权利的要求。旅游不仅仅是一种娱乐或精神需求，在全球化的背景下，旅游已经成为个人的一项基本权利，这一观点已被中外学者所认同，并载入国际性文件。《全球旅游伦理规范》第7条关于"旅游的权利"中清楚地指出："能够个人直接地拥有发现与享受地球资源的愿望是人世间所有人都平等享有的权利。日益广泛地参与国内和

---

① 世界旅游组织《全球旅游伦理规范》，张广瑞译，《旅游学刊》2000年第3期。

国际旅游应当视为自由时间持续增长的最好体现之一，对此不应当设置障碍。"《全球旅游伦理规范》同时还认为，旅游权利也受国际公约保护，认为"普遍的旅游权利必须视为休息与休闲权利的必然结果，这种休息和休闲的权利包括《国际人权宣言》第24条和《国际经济、社会和文化权利公约》第7条中所保证的工作时间和周期性带薪假期的合理限制"。《全球旅游伦理规范》还特别关注青少年及弱势群体的旅游权利，强调"应当鼓励和促进家庭学生和老年旅游以及为残疾人组织的旅游活动"。对于如何保障人们的这种旅游的权利，《全球旅游伦理规范》提出的观点与社会工作的职能不谋而合，指出社会旅游"应当在公共机构的支持下予以发展"。这种"公共机构"应当是以社会工作机构为主体，因为，只有社会工作或社会服务机构才更能关注人们的权利，而营利旅游营销机构只关注利润。

4. 开展旅游社会工作的思想依据

依上所述，马克思主义、人道主义、实证主义和乌托邦理想同样是开展旅游社会工作的思想依据。此外，旅游伦理规范亦是重要的思想来源。正如《全球旅游伦理规范》第一条第一款中开宗明义所指出的："抱着对不同宗教信仰、哲学观点和伦理观念容忍和尊重的态度，了解并促进和人性一样的伦理标准，既是负责任旅游的基础，又是负责任旅游的归宿。旅游发展中的利益相关者和旅游者本身都应当遵守各个民族——包括那些少数民族和土著民族的社会文化传统和习俗，并承认其价值。"在第四款中亦指出："保护旅游者和来访者及其他们的财物是政府机构的任务。"这既突出了旅游伦理的特色，其中体现的普遍原理亦与上述马克思主义、人道主义等思想一脉相承。

第二节　文化基础

不同的文化背景决定不同的价值观，也需要社会工作者在实务过程中给予不同的理解与关照。因此社会工作特别强调文化的敏感性，在社会工作实务乃至理论研究工作中，对个人、家庭、群体、社区，乃至更大范围的文化背景与环境的认识，是做好社会工作的大前提。让我们首先从认识文化的概念入手，来讨论文化与社会工作的相关议题。

一、文化的含义

"文"在《说文解字》中释为"错画也"，即图案、痕迹、纹路、画线（笔画）相交的意思。《释名》记载："文者，会集众丝以成锦绣"，说明"文"是各种不同色彩的展示与汇聚。两种解释的共同之处都认为，"文"是各种不同的、突出的（或美好的）符号或象征的汇合与交集。"化"在《说文解字》中释为"化，教行也"，即教导人们的行为或示范。老子《道德经》中有"我无为而民自化"之句，这里的"化"是

"化育"，即成长、演化、进化、发展的意思。综合这些典籍中对"文"与"化"的解释，可以认为"文化"的本意是指不同的事物的特征汇聚在一起所展示、组成的另一种共有、共存的现象。

据可考的资料，"文化"一词最早见于东汉刘向所著的《说苑·指武》："圣人之治天下也，先文德而后武力。凡武之兴为不服也。文化不改，然后加诛。夫下愚不移，纯德之所不能化而后武力加焉。"这里所指的文化有"习俗、现象、德治"等多重意思，即圣人讲求先文治后武功，如果通过文治、德治都不能使陋俗得以改变，仍不能臣服王权的话，最后才使用武力。从《说苑》这段话中我们也可以看出，中国古代追求各民族文化的同一性，忽略甚至扼杀差异性。而今天，我们更倡导和尊重差异性，这是人类学对文化研究的主旨所在。

在我国的典籍中，文化与社会伦理规范、文治教化相关；在西方，文化最初为耕作、栽培、饲养，后引申为人类改造自然而形成的物质和精神文明成果。现代意义上的"文化"一词由日本传入中国，比之过去有了很大的发展，是一个包罗很广的概念。"文化"几乎是一个令人着迷而又难以捉摸的符号与现象，对于它的解释，中外学者见仁见智，各有说法。据法国学者摩尔统计，世界各国文献中对文化的定义有250多种。现代人类学家马林诺夫斯基（Malinnowski）将文化定义为："文化是指那一样传统的器物、货币、技术、思想、习惯及价值而言的，这个概念实包含着及调节着一切社会科学。"[1]

美国著名文化人类学家威廉·A·哈维兰指出，文化是成员共享的价值、信仰和对世界的认识，人们用它们来解释经验、发起行为，而且文化也反映在他们的行为之中。

我国学者张甲坤（1991）认为"文化是一定社会生活的总和"[2]，这种解释言简意赅，很符合中国人的理解习惯。

中外学者关于"文化"的解释，归纳起来有广义与狭义之分。

所谓"广义文化"，即人类社会创造的物质文明与精神文明的总和，其内涵十分广泛，其内容或层次的划分方法也有不同的见解，有学者认为文化是由物质文化与精神文化两个层面组成的"两分法"；有学者认为文化是由物质文化、制度文化、精神文化三个层面组成的"三分法"；有学者认为是由物质文化、制度文化、风俗习惯、思想与价值四个层面所组成的"四分法"；有学者认为文化是由物质、社会关系、精神、艺术、语言符号、风俗习惯六大子系统组成的"六系统法"等。

所谓"狭义文化"，则排除人类社会关于物质创造活动及其结果部分，专注于精神创造活动及其结果，即上层建筑部分，它反映一个民族的理论和思维水平、思维模式、精神风貌、心理状态、审美情趣和价值取向等。

文化是呈现在我们面前的一切现实。更简单地说，从精神层面，是我们头脑中固有的来自社会实践、反映客观世界的思维方式，从物质层面上来说，是我们眼中所看到的

---

① 马林诺夫斯基《文化论》，费孝通等译，商务印书馆1946年版，第2页。

② 张甲坤《中国哲学——人类精神的起源与归宿》，中国社会科学出版社1991年版，第16页。

一切具有人文印记的物质成果。

二、社会工作与文化基础

社会工作的文化基础即社会工作所根植的社会环境中的文化背景，文化基础是社会工作得以开展的非常重要的方面，甚至是基本前提。美国社会工作者协会（NASW）伦理守则中许多条款提及"文化"，在序言中就提到，"社会工作者要敏感于文化及种族的多元性，并致力于终结歧视、压迫、贫穷及其他形式的社会不公正"。在关于伦理守则的目的中提道："社会工作者也应觉察到案主的个人价值、文化和宗教信仰，以及实务工作者的个人价值、文化和宗教信仰对伦理抉择的影响。"在关于社会工作者对案主的伦理责任中提道："社会工作者必须了解文化及其对人类行为和社会的功能，并认识到所有文化的存在与力量。社会工作者应具备对案主文化背景的知识基础，并在提供服务时，能展现对案主文化的敏感度，也要能分辨不同人群和文化群体间的差异。社会工作者应透过教育并应致力于了解社会多元文化的本质，以及关于人种、族群、国籍、肤色、性别、性倾向、年龄、婚姻状况、政治理念、宗教信仰或身心障碍的压迫问题。"[1]

西方——强调"助人自助"，是基于自由意志上的人的自由、平等以及人格的尊严和个人的价值等浓厚的西方文化传统。

中国——强调"助人""施舍"，源于中国传统文化中的重视血缘和亲情关系，以及扶危济困的道德优越意识。

而西方文化中的"助人"则是基督教意义上的博爱和人文主义的平等观念。

三、旅游社会工作的文化基础

1. 旅游与文化

古今中外，旅游与文化向来是一体多面的关系，或者说旅游的本质就是文化。在汉字中，"旅"与祭祀相关，古体字"旅"就是一个人跪在山顶上朝天礼拜的形象。祭祀本身就是一种文化，祭祀和朝圣也是旅游的功能之一。《尚书·禹贡》多处记载有"荆、岐既旅""蔡、蒙旅平""九山刊旅"，是指这些地方的秩序既定，故旅祭之。《尚书正义》引孔安国注曰："祭山曰旅。"论语所言"季氏旅于泰山"之"旅"，亦为祭山之意。

文化好比一棵大树，组成文化的各种不同门类、不同层面、不同子系统的各部分犹如树的不同枝杈和不同器官——根、茎、梢、叶、花。它的根和茎代表物质层面，它的梢和花代表精神层面，旅游便生长在文化这棵大树之上，形成了独树一帜的旅游文化。旅游起源于文化，文化促进旅游发展，这就是旅游与文化的关系。

美国学者麦金托什和格波特指出，旅游文化是"在吸引和接待游客与来访者的过程中，游客、旅游设施、东道国政府和接待团体的相互影响所产生的现象与关系的总和"。美国社会学家麦坎内尔（MacCannell）也指出，"旅游是一种现代朝圣"。朝

---

① 林万亿《当代社会工作——理论与方法》，台湾五南图书出版公司2002年版，第577～578页。

圣显然是一种文化活动。1984年版的《中国大百科全书·人文地理学》对旅游文化做了这样的界定："旅游与文化有着不可分割的关系，而旅游本身就是一种大规模的文化交流，从原始文化到现代文化都可以成为吸引游客的因素。游客不仅吸取游览地的文化，同时也把所在国的文化带到游览地，使地区间的文化差别日益缩小。"与此相适应，旅游社会工作应当突显文化内容，保护文化遗产，注重文化差别，寻求文化共融。

2. 旅游社会工作的文化视角

旅游社会工作的文化视角强调旅游社会工作者必须重视其所根植的社会环境中的文化背景，对这个文化背景了然于胸是旅游社会工作得以顺利开展的非常重要的方面，特别是要了解案主所处的微观文化背景和宏观的文化背景，在此前提下提升对案主的文化敏感度，更好地为案主服务。

旅游社会工作的特殊性要求社会工作者要特别关注人种、族群、国籍、肤色、性别、性倾向、年龄、婚姻状况、政治理念、宗教信仰或身心障碍方面所体现出来的文化特征、文化差异或文化敏感问题。特别是妇女、家庭、民族、种族、国家等方面的文化敏感性和文化适应性问题。

旅游社会工作的文化基础决定了社会工作者需要不断学习新的知识，特别是要不断地学习与研究各旅游利益相关者群体的文化背景与相关知识，学习地方性文化知识，研究不同文化的社会工作适应性问题。

思考与练习题

1. 简述旅游社会工作的哲学基础。

2. 简述旅游社会工作的文化基础。

3. 旅游社会工作哲学与文化基础对于指导实务工作有何现实意义？

第三章　旅游社会工作的价值观和职业伦理

本章教学目标是认识了解旅游社会工作的价值观和职业伦理。教学的重点和难点是通过社会工作一般的价值观和《全球旅游伦理规范》，分析归纳我国旅游社会工作的核心价值观和核心职业伦理。

第一节　旅游社会工作的价值观

一、价值观

价值观首先是一种观念的东西，马克思说过："观念的东西不外是移入人脑并在人的头脑中改造过的物质的东西而已。"[①]以马克思为代表的唯物主义者都认为，价值观是人们头脑中所反映出来的对客观事物的看法或评判，其本质是物质的，只不过经过了一个改造的过程。唯心主义也有其价值观，但其价值观的来源是意识和精神的东西，是一种"先念论"的价值观。需要说明的是，同样是唯物主义者，价值观也可能有不同，对客观世界的正确反映，就会形成正确的价值观，反之会形成错误的价值观。同时也要注意到，有些唯心主义价值观也有其合理性或实用性。在考察价值观的时候，我们首先要考察一下什么是价值，需要将价值和价值观放在一起来讨论。

所谓价值，是人们对人、事、物进行判断与评价的标准或尺度。德国学者施普兰格（1987）的六种价值分类为我们提供了一个很好的参考视角[②]，他将价值的类型分为：

经济价值（economic value）：强调事物的用途及实用性，重功利。

理论价值（theoretical value）：运用实证、理性、批判来寻求真理。

社会价值（social value）：重视人际关系及情爱归属与需求。

美的价值（aesthetic value）：重视事物之色彩、外形的和谐，对称及均衡，并引以为荣。

---

① 马克思在《资本论》第一卷第2版"跋"中，批判黑格尔的唯心主义辩证法时指出："在黑格尔看来，思维过程，即他称为观念而甚至把它转化为独立主体的思维过程，是现实事物的创造主，而现实事物只是思维过程的外部表现。我的看法则相反，观念的东西不外是移入人的头脑并在人的头脑中改造过的物质的东西而已。"

② 施普兰格《价值的等级》，载马斯洛《人的潜能和价值》，华夏出版社1987年版，第20～23页。

政治价值（political value）：重视态度、权力及对他人行为及生活的影响力，如政策、制度所体现的政治价值。

宗教价值（religious value）：寻求超越俗世的神秘经验，及了解生命的意义并与超自然力量合一。

受社会文化环境以及生活经验影响，有的人可能仅重视其中几项价值。

哲学上关于价值问题的研究，是在19世纪末20世纪初才正式提出来的，是哲学领域里的一个新兴分支。现在国内外的学者比较一致的看法是，哲学的基础理论有三个分支：第一是存在论，第二是意识论，第三是价值论。从历史顺序上来说，当前一个发展到相当充分的时候，就会把问题提到下一个，价值论是在前两个发展的基础上提出来的。价值论作为哲学上一个大的基础理论分支，它的理论内容和理论结构，要比存在论和意识论更复杂，同时它与人们现实生活的联系更密切、更广泛。

价值观是一个重要的哲学命题，马克思说过，哲学的任务不只是解释世界，重要的是改变世界。而价值观是人们改变世界的重要行动指南。人们行动的直接动力不是来自哲学，而是价值判断，即人们的价值取向。

与世界观和人生观一致，价值观对人的行为起着规范和导向的作用。价值观不同的人们，行为取向也会不同，甚至可能是截然相反。如具有同样化学知识的人，有的用来造福人类，有的用来制造毒品危害人类。因此，仅仅拥有科学知识并不能保证人们行为的价值取向正确。正如世界观与人生观一样，价值观亦从属于哲学范畴，但并不等于哲学。哲学解释的是"是什么"，价值观涉及的是"应该是什么"。价值观的本质，一是工具性功能，二是理想的终极状态。哲学体现的是一种系统化、理论化的价值观。一般认为，马克思主义哲学是科学合理的价值观。

罗克奇（Rokeach）认为价值观是"一种信仰，处于个人总信仰体系的中心，告诉我们该做什么，不该做什么，或者某些终极的目标是否值得实现"[1]。

价值观是一种意识形态，是人们对于人和事的评价标准、评价原则和评价方法的观点体系，是人们行动的指南。

二、社会工作价值观

社会工作价值观是指一整套用以支撑社会工作者进行专业实践的哲学信念。价值观是社会工作的核心，社会工作实务就是要帮助案主了解个人价值观，追求个人价值实现，同时社会工作者和社会工作机构也要了解自身的价值取向，从而更好地服务社会。社会工作者很难保持价值中立，在实践过程中，可能按照自己特定的价值体系来指导实践。

社会工作专业的使命立足于一整套核心价值。这些贯穿于社会工作专业的、为社会工作者所信奉的核心价值，是社会工作独特的目标与发展前的基础。

---

[1] Rokeach M. The Nature of Human Values. New York：Free Press，1973：12～16.

美国社会协会确认了10条社会工作者的基本价值观。他们认为这是社会工作实务的基础。

（1）重视社会中的每个人。

（2）改革社会以满足社会性需求。

（3）致力于社会正义与所有社会成员的经济、物质和心理福利。

（4）尊重和欣赏个人和团体的差异。

（5）致力于发展案主自助的能力。

（6）愿意将知识与技巧传授给他人（案主、同事）。

（7）专业关系中不涉及私人情感与需要。

（8）尊重与案主关系的保密性。

（9）即使感到挫折，仍坚持为案主的利益而努力（个人、社会）。

（10）高标准要求个人行为与专业行为（公众、机构、案主、同仁利益）。[①]

根据国际社会工作协会的定义，社会工作价值观的基本内容是："社会工作产生于人文主义和民主的理想，社会工作的价值观的基础建立在尊重人人平等，尊重人的尊严和尊重人的价值基础之上。……维护人权和社会公正成为社会工作实践的主要奋斗目标和推动力。通过与弱势群体团结一致，社会工作者致力于消除贫困，解除对弱势群体的压迫，实现社会融合。"这个定义的中心思想可概括为以下几点。

（1）人人平等原则。

（2）尊重人的尊严的原则。

（3）以人为本和自决原则。

（4）维护人权和社会公正原则。

（5）赋权的原则。

（6）发展的原则。

莫拉莱斯指出："社会工作之所以存在，是因为世界并不完美。"[②]本来，社会应该是完美的，但由于人为的原因，社会往往剥夺或忽略了一些人的应得权利。因此，社会工作所做的一切善行，并不是机构和个人给予工作对象的恩赐和施舍，而是帮助工作对象争取和兑现本来应得的那份天赋权利。这个论点亦体现了社会工作价值观。

社会工作涉及的主题不仅是公民权利问题，也是关于人类的生存机会问题。达仁多夫（Dahrendorf）说："只要不是一切公民都有机会把他们的应得权利纳入制定法律的过程，法治国家就会对一些严重的差异不加触及。"因此，公民社会便是"法与自由之间的结合"，而社会工作便是实现这个"结合"的具体执行者。达仁多夫进而指出："为争取公民社会成员资格而进行的斗争，是现代社会的伟大主题，直到世界公民社会成为

---

　① 莫拉莱斯等《社会工作：一体多面的专业》，顾东辉等译，上海社会科学出版社2009年版，第115～116页。

　② 莫拉莱斯等《社会工作：一体多面的专业》，顾东辉等译，上海社会科学出版社2009年版，第115～116页。

现实的那一天，它仍然是伟大的主题。"这是公民社会的主题，也是社会工作的主题。

三、旅游社会工作价值观

《全球旅游伦理规范》既是一份旅游伦理国际公约，也体现了国际社会对旅游的价值共识，因此，它亦应成为旅游社会工作价值观的重要依据。结合社会工作普遍的价值观，旅游社会工作价值观应包含以下内容。

1. 尊重差异

在平等的前提下，重视每一个利益相关者，充分尊重旅游利益相关者中各民族、各国人民之间文化、宗教、传统、习俗等方面的差异。

2. 促进权益

促进和提升旅游利益相关者的旅游权、旅游运动自由权、经济利益权以及与旅游相关的基本人权。特别是促进大多数易受伤害的群体，尤其是儿童、老人、残疾人、少数民族和土著民族的个人权利。

3. 保护生态环境与文化遗产

促进旅游活动有益于生态环境保护，有利于自然资源的可持续发展，有利于文化遗产的保护。

4. 共享利益

一是促进旅游利益相关者共享旅游发展成果，二是优先考虑旅游当地的经济社会发展。例如，在技艺相同的情况下，当地劳动力应当享有优先权。旅游规划与宗旨应与当地经济社会发展紧密相关。

5. 保持中立

尽管社会工作很难保持中立，但在旅游社会工作中，由于工作对象的复杂性与多元性，中立非常重要。工作者应秉持专业立场和原则，超越地域、民族、国家的局限，致力于社会正义与所有旅游利益相关者的经济、物质和心理福利。

第二节　旅游社会工作的职业伦理

一、伦理

边沁（Benthem）认为只要有感受苦和乐的能力，就应该纳入道德的考量范围之内，能引起最大痛苦的行为是最不合伦理的行为。无论人或动物，甚至植物，只要是能感知苦与乐的生命体，都应受伦理道德的保护或约束，于人类而言，最道德的行为当属最大限度创造其快乐，同时也应最大限度减少其痛苦量。推人及物，彼德·辛格（Peter

Singer）于1975年发表的《动物解放》（*Animal Liberation*）[①]一文，认为动物能感受痛苦和愉快，所以人类应该给予它们道德的考量以及给予它们生存的权利。

伦理是指在处理人与人，人与社会，人与自然相互关系时应遵循的道理、秩序和准则。伦理是人与人之间的行为规范，也是一种道德底线。伦理学分为理论伦理学和实践伦理学，前者研究道德一般，后者研究道德特殊。伦理从属于哲学范畴，伦理中也存在着向善的价值取向，二者虽有联系，但区别亦明显，价值侧重对事物的性质判断，如好坏、爱憎等，而伦理更关注在现实中如何实践价值的标准，如何建构人与人、人与社会、人与自然之间的关系，如关注人类行为是否正确，是否适当等。

二、社会工作伦理

目前，我国还没有出台一份经行业组织或权威机构认证、批准，具有宪法意义的《社会工作伦理守则》，理论上主要是以"引进"为主，特别是消化吸收美国社会工作组织"美国社会工作者协会"（NASW）制定的伦理守则以及国际社会工作组织"国际社会工作者协会"（IFSW）和"国际社会工作学院联盟"（IASSW）联合制定的社会工作伦理标准。

1. 美国社会工作者协会伦理守则简介

美国社会工作者协会伦理守则（Code of Ethics of the National Association of Social Workers）于1996年经全美社会工作者代表大会核准并正式颁布，2008年就某些条款做了进一步修改。该"守则"原文含英文单词8500多字，翻译成中文14000余字，是迄今为止国际社会最为详尽、最为权威的一份社会工作伦理守则，已成为各国社会工作者学习、研究和在社会工作实务过程中比照遵循的准则。

NASW在其伦理守则中开宗明义地指出："社会工作专业的首要使命在于促进人类的福祉、协助人类满足其基本人性需求，尤其关注于弱势群体、受压迫者及贫穷者的需求和增强其力量。社会工作的历史传统和形象定位皆着重于促进社会中的个人福祉和社会福祉。社会工作的基础就是关注那些产生、影响和引发生活问题的环境力量。"[②]NASW认为，社会工作者的首要任务是协同或代表案主来促进社会正义和社会变迁，而案主包括有需要的个人、家庭、团体、组织和社区。强调社会工作者要敏感于文化及种族的多元性，并通过社会工作活动致力于终结歧视、压迫、贫穷及其他形式的社会不公正。这些活动的形式包括：直接的实务工作、社区组织、督导、咨询、行政、倡导、社会政治行动、政策发展和执行、教育、研究与评估。社会工作者寻求增进人们表达自我需求的能力，同时也追求促使组织、社区和其他社会机构对个人需求与社会问题的回应。

伦理守则对于社会工作而言固然是必要的，但并不能保证这个守则能解决所有的问题，也并不等于说有了守则在社会工作过程中就不会有任何问题。当伦理议题发生时，

---

① 彼得·辛格《动物解放》，青岛出版社2004年版。
② 见美国社会工作者协会（NASW）网站。

守则提供一整套价值、原则和标准以指引工作者做出决定和行为，但它并非是社会工作者在所有情景下如何行为的规范。守则在应用于特定情景时，必须考虑其背景及守则价值、原则和标准间产生冲突的可能性。

此外，当价值、原则和标准相冲突时，美国社会工作者协会伦理守则并未区别何者是最重要的或何者应加权。当价值、伦理原则和伦理标准冲突时，社会工作者之间对于优先顺序的排列，可能会存在着合理的分歧。在特定情景下的伦理抉择必须依靠个别社会工作者的充分判断，同时也应考虑专业的伦理标准在同辈的审查过程中将会如何被判断。

还需要说明的是，伦理抉择是一个过程，在这个过程中，仍然需要一定的知识与创造性，但均需以基本伦理或人伦常情为底线。在社会工作实务中，许多复杂的伦理议题无法用简单的答案去解决。社会工作者首先应以基本的伦理守则为依据，详加考虑与任何适当的伦理抉择情景有关的所有价值、原则和标准，使抉择和行为尽量与守则的精神与文字相一致。

除了守则外，还有许多有利于伦理思考的信息来源需要社会工作者详加利用。社会工作者也应觉察到案主的个人价值、文化和宗教信仰，以及实务工作者的个人价值、文化和宗教信仰对伦理抉择的影响。社会工作者应觉察到任何个人与专业价值的冲突，并负责任地加以处理。当面对伦理的两难时，为寻求更多的指导，社会工作者应参考专业伦理和伦理抉择的相关文献，寻找合适的咨询等。

当社会工作者协会伦理职责与机构政策、相关法律或规定冲突时，社会工作者应以符合本守则的价值、原则和标准的姿态，尽责地致力于解决冲突。如果尚无可能合理地解决冲突，社会工作者应在做决定前寻求适当的咨询。

伦理守则并不能保证伦理的行为，而且，伦理守则也不能解决所有的伦理议题和争议，或涵盖在道德范围内做出负责任决定的所有复杂层面。更进一步说，伦理守则所阐述的价值、伦理原则和标准，仅供专业人员参考并判断其行动。社会工作者的伦理行为源于他们个人对投入伦理实务工作的承诺。

NASW确立的伦理的原则、标准和责任摘要综述如下。

（1）伦理原则。以下广泛的伦理原则是立足于对社会工作的核心价值：服务，社会正义，个人的尊严与价值，人际关系的重要性，正直和能力。这些原则设定了所有的社会工作者都应追寻的理想。

价值一：服务。

伦理原则：社会工作者最首要的目标就是帮助有需要的人们，并致力于社会问题的解决。

价值二：社会公正。

伦理原则：社会工作者要挑战社会的不公正。

价值三：个人的尊严与价值。

伦理原则：社会工作者尊重个人与生俱来的尊严与价值。

价值四：人际关系的重要性。

伦理原则：社会工作者应认识到人际关系的核心重要性。

价值五：信誉。

伦理原则：社会工作者的行为应是值得信赖的。

价值六：能力。

伦理原则：社会工作者应在自己专业能力的范围内执行业务，并提升自己的专业技能。[①]

（2）伦理标准。以下的伦理标准与所有的社会工作者的专业活动均有关系。这些标准关注的方面如下：

① 社会工作者对案主的伦理责任：a. 对案主的承诺。一般而言，案主的利益是最优先的。但是，社会工作者对广大社会或特定法律的责任，也可能在某些情形下会取代对案主的承诺，但须以事实告知。b. 自决。尊重案主自决。c. 告知后同意。如果案主缺乏告知后同意的能力，社会工作者应寻求适当的第三者的同意，并以案主所能理解的程度告知案主，以保护案主的利益。在录音、录像或允许第三者旁观之前，得到案主的告知后同意。d. 能力。社会工作者应具备专业能力并在能力范围内提供服务。e. 文化能力与社会多元。社会工作者应了解文化背景与力量，具备文化敏感性，分辨文化差异。f. 利益冲突。应警觉并避免会影响到专业裁量权和公正判断的利益冲突，冲突发生时应尽力保护案主利益。g. 隐私与保密。h. 记录的接近。一方面，社会工作者应向案主提供其可以合理接近的有关其自身的记录，另一方面基于让案主免受伤害的理由，有关案主的记录是否全部开放或部分开放需要认真考量，有时还需做出解释。i 性关系。社会工作者无论在任何情况下都不可以和当前的案主发生自愿同意的或是强迫性的性行为或性接触，也不可以与以前曾与自己有性关系之个人提供临床服务。j. 肢体接触。肢体接触要不能伤害案主，必要接触时要设立一个度，特别是要考虑文化敏感度。k. 性骚扰。社会工作者不准对案主性骚扰。l. 诽谤的语言。社会工作者与案主接触应使用正确且尊重的语言。m. 服务的付费。提倡免费服务，有偿服务须公平合理。n. 缺乏决定能力的案主。当社会工作者必须代理无决定能力的案主时，社会工作者应采取合理的步骤以保障此案主的利益和权利。o. 服务的中断。如因故需中断服务，应尽合理的努力来确保服务的延续。p. 服务的终止。终止服务需谨慎，避免仓促撤除，终止服务亦需做好即行告知、转介或寻求延续服务等。[②]

② 社会工作者对同事的伦理责任：a. 尊重。尊重同事，尊重案主。b. 保密。社会工作者对于同事在专业关系和转介过程中所分享到的案主资料，应予以保密。c. 学科间的合作。社会工作者当以本专业的知识贡献于跨学科的合作团队。d. 同事涉入争议。社会工作者不应利用同事与案主的争议谋私利，社会工作者与同事之间的争议也不应让案

---

① 见美国社会工作者协会（NASW）网站。

② 见美国社会工作者协会（NASW）网站。

主受损。e. 咨询。向有专长的同事咨询，同时尽量减少信息的透露。f. 转介服务。应采取适当步骤以有助于依序地完成责任的转移，资料的交接应获案主同意，转介时禁止给予或接受报酬。g. 性关系。不应与受督导者、学生、受训者，或在其专业权威之下的其他同事发生性行为或性关系，当有利益冲突的可能时，社会工作者应该避免与同事发生性关系，已经或即将与同事涉及性关系，必要时有职责转换专业责任以避免利益冲突。h. 性骚扰。社会工作者不应对受督导者、学生、受训者或同事进行性骚扰，包括性暗示及与性相关的肢体接触。i. 同事之个人问题。当社会工作者发现同事因个人原因可能会影响工作效果，应及时与其商讨以期改善，如果同事没有采取措施予以补救，社会工作者应通过机构组织等适当途径反映直至问题解决。j. 同事之能力不足。处置原则同i。k. 同事之不伦行为。一是社会工作者本身要熟悉相关政策法规、伦理原则；二是对有不伦行为的同事要进行规劝、预防、揭穿和纠正；三是通过正式或适当的渠道来解决；四是要对受不公正指控的同事提供帮助。

③社会工作者对实务机构的伦理责任：a. 督导与咨询。社会工作者应具备专业内督导与咨询的知识，分清督导与咨询的界线，厘清与被督导者的关系，对被督导者的尊重与公正评价。b. 教育和训练。伦理原则与a相似。c. 绩效评估。依照职业标准和公正的态度对他人的表现进行评估。d. 案主记录。社会工作者确保在工作过程中对案主记录的私密性、正确性、全面性及档案管理的规范性。e. 付账。如付费服务，需建立与服务内容相一致的付费内容与方式，并需指明在机构中由谁提供了服务。f. 要详加考察案主在转来之前与转来之后的情形，如有必要在征得案主同意的前提下，可对之前的服务提供者提出咨询。g. 行政。行政人员对资源的适当组织与公正分配，以及对社会工作者伦理状况的监督与管理。h. 继续教育与员工发展。让员工有机会接受继续教育与个人发展，是行政人员的职责，继续教育过程中应讲授有关社会工作实务和伦理的新的知识与未来的发展。i. 对雇主的承诺。社会工作者应对雇主负责，确保在实务工作与专业伦理相一致的情况下，忠实履行职责，用好有限资源，并追求好的效果。j. 劳动争议。社会工作者应审慎地、在专业伦理指引下参与劳动争议及相应的行动，同时也要考虑对案主可能造成的影响。

④社会工作者作为专业人员的伦理责任：a. 能力。具备专业能力，尽力而为，不断学习、运用新知识。b. 歧视。社会工作者不应从事、包容、推动或配合各种形式的歧视。c. 个人行为。个人行为不能干扰专业责任的执行。d. 不诚实、欺诈、诱骗。不参与、不纵容不诚实、欺诈、诱骗行为。e. 个人问题。社会工作者不应因个人问题而影响专业责任的履行，当个人问题已经或将要影响到专业判断或工作效果时，应找到适当的解决方式，以避免损害案主的利益，如寻求咨询、调整岗位、结束实务或采取其他相应补救措施。f. 失言。谨言慎行，言行一致，言符其实。g. 招揽。不强揽案主，不求他人表扬（签名）。h. 承认功绩。客观面对自己的功绩，诚实地承认他人的努力。

⑤社会工作者对社会工作专业的伦理责任：a. 专业的信誉。专业使命，专业贡献，专业维护。b. 评估与研究。评估政策实务，促进专业发展，检视最新知识，评估立场公

正，案主利益优先，承担伦理责任。[①]

⑥ 社会工作者对广大社会的伦理责任：a. 社会福利。社会工作者应追求本土及全球的整体福利，倡导人类基本需求的满足与社会正义的实现。b. 公共参与。社会工作者应促进社会大众了解如何参与公共事务。c. 公共紧急事件。社会工作者应尽最大可能地为公共紧急事件提供适当的专业服务。d. 社会和政治行动。包括通过倡导政策与立法的改变促进人的发展；关注弱势群体；尊重多元与差异以及防止与消除歧视。

2. IFSW与IASSW社会工作伦理简介

IFSW与IASSW联合制定的社会工作伦理是由这两个机构于2004年在澳大利亚举行的联会上讨论通过的。这一伦理原则相较于美国社会工作者协会伦理守则更为宏观，因为它兼顾了世界各国不同的特点与利益，是一份框架性和原则性的、有关社会工作伦理的国际性文件，其中一些原则具有重要的指导意义。这份简短的文件分为前言、社会工作定义、国际公约、原则、专业行为5个部分，现译介如下。

社会工作伦理[②]

1. 前言

伦理意识是一个社会工作者的专业实践的基本组成部分，他们所做出的伦理行为的能力和承诺是关系到为那些使用者提供服务的质量的一个核心方面。IASSW和IFSW伦理上的工作目标是促进成员组织、成员国社会工作服务提供者之间，以及在学校社会工作学院和社会工作专业学生之间的伦理争论和反思。一些社会工作者所面临的伦理上的挑战和问题是特定国家的特有问题；其他的是一些共同的问题。根据一般原则，IASSW和IFSW的联合声明，旨在鼓励世界各地的社会工作者反映他们所面临的挑战和难题，和在每一个特定的情况下如何采取行动、制定伦理上的明智决策。这些问题领域包括：

（1）社会工作者的忠诚度通常在利益冲突中受到影响。

（2）社会工作者的功能是作为帮助者和管理者。

（3）社会工作者保护受服务人群利益的职责，与社会对工作效用的需求之间的冲突。

（4）社会资源是有限的。

2. 社会工作的定义

社会工作专业是促进社会变革，解决人际关系问题，赋予人民权力和自由，提升福祉，运用人类行为和社会系统以及社会工作理论介入人与环境的互动。人权和社会正义的原则是社会工作的基础。人权准则与社会公正是社会工作的根本。

[①] 见美国社会工作者协会（NASW）网站。
[②] 见国际社会工作学校联盟网站。

3. 国际公约

国际人权宣言和公约形成的共同标准，以及认可的全球社会所接受的权利，特别是有关社会工作的实践和行动的文件是：

（1）《国际人权宣言》（*Universal Declaration of Human Rights*）。

（2）《国际公民和政治权利公约》（*The International Covenant on Civil and Political Rights*）。

（3）《国际经济、社会和文化权利公约》（*The International Covenant on Economic, Social and Cultural Rights*）。

（4）《消除一切形式种族歧视公约》（*The Convention on the Elimination of All Forms of Racial Discrimination*）。

（5）《消除对妇女一切形式歧视公约》（*The Convention on the Elimination of All Forms of Discrimination against Women*）。

（6）《儿童权利公约》（*The Convention on the Rights of the Child*）。

（7）《土著和部落人民公约》（*Indigenous and Tribal Peoples Convention*）。

4. 原则

（1）人权和人类尊严。社会工作基于对所有人天赋价值和尊严，以及由此而产生的权利的尊重，社会工作者应该坚持和保护每个人的身心健康和幸福。这意味着：

① 尊重自主决定的权力。社会工作者应尊重并提倡人们当家做主的权力，不以他们的价值和人生的选择来考量，要假定这些并不影响人们的合法权益。

② 提倡参与权。社会工作者应提倡公民全身心地参与和融入他们的社会服务中，以此使人们能把他们的权利运用到与生活息息相关的决策和活动里。

③ 整体地对待每个人。社会工作者应结合人们的家庭、群体、社会、自然环境来考虑这个人，并且应该了解对方人生的所有方面。

④ 认识并发展优势。社会工作者应聚焦于所有个体、小组、社区的优势并且增强他们的权能。

（2）社会公平。在一般的社会关系及与社会工作对象的关系中，社会工作者有责任促进社会公平。

① 挑战负面歧视。社会工作者有责任去挑战负面的对于性别、婚姻状况、经济状况、政治观念、肤色、种族，或其他有关身体残疾、性取向，或宗教信仰的歧视。

在某些国家，"歧视"会被"负面歧视"这个词所取代。"负面"这个词用在这里是因为有些国家有"正面歧视"这个词。正面歧视也被称为"积极的行动"。

② 认识多样性。社会工作者应在实践过程中认识并尊重民族和文化多样性，考虑到个体、家庭、群体和社区的差异。

③ 公平分配资源。社会工作者应确保资源能根据需要得到公平的分配。

④ 质疑不平等政策和实践。社会工作者有责任使他们的雇主、决策者、政要和公共形势注意到资源是否得到均等分配，政策和实践是否是压制性的，不公正的或有害的。

⑤ 团结地工作。社会工作者有义务去质疑导致社会排斥、遭受污名或压制的社会状况，在一个包容性社会中同心协力工作。

5. 专业行为

与IFSW和IASSW的宣言保持一致，并不断发展和定期更新其伦理守则和伦理指引，同时，这些国家组织也有责任向社会工作者和社会工作学院发布这些守则或指引。社会工作者应依据他们国家当前的伦理守则或指引开展工作。在特定国家背景下的伦理实践一般会包括更多的详细条款。

（1）社会工作者应该发展和维持必要的技能来进行工作。

（2）社会工作者不应该把技能用于非人道目的，例如酷刑或恐怖活动。

（3）社会工作者应该言行正直。其中包括不要滥用使用他们服务的人的信任，认识到个人与职业生活的界限，不要滥用职权来获取利益。

（4）社会工作者应带着热情、同情和关心来对待使用他们服务的人们。

（5）社会工作者不应该把接受服务的公民的需要和兴趣放在第二位而把自身放在第一位。

（6）社会工作者无论在工作场所还是在社会上，有责任采取必要措施来关注自己专业方面或个人方面的事情，以确保能够为别人提供适当的服务。

（7）社会工作者应确保使用服务人群信息的私密性。例外情况仅是基于更重要的道德要求（比如保全生命）。

（8）社会工作者需要意识到他们的行为必须对服务的使用者、同事、合作的人、雇主、任职机构以及法律负责，而且这些责任之间可能会产生冲突。

（9）社会工作者应热心与社会工作学院开展合作，以此来支持社会工作专业的学生得到高质量的实际锻炼，更新他们的实践知识。

（10）社会工作者应培养和参与同事、雇主之间的伦理争论，为做出伦理上的明智决策承担责任。

（11）社会工作者对他们基于伦理考虑而做出决定的理由要做好说明的准备，并对自己的选择与行为负责。

（12）社会工作者应在他们的供职机构和他们的国家努力创造条件，使这些条款的原则以及国家的伦理守则（如果有）得到讨论、评价和支持。

3. 中国社会工作伦理讨论

目前在中国尚没有一个统一的社会工作伦理守则，上述有关国家和国际社会工作组织的社会工作伦理亦是来自于理论与实践的高度总结，也获得了国际社会的认同，相信这些伦理规则对我国社会工作同样具有重要的指导意义。国内学者也在这方面做了一些研究，刘梦在谈到小组工作的伦理时认为，中国的社会工作实务至少要特别重视以下几个原则：

（1）程序性原则。

（2）知情原则。

（3）保密原则。

（4）尊重组员（案主）原则。

（5）理论联系实务原则。

结合国际社会及国内学者对社会工作伦理的描述，我们可以从"定性"与"定位"两个层观来考察我们的社会工作伦理议题。所谓定性，即根据不同性质、属性对应遵循的伦理条款进行总体的、主观的描述。

所谓定位，即根据社会工作者所处的不同位置，扮演的不同的角色来定义社会工作者所承担的、不同的伦理责任。

（1）对案主的伦理责任。尊重、知情、保密、负责任。

（2）对同事的伦理责任。尊重、互助、互勉。

（3）在实务机构中的伦理责任。认同、忠诚、责任感与使命感。

（4）作为专业人员的伦理责任。德才兼备，谨言慎行，忠于职守。

（5）对专业的伦理责任。尊重案主利益，维护专业荣誉。

（6）对社会全体的责任。致力于增进社会成员（案主）的社会福利以及促进和谐社会建设。

定性的描述简单易记，便于理解，但不利于更深刻地领会。相比较而言，"定位"的视角似乎能够更加全面地考察伦理问题。

三、旅游社会工作伦理

旅游社会工作遵循着社会工作专业的一般伦理守则，其伦理关注的内容仍然不会超越案主、同事、机构、个人、专业、社会这六个方面，只能是在此基础上，发展出特有的职业伦理。参照上述相关的国际社会工作的伦理，以及旅游社会工作的实践，旅游社会工作伦理的具体内容应在以下一些方面有所侧重。

1. 对案主的伦理责任

旅游社会工作所指的案主亦即旅游社会工作所服务的对象，这个服务对象涉及面广，简而言之可称为旅游利益相关者，包括当地居民、游客、旅游业者、旅游管理人员、旅游企业、当地政府及客源地政府以及媒体等。社会工作者对案主的伦理责任的重点是尊重多元性与差异性、尊重案主自决及对于缺乏自决能力的案主的处置方法、注意文化及民族的敏感性以及反歧视。世界旅游组织第十三届大会1999年10月1日在智利首都圣地亚哥通过的《全球旅游伦理规范》当是旅游社会工作中，对案主伦理责任的国际性和纲领性指导文件。

2. 对同事的伦理责任

一是互相学习，取长补短。基于旅游社会工作牵涉面广，需要社会工作专业与旅游相关学科的合作与互补，同事的专业侧重可能各有所长，旅游社会工作者与同事之间咨询与沟通就显得更为重要，一方面社会工作者要能够虚心请教，不耻下问；另一方面也要诲人不倦，以宽广的胸怀，乐意让自己的经验与同事分享。二是互相督促，维护尊严。旅游社会工作经常接触到一些特殊的人群，如来自不同的民族、不同的国家、有着不同的宗教信仰等，旅游社会工作者也是反映旅游地综合印象的一个窗口，工作的质量与效果事关重大。面对这个复杂、多元的社会工作处境，社会工作者未必都做好了充分的准备。在这种情况下，社工有责任对那些因个人原因导致工作效果不佳、难以为继，甚至有不端行为的同事及时提供帮助，协助或督促其加以调整，必要的时候要向所在机构或相关协会及时反映情况，以避免和阻止不良后果的发生，共同维护社会工作的尊严。

3. 在实务机构中的伦理责任

首先是要明确岗位责任。社会工作者要清楚自己在机构中的职责，履行好岗位责任，摆正工作位置与协调工作关系。第二是做好档案管理。不能因为旅游社会工作所服务的案主的复杂性，包括流动性与异地性而放松对案主资料的管理，恰恰是因为这一点而更要加强对档案的管理。全面、准确地记录案主资料与服务过程，尊重与保护个人隐私，提升档案管理的规范性与安全性，对于推动旅游社会工作的开展更为重要。三是加强行政管理。注重有限资源的公平分配与员工职业发展和生涯规划。旅游发展带来的利益为全体利益相关者共享，而旅游地的社会工作机构亦不能置身事外，要让工作人员看到机构的发展前途，参与并共享机构的发展。四是增强机构认同。在社会工作实务与专业伦理相一致的前提下，忠实履行对机构的责任与承诺，践行机构的使命与愿景，通过自己的努力工作保证提供良好的服务，树立旅游区社会工作机构的形象，促进机构的不断发展。

4. 作为专业人员的伦理责任

在中国的语境下，旅游社会工作专业人员的伦理责任应当聚焦于才与德两个方面。才即做事的能力。旅游社会工作者应当加强学习，特别是要学习旅游与社会工作之间的关联知识，不断地提高自己的专业能力，以适应复杂、多元的旅游社会工作服务对象的需求。德即做事的原则。在旅游社会工作中，面对工作对象在性别、婚姻状况、经济状况、政治观念、肤色、种族，或其他有关身体残疾、性取向，或宗教信仰等方面的差异，要恪守多元包容、反对歧视的职业操守，同时要做到谨言慎行，廉洁自律，客观公正，诚实守信。

5. 对专业的伦理责任

在遵从专业的使命、价值观的前提下，力图通过理论与实务对专业有所贡献，时刻注意维护专业在社会上的信誉，促进旅游地区经济社会的和谐发展；对旅游社会工作政策实务坚持客观公正的评估与研究，是旅游社会工作专业伦理责任的另一个重要方面。旅游社会工作者应不断检视旅游社会工作的最新知识，以案主利益为先，恪尽专业操守，促进专业发展。社会工作者应持续地致力于增加自己的专业知识和技巧，并运用于实务工作中，社会工作者应鼓舞自己对专业的知识基础有所贡献。

6. 对社会全体的责任

以追求普遍的社会正义，特别是族际、国际、代际正义；以增进社会福祉为己任，积极参与社会工作事务，特别是为弱势群体的利益倡导和政策推动以及不同利益群体之间矛盾及纠纷的调解和公共危机事件的处理等。

思考与练习题

1. 简述旅游社会工作的核心价值观和核心的职业伦理，以及这些价值观和职业伦理对于指导旅游社会工作的意义。

2. 某海边渔村，因某公共工程征地，该村300户人家需整体搬迁，政府为做好安置工作，在另外一个远离海滨的地方建了数栋5层楼的安置楼。楼房建成后，渔民们迟迟不肯搬进新楼房，有的做好工作搬进去后又回到海边家中，渔民反映住楼房不习惯，不方便，老年人说还是习惯住原来的渔村，哪怕破旧一些心里也舒坦，对原来的环境非常依恋。以致拆迁协议迟迟不能签订，拆迁工作进展缓慢。请运用所学知识，分析一下社工面临这种情形应该怎么办？

扩展阅读

全球旅游伦理规范①

世界旅游组织第十三届大会1999年10月1日在智利首都圣地亚哥通过该规范。

——编者

第一条 旅游：对促进人民和社会之间相互了解与尊重的贡献

1. 抱着对不同宗教信仰、哲学观点和伦理观念容忍和尊重的态度，了解并促进和人性一样的伦理标准，既是负责任旅游的基础，又是负责任旅游的归宿。旅游发展中的利益相关者和旅游者本身，都应当遵守各个民族——包括那些少数民族和土著民族的社会文化传统和习俗，并承认其价值。

2. 旅游活动的开展应当与东道地区和国家的特征与传统保持一致，并尊重其法律惯例和习俗。

3. 东道地区作为一方，当地专业人员作为另一方，都应当熟悉并尊重到访的旅游者，了解有关他们生活方式、兴趣和期望的情况，对专业人员的教育和培训有助于促进热情友好的接待。

4. 保护旅游者和来访者及其他们的财物是政府机构的任务；这些机构必须特别关注外国旅游者的安全，因为他们特别容易受到伤害；应当根据旅游者的需要，促进信息、预防、安全、保险和援助等特定工具的利用；任何对旅游者或旅游从业人

① 世界旅游组织《全球旅游伦理规范》，张广瑞译，《旅游学刊》2000年第3期，第71～74页。

员的攻击、侵犯、绑架或威胁，以及对旅游设施和对文化或自然遗产要素的恶意破坏，都应当依据他们各自国家的法律，给予严厉的谴责和惩罚。

5. 在旅游过程中，旅游者和访问者不应当从事任何犯罪行为，或者从事任何根据到访国家的法律被认为是犯罪的行为，要戒绝那些被当地人感到是冒犯和伤害的行为，旅游者和访问者——甚至在旅行出发之前——有责任熟悉他们准备访问国家的特点；他们必须知晓任何离开他们惯常环境外出旅游的过程中所固有的健康与安全方面的风险，并尽量做到将这些风险降到最低的程度。

第二条　旅游：个人与集体满足的工具

1. 旅游是一种最经常和休息、放松及健身相联系且接近文化与自然的活动，它应当作为一种实现个人和集体满足的特殊方式进行规划和从事；当怀着一种非常开放的观念从事旅游活动时，它便成为自我教育、相互容忍和了解不同人民和文化之间的合理差异及其多样性的一种不可替代的因素。

2. 旅游活动应当尊重男女之间的平等；应当促进人权，特别是促进大多数易受伤害的群体，尤其是儿童、老人、残疾人、少数民族和土著民族的个人权利。

3. 对人的任何形式的不正当利用，特别是性方面，尤其是对儿童在性方面的利用，是与旅游的根本宗旨相冲突的，是对旅游的否定；根据国际法，这种行为应当在所有有关国家的通力合作下予以坚决打击，应当受到到访国家和这些行为实施者国家的国家立法机构的严厉惩罚，即使是这些行为发生在国外，也决不留情。

4. 为宗教、健康、教育和文化或语言交流等目的所进行的旅行是非常有益的旅游形式，应当予以鼓励。

5. 将旅游者交流的意义、这些交流带来的经济、社会和文化等方面的利益以及它们的风险引入到教育机构的课程中去的做法应当予以鼓励。

第三条　旅游：可持续发展的因素

1. 所有旅游发展的利益相关者，应当抱着实现良好的、不间断的和可持续的经济增长以平等地满足当代和未来代代人需要和愿望的观点，保护自然环境和资源。

2. 所有有助于节约稀有和珍贵的资源——特别是水资源和能源——并尽量避免废弃物产生的旅游开发形式都应当优先考虑并受到国家、区域和地方政府的鼓励。

3. 应当设法错开旅游者和访问者流动——特别是由于带薪假期和学校假期所造成的那些流动的时间和空间，以便更加均衡的假期分配，从而减少旅游活动对环境的压力，增强其对旅游业和当地经济的有益的影响。

4. 旅游基础设施的设计和旅游活动的安排应当有助于保护由生态系统和多样化构成的自然遗产和濒临危险的野生生物物种；旅游发展的利益相关者，尤其是专业人员，当他们的活动在一些特别敏感区域——开辟为自然保留区或保护区的沙漠、极地或高山区域、沿海区域、热带森林或湿地——进行时，应当同意对他们的活动实行控制或限制。

5. 自然旅游和生态旅游被认为特别有利于强化和提高旅游的地位，但是它们必须尊重自然遗产和当地人民，不超越其活动场地的承载力。

第四条　旅游：人类文化遗产的利用者及改善这些遗产的贡献者

1. 旅游资源属于全人类的共同遗产；资源所在领土的社区对它们有特定的权利和责任。

2. 旅游政策的制定与旅游活动的开展应当尊重艺术、考古和文化遗产，应对这些遗产加以保护，代代相传；应当特别精心地保护和改善纪念物、殿堂和博物馆以及考古与历史遗迹，而这些场所必须广泛地向旅游者开放；鼓励私人拥有的文化财产和纪念物在尊重其所有权的前提下向公众开放，同时也鼓励宗教建筑物在不妨碍正常宗教活动的前提下向公众开放。

3. 从文化场所和纪念物接待访问中所获得的资财，至少有一部分，应当用来维护、保护、开发与改善这一遗产。

4. 旅游活动的规划应当使传统的文化产品、工艺品和民俗得以生存和繁荣，而不是使其退化或变得千篇一律。

第五条　旅游：一项对东道国家和社区的有益活动

1. 当地人民应当与旅游活动相联系，平等地分享这些活动的经济、社会和文化的利益，特别是分享由于这些活动的开展所创造的直接和间接就业方面的利益。

2. 旅游政策的实施应当有利于提高到访区域人民的生活水平和满足他们的需求；旅游度假地和住宿设施的规划和建筑设计的方法与其经营的宗旨应当是尽量与当地经济和社会结构紧密结合在一起的；在技艺相同的情况下，当地劳动力应当享有优先权。

3. 要特别关注沿海区域和岛屿地区以及易于受到破坏的农村和山区的特殊问题，因为对这些区域来说，在面临传统经济活动衰退的情况下，旅游经常是得以发展的难得的机会。

4. 旅游专业人员，特别是投资者，在政府制定的规章制度的控制下，应当研究其开发项目对环境和自然状况的影响；另外他们还应当尽量清晰客观地提供有关其未来活动项目和可以预见的影响方面的信息，并与有关公众就其内容进行对话。

第六条　旅游发展中利益相关者的义务

1. 旅游专业人员有义务向旅游者提供关于他们访问的目的地以及旅行、接待和逗留方面条件的客观而真实的信息；他们应当确保，在承诺所提供服务的性质、价格和质量以及在他们一方单方面违反合同时的资金赔偿等方面不存在理解上的困难。

2. 旅游专业人员，在他们的职权范围内应当与政府合作，关注那些寻求他们服务的人们的安全保护、事故预防、健康保护和食品安全；同样，他们应当保证有适宜的保险和援助；他们应当接受国家法规中阐明的报告义务，在不能履行合同义务时应当做出适当的赔偿。

3. 旅游专业人员，在他们的职权范围内，应当努力使旅游者在文化和精神上得到满足，并在其旅游过程中，允许他们信奉其宗教信仰。

4. 客源国和东道国的公共机构，应当与有关专业人员和其协会组织合作，保证在组织该旅游活动的企业破产时有送返旅游者的必要机制。

5. 政府有权利和责任，特别是处于危机的情况下——通告其公民关于他们到国外旅行时可能会遇到的困境甚至危险的信息；不过，他们的责任是，在发布这些信息时避免以不公正或夸大其词的方式妨碍东道国家的旅游业和他们自己国家经营者的利益；旅游劝告的内容应当事先与东道国家的当局和有关的专业人员商讨；所制订的建议应当严格地与所面临形势的严重性相符合，并仅限于不安全情况出现的地理区域；一旦恢复正常，这些建议应当予以修正或取消。

6. 新闻记者，特别是专业的旅游新闻记者及其媒体，包括现代电子通信工具在内，应当公正而均衡地发布关于可能会影响旅游者流动的事件和形势的信息；他们还应当向旅游服务的消费者提供准确可靠的信息；另外，应当开发新的通信和电子商务技术，并将其运用到这一目的上；就媒体而言，他们不应当以任何方式宣传性旅游。

第七条　旅游的权利

1. 能够个人直接地拥有发现与享受地球资源的愿望是人世间所有人都平等享有的权利；日益广泛地参与国内和国际旅游应当视为自由时间持续增长的最好体现之一，对此不应当设置障碍。

2. 普遍的旅游权利必须视为休息与休闲权利的必然结果，这种休息和休闲的权利包括《国际人权宣言》第24条和《国际经济、社会和文化权利公约》第7条中所保证的工作时间和周期性带薪假期的合理限制。

3. 社会旅游，特别是社团性的旅游，有助于广泛参加休闲、旅行和度假活动，应当在公共机构的支持下予以发展。

4. 应当鼓励和促进家庭、学生和老年旅游以及为残疾人组织的旅游活动。

第八条　旅游者运动的自由

1. 旅游者和访问者，遵守国际法和国家的法规并依据《国际人权宣言》第13条的规定，从在自己的国家和在国家之间自由旅行中受益；他们在过境、进入逗留地点和进入旅游和文化场所时不应当办理过于烦琐的手续和遭受歧视。

2. 旅游者和访问者应当能够参与所有形式的——国内的和国际的——交流；他们应当从及时而方便地享受当地行政、法律和健康中受益；他们应当依据现行的外交公约自由地与本国领事代表接触。

3. 旅游者与访问者，在关于他们个人数据和信息的机密方面，特别是这些信息以电子的方式储存时，应当享有和到访国家的公民一样的权利并从中收益。

4. 事关跨越边境的行政管理程序，不论其程序属于国家的权限还是源自国际协议，诸如签证和健康及海关手续等，都应当尽量适宜，以便能使旅行得以最大限度的自由，广泛地参与国际旅游；应当鼓励国家集团之间达成协议，统一和简化这些程序；损害旅游业和影响其竞争力的特别税费应当逐渐消除或修订。

5. 只要出发地国家的经济形势允许，旅游者应当能够获得他们旅游所需要的可兑换货币的数额。

第九条　旅游业从业人员和企业家的权利

1. 旅游业和相关活动中领取薪金和自雇从业人员的根本权利应当在国家和地方政府——本国的政府，特别是东道国的政府的监督下得以保证，考虑到特别是与他们活动的季节性、行业的全球性和其工作性质经常要求他们在灵活性方面应有特殊限制条件。

2. 从旅游业和相关活动中领取薪金和自雇从业人员有权利和义务获得相应的初始培训和继续培训；他们应当得到充分的社会保护；就业的不稳定性应当尽量予以限制；特别是与他们社会福利有关的特定地位应当向该部门的季节性职工提供任用。

3. 任何自然人和法人，只要具有必要的能力和技能，应当有权根据现行国家法律在旅游领域中开展专业活动；企业家和投资人——特别是在中小企业范围内——应当在最少的法律或行政限制下有权自由地进入旅游部门。

4. 向来自不同国家的管理人员和工人——无论其是否领取薪金——提供的经验交流活动有利于促进世界旅游业的发展；这些活动在与现行国家法律和国际公约保持一致的前提下，应当尽量鼓励。

5. 作为在国际交流的开展与急剧扩大中一个不可替代的关联因素，旅游行业的跨国企业不应当利用它们有时所占据的主宰地位；它们应当避免成为人为地强加于东道社区的文化和社会模式的工具；它们自己应当参与当地的发展，避免通过将其利润或诱发的进口物品过多地调回本国的方法减少它们对其所在国家的贡献。

6. 伙伴关系与客源国和接待国之间均衡关系的建立促进旅游的可持续发展，促进旅游增长利益的平等分配。

第十条　全球旅游伦理规范原则的实施

1. 旅游发展中公营和私营部门的利益相关者应当同心协力实施这些原则，并监测其实际执行状况。

2. 旅游发展中的利益相关者应当承认那些在旅游促进与发展、人权保护、健康环境等领域有管辖权和与国际法一般准则有一定关联的国际机构——其中世界旅游组织（WTO）位居其首——和非政府机构的作用。

3. 还是这些利益相关者，在事关运用或解释《全球旅游伦理规范》中出现任何争议时，应当表示愿意向通常称作"世界旅游伦理规范委员会"的公正无偏见的第三方进行调解。

第四章 旅游社会工作的理论基础

本章教学目标是认识了解支撑旅游社会工作的基本理论来源。教学的重点和难点是充分理解这些基本理论与旅游社会工作的关联度，能够运用这些理论分析社工实务。

第一节 旅游社会学

在现代及后现代社会中，旅游业的发展，促进了人们对旅游者这一独特的群体与个体及其表现出来的独特的社会文化现象的认识与关注，激发了社会学家的想象力和研究兴趣，研究者纷纷将社会学的一些业已成熟的理论引入对旅游者群体与旅游者社会环境的分析，一个新的社会学领域——旅游社会学也就应运而生。对旅游者这一独特群体的研究与服务，也促进了旅游社会工作的缘起。

关于旅游社会学理论体系，研究者一般有两种不同的归类方式：一是理论归类方式，二是时间归类方式。

肖洪根（2006）将20世纪出现的旅游社会学归纳总结为7种理论思想和学术流派。

一、旅游社会学的发展演进观

旅游社会学的发展演进观是指通过对不同时代的旅游现象及其发展形式的比较和对照分析，从而得出的一种旅游现象发展演进的思想，具体表现如下。

1. 从"观光起源"到"大众旅游"的旅游社会发展学说

从历史中追溯观光起源，通过史学与社会学的交叉研究，旨在解决旅游社会现象的起源和发展演变等本质问题。

2. 从"旅游家"到"旅游者"的旅游"蜕变"学说

这种观点带有一种"怀古和感伤的思想"。认为在旅游转变过程中，旅游行为"原有纯朴的丧失"，产业化带来的"旅游现象的异化"以及"旅游发展目标和动机的蜕变"等现象。薄斯廷（Boorstin）曾说过，"现在的情形远不如过去"。

3. 旅游发展的地方化、区域化、全国化以及国际化发展演变观点

此观点认为产业化促进了旅游业朝着上述规模与层次的发展方向演进。以黑勒尔（Hiller）和兰芬特（Lanfant）为代表。

4. 旅游周期演进模式

此观点认为旅游社会文化影响的周期弧线与旅游地或旅游产品的生命周期曲线有很大的吻合之处。

5. 旅游经历的商品化演变观点

此观点提出了旅游经历的"商品化假设",认为无论旅游的目的是"逃避主义"还是"求真、求知、求乐",抑或是"好客感受"或"文化经历",都是一种可购买的消费经历。

二、新迪尔凯姆学说

法国著名社会学家艾米尔·迪尔凯姆(Emile Durkheimian)的社会学理论体系中的三个重要观点,即反常态(anomie)、神圣(sacred)以及集中表现(collective representation)被运用来解释复杂的旅游社会现象,并在现当代旅游社会学研究中形成了所谓的"新迪尔凯姆学说"(Neo-Durkheimian Perspective)。他认为行为"失范"是一种"反常态",需要神圣化的内在准则加以纠正,旅游既可以引起旅游者的"反常态",也可以是一种"神圣化"的过程;同时,旅游景观系统与游人聚集,也是一种"集中表现",能"在日益趋同的旅游经历中形成一种集体的力量,克服了因空间地域差异而造成的隔阂",具有符号学意义。

三、冲突批评理论

冲突批评理论(conflict critical theory)是旅游社会学对现代旅游中两极化发展趋势的批判性审视,是"好客现象"的非商业本质与"商业化的好客工业"之间的矛盾与冲突。冲突批评理论的焦点表现为旅游发展中的依赖性,即目的地国对客源国的依赖,或"中心对边缘的控制",即以发达国家为中心的国际化旅游输出系统对以发展中国家为边缘的旅游接待系统的控制。在旅游社会学研究中,这种矛盾的进一步发展被称为"旅游帝国主义"(tourism as a form of imperialism)和"旅游新殖民主义"(tourism as neocolonialism)的观点。冲突批评理论是针对那些诸如"旅游带来世界和平""增进民族了解"等理想化观点的挑战与反思。

四、功能学派

功能学派(functionalist perspective)是将功能主义理论运用于旅游社会学研究而形成的一个理论体系。它将旅游看作一个大的系统,把旅游现象视为由众多子系统构成的一个社会大系统,并着眼于各个子系统之间相互依赖的关系及其对促进旅游大系统运作的作用。功能学派引入马斯洛需求层次理论,对旅游的动机与需求提出了一些新的解释,阐述了旅游对于满足游客的身心放松需求(relaxation needs)、追求刺激需求(stimulation needs)、社会交往需求(relationship needs)、自尊与发展需求(self-esteem and development needs)、成就需求(fulfillment needs)等方面的功能。功能主义侧重于对社会现象的解释与现有秩序的维护,因此,对于旅游需求的深层次驱动因素方面的解释显得苍白无力。

五、韦伯主义学说

韦伯主义学说（Weberian Perspective）的代表人物马克斯·韦伯（Max Weber，1864—1920），也是现代社会学最重要的创始人之一，他的知名著作《新教伦理与资本主义精神》是其对宗教社会学最初的研究。韦伯在该书中主张，宗教的影响是造成东西方文化发展差距的主要原因，并且强调新教伦理在资本主义、官僚制度和法律权威的发展上所扮演的重要角色。韦伯开创了与实证主义社会学相对立的"理解的"社会学传统，他认为社会学必须深入地探寻导致特定社会现象出现的个人行动动机，理解现象背后隐藏着的"属人意义"。不少后续的旅游研究者把韦伯的这些观点引用到旅游研究中，认为旅游的意义和动机隐藏在旅游现象的内核中，这些内核亦部分与宗教有关。这种对旅游者旅游动机的认识，成为论述旅游者选择旅游目的地和旅游者对东道地社会影响等问题的关键。

六、形式主义、现象学和民族方法论

形式主义、现象学和民族方法（formalism，phenomenology and ethnomethodology）学派在旅游社会学研究中的共性，表现为对个体在社会中追求生活内在意义的强调。

1. 形式主义

形式主义的诸多理论成果与旅游有很大的关系，而且很多理论尚未在旅游研究领域得到广泛应用。例如齐美尔对团体决策中数量／人口决定论的研究，对于审视个体与群体旅游之间的差异具有相当价值的应用前景。另外，齐美尔把"玩耍作为一种社会形式"的研究，以及对现代都市生活、职业与旅游的洞察，均没能得到旅游研究者的重视。齐美尔的种种研究为揭示旅游态度和动机的本质属性提供了很有价值的理论与方法论方面的依据。

2. 现象学

现象学的许多理论成果对于旅游研究是很有裨益和启发的。现象学对旅游研究的贡献主要表现在以下四个领域。

第一，舒茨关于"为了"（in order to）和"因为"（because of）关系的详细论述，在很大程度上解释了旅游者的动机问题。"为了"是揭露旅游的真正动机，而"因为"是旅游的客观原因，是促成旅游的外部因素。

第二，舒茨关于"计划行动"（projected action）的分析，与旅游者的行为也有很大的相似之处。人们在旅游学研究中认为，旅游活动至少经历了意识的唤醒（动机）、资料搜集、咨询、决策、行动（旅游活动）几个阶段。从这个角度看，旅游活动是一种很有计划的行动。可见旅游行动在本质上与现象学的"计划行为"有深层联系。

第三，现象学关于"我与你"关系的理解，不仅有益于对旅游活动中"主客关系"变化的评价，还可以把这种"主客关系"纳入现象"意识河流"的框架中。在旅游活动

中，主人（东道地居民）与客人（旅游者）的关系，活脱脱就是"我"与"你"的关系问题。因此，在旅游主客关系研究中，才会出现""我们'怎么看待'他们'"和""他们'如何看待'我们'"的问题。

第四，舒茨关于"陌生人"的研究对于旅游者类型的研究提供了极有价值的借鉴与应用空间。对旅游地居民而言，旅游者是"陌生人"；而从旅游者角度看，旅游地环境是陌生的，旅游地居民也就成了"陌生人"。

遗憾的是，现象学许多很有价值且与旅游密切相关的理论成就，并不为旅游研究者所关注；应用于旅游学研究的现象学理论寥若晨星，旅游学与现象学关系的探讨也为数不多。

3. 民族方法论

民族方法论者指出，研究者在观察时，必须使被观察的人们的行动和言语与社会学理论的描述达到完全一致，这是非常困难的。民族方法论者指责说，许多其他学派的研究者和理论家是站在社会以外，居高临下地以旁观者的身份看待社会的，他们的理想化看法，对社会学来说是不适合的。因此，民族方法论者认为，日常生活世界是被忽视的现象，并建议将它作为研究课题，判定它是如何获得世俗的、平凡的、众所周知的特征的。民族方法论倡导研究者应沉下心来，跳出对体制、结构研究的框框，对所谓完全熟悉的、毫无意义的、平凡的和理所当然的社会环境进行认真的研究。

民族方法论被誉为能够洞察隐藏在人类行为、言论背后的真实意图的"公正的眼睛"。正是从这个意义上看，民族方法论不仅有助于探讨掩盖在种种行为背后的旅游者个体原型及其思想乃至旅游目的地居民的真实意图，而且对于分析旅游者和旅游业的发展方向有很大的价值。

七、符号互动理论

符号互动理论（symbolic interactionism）认为，个体在社会化过程中必须经历一系列"角色调整"阶段。符号互动主义的这种认识，在对旅游过程中主客交往关系的解释方面，得到了非常广泛的应用。旅游地居民如何看待和认同旅游者？反之，旅游者又如何看待和认同旅游地居民？这些是旅游中认识主客交往关系的重要理论问题。符号互动主义的一个最新发展动态是旅游符号学的研究，旨在探讨旅游景观符号和旅游语言符号的"指示物"功能以及旅游主体（旅游者）对"所指"之间的关系。在近半个世纪旅游社会学研究的实践中，上述各种流派和思想都试图建立自己完整的理论解说体系。

因此，前文所综述的各种观点和学说，在思想内容上呈现出交叉和重叠的特点。针对这一研究现状，戴恩（Dann）和科恩（Cohen）认为："旅游社会学在理论体系上还缺乏完整性。作为一门学科，旅游社会学目前还仅仅是处在一种初期阶段。"

八、其他视角

1. 交换理论

社会交换论源于古典经济学的成本、报酬、利润等概念，认为经济学对商品交换的分析不仅适合于经济领域，也适合于社会领域，即人们的社会交往也是基于一种利益得失的计算。

莫斯发现，在社会交换中，不仅具有经济性的交换，还具有礼仪性的交换。礼仪交换是为了建立某种社会关系、参与某种社会活动和形成社会规则而采取的方式。这一发现有利于我们解释旅游社会学中的交换理论。这种交换基本可以归纳为经济交换、礼仪交换、文化交换、社会交换。

2. 陌生人理论

德国哲学家、社会学家齐美尔是较早在社会学范畴内关注陌生人问题的，他指出，陌生人是"现实中近在眼前，文化上远在天边"。在他看来，陌生人更是一种心灵的距离。鲍曼认为陌生人是一种文化空间的距离。

相较于齐美尔和鲍曼从心灵空间和文化空间的意义上定义陌生人，美国后现代学者、生命伦理学家恩格尔哈特则力图在其关于陌生人的论述中侧重"道德"这一要素，他提出了"道德朋友"和"道德异乡人"这一对概念，试图根据道德观念的差异定义人与人之间的社会关系。

美国社会学家W.G.萨姆纳在其著作《民俗论》[①]中则提出了"内群体"和"外群体"这一对概念，以此作为界定陌生人的基础。他认为，本群中的人处于和谐、秩序的关系中，同情、忠诚、牺牲，而对于他群体的人则轻视和抱有敌意。民族中心主义是以本群体为中心考虑问题、以本群体为标准去衡量群体的人。

陌生人理论亦与滕尼斯"生人社会"或"法理社会"一脉相承。陌生人理论与"生人社会"一样，同样可以用来解释为什么在旅游地经常出现偷盗、抢劫、宰客等现象。

3. 前台与后台理论

前台与后台理论源于戈夫曼（Goffman，1959）的拟剧论（dramaturgical perspective）中前台/后台（front /back stage）的观点。戈夫曼认为社会成员在社会舞台上小心翼翼地扮演自己的多种角色，使自身的形象符合自己的目的。在互动中，个人透过努力控制自己的表现，以求在一定的社会场景中给人们留下某种深刻的印象。戈夫曼将互动的领域分为前台与后台。前台代表符合情境的规范要求，人们会有意识地操控和调节以引起别人有利的响应，而后台行为是对方所看不到的，人们在后台则较放松，不那么注重形象。戈夫曼认为这样的划分是一种观众隔离（audience segregation），表演者需要的是确保观看他的观众只能看到他在前台的形象，而看不到他在后台的另一种角色。但是现场观众都能意识到表演过程本身的虚构性，因此也会意识到当表演者不在台上表演的时候，他仍有另外的角色扮演。因此，只要对接触进行限制并保持社会距离，就能够使观众对表演者产生神秘化。

前台与后台理论认为前台是演出的，后台才是真实的生活。随着观光旅游的发展，观光业者建构出人造后台给观光客观赏，如现场工艺小制作，小贩贩卖"自种"的土特

---

① 高丙中《民俗文化与民俗生活》，中国社会科学出版社1994年版，第179页。

产品等，"农家乐"家庭餐馆等，这些虚构出的日常生活般的场景为满足观光客对真实性的渴望，称之为舞台真实性（staged authenticity），布尔斯廷（Boorstin）将此现象称之为"虚假事件"。

第二节　旅游心理学

旅游心理学作为心理学的一个派生学科，自然是旅游社会工作不可或缺的基础理论。旅游心理学主要帮助人们解决面对外出旅游或面对外地旅客时的有关方面的困境。

一、旅游心理学研究的对象

旅游心理学研究包括理论研究和应用研究两方面，理论方面主要是研究旅游利益相关者的心理活动及其客观规律，解释旅游行为产生的原因，找出影响旅游决策的因素等；应用方面主要研究提供旅游服务的从业人员以及旅游者的心理活动，探讨如何通过调整人际关系、思维认知、激励动机、领导艺术和领导水平等手段，解决相关人员的心理困扰，提高旅游业的服务水平和管理水平，以最大限度地满足以旅游者为主的旅游利益相关者的心理需求。具体来说，旅游心理学研究的对象包括以下方面。

1. 旅游者心理

研究旅游者在旅游活动中的心理、行为及其规律性。如知觉、情感、个性、需要、动机及旅游团队心理特点等。

2. 从业人员及旅游地居民心理

与食住行游购娱相关的服务及管理人员，关注与培养从业人员良好的心理品质和健康的职业人格，明确职业岗位的心理素质要求。

3. 旅游管理心理

管理的最重要职能是调动员工积极性，使员工愉快地、积极主动地做好服务工作，而这一切都需要以了解员工的心理活动特点、心理需求的特点为前提。因此，旅游企业领导心理、员工激励心理、心理保健也成为这部分学习的重要内容。

4. 旅游服务心理

从旅游服务的角度出发，探讨旅游业服务对象的特点及其心理需求，对旅游者在旅游活动中的心理发展历程进行剖析。根据旅游者心理和行为特点，提供符合旅游者心愿的最佳服务。

5. 旅游资源开发及设施中的心理问题

从分析旅游者对旅游资源开发以及旅游设施需求入手，研究资源开发的形式、设计与设施的建造问题。运用心理学原理，精心考虑和周密安排，在资源开发和设施布局中，使旅游者更舒适、更愉快。

二、旅游心理学研究的方法

1. 观察法

观察法是在自然情况下，有目的、有计划、有系统地直接观察被研究者的言行变化或外部表现，了解其心理活动，进而分析其心理活动规律的一种方法。观察法有自然观察法和控制观察法两种形式。自然观察法是在自然情景下进行的观察，如观察幼儿园小孩日常的活动。控制观察法是在控制好一些变量的情况下进行的观察，如将被试的个体置于实验室中进行观察。

2. 实验法

实验法是有目的、有计划地控制或创设一定条件，人为地引起被试者的某种心理现象产生，从而对此现象进行分析研究的方法，包括实验室实验法和自然实验法。

3. 测验法

测验法是利用已通过实践检验的标准化测验量表，在较短的时间内对个体或团体的某些心理现象做出分析或鉴定的一种方法。主要包括智力测验、性格测验和能力倾向测验等。

4. 调查法

调查法是为达到一定的目的，在一定的条件下，通过访谈、问卷、个案等方式，有计划、全面地收集研究对象某一方面心理状况的各种数据资料，并做出分析、综合，探寻人的心理活动特点和规律的方法。调查法的样本选取一般有"全体"与"抽样"两种方式。样本绝对数量少，适宜普查，样本过大适宜抽样。

三、旅游心理学研究的对象

为便于对旅游心理学基本架构的总体把握，我们将旅游利益相关者归纳为旅游者、旅游业者两大类，并从旅游者心理、旅游业者心理以及他们之间的相互关系入手，介绍旅游心理学的基本内容。

1. 旅游者心理

动机产生行为，是心理学的一个重要认识。研究旅游者心理必然要研究旅游者的行为，而研究行为要从动机入手。于旅游者而言，为什么要旅游？到哪儿旅游？旅游满意的条件是什么？有什么样的需要？旅游过程中会发生一些什么样的心理问题以及如何处置这些问题？这都是研究旅游者心理的意义和价值所在。

（1）旅游行为动因。

① 旅游需要。在对于旅游心理需要的研究中，马斯洛的需求层次论仍然是一个主要蓝本，但也有研究者根据旅游的特点，注入了新的内容。例如，在对需求和动机的心理学研究中，皮尔斯（Pearce）[1]以主题公园游客游览经历为研究背景，提出了旅游生涯阶

---

[1] 肖洪根《旅游社会学理论体系与国外旅游社会学研究动态》，载尹德涛等著《旅游社会学研究》，南开大学出版社2006年版，第147页。

梯模型（travel career ladder），阐述了游客的身心放松需求、追求刺激需求、社会交往需求、自尊与发展需求、成就需求等等，是运用马斯洛层次需要理论说明旅游动机和需求方面的建设性发展。

②旅游动机。一般认为，旅游活动的动机是好奇、朝圣、探亲、访友、寻求清静、放松身心、愉悦、求索、探险、猎奇、解压、逃避、解脱、审美、获得新知等，其实这些动机只是表面现象，但迄今为止"并无一个很好的理论来说明"①。丹恩（Dann）也指出，旅游动机可概括为"逃离的概念"②，即人们想超越每日生活中所存在之孤立感，单纯地只希望能完全脱离之。逃离什么呢？逃离的对象或许因人而异，各不相同。韦伯认为宗教是一种逃离，是"把修道放弃现世责任，看作是自私和逃避现世义务的产物"。旅游心理学研究者将韦伯的逃离概念运用到旅游心理学之中，认为宗教朝圣游或者单纯旅游也是一种逃离，或者至少有逃离的意义在其中。我们可以将"逃离"理解为"回避"（现实世界）或者"进入"（外部世界）。

麦金托什（MacIntosh）与格德纳（Goeldner）将人们从事旅游活动的基本动因分成四类：一是生理层面的动因。如身体的休息，行动上的参与，海滩上的游憩，轻松的娱乐活动及与健康有关的其他动因。二是文化层面的动因。想要了解其他地区之欲望，如其他地区之食品、音乐、民俗、绘画、舞蹈和宗教等。三是人际层面的动因。包括结交新朋友、探亲访友、避开家人或日常工作等。四是地位与声望动因。与人们的自我需求与个人发展有关，包括借旅游以满足自我受重视、被注意和享声望等欲求，以及从事商务、会议、求学和其他满足个人在嗜好上或知识上之追求的旅游活动。③

克朗普顿（Crompton）的"体内均衡"与霍尔的"驱力减降"理论也是对旅客旅游动机的另一种解释。认为一个人体内必须处于一种平衡状态，如果破坏就会产生紧张，也因此产生消除紧张的驱动力。④

也有研究者从主观条件和客观条件两方面来分析旅游动机。主观条件是指旅游者本身的旅游需要，如健康、交际、地位、声望、求奇等；客观条件是指一定的旅游条件和旅游刺激，包括可自由支配的时间、收入，自然景观，旅馆、交通及经济、政治和社会环境等。

（2）旅游认知。

①感觉。感觉是认识的最初级形式，是人体器官接触或作用于外界事物的反应。马克思说它是"感觉的实践器官，主要指口和鼻"⑤，是人们最初用来评价世界的器官，是认知过程的起点。

① 邹统钎、高中、钟林生编著《旅游学术思想流派》，南开大学出版社2008年版，第47页。
② 邹统钎、高中、钟林生编著《旅游学术思想流派》，南开大学出版社2008年版，第47页。
③ 邹统钎、高中、钟林生编著《旅游学术思想流派》，南开大学出版社2008年版，第47~48页。
④ 邹统钎、高中、钟林生编著《旅游学术思想流派》，南开大学出版社2008年版，第48页。
⑤ 马克思《第六届莱茵省议会的辩论》，《马克思恩格斯论艺术》，中国社会科学出版社1985年版，第139页。

感觉是大脑、神经和各种器官的正常的反映，同时还受到人机体状态的明显影响。因此，并不是所有的刺激都能引起主体的反映，只有在一定的适宜刺激强度和范围内，才能产生感觉，这就是感觉阈值和感受性的问题。主体的知识经验和精神状态的差异，阈值会出现差异，感受性也是有差异的。

根据感觉反映事物个别属性的特点，可以把感觉分为两大类，即外部感觉和内部感觉。感觉是人们对客观事物认识的最简单形式，是一切复杂心理活动的基础，人们只有在感觉的基础上，才能对事物的整体和事物之间的联系做更复杂的反映，获得更深入的认识。

②知觉。知觉是人脑对直接作用于感觉器官的事物的整体的反映。感觉和知觉都是认知过程的感性阶段，他们都是对事物的直接反映。知觉和感觉不同的另一重要属性就是，知觉不仅受感觉系统生理因素的影响，而且极大地依赖于个人知识和经验，受个人的各种心理特点影响。

根据知觉中起主导作用的器官的活动，可以把知觉分为视觉、听觉、味觉、嗅觉、触觉等。现代实践证明，感觉与颜色、温度相关。

根据反映的事物的维度不同，知觉可以分为空间知觉、时间知觉和运动知觉；物体知觉和社会知觉；正确的知觉和错觉。知觉是心理活动的基础，是个体对所感知到的外界事物做出判断的依据，知觉使人产生需要，并为满足需要进行实践活动。

影响社会知觉的心理效应如下。

首因效应。首因效应也叫首次效应、优先效应或第一印象效应，是指人际交往中给人留下的第一印象至关重要，对印象的形成影响很大。首因效应是由美国心理学家洛钦斯首先提出，反映了人际交往中主体信息出现的次序对印象形成所产生的影响。

晕轮效应。晕轮效应是由对象的某种特征推及对象的总体特征，从而产生美化或丑化对象的现象。就像月晕一样，由于光环虚幻的印象，使人看不清对方的真实面目。如在一个市场项目中的专家介绍常存在这个效应；又如游客在餐厅恰好碰到一个态度恶劣的服务员，会认为整个餐厅都如此。

刻板印象。刻板印象是人对某类事物或人物所持共同的、笼统的、固定的看法和印象。刻板印象有局限性。在旅游中要注意克服刻板印象，深入认识了解。

经验效应。经验效应是基于既往经验的主观判断。

审美心理。审美心理与对某一事物的认识与个人或群体的审美意识有关。

（3）旅游情绪情感。旅游者作为一个特殊的群体与个体，其情感状态直接关系到旅游的结果。因此只有了解旅游者情绪情感的特点，才能提供优质的旅游服务。

影响旅游情绪情感的因素：①需要是否得到满足。②旅游活动是否顺利。③客观条件。主要是旅游过程中一些非人力可控的内在和外在条件。④团队状况和人际关系。团队关系的融洽或紧张。⑤期望值的高低。期望值与现实之间的落差。⑥身体状况。

旅游者情绪情感的分类：

根据表现分为：①喜悦；②愤怒；③悲哀。

根据状态分为：①心境。②激情。③应激。出乎意料的紧急和危险的情况下所引起的高度紧张的情绪状态。

根据社会性分为：① 道德感。个人或群体对事物的道德判断在情感上的反映。② 理智感。个人或群体对事物的理性看待在情感上的反映。③ 美感。个人或群体审美标准对情感的影响。

根据表情分为：① 面部表情。额眉部、眼鼻部、口唇部，这三部分的不同组合构成不同表情。人在愉快时，额眉部放松，眉毛梢下降。眼鼻部眼睛细小，面额上提，鼻面扩张。口唇部嘴角后收、上翘等。② 言语表情。③ 身段表情。高兴、懊恼、焦急、虔诚、惧怕等。

情绪情感的控制：① 激发有利的情感。激发对事物向积极方向发展的有利情感。② 注意旅游服务的重要作用。③ 提供准确有效的服务信息。④ 情绪控制技巧。如理智控制、情感转移控制以及合理地宣泄情绪，如创造沟通机会、倾听投诉等。

（4）旅游态度。关于态度的重要性有多种说法，如态度决定命运、态度决定高度、态度决定一切等。旅游者的态度是旅游者在旅游活动中的重要心理现象，是旅游消费行为研究中的一个重要心理因素，旅游者的态度决定了消费行为的方向。态度由认知、情感和意向三种要素组成，各要素在态度系统中所处的地位不同，层次不同，职能也不同。

① 认知要素。认识要素是个体对事物的知觉、理解、信念和评价，是态度形成的基础。一个人只有在认知的基础上才有可能形成对一个认知对象的具体态度。保证公正、准确的认知是端正态度的前提。

② 情感要素。情感要素是在认知基础上对客观事物的体验，是态度形成的核心。在态度的基本倾向已经确定的情况下，情感决定态度的持久性和强度，并贯穿于行为的整个过程，是态度中最稳定的因素。

③ 意向要素。意向要素是态度之于对象做出的某种反应的倾向，形成态度的准备状态，是态度的外观，对态度具有指导作用，并制约人的行为。

研究和认识旅游态度具有重要意义：一是理论价值，是旅游心理学理论不可或缺的重要组成部分。二是实用价值，对态度的认识或控制有利于个人的发展或旅游业的发展。三是美学价值，从审美的角度调适与规范人们的态度。四是社会价值，和谐人际关系。五是权利价值，通过利益倡导或态度引导，为个体增权赋能。六是宗教价值，主要是培养精神层面的积极意义，如博爱信仰及人道的力量。

（5）旅游者个性。个性是个体在一定的社会历史条件下，通过社会交往形成和发展起来的、带有一定标志性的、稳定的心理特征。研究个性类型与旅游者消费行为之间关系的成果是美国斯坦利·普洛格建立的"安乐小康—追新猎奇"个性类型模式。"安乐小康"旅游者在交通工具的选择上追求舒适和安全，在产品的选择上注重成熟的产品，旅游地的选择多注重休闲和放松的旅游地为主。包含有以下几个层次的内容：① 先天素质是基础，是前提条件；② 社会历史条件是外部环境影响因素；③ 社会交往是促进个性形成和发展的方式；④ 综合具有倾向性而且保持一定的稳定性；⑤ 个性的形成需要一个长期的过程。

影响个性的因素：

① 遗传和身体方面因素。研究表明，血型与人际关系联系密切：A与A不好相处，A与B不好相处，A与AB不好相处；A与O好相处；B与B好相处；B与AB是否好相处关键在AB方；B与O好相处；AB与AB工作好，爱情不好；AB与O好相处；O与O不好相处。

② 环境方面因素。

③ 学习因素。

个性与旅游行为：

① 平静生活者。一般认为，喜欢平静生活者不太热衷于旅游，或者只愿意从事一些简单的，短程的，短时间的，不需付出太多精力、体力与脑力的较平静的旅游小憩。

② 交际型。交际型是一种喜欢旅游的性格。

③ 考古型。考古型是一种好古、求奇、朝圣的旅游性格。

扩展阅读

加拿大成年人个性特征与度假旅游行为[①]	
度假旅游类型	个性特征
度假旅游者	好思考、活跃、善交际、开朗、好奇、自信
度假不旅游者	好思考、被动、克制、认真
不度假者	焦虑
汽车旅游者	好思考、活跃、善交际、开朗、好奇、自信
乘飞机旅游者	非常活跃、相当自信、好思考
乘火车旅游者	好思考、被动、孤僻、不善交际、忧虑、依赖、情绪不稳定
乘公共汽车旅游者	依赖、忧虑、敏感、抱有敌意、好斗、不能自我克制
在本国旅游者	开朗、活跃、无忧无虑
去外国旅游者	自信、信任他人、好思考、易冲动、勇敢
男性旅游者	好思考、勇敢
女性旅游者	易冲动、无忧无虑、勇敢
探亲访友者	被动
游览度假胜地	活跃、善交际、好思考
观光者	好思考、敏感、情绪不稳定、不能自我克制、被动

---

① 张国宪《旅游心理学》，合肥工业大学出版社2008年版，第104～105页。

续表

度假旅游类型	个性特征
户外活动者	勇敢、活跃、不合群、忧虑、喜怒无常
冬季旅游者	活跃
春季旅游者	好思考
秋季旅游者	情绪稳定、被动

个性结构与旅游行为：

① 儿童自我状态。旅游的许多动机来源于儿童自我状态，旅游很容易迎合儿童自我状态。

② 父母自我状态。若能提供一些具有价值，并能联络感情、消除疲劳、提高威望等方面的旅游活动项目或内容，便能激发父母状态中的一些旅游动机。并接受儿童状态中的旅游要求。

③ 成人自我状态。调节儿童和父母之间的冲突，收集旅游所需要的真实可靠的信息。

旅游者气质与旅游行为：气质具有先天性，并且较难改变，但又有一定的可塑性。气质会随年龄、经历、教养方式的不同而变化，是先天特性与后天环境相互作用的结果。气质与旅游行为亦具有一定的相关性。

气质的类型有：

① 胆汁质。胆汁质的特点是直率、热情、精力旺盛，情绪易冲动，心理变化剧烈，脾气暴躁。对旅游活动有明显的周期性特点，喜怒形于色，有热情但不能持久，有魄力但较粗心。心理特点如潮水，"来得快去得也快"。

② 多血质。多血质的特点是活泼好动、敏感、反应迅速，易与人交往，但注意力也容易转移，兴趣广泛但不能持久，情绪变化快。在旅游活动中不刻板，但过于灵活，易见异思迁，轻诺寡信或朝令夕改。

③ 黏液质。黏液质的特点是安静、稳重，反应慢，沉默寡言，善于克制，阴柔而不外露，有定力但惰性强，不喜改变。在旅游中行动迟缓、被动，刻板和缺少灵活性。

④ 抑郁质。抑郁质的特点是孤僻、行动迟缓，情绪体验深刻，细腻、敏感，多疑。旅游中难兴奋而易疲倦，在困难面前常显怯懦、自卑和优柔寡断。

扩展阅读

气质自我测定①

了解自己的气质，对选择职业、培养性格、提高工作与学习效率、处理好人际关系等，都是很有益的。下面60道题可以帮助自己测定气质类型。对于每一道题，你认为很符合自己的情况记2分，比较符合自己的情况记1分，介于符合与不符合之间记0分，比较不符合自己情况的记–1分，完全不符合自己情况的记–2分。

确定气质类型的测试题：

1. 做事力求稳妥，不做无把握的事。

2. 遇到可气的事就怒不可遏，想把心里话全说出来才痛快。

3. 宁肯一个人干事，不愿很多人在一起。

4. 到一个新环境很快就能适应。

5. 厌恶那些强烈的刺激，如尖叫、噪音、危险镜头等。

6. 和人争吵时，总是先发制人，喜欢挑衅。

7. 喜欢安静的环境。

8. 善于和人交往。

9. 羡慕那种善于克制自己感情的人。

10. 生活有规律，很少违反作息制度。

11. 在多数情况下情绪是乐观的。

12. 碰到陌生人觉得很拘束。

13. 遇到令人气愤的事，能很好地自我克制。

14. 做事总是有旺盛的精力。

15. 遇到问题常常举棋不定，优柔寡断。

16. 在人群中从不觉得过分拘束。

17. 情绪激昂时，觉得干什么都有趣；情绪低落时，又觉得干什么都没意思。

18. 当注意力集中于某一事物时，别的事很难使我分心。

19. 理解问题总比别人快。

20. 碰到危险情景，常有一种极度恐惧感。

21. 对学习、工作、事业怀有很高的热情。

22. 能够长时间从事枯燥、单调的工作。

23. 符合兴趣的事情干起来劲头十足，否则就不想干。

24. 一点小事就能引起情绪波动。

25. 讨厌做那种需要耐心细致的工作。

26. 与人交往不卑不亢。

---

① 陈会昌《气质自我测定》，《心理世界》1995年第2期。

27. 喜欢参加热闹的活动。

28. 爱看感情细腻、描写人物内心活动的文学作品。

29. 工作学习时间长了常感到厌倦。

30. 不喜欢长时间谈论一个问题，愿意实际动手干。

31. 宁愿侃侃而谈，不愿窃窃私语。

32. 别人说我总是闷闷不乐。

33. 理解问题常比别人慢些。

34. 疲倦时只要短暂的休息就能精神焕发重新投入工作。

35. 心里有话宁愿自己想，不愿说出来。

36. 认准一个目标就希望尽快实现，不达目的誓不罢休。

37. 学习、工作同样一段时间后，常比别人更疲倦。

38. 做事有些莽撞，常常不考虑后果。

39. 教师或师傅讲授知识、技术时，总希望他讲慢些，多重复几遍。

40. 能够很快地忘记那些不愉快的事情。

41. 做作业或完成一件工作总比别人花的时间多。

42. 喜欢运动量大的剧烈活动，或参加各种文艺活动。

43. 不能很快地把注意力从一件事转移到另一件事上去。

44. 接受一个任务后，就希望把它迅速解决。

45. 认为墨守成规比冒风险好些。

46. 能够同时注意几件事物。

47. 当我烦闷的时候，别人很难使我高兴起来。

48. 爱看情节起伏跌宕、激动人心的小说。

49. 对工作抱有认真严谨、始终如一的态度。

50. 和周围人们总是相处不好。

51. 喜欢复习学过的知识，重复做已经掌握的工作。

52. 希望做变化大、花样多的工作。

53. 小时候会背的诗歌，似乎比别人记得清楚。

54. 别人说自己"出语伤人"，可自己并不觉得这样。

55. 在体育活动中，常因反应慢而落后。

56. 反应敏捷、头脑机智。

57. 喜欢有条理而不很麻烦的工作。

58. 兴奋的事常使自己失眠。

59. 教师讲新概念，常常听不懂，但是弄懂以后就很难忘记。

60.假如工作枯燥无味，马上就会情绪低落。

确定气质类型的方法：

① 将每题得分填入表中相应得分栏内。

② 计算每种气质类型的总得分数。

③ 确定气质类型。第一，如果某类气质得分高出其他三种4分以上，则属于该类型气质。如果该类气质得分超过20分，则为典型型；如果该类气质得分在10～20分，则为一般型。第二，两种气质类型得分接近，其差异低于3分，而且高出其他两种气质类型4分以上，则属于这两种气质的混合型。第三，有三种气质得分接近，且均高于第四种，则为这三种气质的混合型（见下表）。

气质测验评分表①

胆汁	题号										总分
	得分										
多血	题号										总分
	得分										
黏液	题号										总分
	得分										
抑郁	题号										总分
	得分										

（6）旅游者社会心理。

① 家庭。旅游者家庭结构、家庭生命周期，以及家庭宗教信仰、生活习惯、文化背景均与旅游行为有关。

② 社会。旅游者的个人及群体的社会分层、社会地位、社会交往、族群及种族特征、民族及国家的文化认同等方面无不影响到其社会心理特征的形成，而社会心理一经形成，对旅游动机与行为都会产生重要影响。

2.旅游业者心理

了解旅游业者的心理既是为了更好地为旅游者提供优质的旅游服务，同时也是为了促进旅游业及旅游业者的发展。我们在这里将旅游业者看成一个宽泛的概念，主要应包括旅游服务人员、旅游管理人员，但我们认为当地居民及政府也应纳入旅游业者这个广义的概念之中。那么，相应地就需要研究三个方面的旅游业者心理。

（1）员工心理：主要是指服务行业从业员工的心理。了解并调适旅游从业人员的

---

① 陈昌会《气质自我测定》，《心理世界》1995年第2期。

心理健康问题，既是以人为本的社会发展的价值取向，也是做好旅游服务的前提条件。关注旅游业者特别是服务一线员工的心理健康与关注旅游者的心理健康问题一样重要。1989年世界卫生组织对健康下了新的定义，即"健康不仅是没有疾病，而且包括躯体健康、心理健康、社会适应良好和道德健康"①。世界卫生组织的这一关于健康的定义表明，心理健康是"健康"要素中的一个核心标志。

心理健康也是心理卫生或精神卫生，个体保持正常的心理状态，无心理疾病，行为符合社会规范是心理健康的外在表现。

1946年第三届国际心理健康大会指出，心理健康的标准为：

① 身体、智力、情绪十分调和；

② 适应环境，人际关系中彼此能谦让；

③ 有幸福感；

④ 在工作和职业中能充分发挥自己的能力，过有效的生活。②

关于心理健康的测试，有各种各样的量表可供选择。如心理年龄测试、心理成熟度测试、抑郁症测试、伯恩斯抑郁状况测试、焦虑症测试、挫折承受力测试、社会适应能力测试、症状自评量表–SCL90、心理压力测试、自信心测试、孤独感测试、A型行为类型评定量表、易怒商数测试、拖延症测试等，也有研究者根据上述内容进行综合、简化后形成了简易的、不同版本的"心理健康自测量表"，使用者可根据自身的需要与偏好选择和参考运用。

心理疾病表现在以下三个方面：

① 神经症：职业焦虑与紧张、神经衰弱、恐惧、癔症、强迫症，在旅游从业人员中同样存在；

② 精神病：分为器质性精神病（如脑受损引起）和机能性精神病（心理因素引起），表现为行为怪异，缺乏理性，神志不清或错乱；

③ 人格异常：指人格变态或人格障碍，是在先天缺陷基础上，受后天不良影响而造成的。如偏执狂、强迫症、分裂症、行为变态、性变态等。

◀扩展阅读▶

导游情绪失控在云南丽江砍伤20名游客和导游③

中国旅游名胜地云南丽江市政府部门证实，2007年4月1日下午4时许，丽江古城四方街发生一起导游持刀伤人恶性事件。吉林省某旅行社一男性导游因与其他导游发生争执，挥刀连伤20人，其中多为游客及导游。

---

① 李长秋主编《旅游心理学》，郑州大学出版社2006年版，第174页。
② 李长秋主编《旅游心理学》，郑州大学出版社2006年版，第174页。
③ 据中新网2007年4月2日报道及后续其他媒体报道综合。

据警方介绍，犯罪嫌疑人徐敏超，男，25岁，黑龙江省绥化市北林区人。为吉林省某旅行社一全陪导游。4月1日下午4时许，徐敏超带着该旅行社一行40人的"夕阳红"旅行团在丽江古城四方街游览。因与昆明某旅行社的随团陪同导游彭某发生争执，彭某弃团离去，徐敏超情绪激动，继而挥刀连伤20人。伤者包括15名外地游客和导游，5名为当地人。事发后，当地警方当场将徐敏超抓获。伤者被迅速送到丽江市人民医院接受治疗，其中18人伤势稳定，2人伤势严重，生命垂危。丽江市委、市政府已专门从昆明邀请医疗专家连夜赶到现场抢救危重伤员。

事件发生后，丽江当地政府高度重视，立即组织公安、旅游和医疗卫生等相关部门，全力开展相关工作，救治伤员。

目前，案件正在进一步调查之中。

（注：事后据报道嫌疑人申请精神病鉴定，有两份不同的鉴定意见，法庭认可行凶者无精神病的鉴定意见，有专家提出，旅游从业者入职时要进行心理测试。2007年12月，当地法院以危害公共安全罪判处徐敏超有期徒刑15年。）

心理健康的维护方法，一是保健，二是治疗。

日常生活中常见的、具有可行的心理保健方法有"心理保健十法"。

① 返老还童法。回顾、访问童年，故地重游，旧事重提。

② 精神胜利法。不服输，富有激情，遇挫折不灰心丧气。

③ 腾云驾雾法。读书、看电影、看电视、听人讲话，扩展思维。

④ 异想天开法。极力将自己想象成实践者而非观赏者。

⑤ 投机取巧法。每天省时省力解决各类问题。

⑥ 贪得无厌法。追求知识和充实自己。

⑦ 到处伸手法。广交朋友，乐办好事。

⑧ 众采博集法。兴趣广泛。

⑨ 平心静气法。遇事不要发脾气急于行事，先平心静气十分钟。

⑩ 见异思迁法。对新奇的事物接近它、喜欢它、研究它、掌握它。

心理治疗是针对已经出现的心理困扰、心理问题和心理疾病而进行的治疗，其方法一般有精神治疗、物理治疗和药物治疗。精神治疗是针对心理疾病产生的主观根源而采取的一种疗法，它主要包括认知疗法、行为疗法等方法；物理治疗是指电疗、神经冲击疗法、经络穴位疗法、按摩疗法等。药物治疗的作用包括三个方面：抗精神病作用，即抗幻觉、妄想作用和激活作用；非特异性的镇静作用；预防疾病复发作用。

（2）管理心理。旅行社、景区、饭店、商店、政府、投诉及监督等组织机构和政府部门的管理者的心理。请注意，这里所指的管理心理不是管理人员个人的心理，而应当理解为旅游管理过程中，作为管理者应具备的职业或经营心理。更简单地说要懂得服务或管理对象的心理。只有这样，才能做好旅游服务与管理工作。

旅行社：要研究、知晓不同旅游者的心理特点、偏好，做好售前、售中、售后服务，让旅游者满意。特别是导游服务要具备以下心理策略。

① 让客人觉得你和蔼可亲。导游应具备亲和力，旅行社要加强导游心理培训。

② 谦恭"江河之所以能为百谷之王者，以其善下之"。旅游服务者应学习水的性格，江河不断地把自己放在低处，最后使自己变得更强大，成为大海。处处尊重客人，才会得到客人的尊重。

③ 修辞。注意语言的文明、得体与美感。

④ 体语。注意迎客、待客、送客的肢体语言。其本质还是尊重客人。

⑤ 洞察。从细微之处，观察客人的行为表现、心理表现，注意不满或需求，重视文化的敏感性。

⑥ 做客人的一面好镜子。时时处处衬托出客人的高贵或快乐。

⑦ 互为镜子。通过客人的言行反观自己，反思自己，对客人的牢骚多一分理解，并采取积极措施回应。

⑧ 扬长避短。

⑨ 认识客人购物心理。旅游者对所购买的商品一般讲求新、名、实、廉。

景区：景区的服务及管理环节要采用系统思考的原则，依据旅游者的心理需求和功能需求，从进门到出门的每个环节和细节，做好景观设计与服务设计。特别要在服务质量、服务特色、服务效率、服务诚信上下功夫。

饭店：以旅游者特点与结构为着眼点，以旅游者心理需求为导向，以人性化服务为原则，做好住宿、餐饮及康乐服务。在服务过程中要不断提高审美情趣，突出地域风情，兼顾外来文化，注重旅游礼仪。

商店：旅游者的购物动机及心理意义是多种多样的，概括地说，主要有纪念、馈赠、收藏、求新、求知、炫耀、实用。旅游业者应根据这些特点安排好商品的供应，在供应中突出民族性与后台性，与景观设计一样，商品的后台性突出现场制作、手工制作、知识讲座与表演等环节。

政府：旅游地政府作为旅游管理者，要做好形象宣传、资源介绍、公共设施、旅游环境、旅游担保、旅游安全等方面的工作，为旅游者创造安全、和谐、诚信的旅游环境。

管理者：扮演好两个角色，一是经理角色，即处理人际关系、信息传递、决策制定等事务；二是领导角色，即组织机构的设计师、教师和仆人。

投诉及监督：投诉在心理学上具有重要的意义，旅游业者千万不可一看到有人投诉就恼怒、不满，与客人争辩。投诉是旅游者寻求宣泄的一个通道，管理者一定要让这条通道畅通，否则，小事可能演变成大事，小麻烦变成大麻烦。旅游者投诉是其获得自尊、平衡、补偿的心理需要，旅游业者一定要尽量满足他们的这种心理需求，只要本着尊重人、理解人、帮助人的出发点，就一定能够找到问题的解决途径，就一定会使旅游者满意。

处理投诉的策略和原则：

① 正确认识投诉的作用；

② 理解客人的心情；

③ 不与投诉人争辩或狡辩；

④ 与人为善；

⑤ 客人为本与服务为本；

处理投诉的程序与方法：

① 认真倾听；

② 保持冷静；

③ 给予理解和关怀；

④ 弄清事实真相，不转嫁他人；

⑤ 记录要点；

⑥ 告知处理方法或向客人征求解决的对策；

⑦ 告知处理时间；

⑧ 及时解决；

⑨ 检查落实和记录存档；

⑩ 完善管理制度。

3. 旅游人际关系

（1）旅游人际关系的概念。旅游人际关系是指旅游活动与旅游服务、旅游管理过程中人与人之间的心理距离，是旅游利益相关者之间的相互关系。其中最主要的是客我关系。

客我关系的特征是：

短暂性：在现代旅游中，客人往往是匆匆过客，因而客我关系是暂时的。

匿名性：滕尼斯提出了"法理社会"和"礼俗社会"的概念，我们称之为"生人社会"和"熟人社会"。生人社会也有被译为"匿名社会"，顾名思义，人与人之间的真实身份都互相隐去，彼此剩下的是商业关系或无关系。生人社会意味着人与人之间是以法律强制性来维持关系，不是一个守望相助的关系。客我关系是一种"萍水相逢"，匿名性较典型。

工作性：旅游利益相关者之间，特别是客我之间，仅限于在具体时间，具体地点，服务与接受服务的工作关系，工作时间以外不需要打扰客人。

不对等性。基于有限的支配而言，在服务期或旅游期内，主要是客人支配服务人员和管理人员，而非相反。客人享受的是尊重，业者付出的是服务。

（2）影响旅游人际关系的因素。

个性心理特征：人的性格、气质往往影响到人与人之间的关系。

相似因素：是指人们的性格、气质、知识、背景、语言、文化、宗教、地域、种族、国别等方面表现出的相似性，有相似背景的人更容易处理人际关系。在国际旅游中，同一个国家的游客就具有相似性特点。

互补因素：旅游者的性格、气质、知识、人格特点等方面具有互补性，互补因素也是人际关系的基础。

社会心理学家舒茨（W. Schutz，1958）提出的人际需要理论对于我们认识人际关系很有帮助。舒茨提出了三种最基本的人际需要，并根据这三种人际需要的主动性和被动性，拓展为六种人际关系行为模式。

三种基本的人际需要：

包容需要：与人接触、交往、隶属于群体。

交往少——低社会行为

交往多——超社会行为

交往中——理想的社会行为

支配需要：个体控制别人或被别人控制。

相对自由——民主型

过高控制——专制型

过低控制——拒绝型

情感需要：爱别人或被别人爱。

不足——低个人行为

溺爱——超个人行为

适当——理想个人行为

六种基本的人际行为倾向见表4-1。

表4-1　基本人际行为倾向

需要	行为倾向	
	主动性	被动性
包容需要	主动与他人交往	期待他人交往
支配需要	支配他人	期待他人支配
情感需要	主动表示友好	期待他人情感表达

4. 旅游心理学研究的意义

（1）既是分析和解释旅游行为的必要，也是旅游社会工作的前提；既有利于建设和培养高质量的旅游企业员工队伍，也有利于培养高素质的旅游社会工作队伍。

（2）有利于旅游事业的发展和旅游服务质量的提高。

（3）为旅游企业经营管理提供心理策略依据。

（4）有利于科学合理地开发旅游资源和安排旅游设施。

扩展阅读

Zung氏抑郁自评量表（SDS）[①]

Zung氏抑郁自评量表（SDS）由美国的Zung编制于1965年，因使用简便，应用较为广泛，是目前精神医学界最常用的抑郁自测量表之一。读者应根据过去一周内自身的情况作答，并按照表中分值计算出总分。将总分乘以1.25后为最后得分，四舍五入取整数。临界值为50分，最后得分在50分以下为正常，50～59分提示轻度抑郁，60～69分提示中度抑郁，70分以上提示重度抑郁。

请注意，该量表仅仅用于抑郁症的自评提示，并不能作为诊断依据。如果使用者自测分数较高，并不一定就患上了抑郁症，可前往专业医生处咨询。

最近一周以来，你是否感到：	没有	有时	经常	总是
1. 我觉得闷闷不乐，情绪低沉	1	2	3	4
2. 我觉得一天中早晨最好	4	3	2	1
3. 我一阵阵哭出来或觉得想哭	1	2	3	4
4. 我晚上睡眠不好	1	2	3	4
5. 我吃得跟平常一样多	4	3	2	1
6. 我与异性密切接触时和以往一样感到愉快	4	3	2	1
7. 我发觉我的体重在下降	1	2	3	4
8. 我有便秘的苦恼	1	2	3	4
9. 我心跳比平常快	1	2	3	4
10. 我无缘无故地感到疲乏	1	2	3	4
11. 我的头脑跟平常一样清楚	4	3	2	1
12. 我觉得经常做的事情并没有困难	4	3	2	1
13. 我觉得不安而平静不下来	1	2	3	4
14. 我对将来抱有希望	4	3	2	1
15. 我比平常容易生气、激动	1	2	3	4
16. 我觉得做出决定是容易的	4	3	2	1
17. 我觉得自己是个有用的人，有人需要我	4	3	2	1
18. 我的生活过得很有意思	4	3	2	1
19. 我认为如果我死了，别人会生活得好些	1	2	3	4
20. 平常感兴趣的事我仍然照样感兴趣	4	3	2	1

[①] 王征宇、迟玉芬《抑郁自评量表（SDS）及焦虑自评量表（SAS）》，《上海精神医学》1984年第2期，第71～74页。

第三节　旅游生态学

生态学（ecology），是德国生物学家恩斯特·海克尔（Ernst Haeckel）于1869年定义的一个概念，是研究生物与环境之间相互关系及其作用机理的科学。生态学的发展经历了植物生态学、动物生态学、人类生态学、民族生态学四个阶段。植物生态学某种意义上只研究植物与其环境之间的关系，随着保护生态学的发展，人们发现了其局限性：离开了动物，纯粹只考虑植物生态是毫无疑义的，因为动物可能瞬间就将其破坏。因此产生了第二个阶段动物生态学，然而人类的破坏力较动物幅度更大，就产生了人类生态学。民族生态学是生态学发展的最高级阶段，是研究不同民族的文化、风俗、信仰等影响生态环境的变革。旅游生态学是建立在民族生态学理论基础之上，研究旅游利益相关者与旅游生态环境之间的关系的一门分支学科。它关注的是旅游相关者的自然属性与社会属性同自然生态环境和人文生态环境之间的相互关系。

一、旅游与自然生态环境

中国古代"天人合一"的哲学思想已经包含了早期生态主义的基本内涵，其所指的"天"也就是自然生态。虽然这种"天人合一"的思想传承了几千年，但直到今天，人类对这个美好的理想追求并非越来越近，而似乎是越来越远，在一些国家和地区，这种状况可能更糟糕。因此，实现人与自然和谐相处，仍然任重道远。

1. 旅游地貌对旅游者的心理影响

旅游地貌对旅游者的心理影响见表4-2。

表4-2　各种地貌类型对旅游者心理的影响[①]

地貌类型	对旅游者旅游心理的影响
山地地貌	北方山体壮美，使旅游者体验到紧张、悲壮、敬仰、豪迈、痛快或狂喜的情绪
	东南之山多奇秀，旅游者会产生平缓、亲切、轻松、明净、放浪、舒坦、闲适、宁静、愉悦、淡远或心平气和的快乐心境
喀斯特地貌	梦幻般的中国水墨山水画，独特的峰丛洼地组合可以考察旅游者的探险精神
丹霞地貌	石柱、石峰、悬崖、洞穴、天生桥等独具魅力，让旅游者产生一种庄重、威严、神圣的感觉
土林地貌	造型多变、千姿百态的地貌形态，荒芜粗犷，符合大多数人好奇、求新、审美的需求
荒漠地貌	生命于逆境中表现出来的惊人的适应能力，蕴含丰富的"生态美"内涵；荒漠个性化突出，具有冒险性、探索性、异域性和刺激性，顺应城市居民回归自然的心

[①] 章家恩《旅游生态学》，化学工业出版社2009年版，第54页。

2. 生态环境对旅游者的影响

"若夫淫雨霏霏，连月不开……；至若春和景明，波澜不惊……"《岳阳楼记》中这段瑰丽的文字从一个侧面表达了天气环境、自然景物对人的情绪的影响。旅游生态学正是对这些现象进行科学研究，以期找到规律，为旅游者、旅游地居民和旅游发展服务。旅游生态学关注对旅游者产生影响的生态环境因素包括以下几方面。

（1）气象气候的影响。大气中各种物理过程和物理现象；气候的形成过程、分布和变化规律等对旅游者的影响。

（2）极端天气。雷雨冰雹、旱涝雪冻、酷热严寒。

（3）大气环境。光学烟雾、臭氧、酸雨、大气飘尘。

（4）沙尘暴。

3. 地质环境对旅游者的影响

（1）地质特征与元素。其中最主要的问题是氟中毒，如花岗岩、萤石矿、磷矿都是含氟量高的矿物质。如萤石（Fluorite），其主要成分是氟化钙（CaF_2），占90%左右，其中含氟（F）48.8%，所以又称为"氟石"。因此，需要警惕旅游区饮用水中，是否含过量氟元素的问题。

（2）克山病。克山病是我国从东北到西南一带的地方病，是一种流行于荒僻的山岳、高原及草原地带的以心肌病为主的疾病。主要流行地区为黑、吉、辽、内蒙古、冀、豫、陕、晋、甘、川、云、藏地区。

（3）碘缺乏。碘是人体必需的微量元素之一，在体内承担重要的生理功能，主要是参与甲状腺素的合成，碘的生理功能也是通过甲状腺素的作用完成的，甲状腺素在人体内参与一系列的生理活动，可促进物质分解代谢，能量转换，维持和调节体温，维持正常的生命活动。

（4）地壳物理特征的影响。火山、地震、地裂地陷、山崩岩崩。

（5）地热、地磁。地热表现为地下温泉资源；地磁为地下磁场，地球磁场。如睡觉提倡南北方向就是利用南北两极地球磁场对人体的积极影响作用。

（6）放射性与同位素。如果两个原子质子数目相同，但中子数目不同，则它们仍有相同的原子序，在元素周期表中是同一位置的元素，所以两者就叫同位素。有放射性的同位素称为"放射性同位素"。放射性同位素会进行放射性衰变，从而放射出伽马射线和次原子粒子。如碳元素中有碳12、碳13、碳14；铀元素存在16个同位素。

（7）地质灾害。地质灾害是在自然或者人为因素的作用下形成的。如崩塌、滑坡、泥石流、地裂缝、水土流失、土地沙漠化及沼泽化、土壤盐碱化，以及地震、火山、地热害等。

（8）水。水至刚亦至柔，水既可以形成灾害，也是人类的朋友。比如海水中含有多种微量元素，对某些细菌和病毒有很强的抑制作用。海水浴和日光浴对皮肤病有一定疗效。海浪的撞击能产生大量的负离子，这种含有高浓度负离子的空气，具有镇压痛、催眠、止咳、降压、减轻疲劳等作用，使人心旷神怡，对健康大有益处。

二、旅游社会文化环境

旅游社会文化环境是指旅游利益相关者所处的社会结构、社会风俗习惯、信仰和价值观念、行为规范、生活方式、文化传统、人口规模与地理分布等状况。它影响和制约着旅游者的消费观念、需求欲望及特点、消费行为和生活方式，社会文化环境对旅游行为产生直接影响。

1. 旅游社会文化环境的构成

（1）物质文化。人们在生活过程中的居室、建筑、日用品和艺术品，生产过程中所使用的工具、知识、技术、方法以及生产出来的产品和产品的分配、消费方式等。

（2）教育。传递知识、本领和价值观念的活动。

（3）语言。不同的语言表达及其背后的符号意义。

（4）宗教。不同宗教信仰及其之间的差异。

（5）民俗。服饰、居住、饮食、生产、婚恋、节庆、丧葬、礼节、游艺等。

（6）美学观念。旅游利益相关者文化背景中体现的审美观。

（7）价值观念。旅游参与者对待事物的评判尺度与角度。

（8）社会组织。突显人与人之间的关系。在旅游活动中，社会组织具有凝聚群体力量、宣传引导、教育教化的功能。

2. 社会文化环境对旅游者的影响

（1）正面影响。

① 增强旅游者所属民族的内聚力。旅游也是一种文化的冲突与涵化的过程，从冲突这一视角来说，科塞认为，社会冲突有利于维持群体的边界，有利于促进群体的团结。

② 提升民族自豪感。旅游一般会受自然景观的吸引：对于本国的游客来说，会为祖国的秀美山川而自豪。对于外国游客来说，一方面，从旅游消费中体验到了一种旅游福利带来的民族幸福感；另一方面，特别是在落后地区旅游，更能让游客体会到优越感，进而提升了民族自豪感。

③ 满足知识需求，开阔视野。古人所说的"读万卷书，行万里路"虽然是为了阐明实践出真知的道理，但其本意是肯定了旅行是获取新知的一条重要途径。

④ 体验认识某种生活方式。对于普通游客而言，或许是为了满足好奇心，对于学者而言，可能是出于研究需要。

⑤ 冲突与融合中催生新的价值观。旅游活动无论对旅游地还是自己，都是一个重新认识的过程。

（2）负面影响。

① 表层认识。旅游对于旅游对象而言，往往是浮光掠影、走马观花式的认识过程，容易陷入只见树木、不见森林的认识误区，有时也会被表面现象所蒙蔽，看不到问题的实质。

② 自大或自我否定。旅游过程中产生的认识误区，表现为对自我认知的两个极端，即盲目的自大与自我否定。

③ 伦理背离倾向。旅游者所生活的本土环境，也是一个伦理环境，在这个环境中，人们自然地接受当地的伦理规范的约束。一旦离开本土，如来到国外，容易产生背离伦理的倾向，觉得在这片陌生的土地上，无须再遵守所在国原有的伦理规范，如容易放纵自己，出现一些不文明行为。

3. 旅游活动对旅游地社会文化的影响

（1）对东道主心理行为的影响。这种影响主要表现在盲从与示范效应。正如旅游社会学研究者诺洛纳和罗朗·福尔斯所概括的"旅游的周期运动可能在把大量的人力吸引到城市里之后又使他们陷入失业的困境。失业者将置身于热带的贫民窟里，他们感到失望，又没有能力重新适应悲苦的生活样式"，"这些人和他们的家庭很快就会营养不良，出现心理和精神紊乱，产生报复的欲望并采取报复的行动，这种现象在小国，如太平洋或加勒比海地区的岛屿国家尤其严重"。当然，上述现象也可能促进当地人奋发向上。另外，当地人从游客身上所观察到，或者游客自身流露出的"优越""富有""自由""偏见""歧视"等印象，自然也会对东道主心理产生相应的影响。

（2）对旅游地社会生活方式的影响。这种影响是表现在物质与精神层面的影响，就业机会的增加以及农产品的需求增加，但这种需求的增加也可能造成当地供应的紧张，或给自身生活带来不便，因此，增加当地居民收入，改善生活条件，提高生活质量是旅游业需要施加的正面影响。

（3）对当地的道德观念和社会风气的影响。旅游者的示范效应既可能是当地文明程度提升的契机，也可能是不良习惯的传播途径，甚至是诸如吸毒、色情、赌博等犯罪的潜在因素。

（4）对当地传统文化的影响。这种影响表现为"涵化"与"冲突"，冲突是暂时的，涵化是经常的，冲突的结果是走向涵化，涵化也是一种妥协的结果。美国学者佛克斯说："旅游就像一把火，它可以煮熟你的饭，也可以烧掉你的屋。"道出了旅游对于东道主而言是一把双刃剑的本质问题。

（5）对语言的影响。这种影响存在正与负两个方面，它可能丰富了一种语言，也可能会消失掉一种语言，处于中间状态是改造了一种语言。

第四节　旅游人类学

人类学是通过人类的活动与发展变化来研究人类的本质的学科，依据不同的研究视角，一般分为自然人类学、文化人类学和考古人类学三大类别。旅游人类学建基于人类学基础之上，特别是以文化人类学为基础，侧重于从旅游地居民和游客之间人际关系的角度来研究旅游地的文化现象和演变，以及这种文化现象对旅游地社会的影响。

一、人类学视角的旅游

关于旅游的概念，有各种不同的定义。美国著名旅游人类学家瓦伦·L·史密斯（Valene L. Smith）在她开创性的论文集《东道主与游客》中开宗明义地说："要对旅游一词下定义是困难的……但一般来说，一名旅游者指的是一个暂时休闲的人，他（她）自愿离开自己的家，到某一处地方参观、访问，目的是为了经历一种变化。"人类学家更看重旅游者经历的变化过程。

随着旅游业的不断发展，人们越来越注意到，旅游业既给东道国或地区带来了经济文化上的发展，同时也使之出现了许多社会和文化的变化，这些变化既有积极的，也有消极的。

1. 旅游的人类学分类

从人类学研究的角度，旅游的类型一般分为朝圣旅游、休闲旅游、观光度假旅游、商务旅游、探亲访友旅游、文化旅游、民族旅游、生态旅游、探险旅游、乡村旅游、城市旅游、海岛旅游、亲水旅游、亲子旅游等，当然这些类型中也有相互交叉的部分，如海岛旅游也可能属于观光度假旅游，只不过各有侧重而已。

2. 旅游人类学的研究视角

一是涵化与发展的视角。

（1）涵化。涵化（acculturation）是文化变迁的一个主要内容，亦是文化变迁理论中的重要概念。关于文化变迁的理论，必须明确几个关键词：传播、媒介传播、文化接触、采借、选择、整合、涵化。不难看出，文化传播、文化接触可以说是涵化的先决条件，而涵化则是文化传播导致的结果。"涵化"一词最早见于1880年，美国人类学家博厄斯关于涵化的研究。20世纪20年代，就有人类学家的专门研究。涵化在人类学中也称文化植入，即两种文化在一起冲突、碰撞、磨合一段时间后，相互产生影响，一种文化变得像另外一种文化，或者一种文化融入、吸纳了另一种文化。

（2）发展。经济学意义上的"发展"是指GDP的增加，社会财富的积累，社会产品的丰富以及贫富差距的缩小，发展意味着增长。增长是人们追求的目标，但人们也已经注意到，一味强调增长定会带来"增长的隐忧"，"增长本身是不够的，事实上也许会对社会有害"。人类学意义上的"发展"范围则很广，指一切指向理想中目标的社会文化变化。

发展研究（development studies）源起于第二次世界大战之后，分广义与狭义两方面，前者指研究社会变迁的一般规律，后者以第三世界国家政治、经济、社会和文化发展问题为对象，探讨模式与经验。

① 现代化理论，诞生于20世纪50年代，吸收了涂尔干、韦伯等社会学家关于传统与现代之分的观点，这种理论认为，世界各国都有可能接受资本主义工业化的渗透与全盘传入，也就是说，发达资本主义国家的今天，也就是不发达国家的明天。这种片面发展的理论招致了批判，因此，产生了依附理论。

② 依赖理论（dependency theory），也称依附理论。首先由阿根廷经济学家普雷维什（Raúl Prebisch）提出，后由德国经济学家弗兰克（Andre Gunder Frank）等人加以发展，创立了"依赖理论"。依赖理论认为，在现行世界体系中，强国对弱国的贸易与投资只能使弱国陷入贫困与依赖他国的困境。此理论同样招来实证理论的反对，认为"依附"可改为"低度发展"，因为在外来资本的帮助下，许多国家的确出现了或多或少的发展。

③ 世界体系理论（word-system theory）。该理论的提出以美国学者沃勒斯坦的《现代世界体系》一书为标志。其主要观点是必须把世界体系作为一个整体来研究，无论研究体系中的哪个方面，如民族，国家、地区、族群等，都必须置于整个体系中来考察。并指出现代世界体系在16世纪就在欧洲出现，并以资本主义贸易体系为基础，超越国家界限，形成了"资本主义世界经济"。也有人认为它夸大了世界体系的力量，忽视了单个社会的独特历史发展过程。

二是个人经历转换的视角。

旅游中的转换是在不同的时间和空间中，个人所体验到的不同的角色、不同的心境与不同的感受，这种转换意味着与过去相比，存在着不同程度的不一样，如仪式转换，角色转换、高峰体验等。

仪式转换。旅游是一种过程也是一种仪式，纳尔逊·格雷本认为旅游是"一种与日常家居生活、工作形成强烈反差的，集休闲、旅行于一体的特殊仪式"。任何一个个人生活在特定的民族国家，都受一定的礼仪范式的约束，这些仪式可能已成为个人生活的一部分，不同的群体，不同的民族和地域，有着不同的仪式。如在"西门豹除巫治邺"的故事中，战国时邺县（今河南安阳）人每年要祭献一位童女给河神做媳妇，祈求风调雨顺，意味着每年要有一位少女为"公众利益"而死。而同时代的楚国（今湖北湖南一带）祭河神不是用活人，而是用粽子，一说是为救屈原免被鱼龙吃掉，一说同样是为了祈求风调雨顺。再如各民族的图腾崇拜也不一样，有的崇拜山，有的崇拜石，有的崇拜树。旅游为这种日常生活中礼仪范式的转换或不同礼仪范式的体验创造了条件。旅游的经历的转换通常让旅游者体验仪式的转换，并在这种体验中获得对世界的不同角度的思考。

角色转换。在旅游过程中，旅游者原来在家庭、社会与生活、工作中固有的角色得以转变，虽然这种转变是暂时的，但对于个人而言是一种重要的改变。例如，原来的角色是服侍别人，而在旅游过程中，却一直享受着被别人服侍的感觉与快乐。同样，原来在家、在单位可能是被别人服侍，但在旅游中可能是领队或服务与管理的角色，那么，就体验了一回服侍他人的感觉。总之旅游为人们提供了一个改变、思考与学习的机会。

高峰体验。马斯洛（1987）关于高峰体验有这样一段描述："这种体验可能是瞬间产生的压倒一切的敬畏情绪，也可能是转眼即逝的极度强烈的幸福感，或甚至是欣喜若狂、如醉如痴、欢乐至极的感觉……最重要的一点也许是，他们都声称在这类体验中感到自己窥见了终极真理、事物的本质和生活的奥秘。"此后，不断有中外学者对此进行解读，并认为这是一段捉摸不定的描述。其实，已无须解释，这一段话已经将高峰体验刻画得惟妙惟肖，清楚明白。

马斯洛所描述的这种高峰体验，我们可以简单理解为人生之中，人的经历之中，瞬间时刻的顿悟、惊喜与幸福交织在一起的美妙感觉。并且，这种高峰体验并非一个人一生中只有一次，而是可能有多次，甚至也可能呈现周期性，正如托夫勒所言："我们做每一件事情都是一种体验。"人生的每一个不同的阶段、不同的生活情景可能都会出现不同的高峰体验，如工作上巨大的成就或荣誉，旅游中的新奇发现与感悟等，旅游中的蹦极、攀岩、飙车、漂流等。中国人讲的人生三大幸事——"洞房花烛夜，金榜题名时，他乡遇故知"，范仲淹《岳阳楼记》中脍炙人口的名句："至若春和景明，波澜不惊，上下天光，一碧万顷；沙鸥翔集，锦鳞游泳；岸芷汀兰，郁郁青青。而或长烟一空，皓月千里，浮光跃金，静影沉璧，渔歌互答，此乐何极！"其所描述的情景与感受何尝不是一种高峰体验！

在现代社会，这种体验并非"灵光一现"，偶然产生。体验已成为一种经济，一种市场，体验也是人们的追求。人们需要各种机会去尝试这种体验，"体验经济"的时代已经到来。这也为旅游人类学乃至旅游社会工作提出了新的思考。

扩展阅读

> 这是一段网络上关于旅游的文字，所描写的场景可以理解为普通人的高峰体验：
>
> 在那种久违的仪式感中，我突然领悟了很多曾经纠结于心的东西，也许是因为一直忙着逗孩子们开心，反而很少有时间静下心来去整理自己。在学习香道的过程中，有那么多个瞬间，你由嗅觉打开了与自然对话的通道，那些时刻，心中竟然涌现着从未经历过的、美妙无比的宁静。

三是上层建筑与经济基础的视角。

"旅游是一种上层建筑"，来自马克思主义唯物论"存在决定意识"的思想。马克思认为，上层建筑是指建立在一定经济基础之上的社会意识形态以及相应的政治法律制度、组织和设施的总和。[①] 斯壮扎（Stronza，2001）也指出："观光是一种上层建筑，是依赖于其他更为根本的社会因素，几乎排除了当地人。"我们认为，旅游不仅是上层建筑，也是一种经济基础，因为没有经济基础也不会有上层建筑。"旅游是上层建筑"的观点给了我们看待旅游的一个新视角，这个视角至少有两个维度，一是旅游消费付出的是物质，是需要经济基础的支撑，从这一点来看，旅游也是一定的经济基础的反映。二是旅游的理由以及旅游中的收获或所得是一种意识形态，而旅游中意识形态形成的过

---

① 柴毅龙《马克思主义经典著作选读》，高等教育出版社1998年版，第27页。

程与一系列制度、组织及设施密切相关。以上层建筑与经济基础的视角看旅游，就更能理解旅游对于社会变迁的重要性。

二、旅游与涵化的关系

涵化是一种文化变迁模式，是指文化变迁的横向过程，是指两个或者两个以上不同文化在长期持续的接触过程之后所导致的原有文化体系大规模变异的社会文化变迁现象。涵化，顾名思义是涵盖、包含与化合，是一种文化对另一种文化的渗透与重构的过程。涵化表现为一种文化变迁，内容非常广泛。文化震荡、文化适应、文化认同、文化融合、文化创新等概念都是涵化的表现。因此，涵化是旅游过程中再明显不过的现象，并由此引发了有关的诸多问题，如旅游开发与传统文化的保护、旅游的纯粹性与商品化、旅游与民族文化重建、旅游与宗教、旅游与性别角色问题、旅游人口流动等带来的文化传播问题等。归根到底，旅游带来的文化变迁成为备受人类学家关注的问题。

涵化的过程一般分为接受（采借）、抗拒和适应三种情况。接受（采借）是指涵化双方在彼此接触、传播文化的过程中，对他者文化进行借鉴、吸收并逐渐开始对自身文化进行整合、调适和改变的过程，这个过程按发展阶段通常包括初始阶段、接触、传播、选择、采借等一系列过程。抗拒是指一种文化对另一种文化渗透或入侵的抵制与拒绝，这种抗拒可能既有旅游地对旅游者的抗拒，也可能相反，即双方都存在的抗拒，但旅游地一方对外来强势文化的抗拒是主要的。适应是指不同文化之间的已从抗拒与冲突中走出，最后达至认同与融合的状态。

涵化分为"逆涵化"和"顺涵化"两种。前者可谓被迫涵化，后者为双方自愿吸纳。涵化的结果只有两类，一是适应，二是抗拒。无论是适应还是抗拒，涵化过程中总会伴随着冲突，如目的地人们心态的变化，从欢迎到冷漠，再到公开反对，最后既可能反对有效，也可能不得不默默承受，这是一种周而复始的过程。

涵化的结果必然带来代价，包括经济代价、社会代价和心理代价。

经济方面既可能加大了贫富之间的鸿沟，也可能促进了当地的经济发展。经济发展能提高人的生活标准，提供更多的受教育机会、更多的休闲机会、更长的预期寿命。当然，经济发展带来的隐忧也是显而易见的。

社会方面既可能改变了群体、民族或性别之间所扮演的角色，导致社会失范，族群凝聚力降低，传统的有机团结的丧失，民族特色与族群认同减弱，群体内社会资本贬值，也可能使民族特色更加鲜活，凝聚力加强，群体更加和谐。但实践表明，前一种趋势更加明显。

民族心理方面，宗教的去神秘化，民族文化的世俗化，传统宗教的日趋没落，人际关系的疏离，社会的区隔等，可能导致由自信变为不自信，由不敏感变为敏感的倾向。

旅游焦虑症①

曾几何时，自己患上了"旅游焦虑症"。当把行李拖出去，把家里的大门锁上，即将踏上旅程的那一刻开始，那焦虑就会如影随形来袭。

尽管早已三番四次来回检查，单身一个人住的你还是会担心：家里的瓦斯是不是没有关上？阳台的玻璃门有没有锁牢？苹果计算机的插头拔掉了吗？厕所的水龙头有没有关紧？已经坐在的士上准备启程去机场的你会想象各种可能因为自己的一时大意而发生的状况：没关上的瓦斯引起大爆炸，成了"公寓爆炸屋主联络不上"的社会新闻；阳台里突然吹来一阵强烈的怪风，把家里的摆饰都吹得东歪西倒，一塌糊涂；厕所里的水流了一地，整间公寓泡在水里，像去年曼谷的大水灾一样。

一定遗漏一件东西

除此之外，这"旅游焦虑症"也会在其他方面袭击你。比如说在出行前你如常列下一张必带物品的清单：① 保济丸；② 面膜；③ 好友甲托买的怡保白咖啡等等。七七四十九样物品，出发前你一一检查，嗯，都带齐了，锁上行李箱。以为这回万无一失，绝对是一个十全十美的愉快旅行。

但一上到的士你就记起了：忘了戴墨镜，糟糕！于是你就一直对这墨镜耿耿于怀：胡志明那里的阳光听说很耀眼，没戴墨镜的话，自己的眼睛一定承受不来；而且墨镜还可以挡掉路上扬起的砂石和灰尘……想着想着，你很快地就陷入忧郁的情绪里，没有这墨镜就百般不是。自怨自艾，你的旅程就让一副墨镜搞砸了。到达后你在胡志明市的大街小巷、百货商场里看见满坑满谷、各式各样的墨镜，但那心中总是恻恻然：此镜非吾镜，不一样就是不一样。

不过当天晚上你和越南友人吃吃喝喝，打闹说笑，第二天就把墨镜这事忘得一干二净。

接下来的7天你就到处逛到处玩，没戴墨镜的你在凶猛的大太阳底下怡然自得地血拼、吃饭、拍照、喝咖啡，不亦乐乎。那焦虑症不治而愈。忘了（或不在乎）家里的瓦斯到底有没有关上；阳台的玻璃门有没有锁牢等，你几乎不记得自己原来在马来西亚还有一个公寓。

一个星期过去后，你终于倦鸟归巢，打开家里的门：计算机还在、电视还在、大床还在、书桌上的小盆栽还是蓬发着绿的生机；浴室干巴巴、厨房亮灿灿，一切如旧。然后你又会想：下回旅行要在一个星期前把行李收拾好，之后每天反复检查，该带的也带，不该带的也带，不过你知道到最后一定会遗漏一件东西：旅游书、眼药水、寒衣等，于是那"旅游焦虑症"又再发作了。

---

① 《旅游焦虑症》，《星洲日报》2012年5月23日。

三、旅游对少数民族的影响

美国人类学家纳尔逊·格雷本（Nelson Graburn）的观点，在旅游场景下，少数民族不仅在数量上处于劣势，在文化上也是弱势的一方。在这样一个背景下，一方面出现了强势文化向弱势文化渗透的趋势，另一方面出现了弱势文化对强势文化的渐进接受趋势。只不过这种渐进接受可分为被动接受与主动接受的情形，被动接受往往源于经济对文化的强势影响与侵入，甚至当文化已变成了经济，而经济又左右着生存的时候，对强势文化已不得不接受。主动接受源于弱势文化对强势文化的认同，而采取的一种主动迎合的态度，促使自身固有文化的改变，但这种接受与改变从来没有心悦诚服过，弱势一方的固有文化从本质上和习惯上对强势文化仍有一种巨大的"防御"能力，因而弱势文化为了迎合强势文化的要求便出现了虚假化、变异化，进而导致了少数民族地区文化变迁的加速，出现变异甚至扭曲，重构与解构，文化与商品化，从而影响了少数民族及当地社会文化的可持续发展。

最好的自然景观往往与落后乡村连在一起。纵观中外旅游，尤其是自然景观旅游，东道国和游客之间的不平等是一个客观现实。对于东道国来说，面对外来文化的冲击，要么找到自己的文化自信，增强民族自豪感，要么在旅游大潮中迷失方向，不知所措。旅游人类学正是研究这些问题，从而为解决这些问题提供思路。

尽管中国早在明代就产生了徐霞客这样伟大的旅行家，但旅游作为一种产业，在中国肇始于20世纪80年代。对于民族旅游的开发，存在三种观点：一是以保护为主，不需要开发；二是适度开发；三是开发也是一种保护。其实，后两种观点都是同意开发的，因为，一旦开发了，"适度"的度就不好掌控了，资本一旦进驻，就一定会无限扩张、无孔不入，最后，度也没有了。面对当今的现实，不开发看来是行不通的，一些拥有旅游资源的地方政府，都会将旅游牌作为促进地方社会经济发展的法宝。关键是仍然要把握度的问题，这是一个难题，但不是一个不可逾越的难题。

四、旅游与人口迁徙

据美国《赫芬顿邮报》报道，美国伊利诺伊大学人类学家劳拉·沙克佛德表示，老挝北部山区发现的远古人类头盖骨，这一发现将人类迁往东南亚的历史又向前推进了2万年。[①]人类学家认为"迁徙是旅游之母"，这与马克思"劳动创造了人类"的思想是一致的，我们相信，人类的迁徙最初不是为了旅游，但作为一种休闲或上层建筑的旅游一定产生于迁徙的历史过程之中，没有迁徙一定没有旅游。旅游是迁徙的副产品，也是迁徙中的发现与创造。

今天，一些著名的旅游胜地都会有一座城市作为依托，要么是古来就有，如北京、西安、开封等，要么是新建城市，如三亚、张家界、黄山等，与这些旅游城市相伴而生的是大量的人口迁徙，包括大量的城市流动人口和外来新移民。外来人口的涌入为这个

---

① 陈封《老挝头盖骨将人类迁徙史前推2万年》，凤凰网2012年8月22日。

城市带来了生气，增添了活力，如经济的发展、商贸的繁荣，当然也不可避免地带来了一些社会问题。这些问题包括：新移民社会适应、文化适应、族群共融、特殊需求与服务的满足、宗教信仰、流动人口的困难救助、权益维护、教育与培训等。

五、旅游与多元体验

科恩（1979）指出，不同的人渴望不同模式的旅游体验，因此，旅游不止一种类型。科恩从宗教人类学角度将旅游者分为五个类型，即休闲娱乐型（the recreational mode）、转移型（the diversionary mode）、体验型（the experiential mode）、实验型（the experimental mode）、存在型（the existential mode）五种模式（图4-1）。其中后三者不会受虚假事件摆布，因为，其旅游体验正是建立在对抗预谋式旅游活动的基础之上。

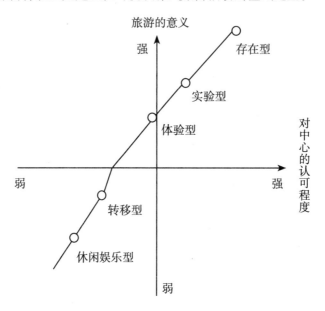

图4-1　旅游体验的五个类型[①]

〔思考与练习题〕

1. 旅游社会工作的理论基础有哪些，内容是什么？

2. 旅游社会工作的基本理论与旅游社会工作实务有何种必然联系？请分别以不同的理论进行阐述。

[①] 张晓萍、李伟《旅游人类学》，南开大学出版社2008年版，第110页。

努力保护山地旅游中的文化多样性①

山地旅游在中国方兴未艾，随着大量贫困人口居住的山村成为人们新的旅游目的地，山地旅游与扶贫脱贫便走到了历史的交汇点。那么，如何在"绿水青山"中挖掘"金山银山"，来听听正在贵州兴义召开的2017国际山地旅游暨户外运动大会上的外国专家怎么说？

"无论在什么地方，一个游客在山村里所进行的消费，不应该被视为一次性的消费，他在餐厅、纪念品商店里所花的钱事实上会带来连锁反应，在其他企业和行业创造效益。"世界旅游组织荣誉秘书长弗兰西斯科·弗朗加利认为，由旅游产业带来的乘数效应，对于地形比较封闭的山区而言意义尤其重大，因为地形封闭，这种效益的外流不太容易，很容易留在山区。

"贫困山区要强化旅游业和其他的经济行业的联系，同时让旅游业所创造的财富外溢或者流失最小化，这两点是成功发展山地旅游的关键抓手。"弗兰西斯科·弗朗加利说。

因为地形的原因，山区的居民能够保留较为独特的区域文化特征，包括饮食、语言、娱乐等，这种文化的多样性是一个旅游的亮点。在弗兰西斯科·弗朗加利看来，文化多样性与山地自然环境一样，是山地旅游得以发展的两大资源，"这两方面都要非常努力地保护"。

亚洲洞穴联合会主席艾克·哈利约诺说，在印尼和中国这样的东盟国家都存在相同的问题，当地的喀斯特地区往往是贫困比较集中的地区，而作为山地旅游资源喀斯特地貌也是比较脆弱的。艾克·哈利约诺建议，应争取让喀斯特地区的景观成为世界自然遗产，在对环境进行充分检测的前提下，做好喀斯特地区地表景观和岩洞景观的呈现，在增加娱乐内容的同时，更要进行有效保护。另外，艾克·哈利约诺提醒，山地旅游中的户外项目要有安全流程、安全标准程序，要重视相关从业人员的教育培训工作。

来自新西兰的布伦达·陶希认为，山地旅游产业的发展要跟当地居民合作，景区建设要充分听取当地人的意见。"因为这是他们的家园，山地旅游将成为他们生活中的重要部分，只有充分合作，才能达到山区的和谐和可持续发展。"

2016年9月举行的国际山地旅游暨户外运动大会上，《国际山地旅游减贫宣言》发布。《宣言》提出，山地旅游是创造体面就业、增加就业、消除贫困和促进公平与可持续发展的重要驱动力量，减贫是发展山地旅游的重要使命和美好愿景。

---

① 贵州省旅游发展委员会《努力保护山地旅游中的文化多样性》，人民网2017年8月22日。

第五章　旅游与社会问题

本章教学目标是分析了解因旅游发展导致社会变迁，进而引发的诸多社会问题。教学的重点和难点是如何以经济、环境、社会、文化等视角来分析社会问题，进而通过社会工作解决或缓解这些问题。

旅游持续不断地、全方位地、主动地给目的地施加影响，这种影响既有积极的方面，也有消极的方面，消极的方面的突显或失控就会带来社会问题。

关于对旅游的反思，国际社会从来没有停止过，国际旅游业也的确存在一些问题。旅游的季节性、经济发展的周期性危机等很多问题均是所在国无法控制的。"实际上，对于第三世界国家而言，国际旅游业的发展并没有取得鼓吹者预期的效果……旅游业的发展无法起到经常刺激当地农业生产发展的作用。"不仅如此，"发展旅游业还可以加剧财富的两极分化以及社会分层的明朗化。在第三世界发展旅游业，利润流向精英阶层，这些人本已富有，享有政治影响力。从整体上看，这将延迟国家的发展"。

上述观点是对旅游的批判性反思，也是旅游研究的一种悲观论调。的确，旅游不仅是促进社会变迁的重要力量，还是加速社会变迁的重要力量。旅游与社会问题是相伴相生的共同体，旅游地的社会问题也深深地打上了旅游的烙印。按不同领域和维度，旅游社会问题体现在以下一些方面。

第一节　旅游对经济的影响

一般而言，旅游对当地经济影响是正面还是负面，取决于以下几个方面。

一、旅游目的地的吸引力与承载力

如果吸引力够强大，而承载力不够，则会造成多方面的负面效应：一是会抬高当地物价，对本地居民不公平，造成利益受损；二是当旅游者感受到物价昂贵的时候，会造成负面的宣传效应，从而抑制游客的数量；三是当承载力不够的时候，服务质量会下降，旅游地的形象也会受损，长期恶性循环会带来游客减少，旅游收入下降。反之，如果承载力过大，而缺乏足够的吸引力，同样会形成固定资产投资过大，成本收不回来，也会造成地方经济结构不合理，最终影响经济发展。

二、旅游者购买力与当地供应量

如果旅游供应大于旅游购买力，会带来当地的经济萧条，物价下降，产品卖不出，成本收不回，利润难以实现。反之，会出现哄抬物价或者物价自然升高，将会严重地影响当地居民的生活，也会损害旅游者的利益。而且，靠高物价维持不了地方经济的可持续发展，也会使贫困人口的数量增加。物价上涨的同时也会导致货币流通次数的减少，进而阻滞了当地经济的发展。

三、土地开发与失地农民的关系

旅游开发必然伴随着土地开发，土地是农民赖以生存的生产资料，土地资源是有限的，旅游区土地的开发一定会与农民争地，资本侵入必然造就一批失地农民，他们最初可能得到一笔补偿款，但由于他们不会投资加之也没有合适的渠道，这笔钱一旦花完，失地农民就变成了彻头彻尾的穷人了。一些旅游区的黄、赌、毒问题也加速了一些获得补偿款的失地农民的贫困化趋势。

四、旅游产业结构调整的状况

如果旅游产业结构调整不合理，旅游业就会对旅游地原有的农业生态造成破坏，如果单方面强调旅游业，而忽视原有的支柱产业，比如在热带地区毁坏椰林、杧果园，建高尔夫球场、游乐场，或是忽略基础农业、大建城市楼堂馆所等，这些现象都是产业结构调整的误区，必将使当地经济变得脆弱，一遇到旅游萧条，整个经济体系会受到严重打击，那些放弃传统产业而从事旅游的家庭将面临严重危机。

五、旅游消费与再流通的程度

考察一个地方旅游业发展对地方经济的影响，不能单看旅游收入总量，还要看货币再流通的程度，即便旅游收入总量高，但如果只是藏富于民，再流通没有实现或实现的程度较弱，也不利于地方经济的健康发展。因此，旅游区应大力发展商业和服务业，使之极大地满足当地人与游客不断发展的物质和文化生活的需要，使再流通得以实现良性循环。

六、旅游与季节性的关系程度

旅游季节性的强弱程度与对地方经济影响的强弱程度呈正比例关系。在此前提下，如果地方经济对旅游的依赖越大，则旅游的季节性对地方经济的影响越大。南方热带旅游风景区一到冬天，酒店房间空置率畸高，许多导游及服务人员歇业，同时也拿不到工资，生活受到影响，随之出现季节性贫困与季节问题。那么，对于以旅游为支柱，或者旅游业收入占GDP较大比例，以及旅游季节性强的旅游目的地来说，必须采取相应的措施缓解这一影响。如开发淡季旅游服务项目以减轻季节性收入落差，北方冬天开展冰雪游，南方热带岛屿开展阳光游、热带风光游等。与此同时，有必要通过开发新的经济增长点，调整旅游在GDP中的份额，尽量降低旅游对GDP的敏感度。

第二节　旅游对环境的影响

旅游学界认为,环境是指适宜发展旅游业和开展旅游活动的空间。这一空间即旅游环境,它是由非生物、生物和人类构成,即自然、社会、经济、文化等要素在空间上组成的相互依存的有机体。旅游与环境从来不是独立运行的关系,二者是共生与冲突的关系,既共生又冲突,或者可称为对立统一关系。从理想的状态看,要求二者关系是统一的,比如通过旅游积累资金,用这些资金进行环境改善等,这是旅游对环境影响的积极方面。但从现实来看,更多地呈现出冲突的状态,表现在以下几方面。

一、对植物的影响

人类的旅游活动对地表植被和植物的影响可分为直接影响和间接影响两大类。直接影响包括移除、踩踏、火灾、砍伐、采集和对水生植物的危害。间接影响包括外来物种引入、工业污染、车辆废气、土壤流失等问题,这些都会间接地影响植物的生长和健康。而移除、砍伐的主要原因是交通道路、楼堂馆所、景观设施、度假村、地产开发、配套工程的建设以及旅游者庞大队伍的野外旅游活动等,需要以破坏野生植物为代价,有的成片的树林、植被因此遭受毁灭性的破坏,这样的例子不胜枚举。资金的逐利性也决定了它的短期利益只能从破坏环境中取得。此外,有研究表明,旅游对植物群落不同层次(乔木、灌木、草本),对枯枝落叶蓄积量(营养链),对植物群落土壤性质(践踏而致水土流失,酸碱性改变)等都存在不同程度的影响。

二、对水体的影响

水体是指以陆地为边界的水域,是河流、湖泊、沼泽、水库、地下水和海洋的总称,包括水以及其中的溶解物、水生生物和底泥等,共同构成完整的自然综合体。旅游对水体的影响是显而易见的,一些重点旅游区都在这方面做过专门研究。综合起来,主要有以下几方面的影响。

1. 人工设施

主要是人工兴建的堤、岸、坝对水体的影响。一些旅游地片面地强调"干净""美观",在河湖塘堰筑堤、砌岸、建坝,把有生命之水严密封锁在没有生命的钢筋水泥制作的巨大容器之中,这是水体变质的罪魁祸首。游人虽然可以徜徉在水泥堤坝之上,但看到的可能不再是"沙鸥翔集,锦鳞游泳",也不是"岸芷汀兰,郁郁青青",而是水体与水泥墙连接处泛起的绿藻和绿苔,以及一泓的黑水或污水。因为,这种水泥墙阻止了水体与陆地的一体化自然生态链,使水体失去了自净功能,同时也阻止了水陆两生生物的活动以及生物多样性过程的实现,使本来的生命之水成为一个盛在水泥池子里的死水。其他一些城市的流经河段,大都存在同样的严重问题。正确的做法应该是以栽树种草的自然河岸为主,水泥堤岸只起必要的基底保护作用,以不切断水陆联系为原则。

2. 旅游活动

旅游活动对水体的影响表现在三个方面：一是旅游垃圾污染。旅游垃圾污染是旅客在河流湖泊随意丢弃工业和化学废弃物以及旅游生活垃圾所形成的污染。二是水上运动污染。随着度假旅游活动的日益兴盛，水上运动项目，如水上摩托艇、划船、踩水、游泳、垂钓、跳水、潜水、驾驶帆船、亲水旅游等，极大地丰富了人们的度假生活内容，同时也给水体环境带来了巨大的冲击。如水上摩托车活动不仅对沙滩及海岸线产生侵蚀作用，而且其产生的涡流也会影响海域生态如珊瑚礁内的浮游生物和鱼类，漏出的油污还会污染水体，散布的化学物质则会威胁水体生物的安全。三是水上交通污染。主要是旅游船只所排放的垃圾、油污的污染。当船舶排放的污物大大超过水体自净能力时，就形成水体污染。一些旅游水体旁边修建的度假村、休闲中心、餐厅、宾馆等排放的污水和垃圾也是水体的污染源。

3. 生活和工业污染

一些著名的旅游景点都与城市相关，大量外来人口的涌入必然使这个城市的垃圾及排污处理负担加重，垃圾及污水处理能力不足，就容易形成生活和工业污染。有些中小城市的生活甚至工业污水直接排入河流湖泊之中，造成新的旅游污染副景观。

三、对野生动物的影响

对野生动物的影响主要表现在土地冲突和人动冲突两方面。所谓土地冲突是人和动物争夺土地引起的冲突，当然动物是争不赢人类的，只不过它可以反抗，其反抗的表现是对人的生命和财产的侵犯，因为，人类过分地挤占了动物原本拥有的栖息地，及其赖以生存的空间与资源。所谓"人动冲突"是人与动物之间的直接冲突，人类的活动空间差不多与动物的活动空间重叠，动物的活动空间越来越小，猎奇、探险、山地旅游的发展打破了动物原有的宁静，"短兵相接"时有发生，人类借助使用工具的优势在冲突中占有绝对霸权地位。大型动物的生存空间越来越小，种群也越来越少，动物被迫向高海拔山区迁徙的结果使低海拔的小型动物没有了天敌而快速繁衍，生态链受到破坏。如一些地方的野猪成灾就是这一现象的后果。

四、对地质环境的影响

地质环境具体是指一个景区或景点的地表岩层、岩石、地质构造、地质历史及地貌形态和地貌组合等内容。自然景观中的山水名胜，如峰、谷、洞、石、河、湖、瀑、泉等都是地质作用的产物，受一定地质因素的控制。旅游对地质环境的影响主要表现在游客在旅游活动中持续不断、大规模、高强度地对旅游地质环境施加的物理和化学的影响。如踩踏、震动与共震、使用、改变改造、开凿、旅游生活废弃物的腐蚀等都可能对地质环境造成影响。

五、对生态环境的影响

1. 旅游地主要生态环境问题

旅游活动对生态环境的破坏类型与内容见表5-1。

表5-1 旅游活动对生态环境的破坏类型与内容[①]

破坏类型	破坏内容
破坏动植物群落结构	破坏繁殖习惯
	猎杀动物
	影响动物搬迁
	植物因采集而遭到破坏
	因砍伐植物建旅游设施和基础设施而改变植被覆盖率或性质
	游人践踏而导致植物死亡
破坏地表	导致地表水土进一步流失和侵蚀
	增加地面滑坡、泥石流、崩塌等危险性
	改变雪崩的危险性
	破坏地质特性（如突岩、洞穴等）
	损害江河、湖、海岸线
	破坏景观地貌
破坏自然资源	导致地下水枯竭
	导致为旅游活动提供能量的化石资源枯竭
	增加发生火灾的危险性
	降低大气、水体与土壤环境质量

2. 旅游地生态安全问题

国际应用系统分析研究所（IASA，1989）认为，广义的生态安全是指在人的生活、健康、安乐、基本权利、生活保障来源、必要资源、社会秩序和人类适应变化的能力等方面没有受威胁的状态。狭义的生态安全是指自然和半自然生态系统的安全，即生态系统完整性和整体水平的反映。

数量安全主要是指资源的数量、生物种群数量、人口数量等；质量安全是指环境、资源、生物的质量、人口的质量是否达到健康的状态；关系安全是指生物与生物之间，

---

① 章家恩《旅游生态学》，化学工业出版社2009年版，第114页。

生物与环境之间的相互作用关系及比例关系协调与否（图5–1）。

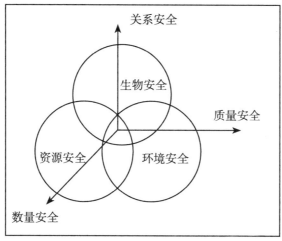

图5–1　生态安全的基本内涵

3. 旅游生态服务中的心理服务

国际旅游界认为，服务这一概念可以用构成服务的英文单词"SERVICE"的每一个字母来表示，第一个字母S即Smile，表示微笑服务；第二字母E即Excellent，表示出色，服务员要将一项微小的服务做得出色；第三个字母R即Ready，服务员要随时准备好为游客服务；第四个字母V，即 Viewing（看待），服务员要把每一位宾客都看成需要特殊照顾的宾客；第五个字母I，即 Invitation（邀请），服务人员在每一次服务结束时，都要邀请宾客再次光临；第六个字母C，即 Creating（创造），服务人员要精心创造出使宾客享受其热情服务的气氛；第七个字母E，即 Eye（眼光），每位服务人员始终要用热情好客的眼光关注宾客，预测需求，并及时提供服务，使顾客感受到关注。

4. 旅游中的生态教育内容

（1）对自然环境要素及其变化规律的认识。如地理、气候、地质、地貌、水文等要素及其规律的认识。

（2）生物成长过程及其生态特征的认识。如动植物种类、形态结构、生活习性等。

（3）对生物要素与自然环境要素之间相互关系的认识。如动植物季节变化、动物的保护色、警戒色和拟态等现象、生物之间的竞争与共生、植物枝叶的分解活动等。

（4）生态环境保护知识的传播。如废物利用和无害化处理、土壤污染、水污染和大气污染的控制技术、水土保持、生物多样性保护等。

（5）生态经济和环境经济方面的知识教育。生态保护、资源利用与经济发展之间的协调，生态经济与生态补偿等方面的知识传播。

（6）人文生态方面的知识教育。人对自然的态度、生态伦理、生态道德、生态文化、历史文化、民俗文化等。

六、其他影响

诸如汽车噪音、景观视觉污染及光污染、考古发掘对环境的破坏等都是值得关注的问题。

针对以上问题开展环境保护是旅游社会工作题中应有之义。

◆扩展阅读▶

趵突泉水位触"红线"　保泉不能光看天[①]

（2019年）6月16日，趵突泉水位为27.60米，卡线在红色预警水位，三股水喷涌乏力，水花泛起的波纹较为微弱。如近期济南无有效降雨，趵突泉喷涌将面临严峻考验。

16日记者探访发现，趵突泉"三股水"已变成了与水面相平的3圈波纹。中间泉眼喷涌得比其他两个高一点，两侧的泉眼则断断续续地吐着水泡。

在黑虎泉泉畔，三兽首喷涌的力度相差不大，均呈现疲软状态，吐出的水流在兽首的不远处就淌进了泉池中，没有了往日水花飞溅的气势。变化最大的当属黑虎泉西侧的琵琶泉，泉池内的水面低于溢水平台10厘米左右，大片青苔暴露在烈日之下。池水只能通过泉池内壁的出水口流出，流向护城河的"水帘"变得渐渐沥沥。

记者梳理6月以来的地下水位信息发现，6月1日至8日趵突泉的地下水位由27.70米回升至27.78米，从9日之后下降的速度明显增大。为什么会出现这样的变化？山东省地矿局801队技术人员告诉记者，与生态补源时段、放水量选择，日夜潮汐及天气降雨少又赶上农作物需要灌溉等多种因素有关。

记者从市城乡水务局了解到，目前长江水、黄河水和大明湖的弃水都已经投入到生态补源中，且已实施多时。同时，相关部门也在严厉打击非法开采地下水，加大城市供水管网和水厂建设配套，逐步替换东部片区的地下水开采；旅游路水厂、东湖水厂计划在今年底投用。

"保护泉水，市民也应行动起来，从日常节约用水做起。"山东省地矿局801队技术人员说，根据一般规律，清晨是一天中地下水位较高且相对稳定的时候，"除了自然潮汐的影响，还有一个很大原因是居民的用水量减少，因此节水保泉十分重要"。

[①] 杨璐《降水少又逢农灌，趵突泉水位触及"红线"》，《济南时报》2019年6月17日第6版。

第三节　旅游对社会的影响

在当今的和平时代和旅游时代，旅游对社会的影响是巨大而又持久的。有学者指出，当地社会越贫穷，旅游对社会的影响越大，这应是不争的事实。

一、旅游对社会的影响具有双重性

旅游对社会的影响并非是单方面外来文化对本土文化的影响，而是外来文化的冲击与文化的交流并存，在交流中促进了解，在了解中促进交流。外来价值观对当地施加影响的同时，当地的传统价值观亦对外来价值观产生潜移默化的影响，这种影响是由旅游者自发地传承与传播，将他们认为有用的部分带入另一个地域环境，融入另一种文化。

二、旅游对社会的影响具有示范效应

游客的行为举止、语言态度、穿着打扮及消费方式对旅游地居民特别是年轻人有示范效应，这也是旅游对社会影响的主要途径。这种示范效应既有正面也有负面，正面影响表现在对文明举止、先进文化的吸收与模仿等；负面影响表现为对奢侈品消费或超越个人经济条件消费的追求、与游客相比较的挫折感、城市新移民问题、向上流动与社会排斥问题，与此同时，还会产生以旅游业为主的新的社会阶层，并对当地政治力量产生影响。

三、旅游对社会影响的主要理论观点

旅游对社会的负面影响是旅游社会问题之所在，也是旅游社会工作的重要关注点。解释旅游社会问题产生原因的主要理论观点有"新殖民主义"及"生人社会"两个概念。

1. 新殖民主义

一方面，旅游发展带来的比较现实的或者可以预期的经济、社会效益，使得旅游地把国土、资源及旅游开发等方面的优先权让给旅游，让给旅游投资者；另一方面，因旅游者生活方式的影响，旅游地部分人员生活开始腐化，吃喝玩乐成风，形成了对旅游经济过度依赖等现象，这种特殊的现象被旅游研究者称之为新殖民主义。新殖民主义的结果是使旅游利润回流到旅游输出国，使当地多数人的生活环境恶化，生活质量下降。

2. 生人社会

德国社会学家滕尼斯的生人社会（法理社会）理论为我们分析旅游社会问题提供了一个有意思的视角，因而一些研究者习惯用该理论来解释社会问题。"整个世界都在从彼此相熟的村落社会走向彼此不熟的制度社会，熟人构成的社会正逐步丧失其功能，而为生人构成的社会所取代。"生人社会既是现代化的趋势，也是社会问题的根源。世界各地旅游者以及为旅游提供服务的外来务工人员甚至无业人员、流浪人员的大量涌入，严重冲击了旅游地原本固有的熟人社会，以族群、宗派、血缘关系为纽带的传统社区结构和社会结构遭逢解体，无论是当地人还是外来者都游离了传统的"内群体"社会组织结构之外，人们不再固守原有的道德契约，社会道德水准滑坡在所难免，"黄、赌、毒"及宰客欺客、偷抢财物、人身伤害等犯罪现象突出。

四、旅游对社会影响的主要方面

个人、家庭和社区是组成社会的主要细胞，旅游对社会的影响也主要表现在这三个方面。

1. 旅游对个人的影响

旅游对当地的影响可能有成百上千个方面，但归根结底，本质上还是对每一个具体的个人的影响，个人影响的集合才分别构成了其他如家庭、婚姻、社区、社会影响等方面，离开了个人的影响，其他一切影响都不复存在。旅游对个人的影响显然是巨大的。这些影响包括就业、学习、婚姻、家庭、越轨、犯罪等多方面。在越轨方面主要是性越轨和吸毒，在犯罪方面主要是盗、抢、伤害及贩毒吸毒、强迫与容留妇女卖淫等。

2. 旅游对家庭的影响

（1）对家庭控制的影响。突出表现为家庭控制力的弱化。受旅游经济与文化的双重冲击，传统的具有高度控制力和内聚力的家庭结构呈弱化趋势，家庭成员在旅游社区中的角色比在家庭中的角色更为鲜明。同时旅游"涵化"的结果也使家庭规模变小，数代同堂、儿女成群的大家庭越来越不复存在。在中国，计划生育政策虽然对少数民族放宽，但同样影响到了少数民族的生育观，旅游活动强化了这种计划生育的观念。旅游促进了家庭的变迁，家庭变迁又伴随伴着文化的变迁，其负面影响是巨大的。

（2）对婚姻状况的影响。受旅游的影响，旅游地传统的通婚半径呈不断扩大趋势，以族群和祖先的主要活动范围为原点，呈放射状扩大到全国各地，甚至走向了世界。旅游也扩大了当地青年的活动半径，务工、求学、奋斗的过程中，婚姻年龄也从低龄化走向大龄化，甚至择偶圈也从族内扩大到族外。通婚半径、婚姻状况、择偶圈的变化使传统的婚姻观和道德观受到冲击，相伴而来的是离婚率升高、婚外情、婚姻越轨现象增加。

（3）对男女地位变化的影响。旅游一方面促进了男女平等，另一方面又带来了新的不平等。前者相较于传统而言，后者相较于现代而言。旅游商业及服务业的发展为妇女提供了进入社会的广阔天地，在生产劳动中获得了一定的经济上的独立性，经济上的独立促进了家庭地位的上升。然而，从总体上、宏观上来看，现代社会为男性提供的机会与空间远胜于妇女，从而使男性的经济独立性超过妇女，特别是一些旅游区房地产开发引发征地狂潮，资本与权力结合，使得集体土地使用权的转让市场异常火爆，许多农民因征地而一夜暴富，虽然其中也有许多人很快进入一夜暴穷的行列，但并不妨碍一些暴富的农民及时行乐。在中国农村，户主一般是男性，因而在许多土地的使用权转让交易中，男性往往获得支配地位，这是新的不平等的表现之一。男女地位的不平等，本质上是性别的不平等，旅游消除了一个旧的不平等，又带来了一个更大的新的不平等，这种不平等潜藏着婚姻家庭的危机。

（4）对性观念的影响。性旅游本来就是旅游学的一个重要概念，因而旅游与性是旅游学上一个绕不开的话题，无论是在性开放的西方、东南亚，抑或是在性保守的东方，旅游色情行业都会以合法或不合法的方式存在。同时，旅游者身在异地，突破了家庭乃至社区、族群的束缚，旅伴之间、旅游者与服务者之间也易产生无论是以情感为纽带还是以金钱为纽带的性关系。再者，性产业无论是合法还是不合法地存在，对当地人也同样产生了不良影响，性服务与性消费的群体中，同样有当地人的身影。这对传统的家庭结构特别是青少年的身心健康，造成了极为负面的影响。旅游促进了性观念从保守到开放的发展趋势。

3. 旅游对社区的影响

社区是指居住在某一地域里的人们结成多种社会关系和社会群体，从事各种社会活动所构成的相对完整的社会实体。旅游社区是指在日常生活中形成的，聚集在某一旅游区内的人们在一定的文化背景下形成的多种社会关系和社会群体，从事各种社会活动所构成的相对完整的社会共同体。旅游对当地的最深刻的影响是促进了社区的变迁，所谓社区变迁是传统社区的没落和现代社区的兴起，或者是"熟人社会"的式微，"生人社会"的壮大。随之而来的是这种变迁背景下的负面影响。此外还表现在社区层面的旅游者与当地人之间的文化价值与经济利益的冲突、当地人与政府及外来资本之间的用地冲突，以及针对游客的敌意和犯罪等。

第四节　旅游对文化的影响

前述已提及旅游本身就是一种文化活动，旅游也起源于文化活动。旅游变迁在旅游地文化变迁中具有举足轻重的作用。旅游对文化的影响具有双重性和重复性的特点。双重性是指旅游地与旅游者之间文化的相互影响，但旅游者对旅游地的文化影响占主导地位。重复性是指一批又一批的旅游者对旅游地持续不断地、反复地、潜移默化地施加的文化影响，正是这种重复性强化了旅游对文化的影响。

旅游无论对于旅游地或旅游客源地科技的进步、民族和地方文化保护，以及文化的繁荣、发展、变迁和交流都会起到一定的积极作用，当然主要是对旅游地的影响更大一些，但负面的影响特别是对旅游地的负面影响更易引起人们的关注，这些负面影响表现在以下几方面。

一、对物质文化的影响

对物质文化的影响表现在对日用品、艺术和艺术品、烹调、建筑、居室、文物古迹、工具、知识、技术的粗制滥造、迎合和屈就。特别是由舞台的真实性逐渐取代或影响了后台的真实性或生活的真实性。比如现实中的民族村落可能没落了，旅游区仿制的民族村落反而留在了当地人的记忆里。旅游需求的扩大使得当地有限的民间工艺品供不应求，市场上就出现了大量的假冒伪劣产品，使得造假成了当地发展旅游经济的一条重要途径，这种对物质文化的影响已经延伸到了精神文化领域，在一些当地人的观念中，原本诚实守信的道德传统，在"陌生人"社会或许已失去约束性。

二、对非物质文化的影响

非物质文化是人类在社会历史实践过程中所创造的各种精神文化。大体上可分为三个部分。

1. 对与自然相伴而生的非物质文化的影响

与自然相伴而生的非物质文化如自然科学、宗教、艺术、武术气功、医学、哲学及自然文化遗产等。

2. 对与社会相伴而生的非物质文化的影响

与社会相伴而生的非物质文化如语言、文字、文学、口述历史、民间表演、风俗、礼仪、道德、法律等。

3. 对与器物相伴而生的非物质文化的影响

与器物相伴而生的非物质文化如工具、用品、工艺品、器械乃至传统食物的制作方法、知识体系以及工艺、技能等。旅游地受外来文化的冲击，特别是文化的商品化，造成民族文化或本土文化的改变、蜕变、扭曲、消解与异化，最后导致传统文化的失落、失传。这既是一种趋势，也是已经显现出来的现实问题。有的地方出于文化商品化的需要，以虚假的传统文化冒名顶替，只能使情况变得更为糟糕。尽管如此，人们对旅游的认识并非一边倒。

乐观论者认为，发展旅游可以促进对世界文化遗产的保护和开发。悲观论者认为，世界文化遗产的最大威胁正是旅游本身，指出人类对它们的热爱和敬仰恰恰会把它们逼向死亡。世界文化遗产基金会（World Monuments Fund，WMF）主席伯纳姆表示："旅游业对世界文化遗产的未来是十分重要的，但是，由于缺乏预见性的管理我们很容易使得情况失去控制。"从现实的情况来看，支持悲观论的人可能占多数。

扩展阅读

正在消失的文化遗产[①]

经济繁荣带来持续的"人潮"，越来越多的人"在路上"，价格低廉的飞机票更是加速了这个态势。看起来似乎是荒谬的，对世界文化遗产的最大威胁正是旅游本身，人类对它们的热爱和敬仰恰恰会把它们逼向死亡。世界文化遗产基金会

---

① 李经《正在消失的文化遗产》，人民网2006年4月10日。

（World Monuments Fund，WMF）主席伯纳姆表示："旅游业对世界文化遗产的未来是十分重要的，但是，由于缺乏预见性的管理我们很容易使得情况失去控制。"

由于经济的持续增长和飞机票的不断下调，到达遥远的目的地变为情理之中的事情。去年，全球游客人数突破了8.06亿，而他们中的许多人更是聚集在世界最著名的、历史最悠久的地方，无论是秘鲁的马丘比丘古庙，还是英国的史前巨石柱、抑或是威尼斯水城。

旅游经济的释放带来了比飓风更强大的能量。在墨西哥的旅游胜地坎昆，每年有700万游客慕名而来，在人潮的"冲击"之下，墨西哥加勒比海沿岸旅游资源的保护刻不容缓，大量涌来的旅游者还带来了淡水供应危机，并危及浅海生态环境。据保护国际（Conservation International）估计，"过度旅游"威胁着拉美和加勒比海的过半数"不可再生旅游资源"的存亡，亚太地区这个比例也达到了20%。柬埔寨的吴哥窟每年迎来100万旅游者，泰姬陵是700万。

其他破坏性因素

由于一些地区的局势动荡、工业废物的侵蚀，加之反常气候的影响，那些不可复制的世界文化遗产面临绝迹的危险。飓风使美国的新奥尔良几乎全城被淹没；被视为潜水天堂的印尼的珊瑚三角洲同样危如累卵；由于不断的偷盗行为，埃及路克索神庙厄运难逃；就连英国的史前石柱也被围栏保护了起来。唯一可以肯定的是，世界文化遗产是脆弱的，不管它们是石头的还是冰雪的，是人造的还是大自然的造化。

的确，人类的"旅行癖"不是唯一要指责的因素，危及文化遗产的因素还有不少。在开赴目的地之前，旅游者们不仅要考察各国钱币的兑换率、关心天气情况，还不得不浏览海啸预警中心的网址、简氏恐怖袭击报告（据说可以每天向人们提供全球恐怖袭击的最新情况），直至流行病指数预报。

旅游业本身，作为不少国家的最大的赚取外汇的产业，面临的危险也是多方面的。世界贸易与旅游委员会（World Trade and Tourism Council，WTTC）将讨论如何应对来自自然和人为的灾难。"不管是自然的，还是人为的，灾难都是现实的。"WTTC主席文斯·沃夫冈说道，"我们越来越多的要面对这些棘手的问题"。

这是一个艰巨的任务。世界文化遗产基金会公布了一份全球100个最濒危的文化遗产名录，它们分布在55个国家。名列第一的是伊拉克，不仅仅是阿斯卡里亚圣殿（Askariya shrine），而是整个国家。恐怖袭击、教派冲突成为罪魁祸首。来自全球气候变暖的威胁更是不容小视。联合国最近的一份报告中说，由"极端天气""洪水""飓风"导致的灾难已经比1970年多了3倍，由经济发展导致的灾难性破坏上升了6倍。

思考与练习题

1. 旅游社会问题表现在哪些领域，内容是什么？

2. 结合实际情况，谈谈你所在区域（如省份）最突出的旅游社会问题有哪些？负面影响是什么，怎样解决？

第三编　旅游社会工作实务

第六章　旅游个案工作

　　本章教学目标是学习了解旅游个案工作的基本概念以及工作模式、过程和方法。教学的重点和难点是如何在个案工作中突出旅游特色，如何应用旅游社会工作的基础理论和方法解决实务中的问题。

　　社会工作一经产生，便发展到不同的领域，并且这种发展趋势仍在继续。但变化的是领域，不变的是方法。旅游个案工作仍然是旅游社会工作的五大方法之一，也是旅游社会工作的基础。

第一节　个案工作概述

一、个案工作

　　我们先了解一下个案工作的概念。

　　作为社会工作创始人之一的玛丽·瑞奇蒙女士（M. Richmond），在她所著的奠定社会工作专业基础的《社会诊断》一书中，最早提出个案工作的概念，她认为社会个案工作包含着一连串的"工作过程，它以个人和家庭为着手点，透过对个人和家庭及其所处环境做有效的调适，以促进其人格的成长"[1]。可见，在玛丽·瑞奇蒙看来，个案工作的

---

　　[1] 张雄《个案社会工作》，华东理工大学出版社2000年版，第2页。

本质是立足于个人和家庭环境及其二者之间关系的调适。

鲍尔斯（S.Bowers）将个案工作看成"一种艺术，它使用有关人类关系的科学知识与改善人际关系的专业技术，来启发和运用个人的潜能和社区的资源，促使案主与其所处环境之间有较佳的调适关系"。较之瑞奇蒙的观点，鲍尔斯的看法是除了关注个人和家庭环境之外，还认识到个案工作需要挖掘个人潜能，需要当成一门艺术来追求。

斯莫利（Smalley，1967）将个案工作定义为一种专业社会服务方法，其职责是通过一对一的专业关系，促进案主运用各种社会服务，以增进其个人与一般社会福利。斯莫利观点的核心在于将个案工作看成一种专业，一种提升个人权能与改善个人境遇的助人专业。

哥伦比亚大学社会工作学家霍利斯（Hollis F.）从心理和社会治疗角度解释个案工作："是一种心理和社会疗法，认为个人社会功能的丧失或不良状况同时受到案主本身内在心理因素和外在社会环境因素的影响。因此个案社会工作的目标在于促使个人内在需要的更充分的满足和个人社会关系的更充分的功能表现。"

海伦·波尔曼（Helen Perlman）综合不同学派的看法，归纳总结了社会个案工作是由"4P"组成的"问题解决"过程：个人（Person）为问题（Problem）所困扰，向社会机构（Place）寻求协助，由专业社会工作者通过助人的过程（Process）增强个人解决问题的能力，并提供问题解决过程中所需要的各项资源和机会。这个定义简短而含义丰富，它包含了社会个案工作中相互关联的四个基本组成部分，即个人或家庭、面临问题、工作机构和工作过程。

波尔曼虽然对社会个案工作的概念做了比较清晰的总结，但这个总结更侧重于解释个案工作的过程是如何进行的，实则上述学者的观点既包含有过程也包含有方法。社会个案工作既是一种助人的过程，也是一种助人的艺术，更是一种助人的方法。这种助人方法既关注个人内在的心理需求，也关注个人外在环境的物质需求和社会需求。

二、旅游个案工作

旅游个案工作是建立在一般个案社会工作基础之上的，带有旅游社会工作特色的个案工作，是针对旅游利益相关者（旅游地居民、游客、旅游从业人员、旅游管理者等）中的个人或家庭，因旅游变迁导致的心理、物质、社会三个层面的需求与问题，由专业的旅游社会工作者运用专门的方法，连接相关的资源，通过照顾、治疗与改变，增强个人或家庭解决困难问题的能力，增进个人或家庭福祉，达到维护社会公正的一个助人过程。

第二节　个案工作模式

一、危机介入模式

（一）危机的概念

危机介入模式的研究始于1943年林德曼（Lindemann）对波士顿火灾难民及死难者家属的适应性研究。1946年，林德曼和卡普兰（Caplan）通过对有关社区精神健康的继续研究，首次提出了危机调适的概念，他们认为，压力、紧张、情绪的变化与危机有很大的关系，卡普兰被称为"现代危机之父"。20世纪40年代以后，"危机介入"逐渐在社会工作领域推广开来，成为个案社会工作的主要模式之一。

（二）危机与旅游危机

顾名思义，危机是危险的时刻或危险的状态，社会工作语境下的危机是指一个人的生活中，突然发生意想不到的变故，正常的生活状态遭到破坏，置身于危难境地，身心处于一种无力感和无助感的状况。危机是一种对平衡状态的改变，"危机就是人的正常适应机制没产生或行不通的情形"。危机可以是一种正常的状态，"是对情境或生活压力一个正常且具有时限性的反映"，如面对死亡、离婚、退休或生理、身体上的疾病以及自然灾害等。危机是一个过程，一个时段，而不是一个时点。危机是问题与希望并存，没有希望也就不是危机，但危机需要处置，否则危机也可能成为结局。

旅游危机是旅游地或旅游过程中突发的，对旅游利益相关者身心造成重大负面影响的危险、危急状态。既指任何可能影响旅游目的地、旅游企业及其产品长期信誉或者干扰旅游目的地、旅游企业正常运营的情况，也可以是影响旅行者对一个目的地的信心，从而扰乱旅游企业继续正常经营的非预期性事件，这类事件可能以无限多样的形式在许多年中不断发生。

（三）旅游危机的类型

综合卡普兰（Caplan，1964），布兰姆（Brammer，1987），詹姆斯和格林德（James and Gilliand，2001）的观点，旅游危机一般包括以下五个方面的类型，而每一个类型的危机都与旅游利益相关者群体中的个体或家庭直接或间接相关。

1. 旅游心理型危机

旅游活动中，因对环境的不信任、压力和文化的不适应而产生的个体性或群体性恐慌等应激性心理反应。应激是一种对刺激的反应，是把人类的应激与物理学上的定义等同起来。即金属能承受一定量的"应力"（stress）。当应力超过其阈值或"屈服点"（yield point）时就引起永久性损害。人也具有承受应激的限度，超过它也会产生不良后果。应激反应是由塞利（Selye，1982）的定义发展而来。他认为应激是一种机体对环境需求的反应，是机体固有的，具有保护性和适应性功能的防卫反应，从而提出了三个反应阶段，即警戒期、阻抗期、衰竭期的一般适应综合征学说。一般适应综合征模型可用如下曲线图表示（图6-1）。

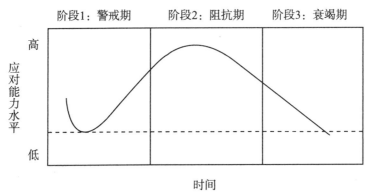

图6-1 一般适应综合征模型

第一阶段：警戒期反应。当威胁或压力第一次出现时，在很短的一段时间内，人体会产生一种低于正常水平的抗拒，这种短时间的抗拒会引起人体的胃肠失调、血压升高，接着人体会迅速采取各种防御措施并进行保护性的自我调节。

第二阶段：阻抗期反应。如果警戒反应不能排除上面的威胁或压力而仍然使应激持续，那么人体就会动员全身的能量和资源去反抗它们。

第三阶段：衰竭期反应。随着能量和资源的逐渐消耗，反抗的力量会逐渐减少，同时严重的身体症状，如溃疡、动脉粥样硬化等也会随之产生。这种动员全身能量和资源去反抗危机的过程就是抗拒。如果威胁或压力非常严重，人体无法消除它们，那么衰竭阶段就会出现。在这一阶段，神经内分泌系统的分泌能力减弱，免疫系统功能降低，人体容易感染各种疾病，严重者还可能会死亡。

一般来说，那些应激感受性较低且适应能力较高的人，其第一和第二阶段持续的时间比较长；而那些应激感受性偏高且适应能力偏低的人则很快就会到达最后阶段。

2. 旅游环境型危机

旅游环境型危机包括自然环境和社会环境乃至心理环境、自然灾害、战争或武装冲突、恐怖主义事件、外交危机、社会动乱、经济动荡、政策变化、重大旅游犯罪、旅游资源破坏、突发性公共卫生事件、重大旅游事故、环境污染等。当这些变化趋向对旅游利益相关者极为不利，使一些人感到茫然无措和无助，严重影响人们正常生活的时候，危机就会产生。

3. 旅游发展型危机

旅游发展型危机表现在两个方面，一是指旅游与人生发展过程中的交集以及旅游对人生成长过程中产生的影响。旅游必须面对各个人生发展阶段的利益相关者，特别是游客，如儿童、青少年、中年、老年以及更年期、退休阶段的游客，还有旅游中的异性交往、旅行结婚、生子等。二是指旅游自身发展与变迁过程中必然伴随和影响着人的发展与变迁，会给人们带来许多不适应，当这种不适应寻求不到解决的方法时，危机就会出现。例如当旅游业由当地少数人参与发展到多数人参与，旅游经济由占当地经济总量很小的比例发展到非常大的比例乃至成为支柱产业的时候，就一定会有相当一部分人不适应。特别是原来从事传统支柱产业者，以及无一技之长的农民、妇女、老人等。旅游的畸形发展势必造成文化的衰落，对当地青少年传统文化的教育及传承也会产生重大影响。

4. 旅游产品（线路）危机

旅行社产品以景点、项目、线路组合为主，受市场变化、环境变化和同类产品的影响明显，具有高模仿性和可替代性。我国旅行社普遍对产品的设计开发、营销推广重视不足，产品缺乏个性，往往一家旅行社开发出新产品后就有多家旅行社一哄而上，恶性的压价竞争现象严重，产品质量参差不齐，产品在品种、质量、更新换代速度、品牌等方面出现了严重的危机，从而导致旅行社整体市场客源的流失。

5. 旅游公共关系危机

旅游公共关系危机是指社会组织与其公众之间因某种非常性因素而引发的某种险情、非常态的状态，它是社会组织公共关系严重失调的反应。公共关系危机的成因既有企业内部环境因素，也有企业外部环境因素影响，旅行社公共关系危机主要有以下四种类型。

（1）与政府职能部门的公共关系危机。主要指与旅游行政主管部门、工商部门、税务部门、统计部门等，因业务关系的协调、处理不当而引发的危机。

（2）与其他旅游企业的公共关系危机。主要指与其他旅行社、旅游饭店、旅游交通企业、旅游景点，因业务联系、业务纠纷、同行竞争、突发事故等协调不当而引发的危机。

（3）与媒体的公共关系危机。主要指因协调不当而失去相关媒体的同情、支持，甚至与媒体产生分歧，以致产生不良报道。

（4）与游客的公共关系危机。主要指因旅游服务质量、突发事故等方面引发的公共关系危机，这类危机是旅行社公共关系危机中最广泛、最常见、最复杂、最重要和最难处理的危机。

（5）与旅游企业员工的危机。此危机主要因下面一些因素引起：① 员工待遇欠佳；② 与员工缺乏交流沟通；③ 忽视对业务骨干的培训；④ 业务骨干不受尊重、重用；⑤ 忽视业务骨干的自我发展。

6. 旅游意外性危机

旅游意外性危机，如旅游中的暴力伤害、交通事故、自然灾害、环境突变、财产损失、文化冲突、政治事件、旅游区致命性疾病、旅游业者的失业或季节性失业、旅行中的旅客个人离婚、家庭遭灾和亲人意外死亡等旅游过程中偶然或意外发生的天灾人祸等。

（四）旅游危机的发展阶段

旅游危机作为一个社会事实，与普遍意义的危机一样，自有其发生和发展的规律可循。

1. 发生期

案主面临某种变故，感受到前所未有的紧张和压力，并试图寻求解决之法而不得，危机产生。

2. 应对期

危机发生后，案主试图寻求其他方法以消除危机，度过艰难时期。

3. 解决期

有两种解决危机的方式，一是消极解决，可能会用退缩、自我封闭、防御、逃避来代替，如自杀、攻击他人、精神失常、性格压抑等。二是积极解决，即重新思考危机的因果关系，通过调整应对措施，改变内在认知，寻求外部援助等有效办法以克服压力和紧张，从而解决问题。

4. 恢复期

危机产生后，经过紧急治疗和应对，一般通过4～6周会恢复新的平衡状态。这个新的平衡可能优于原先状态，可能等同于原先状态，也可能低于原先状态。社会工作者当追求更好的结局。

（五）旅游危机的介入

旅游危机介入是一种危机干预，即社会工作者运用旅游社会工作专业方法和社会资源，帮助处于危机中的个人或家庭，为克服眼前的困难、恢复正常生活状态和社会功能所提供的快速协助的手段和措施。

旅游危机介入的步骤。宋丽玉等（2010）在总结西方学者的研究基础上，将危机介入过程分为三个阶段八个步骤，是对危机发展过程与处置过程较为清晰的总结和描述，可作为处置旅游危机的借鉴。

第一阶段：开始阶段。

步骤一，建立良好的沟通关系，通过接纳、关心、耐心等态度获得案主信任，建立专业关系。

步骤二，评估安全性或关键性需求，特别是受危机威胁的程度与严重性，保障安全是第一要务。

第二阶段：问题解决阶段。

步骤三，认识主要问题。强调此时此刻，经由共同讨论，检视多元问题，找出核心问题，排出先后次序，达成处置共识。

步骤四，处理感受与提供协助，如灾难焦虑、旅游焦虑与丧亲悲伤。社工表现同理心，同时教育和帮助案主适当表达感受，倾听案主的倾诉，即便初期有曲解与错误认知。

步骤五，探讨可能的各种选择。校正不当的因应与认知，建立新的因应与认知，克服潜在的障碍与陷阱。

步骤六，列出干预目标和行动计划，如通过关系重建、认知重见、家庭作业、经验转介等制定干预目标。行动计划要明确具体，取得共识，订立契约，限定时间，明确职责，弹性应对。

第三阶段：结束阶段。

步骤七，结案的时机把握。根据工作目标，对整个处置过程进行回顾，检视得失与改变，对案主未来的环境适应与生活发展计划做展望，同时也要提醒案主即将结束会谈或工作次数，让其有结束或与工作者离别的思想准备，逐渐降低案主对工作者的依赖以及工作者的积极性与主动性，目的是为提升案主的未来适应性与自信心。

步骤八，追踪的处理方式。个案工作结束之后，不能是一了百了，万事大吉。对结案后案主的追踪应当看成个案工作的延伸，当然这是对个案工作更高的要求，也应当成为社会工作者的不懈追求，这种作风体现出的是对案主的责任和对社会的责任。追踪的方式当然主要还是约谈或家访以及社区访问，通过访谈，对案主的进步与表现进行再评估，并为案主的进一步发展与改变提供专业意见或支持资源，对需要转介的则尽最大努力提供转介帮助。

> 扩展阅读

心理援助专家谈马航事件心理安抚①

"丁零零……""您好，这里是'亲人的呼唤'突发事件社会心理援助热线，请问有什么可以帮助您？"这是一位马来西亚飞机失联航班家属打来的求助电话。电话被迅速转接到位于北京现代城的中国社工协会心理中心值班专家的咨询室内。

马来西亚飞往北京航班失联事件发生后，中国社工协会心理健康服务指导中心立即启动了应急预案：一是设立专人全天值守网络信息，以随时获取最新动态；二是组成灾变社会心理援助专家团，随时待命，并派出专家值守热线电话；三是开通了"亲人的呼唤"突发事件社会心理援助热线，随时准备为与亲人失去联系的家属提供心理援助。

"心不能一直悬在空中"

事件发生后，一些社工和志愿者及时开展了失联家属的心理安抚工作，受到社会欢迎。"志愿者蹲在地上安抚家属的照片你看到了吗？这个动作是很重要的一个安抚动作。让家属从你的肢体语言上感受到你在她身边，是可以信赖和依靠的。"心理专家张教授说，"马航"事件现在情况不明，生死未卜，所有人都在焦虑地等待、猜测。一旦事件清晰化，不管是什么结果，都需要接受和安抚。两个阶段的干预的原则和方式不一样。

"现在我们只能谈第一个阶段。"张老师说。第一个阶段的等待有很强的情绪性。这种情绪会蔓延，处于情绪覆盖状态，会引起连锁反应。这种焦灼的情绪不能太长。心悬在空中，会带来心理和生理能量的耗竭，会让心理和生理紊乱。社工在

---

① 《心理援助专家谈马航事件心理安抚》，社工中国网2014年3月13日。

帮助他们的时候，不要给家属太多太强烈的暗示，不要太期望，也不要太绝望。没有结果的时候，不要过多地猜测结果。

我们只需要倾听，给他们心理安慰和支持，让他们安静地等待确定的信息，让心安定下来。"要注意不要让他们过多地集中在一起，导致情绪传播和局面混乱。混乱的局面对家属是一种更大的伤害。要形成一对一的抚慰。能够把情绪控制在一定范围内，接纳现实，对未来有所期待。"

心理援助三角色：妈妈、老师、咨询师

刚刚接听了"亲人的呼唤"突发事件社会心理援助热线的心理中心专家说，心理援助工作者在突发事件的心理援助中，要扮演好三个角色：妈妈、老师、咨询师。

在突发事件的第一阶段，直接的创伤承受者、受害者或目睹者，感受到的最大创伤，是生命的无常，生命的威胁，或应对事件的无助感。

这个阶段，需要一个类似"妈妈"的角色，用肢体语言代替理性的话语，通过轻轻呼唤、轻轻拍抚，让对方感受到像亲人一样的陪伴，这比你说什么更重要。"知道不说什么，比知道说什么更重要。对于家属来说，记者们懂得不拍什么，不问什么，比拍摄到什么，问到什么更重要。"

第二阶段，往往出现在突发事件的一两天之后。在这个阶段中，他们对生活的掌控感被破坏。没有对生活的掌控感，他们可能会失去生活信念。但是这种感觉在瞬间破灭后，需要重建，这是一个艰难的过程。生活突然处于盲目之中，这是第二阶段的心理危机，需要心理援助者像老师一样，给他们一些引导，帮助他们判断。在这个阶段，帮助者、记者都要注意和他们沟通的时候，他们有什么想说，而不是我们想要他们说什么。通过倾听，听他们的感受，整理心灵的碎片，让记忆连贯起来，这是一个记忆加工的过程，有利于感性和理性的恢复，建立一个完整的思维体系和对当下、对生活的可控感。心理老师说，这个阶段要让他们有充分的情绪发泄，情感释放，才能够为下一个阶段的思维、心态、生活意志重建，创造一个良好的心理条件。

第三个阶段，咨询师阶段。经过了丧痛、挫折、失望之后的心灵，需要专业的咨询工作者为他们解开心结，打开心窗，找到心灵的平静和雾霾后的阳光。心理老师介绍，比如昆明事件的经历者所承受的心理伤害，需要专业的引导和帮助。作为咨询师甚至全社会，我们需要帮助他们重新找回生活的掌控感和安全感。

幻觉与现实：防止心理失控

"在突发事件生命意志的重建中，要防止心理失控。"在心理督导的间隙，心理咨询专家赵悦辰老师向我们介绍了突发事件心理援助工作需要注意的几个问题。

"在事件发生后，当事人或家属会有一个否认现实的阶段：不可能出现这样的情况！这时，当事人或家属往往不吃不喝不动，不相信事件的发生，对现实抱有幻想。这个阶段不要说什么，不要开导，不要打破他的幻想。陪伴是最好的安抚"，赵悦辰详细介绍了几个阶段的注意事项，"接下来，我们会面对当事人的愤怒、抱怨。但是，这个时候，当事人已经开始接受现实。再往后，突发事件的当事人或家属会要求公平、公开、利益保护、赔偿。这个阶段已经开始面对现实、准备处理突发事件的后果了。"

"紧接着，一些当事人和家属会陷入情绪低落、抑郁。只有度过这个阶段，才能最后接受事实。"赵悦辰老师说，要掌握我们援助的对象处于什么阶段，才能够理解和开导对方。"心理危机干预是一个反复的过程，心灵援助是一个长期的工程。生命意志的失控，是导致心理压抑的重要原因，作为心理援助工作者，我们必须要有长期准备，帮助他们恢复心灵，重建生活。"

"焦虑、期待、身心疲惫、心理打击，这些负面情绪是有传染性的。昆明事件给社会带来内心深处的不安全感，要靠社会教育工作来平复。这种不安全会激发一些连锁的社会问题，有可能会激发一些反社会人格的人的过激行为，也会增加人与人、群与群的不信任。这个时候，心理援助工作尤其重要"，中国社工协会康复医学工作委员会周老师说。

防患于未然：心理援助和干预体系

中国社工协会心理中心的专家们认为，昆明事件给我们的社会心理干预工作提出了新的要求。而"马航"事件，整个社会都在祈祷、期待，同时也提醒社会要注意情绪的感染力和影响力，对未来要有心理预案。

突发事件的心理影响是长期的。赵悦辰认为，无论结果如何，马航事件都会在一定时期引发飞行族的不安全感。虽然没有那么明显，但一些飞机乘客的焦虑会被激发出来，以另一种方式发泄，有可能会成为另一个社会问题的激发点。因此，要防止引发其他人群的情绪连锁反应。

中央电视台"社会与法"频道《心理访谈》节目主持人沙玛阿果关于心理援助的一席话可能对心理援助者有所启发："相信每个生命都有自我修复的能力，大多数人都能够找到合适的方式，慢慢修复身体和心灵的创伤。当然，对一些遭受重大打击，难以自我修复的人群和个体，我们在帮助他们的时候，要学会如何助人，按照专业的方式来援助，而不能仅凭本能的情感和意愿去盲目助人——那样反而会造成一种新的伤害。"

"心理援助是一个系统工程。在帮助别人的时候，心理援助工作者的心理健康也很重要。我们把心理援助总结为9个关键词：陪伴、倾听、理解；包容、忍耐、接纳；尊重、引导、鼓励。希望有更多的企业、街道、社区，将心理援助纳入专业化、正规化、系统化、日程化、网格化的管理中。"专家这样指出。

"社会心理援助团队，要形成一个有组织、有层次、有体系、有团队、有效率的专业结构。从雅安地震，到昆明301事件；从员工跳楼，到飞机失联；从青春期子女关系，到白领焦虑；从个人成长到职场减压；从婚姻情感到人格培养；中国社工协会心理健康指导服务中心已经形成企业服务、个人服务、心灵咨询师培训服务、心理健康功能室规划建设服务等一系列的援助、服务工作体系。"中国社工协会心理健康服务指导中心林主任做了这样的总结。

二、任务中心模式

任务中心模式最早是由芝加哥大学雷德（Reid）与爱泼思坦（Epstein）所提倡。这个模式整合了心理动力、问题解决、行为学派和实证研究结果等知识与技术，并由之演化而来。其重要特点是系统性、时限性（time-limited）和短期处置（brief treatment），是试图通过有计划的短期处置取代传统的长期治疗，是为解决个人生活中所碰到的外显问题而非内在原因。经过20多年的发展，任务中心模式已成为社会工作领域中主要的工作模式。

之所以称为任务中心模式，是因为这个模式是任务取向，首先确认需要解决的问题，并将这个问题解决的方式转化为案主能够了解、接受并采取行动的任务，在此基础上明确问题解决的阶段及所需的专业技术。具体而言，是根据旅游利益相关者目前存在的主要问题，通过分析找出问题症结后，将解决问题当作一项任务，并为此制定出目标明确的、社工与当事人都能够接受的执行方案，共同参与方案实施，最终完成目标任务。

（一）任务中心模式的处置步骤与过程

爱泼思坦将任务中心取向的个案工作分为问题识别阶段、订立契约阶段、问题解决阶段以及任务完成阶段四个步骤，也可归纳为个案规划阶段、执行阶段和结束与延长阶段（结案阶段）。

1. 规划阶段

个案规划阶段的主要目的在于研判案主是否适合接受问题解决的服务。其主要工作包括转介或接案、目标问题确认、订立契约。

（1）转介或接案：如是机构转介，要与转介机构达成解决目标的协议以及介入的焦点；如是非自愿案主，要联合评估转介的原因。

（2）目标问题（target problem）的确认：目标问题的确认是实施任务中心模式的先决条件。确认的方法主要是在合适的环境下进行会谈了解和资料收集，在此基础上描绘出案主人际关系、态度和沟通行为的总体印象。目标确认的四项原则如下。

① 问题必须是案主确认并愿意处理的。社会工作者可以运用根据任务中心模式所界定的八大类型问题所设计的问题类型表（表6-1），由案主自行勾选，再和社会工作者讨论，最后达成一致。

表6-1 任务中心问题类型自我评估

问题类型 ＼ 问题严重性	无	很低	一些	很多	严重
人际冲突					
社会关系中的不满					
正式组织中的问题					
角色执行困难					
社会情况改变的问题					
反应性情绪压力					
不当的资源或资源不足问题					
其他问题					

注：这个表中的项目也可以根据实际情况加以调整增删。

② 目标问题的研判。是指案主在社会工作者的协助下，有意愿采取某些适当的行动，以缓解其问题的严重性。需注意的是，案主与工作者双方认定的问题需以现存的可利用的资源范围为限。并且案主需同意关键问题在自身而非他人，但与他人共有的问题或他人重要的问题与期望亦当纳入其中考量。如通过亲子旅游活动处理母子关系问题，假设母亲的问题占主要的话，也不能忽视孩子的次要问题。

③ 目标问题必须是案主所能处理的，并须依序排出处理顺序。社工与案主共同列出问题，然后再澄清问题，并予以排序。

④ 目标问题必须明确具体。比如讲夫妻关系不和不如直接说妻子对丈夫经常将旅游建设项目的征地拆迁款拿去赌博极为不满。

（3）订立契约。契约的功能是约束社工与案主双方，彼此清楚需要共同努力以完成任务，并按计划达致改变。订立契约的本质是通过提升案主的参与意识，来提升解决问题的效率。爱泼思坦（Epstein，1995）指出，契约的主要内容应包括以下几方面。

① 定义目标问题。从案主的角度定义并陈述经案主同意的主要目标问题，所确定的目标问题可以是一个，也可以是多个，最多三个为宜。

② 明确要达到的目标。用认知或行为的词汇，从案主的角度描述社工介入后所要达到的目标，并排出优先的顺序。这个目标是案主的期望，也经社会工作者认可。

③ 指出案主的任务。用认知或行为词汇，明确指出案主在与社工的配合中需要完成的具体任务，这个任务可以是多个的，也可以是单一的。

④ 确定社会工作者的任务。支持协助案主有效执行任务。设定介入期限。指出大约

需要多少时间，通常8～12次，原则上每周一次，时间跨度一般为2～4个月。

⑤ 列出工作流程。对社工介入的方式及优先顺序需要做好预先的计划安排。

⑥ 界定参与者。哪些人需要参与会谈，需要预先做安排，并预先做好沟通联络工作。

⑦ 安排好工作地点。特别是每次会谈的地点。

2. 执行阶段

根据上述工作规划及订立的契约，在执行规划所需资源确定的前提下，协助案主运用一定的社会工作技巧逐项、逐步完成任务。同时要视进展情况，及时做好结束的准备和离别前的处置工作。执行阶段要注意以下几个问题。

（1）澄清任务的本质。综合雷德与爱泼思坦的观点，即任务的本质就是为解决案主的目标问题，达致预期目标而需案主与工作者共同完成，并经双方同意的工作目标和流程。任务明确而又具体，它有时是一个单一的事项，有时可能是一个组合，即完成一个目标，需要执行两项或多项相互关联的任务。如戒毒涉及家庭和社区。需要注意的是，任务与目标是"一体之两面"，有时任务即目标，目标即任务。例如儿子因媳妇与婆婆产生矛盾，希望离开母亲另找地方居住，此时立即性处置的任务就是"离开母亲"，这既是任务也是目标。

（2）确定任务的原则。任务是如何确定的，是社工的意愿还是当事人的意愿，抑或是双方共同的意愿；任务是否可行，是否贯彻了多元性原则；任务有没有时间节点，是否可操作，并且易于执行。这些问题都关系到任务是否能顺利完成。

① 任务的动机性。任务必须建立在准确、反复地理清案主的动机基础之上。任务需尽量做到是案主"想要的"。任务如果是案主提出来的，社会工作者需考量资源的保障情况，如果资源不能保障，即无法实现案主"想要的"结果，工作者应协助案主重新考虑更行之有效的方案。任务如果是工作者提出的，须征得案主的了解与同意。

② 任务的可行性。由于内在原因和外在原因，好的动机不一定能实现。因此，社工需从案主外在环境资源和内在自身能力方面研判任务的实现有无限制或阻碍。如一个旅游区新建一座高速路桥，几乎从案主屋顶上横穿而过，令案主心神不宁，夜晚不能入睡，一是担心桥会不会垮塌，二是噪音的困扰，案主希望这个高架桥能搬迁。但看来这个动机很难实现，应转而寻找其他路径解决之。

③ 任务的可欲性。可欲性是要问一问"这是案主想做的吗？""这是案主可以去做的吗？"有些事情是案主想要去做，但社工可能认为有风险或不适宜去做。例如一位刚刚处于恢复期的精神病患者，其原职业为导游，她提出想复职带一次旅游团，但社工可能觉得为时尚早，而且还应有一个随团适应期或测试期。一位被反家暴中心暂时保护起来的妇女，提出周末能回家，与有严重家庭暴力倾向的丈夫再聚会一次。这些情形就需要社工与案主进行共同研判再做决定，但不可武断地打消案主的念头，即使认为不妥，也要尽量以任务修改和修正为宜。应以鼓励而非限制案主的建设性行动为原则，在此前提下确保"可欲性"。

④ 任务的多元性。多元性是指任务可能不止一个，而是多个、多次。表现在单一任务和多项任务，并行任务和依次任务。并行任务是可以同时进行的，依次任务只能是一个一个地进行，完成了一个之后才能完成下一个。并且要相信案主有处理生活中其他问题的能力。

⑤ 任务的开放性与封闭性。开放性是没有节点或没有时限的任务，如结交新朋友，戒毒者拒绝"旧友"的引诱。封闭性任务是有节点和时限的任务，如参加亲子旅游、民间手工艺培训等。但无论如何，社工的任务总有结束的时候。因此，一方面要根据进展情况，预估与限定结束时间，如协助与鼓励处于季节性失业的案主寻找工作，待案主有进展或进步时即可结束任务，而不必等任务执行完毕才结束；另一方面也没有必要因时间限制而结束任务。有时社工的任务可以结束，但案主愿意加码继续也应鼓励，也应当看作社会工作的延伸与巩固。

⑥ 任务的形成性。形成性是指任务如何被构想、规划、描述或处置的过程。任务有时是案主提出，有时是社工提出，有时是双方互动达成，但终归需经双方同意。任务的描述要简明扼要，清楚明白，准确无误，特别是要用案主看得清、听得懂的语言与方式，或一两句话即可。如"在你进戒毒所之后，我们将安排人员与你定期会谈并尽力照顾好你的老父老母"。任务的处置有时大部分需要案主配合完成，有时大部分需要社工的专业活动，但需要让案主明白，社工的活动正是为了帮助他达到目标，是他所需要的服务。

⑦ 任务的执行性。这里所指的执行性更好的理解是"可执行性"，或者说这个环节是对执行性的验证或检测。即社会工作者为案主提供模拟执行任务的场景，让案主与社工配合做一次预先的演练，看有无达致目标的障碍，如何克服障碍，看案主是否真的能够完成任务。双方需要完成的任务有：创立并启动记录系统；确认实现任务的可行策略；对实现任务应给予的奖励达成共识。必要时也可适当调整任务。

3.结案阶段

注意这样几个关键词：问题、状况、能力、后续、延长或转介、评估方式、契约。结案之前应回答这样几个问句：问题解决没有？状况是否有改善？能力是否有提高？有无后续问题？后续问题的处置是否需延长工作期限或是否需要转介？工作效果是通过何种方式评估的？延长或追加工作任务是否补订了契约？能够回答或准确地回答了这些问题也就可以结案了。

（二）任务中心模式的实施技巧

实施任务中心模式的关键点是明确任务，并将任务结构化和使任务的执行向有利于案主的正向改变的方面发展。因此，探索、结构化、导向性是任务中心模式的主要实施技巧。

1.探索

通过沟通，澄清及分类案主的问题，检验任务的可行性。探索的同时也会带来案主的改变。

2. 结构化

结构化是指对问题、目标、行动、时限等关键任务的详细说明，目的是使案主对自己需要完成的任务清楚明白。

3. 导向性

通过社工协助，促进案主向正方向改变。任务导向性的实现应注意以下三个问题。

（1）提升认知。通过回馈、澄清、反映、对质等技巧提升案主对自身相关问题及应采取应对策略的认识。

（2）鼓励引导。对案主的正向或正能量的反映应有意识地采取鼓励的做法，以引导一种积极向上的生活态度或性格特质产生。社工要注意的是该鼓励什么及如何鼓励。

（3）专业指导。对案主不了解的、完成任务用得着的社会资源，社工应加以指导、忠告、建议或连接。

三、心理社会模式

心理社会模式是以弗洛伊德精神分析法为理论与实践来源的一种社会工作方法。"是一种将案主的心理状态，心理过程同他生活的社会环境结合起来考虑并进行工作的方法。"心理社会模式是为帮助案主享有正常生活，最终目标是增加案主自我认识。心理社会模式从技术上主要是运用心理分析理论中的心理防卫机制、人格结构及自我的强度这三个概念工具，分析人的心理问题的形成原因及应对策略。

（一）心理防御机制

心理防御机制（defense mechanism）是为应对焦虑而产生的，弗洛伊德认为，焦虑是人们为文明进步所付出的代价。作为社会大集体中的一员，必须控制性冲动和攻击冲动，不让它们表现出来。但有时担心控制不了本我和超我的冲突，就产生弥散性焦虑，常常使人们感到不安又不知为何不安，这种焦虑常常与早年生活经历有关。在焦虑状况下，自我就会运用心理防御机制来自我保护，通过各种方式减轻焦虑或改变方向，通过把具有威胁性的冲动加以伪装，从而降低个体的焦虑。正常的人在日常生活中都会使用心理防御机制，但过度使用这种防御机制会造成心理问题。心理防御机制通常是对现实的扭曲，如以下六种情形。

1. 压抑（repression）

压抑将唤起焦虑的一些想法和感受从意识中排出。"压抑是所有心理防御机制中最基本的机制。"对具有威胁性的冲动进行伪装，以防止进入到意识层面。如这一防御机制可解释我们为何记不起童年期对异性父母的渴望。但是压抑总是无法彻底进行的。被压抑的冲动常常会潜逃出来，并在梦中和口误中得以表现。

2. 退行（regression）

退行是退回到早期婴儿的发展阶段来应对焦虑。第一天上学，面临焦虑退回到口唇期，吮吸拇指求得安慰。未成年猴子在感到焦虑时，像刚出生的猴子依偎在母猴身上。大学新生思乡、渴望家的感觉也属于退行的情况。

3. 反向形成（reaction formation）

反向形成是自我将潜意识中那些不被接受的冲动转变成与其截然相反的、可令人接受的形式。如"我恨他"变成"我爱他"，如对一位领导极为不满，但见面表现得非常谦恭；还有诸如胆小会变成大无畏，自感能力不足表现为自我逞能等都属于上述反向形成的情况。

4. 投射（projection）

投射通过将具有威胁性的冲动归咎到别人身上来伪装自己的这些冲动。如"他不信任我"可能是"我不信任他"这一真实感受的投射。萨尔瓦多谚语："小偷把别人都看成是小偷。"犹太民族深知这一点，《犹太法典》有一句话："我们所看到的并非事物本来面目，我们以我们的方式看待事物。"

5. 合理化（rationalization）

潜意识中的自我辩解以隐藏行为背后的真实动机，这一机制称之为合理化。如酗酒的人会说"只是出于社交的需要"，不学习的学生为自己辩解"一味工作而不休息，聪明的人也会变愚笨"。

6. 替代（displacement）

据弗洛伊德的理论，替代是将一个人的本能冲动转移到另一个事物上，这一事物比原先唤起这些冲动的事物在心理上更容易接受。比如不敢对父母表示愤怒的儿童就会踢家里的宠物，或者扯掉父母亲栽种的花木或菜蔬。对考试感到焦虑的学生可能会对室友大声嚷嚷。导游对游客不购物表示不满的方式可能不是直接批评，而是骂骂咧咧，或者脾气突然变得不耐烦、不友好也是一种替代的心理。

（二）人格结构

人格也称个性，这个概念源于希腊语Persona，原来主要是指演员在舞台上戴的面具，类似于中国京剧中的脸谱，后来心理学借用这个术语用来说明：在人生的大舞台上，人也会根据社会角色的不同来换面具，这些面具就是人格的外在表现。面具后面还有一个实实在在的真我，即真实的人格，它可能和外在的面具截然不同。人格主要是指人所具有的与他人相区别的独特而稳定的思维方式和行为风格。罗竹风主编《汉语大词典》的解释为"人格是构成一个人的思想，情感及行为的特有统合模式，这个独特模式包含了一个人区别于他人的、稳定而统一的心理品质，在心理学上，即个性"。弗洛伊德认为完整的人格结构由三大部分组成，即本我、自我和超我。对一个心智健全的人而言，这三大系统是和谐统一的整体，它们的密切配合使人能够卓有成效地展开与外界环境的各种交往，以满足人的基本需要和欲望，实现人的崇高理想与目的。反之，如果人格的三大系统难以协调、相互冲突，人就会处于失常状态，内外交困，活动效率也随之降低，甚至危及人的生存和发展。

1. 本我（id）

本我也可简单称为本能的我，本我存储着潜意识的心理能量。弗洛伊德认为，人的心理就像一座冰山，人们所看到的只是冰山一角，而大部分藏在海平面之下的更大区域，这就是潜意识。本我一直努力在满足个体生存、繁衍和攻击的基本驱力，本我遵循快乐原则。"那些今朝有酒今朝醉的人——他们更愿意得到即刻的欢愉而不愿意为今后的成功和幸福暂时牺牲一下眼前的快乐。这些（本我主导的人）更容易吸烟、酗酒和吸毒。"

2. 自我（ego）

自我是面对现实的我，是社会化了的或在社会中表现出来的我，自我是本我和外界环境的调节者，它奉行现实原则，既要满足本我的需要，又要制止违反社会规范、道德准则和法律的行为。随着自我的形成，幼儿逐渐学会如何应付现实的世界。自我遵循现实原则，寻求用现实的方式满足自我的冲动，从而给自己带来长远的快乐而不是痛苦和毁灭。自我包含我们能部分意识到的知觉、思维、判断和记忆。自我是人格的执行者，迷恋或追求某人，可能会加入对方所在社团来满足本我和超我需要。如一位平时并不怎么骑车的纤小瘦弱的女大学生参与组团骑车环海南岛旅行，是因为随团中有一位她所心仪的男朋友，旅游结束，朋友们都认为他们的感情更牢固了。

3. 超我（superego）

超我是道德化了的我，它也是从自我中分化和发展起来的。儿童四五岁时开始意识到新出现的超我，那是来自良知的声音，是对父母道德行为的认同，对社会典范的效仿，是接受文化传统、价值观念、社会理想的影响而逐渐形成的。超我追求完美，遵循至善原则亦称为理想原则。知道什么是自豪，什么是愧疚。"一个超我特别强大的人可能是道德高尚的人，然而具有讽刺意味的是，他也可能是一个自感罪孽深重的人；而一个超我弱小的人有可能自我放纵，无拘无束，但另一方面，他也可能无愧无悔。"认识的错误可能导致"负超我"。

（三）自我的强度

罗杰斯把自我概念界定为服务对象对自己的看法，包括服务对象对自己的知觉和评价、对自己与他人关系的知觉和评价以及对环境的知觉和评价三个部分。他认为，人的自我概念是在与他人的交往过程中通过他人的态度和反应方式的影响而形成的，而他人在给予服务对象关心和爱护时，总是附加一些条件要求服务对象迎合他的标准。这样，服务对象的自我概念的形成就会受到他人价值标准的影响。如果服务对象的自我概念依赖周围他人的价值标准，并以此确定自己的行动方式，就会与自己的真实需要发生冲突，这样的自我强度就低。自我太强亦即生活中所说的"太自我"，就会出现自我恋，自我恋是过分自信的一种心理表现，如固执、爱慕虚荣、夸大自己、爱打扮等。但也有一类人表现出的是一种坚定的信念和执着的追求，因此，对"太自我"不能一概而批评之。自我太弱要么表现为过度依赖他人，要么表现为自制力低，常做一些出格的事情。旅游地居民或少数民族的过度自尊或自卑都会产生一定的负面效应，容易给游客和当地人自身带来伤害。

社会心理模式视角下的旅游社会工作正是通过对以上性格类型、原因的分析，找出问题所在，然后对症治疗之。

四、行为修正模式

行为修正模式是指以行为主义理论流派为基础建立起来的多样化的治疗技巧和方法，它的主要内容包括行为的评估，治疗目标及方案的确定，治疗结果的评价。行为疗法的理论假设是外界的刺激与人的思想可影响人的行为，因而行为疗法亦应从外界的刺激物或思想认识入手，以修正人的行为，寻求问题的解决。

行为修正模式的主要应用技术或方法如下。

（一）反应学习

系统脱敏（systematic desensitization）是反应学习的重要技术，是最早的行为矫正技术，也叫交互抑制法，系美国行为治疗心理学家沃尔普（Wolpe）所创，用于治疗焦虑病人，类似中国的"以毒攻毒"疗法。不同的是，"以毒攻毒"有时是以大毒解大毒，而非由小到大去慢慢试剂量，"以毒攻毒"是药物治疗而非心理治疗，而系统脱敏无须药物，而是通过对于引起心理敏感的"过敏源"或刺激物的重新运用，对刺激的程度与个体的反应进行人为控制与协调，由小到大慢慢加大刺激量，并经过多次反复，使引起焦虑和恐惧的刺激失去作用，使个体逐渐适应环境，从而消除心理障碍。沃尔普曾经做过这样的实验：一个怕猫的男孩，看见猫在10米外便害怕、躲避。于是，在他吃饭时，让猫逐渐接近他，这样，男孩能忍受猫与他的距离在不断缩短，症状随即消失。

放松是系统脱敏的技术之一，治疗师帮助患者建立与不良反应相对抗的松弛条件反射，然后在接触引起这种行为的条件刺激中，将习得的放松状态用于抑制焦虑反应，使不良行为逐渐消退，最终得到矫正。放松步骤是：系统脱敏治疗的步骤首先是要了解焦虑的程度，然后根据程度的不同制订不同的放松与脱敏治疗策略。

1. 制订焦虑等级量表

对引起病人不良行为反应的情景刺激做详细的等级划分，一般为10个等级或5个等级。例如，将病人的恐惧分为5个等级：平静、轻度、中度、高度、极端。与这5个等级相对应，也应当有5个不同的刺激条件或程度。

2. 放松训练

瑜伽，坐禅，渐进式放松技术，如通过握拳与松开、肌肉的收紧与放松以及从头到脚的放松练习，逐渐体会到放松的要领与技巧，从而达到身心松弛。焦虑往往与紧张相关，放松正是舒缓焦虑的一种技术。如太极拳、太极桩功一招一式都要求放松，所以太极拳也是一种修炼放松的功夫。

3. 脱敏治疗

按等级次序从轻到重进行脱敏训练。每一场景一般需多次反复。海南司法厅所属戒毒所中的学员在经过一段时间的强制戒毒之后，为检验和巩固戒断的效果，有一个系统脱敏的环节，即定期地、反复地将转入康复期的学员，置身于真实的毒品和仿真的吸食环境中，让学员观看玻璃柜中盛放的海洛因、冰毒、麻黄素片等，然后用仪器测试学员的心理反应，这样多次反复，直到学员心理反应趋于正常为止。脱敏治疗有思维阻断、渐悟疗法、厌恶疗法、暴露疗法、内暴疗法、满罐疗法、长期暴露疗法、活暴疗法、想象暴露疗法等。

（1）思维阻断疗法。思维阻断的理论假设是思想决定人的行为，错误的思想导致错误的行为，解决的办法是通过对思维的阻断练习，以纠正不正常的行为。思维阻断疗法对强迫症、神经官能症等心理疾病有一定效果。思维阻断的步骤如下。

第一阶段：

① 指导求治者通过放松训练，进入放松状态。

② 让求治者关注或专注那些使自己烦恼的想法，然后根据反应进行适时干预。

③ 告诉求治者，当施治者让他"停止"（引起烦恼或不适的想法或感受）时，求治者亦即大喊"停止"。

④ 再次引导求治者重新想象一次，指示其在自己有清楚的想象活动（反常思维或心理反应）时竖起食指示意。如一位当地人一看见外地游客就反感甚至愤怒，因而每每表现出不能自制而做出不尊重客人的行为。施治者让其想象对面走来了一位外地客人，越来越近，当求治者感觉有不适反应时，竖起食指示意，表示"我有心理反应了"。

⑤ 在求治者竖起食指时，施治者喊"停止"，并击节配合。求治者即停止往下思考和想象。

⑥ 重复上述步骤。

第二阶段：在重复上述步骤过程中，施治者不用任何辅助（节拍），仅喊"停止"。

第三阶段：继续重复进行，施治者不再发声，只要求求治者面对想象或真实中的刺激物有感觉或反应时大声命令自己停止。

第四阶段：继续重复进行，让求治者小声命令自己"停止"。

第五阶段：继续重复进行，直到求治者心里命令自己"停止"，进而真正停止为止。

上述每一阶段最好进行20次阻断。

（2）渐悟疗法。这一方法是由我国心理学家李心天等人于1958年创立的，主要针对神经衰弱一类病人的康复治疗方法。是一种快速疗法，其指导思想是：由于神经衰弱症患者对疾病的认识存在缺陷，故心理治疗是使病人形成正确认识，从而达到行为的改变。渐悟疗法的操作方法是：

① 选择对象。神经衰弱症为主的相关症状，即失眠、头痛、记忆力减退、食欲不振、工作和学习能力下降等。

② 确定时间。每日半天，周末休息，共四周左右。

③ 分段进行。一般分三个阶段（以神经衰弱的治疗为例）：

第一阶段：集体为主，讲解神经衰弱知识，辅之以支持性治疗，时间为一周。

第二阶段：消除病因，恢复健康阶段。向病人讲授心理和疾病的关系，鼓励病人参与各种治疗活动。

第三阶段：讲述对生活事件、婚姻问题、工作学习问题应采取的正确生活态度。介绍有效治疗方法。

每日内容：讲课、面谈、药物、锻炼（太极、瑜伽等）、文娱。

（3）厌恶疗法。厌恶疗法是将某种不愉快的刺激，通过直接作用或者间接想象，与个体需要改变的行为症状联系起来，使得个体最终由于感觉到厌恶从而放弃这种行为，即利用条件反射的原理，把令人讨厌的刺激与个体的不良行为相结合，形成一个新的条件反射，用来对抗原有的不良行为。厌恶疗法是一种专门对付酗酒、抽烟、吸毒或不适当刺激的反制约。即用不愉快的新的制约反应去取代原来愉快的制约反应。

有一个著名的厌恶疗法的例子。25名接受戒酒治疗的酗酒男子，在六节疗程中每隔一天就要品尝一杯含锂的酒。大部分人在15分钟内便有呕吐的情形出现，47%曾经呕吐的人在6个月后仍然保持成功的戒酒记录。

（4）暴露疗法。暴露疗法是治疗焦虑症、恐惧症以及创伤后的应激障碍等心理问题的一种行为治疗方法，治疗师通过让案主想象或真实地面对引起其恐惧或焦虑的情形，让问题得以暴露，当然所焦虑、恐惧的严重后果并不会出现。这样，患者便明白他们产生的恐惧其实是没有必要的，从而达到缓解和消除恐惧以及摆脱强迫症的控制。暴露作为一种治疗模式的使用，始于1950年的行为治疗运动，南非的心理学家和病理学家们带着他们的方法在英国进行开展培训项目，首次将暴露作为一种减少恐惧、焦虑的治疗模式，约瑟夫·华普（Joseph Wolpe，1915–1997）为此做了大量的探索性工作，尽管他的工作方法并没有出版，但他的方法引起了同行的注意，开普敦大学心理学系的泰勒（James G. Taylor，1897–1973）一直与他保持着讨论，Taylor是第一个记录用暴露治疗焦虑症的心理学家。1950年之后，暴露疗法的系列模式激增，包括反应学习中的系统脱敏、内爆疗法、满灌疗法、长期暴露疗法、活暴疗法和想象暴露疗法。系统脱敏前述中已提及，在此只介绍后面几种疗法。

（5）内爆疗法。让来访者一开始就暴露在恐惧等级列表中最让其恐惧的刺激情境中，不允许来访者否认、回避或逃离引起焦虑体验的刺激情境。在与该刺激情境的接触中，来访者最终会发现，刺激并不会真正导致他所预期的负面结果。

（6）满灌疗法。满灌疗法是暴露疗法中一个极端的方法，又称冲击疗法，是由心理学家斯坦普夫（Thomas Stampfl）[1]在1967年提出并应用的。这一疗法是把患者最为恐惧的刺激，一下子最直接地呈现到他们面前。一般采用想象的方式（也可以是现场），鼓励病人想象最使他恐惧的场面，或者治疗师在一旁反复地、不厌其烦地讲述患者最感害怕的情境（用录像、幻灯放映也行），以刺激患者恐惧情绪，同时不允许患者有回避行为，如闭眼睛、捂耳朵等。在反复的刺激下，患者会出现一系列恐惧反应（如心跳加速），但是患者最担心的可怕灾难并不会发生，因此他们的恐惧感也就会相应地消退下去。使用满灌疗法需要向患者说明两点，一是面对刺激时带来恐惧实际上是无害的，并不会让我们因此死掉；二是不允许患者出现回避行为，否则会加剧恐惧，导致治疗失败。满灌疗法往往需要患者在恐惧的情境中暴露1~2小时，甚至更长时间，因此，患者对

---

[1] Leitenberg Harold. Handbook of Social and Evaluation Anxiety. Springer，1990：300.

此法的承受能力要特别予以考虑，体质虚弱、有心脏病、高血压和承受力弱的患者，不能应用此法，以免发生意外。

（7）长期暴露疗法，简称为PE（prolonged exposure）。该方法适用于帮助青少年进行创伤性经历的情绪处理，如遭受性虐待及经历或目睹暴力、自然灾害以及诸多旅游危机造成的影响等。大量数据表明，创伤后的应激性障碍（posttraumatic stress disorder，PTSD），对青少年的健康和机能会产生巨大的负面影响，需要提供专业性的帮助。该治疗方法一般分为四个阶段或四个模块进行，每名青少年按他们自己的进度完成各自的治疗模块，也可分组治疗。第一阶段为治疗的准备阶段，包括动机访谈和个案管理模块；第二阶段为治疗阶段，包括治疗的理由，关于创伤的信息收集，以及关于创伤的一般反应；第三阶段的模块主要是暴露，通过系统地面对相关的创伤情境，组成治疗的核心，治疗对象需要克服逃避和恐惧，通过详述创伤事件的记忆，帮助青少年区分来自当前呈现的经历与提升其克服障碍的感觉；最后一阶段包括复发的预防和治疗终止模块。

（8）活暴疗法。该方法即活体暴露疗法，简言之，治疗对某种动物的恐惧症，就将某种动物真实地呈现在恐惧症患者的面前，通过专业的暴露治疗阶段，帮助患者克服恐惧。有学者进行了治疗蜘蛛恐惧症的活体暴露试验，通过数次为期一小时的暴露疗程，让患者逐步地、系统化地接近活体蜘蛛，更有研究者通过运用单一疗程，即一次性的难以忍受的暴露会面，在帮助个人或小组克服蜘蛛恐惧症方面取得了重大成功，这种方法是通过"大剂量"的暴露，帮助病人一次性克服恐惧。单一疗程与多次疗程相比，可能更会使患者增加痛苦，也需要考虑患者的承受能力与身体因素，如是否有心脏病等，但实践表明，单一疗程成功率较高。

（9）想象暴露疗法。通过治疗师的暗示、引导，让患者重温引起焦虑、恐惧的情境或勾起痛苦的回忆，暴露内在感受以及外在表现，通过如此反复刺激与练习，目的是让患者认识到，其实所有的担心都是多余的，从而达到自愈的效果。想象暴露疗法的产生也是因为人们遭遇恐惧的情境常常无法再现，只能运用幻想制造现场感，并且，有些真实的现场可能充满真实的危险。想象暴露治疗一般适用于三种情况。

第一种情况，焦虑的后果是关于将来的，那么只能通过想象让它提前发生。例如对将会去参观的动物园中蛇类的恐惧症、结婚恐惧症。

第二种情况，焦虑的情境不适合做现场暴露，或者有时没办法做真实的暴露，比如害怕自己丢失重要的东西，当然不可能真的把东西扔掉来进行暴露，那么可以用想象暴露来代替。再如在外旅游，担心家里的房门没锁（实际锁了），也不可能真的半途回去。

第三种情况，在进行高难度或强刺激的一些现场暴露之前，可以先通过想象暴露练习，以便更好地面对那些极度恐惧的场景。如一位有恐高症的游客希望挑战自己参观科罗拉多大峡谷悬空玻璃桥，那么，可以先在治疗师的指导下，进行想象暴露训练。

（10）想象暴露的训练方法如下。

①想象场景：闭上眼睛，想象自己进入或面临某个场景。

②想象中的情境越详细、越精确越好，和现实越接近越好。

③ 保持对最可怕后果的想象，直到恐惧慢慢增加，然后再越来越少。

④ 想象练习中尽量不要被别的事干扰。

⑤ 如果是按焦虑级别进行的想象，则一个级别想象场景的恐惧减少之后，就可以进行下一个更高级别的场景想象。

暴露疗法要把案主放入令他恐惧的环境或情境中，可能会对案主造成伤害，因此，一般应由专业人士使用。

暴露疗法其实在我国古代就有运用。据金代名医张子和在《儒门事亲》中记载：某人妻子夜宿旅店，遇到盗贼烧房，惊坠床下。此后，每有惊响，她便倒地不省人事。家人过其前每每蹑足而行，不敢冒触有声，这样状况持续已有一年多，很多医生作心病治之，服用人参、珍珠之类的补品以及镇静药物皆无效。张子和见之诊为惊悸之病，使二侍女各执病人一手，将患者按坐在高椅之上，面前置一木桌，张子和命患者注视木桌，忽以木猛击桌，其妇大惊。张说："我以木击桌，你何惊之？"待她稍显安定，张又击之，显然她已不那么惊吓了。张又连击三五次，同时又暗中派人用木杖敲打门窗。其妇慢慢地从惊吓中平定下来。晚上，张又叫人去击打其门窗，一晚到天亮，其妇已经不再有惊恐状了。一两日之后，即使听到打雷，她也不害怕了。对此，张子和解释道，《黄帝内经》讲："惊者平之。"[①]就是说如果恐惧的刺激是习以为常，就没什么好怕的了。这应当是暴露疗法的一个古典案例。

（二）操作学习

操作学习就是研究如何通过改变环境（条件）来改变行为，即通过控制或操作条件，相应地产生一个期望的行为。人作用于环境，而环境又决定人的行为，通过这个过程，行为被塑造和改变。斯金纳认为改变了条件即改变了结果。同时，如果一种行为被强化，它出现的频率就会增加，要想得到期望的行为即强化它。强化既可以是正强化，也可以是负强化（表6-2）。

所谓强化（reinforcement）是指个体表现出适当或正确的行为后给予奖赏，或表现不当或错误的行为时施以惩罚，从而使行为受到影响的处理过程。强化型激励理论就是研究如何通过强化来激发动机从而导致预期的行为。

表6-2 操作学习中的强化应用

程序	目的	应用
正强化	增加行为	行为之后给予奖励
负强化	增加行为	行为之后撤销奖励
无强化	减少行为	无刺激
惩罚	减少行为	行为之后给予厌恶刺激或撤销正面刺激

---

① 张从正原著，刘更生点校《儒门事亲》，天津科学技术出版社1999年版，第179页。

（三）观察学习

观察学习是通过观看他人现场性、象征性、替代性的示范演示，或观看相关视频资料，以及综合运用上述多种方法而进行学习的方法。观察学习通过现身说法，为工作对象提供直接或间接的模仿训练以及果敢训练机会，是一种较有说服力、较能调动起工作对象自信心和自我效能的一种行之有效的学习方法。

（四）认知学习

认知学习的假设是人们的行为与认知有直接关系，错误的认知导致错误的行为。认知学习的方法主要有：森田疗法、理性情绪疗法、谈话疗法、认知行为疗法、疏导疗法。认知学习一般有三个环节，即诊断环节：主要工作是交谈、收集材料、检测认识程度；治疗环节：分三个阶段，一是讲解病理，二是讲明病人所患疾病的本质、特点，三是讲战胜的方法；巩固环节：指导当事人回家后温习医生的阐述，坚持实践。

此方法对性变态、焦虑、抑郁、惊恐、强迫有疗效。

（五）认知行为疗法

认知行为疗法就是将认知和行为结合起来，在经典的行为疗法中加入认知的纠正和引导。美国著名心理学家埃利斯（A.Ellis）于20世纪50年代创立，其理论认为引起人们情绪困扰的并不是外界发生的事件，而是人们对事件的态度、看法、评价等认知内容，因此要改变情绪困扰不是致力于改变外界事件，而是应该改变认知，通过改变认知，进而改变情绪。他认为外界事件为A，人们的认知为B，情绪和行为反应为C，因此其核心理论又称ABC理论。ABC理论中，通过认知行为治疗，使工作对象获得改变，改变后新的认知为D，改变后新的情绪和行为为E。

◀扩展阅读▶

理性情绪疗法对社交恐惧症的治疗[1]

对社交恐惧者的研究发现，治疗要起效的话，要注意两方面的齐头并进，一是降低焦虑程度，二是要进行社交技巧的训练，因为很多社交恐惧者是因为缺乏社交技巧，不会表达自己的需要，也无法识别他人的需要。降低社交恐惧程度的技术常用到系统脱敏、实地暴露等等。近来比较引人注目的是合理情绪行为疗法在对社交恐惧者的治疗中取得了较好的效果。下面举一个艾理斯本人的治疗片段来说明。

布置作业两周后，患者来做治疗，告诉我："我做了你叫我做的事!"

"哦? 发生了什么?"

"很多! 我发觉把你说的变成行动，比我想象的难得多。真的很难!"

"然而，你还是做了!"

---

[1] 施琪嘉《心理治疗的理论与实践》，中国医药出版社2007年版。

"哦，是的，我坚持做了，逼着我自己去做。比我想的难多了，真是很难啊！"

"难在什么地方，具体点？"

"首先，发现那些话。你说的那些我对自我说的话。一开始我根本不能发现它们。我好像对自己根本没有说过什么。当时就像你说的，每次我都发觉自己从人们那里溜走。我对自己说：'现在，即便你不能发现，但是肯定有一些话。它们是什么？'最后我发现了这些话。接着发现了很多！并且它们说的都是一件事情。"

"什么事？"

"嗯，那就是我会被抛弃。"

"在你说话和别人交流的时候，你是这个意思吗？"

"是的，如果我和别人交流，我会被抛弃的。而且，如果我被抛弃的话，是一件糟糕到底的事情。而且，我没有理由，嗯，承受，嗯，这样的事情，被以那么糟糕的方式抛弃。"

"所以你就会闭上嘴巴，而不冒险？"

"是的，所以我就闭上嘴，待在我的角落里，远离其他人。"

"所以你确实发现了那些话？"

"哦，是的！我当然发现了。很多次，这个星期。"

"那么你做家庭作业的第二部分了吗？"

"逼着自己说话，表现自己？"

"对，就是这部分！"

"那更糟糕了。这部分实在很艰难。比我想的要难。但我做了。"

"那么——"

"哦，并不太坏。我说了几次，比我以前说的多多了。有些人很吃惊，菲力斯也很吃惊，但我说了……"

"那么这样做了以后你的感受是什么？"

"非同寻常！我都记不得上次有这种感觉是什么时候了。我感觉，啊，非常好，就是这样。这真是不错。但这很难，我几乎都不想做了。而且，这个星期其他时候我又强迫自己这么做了几次。但我坐到了，很高兴。"

"那么说，你的家庭作业有成效？"

"有效，真的有效。"

……

艾里斯认为，只有患者接触实际情景时，他们才能克服不合理的信念。所以在这个治疗片段中我们看到艾里斯鼓励患者接触真实的情景，另外，艾里斯也很注重治疗关系，从这个例子中我们看出，要是患者对艾里斯没有坚定的信念的话，他是不可能坚持做合理情绪疗法的作业的。

对社交恐惧者的集体治疗也很重要，因为集体治疗的情景既是咨询者所恐惧的，又形成了一个较为理想的支持和关注的社交情景。

（六）叙事治疗模式

叙事治疗也称叙说治疗，是后现代主义个案工作模式之一。以日常对话为基础，从多向价值视角出发，重新审视社会工作辅导过程，以及由此带来的在辅导关系和辅导技巧上的一些变化。它通过叙事，使人变得更自主。叙事治疗是认知疗法方式，教人们如何改变有害的想法和信念。当患者有不切实际的负面想法产生时，他们会被告知如何用正面想法来替代这些负面想法。这可能听起来很简单，但此前已有研究表明，它在治疗焦虑、强迫型神经错乱和饮食紊乱、轻度抑郁症以及有自杀倾向的患者方面有广泛的应用。治疗方式有单独方式、团体方式、夫妻方式、家庭方式等。叙事治疗关注的是病人的行为，及病人与家人、朋友的相互关系，目标是短期内提高病人的处事技巧，解除或缓解心中的"疙瘩"，增强其自尊心和自信心，通常需要3～4个月或更长时间，主要适用于人生中发生重大变故的患者。

▶扩展阅读◀

中国游客于马来西亚境内失踪 疑患有忧郁症[1]

中国新闻网2015年1月19日电 据马来西亚南洋网报道，疑患有忧郁症的中国游客王某（27岁），回国前夕在红土坎区失踪。担心他耽误回国行程及医疗的友人彼得18日在大马红土坎直落莫洛说，王某已办理好回国的手续，准备在1月19日登机飞回中国，可是他却在16日失去联络。

他说，来自中国天津的王某，数月前独自赴马游玩，可是不知何故流落在红土坎区私人岛上。"王某被公众发现时，正处于饥寒交迫，身上无分文，好心人将他安排在红土坎区一间民宿居住，并得知他患有忧郁症，而且签证已逾期。"热心人士后来联络上王某在中国的母亲，同时在地方领袖协助下办理好手续和机票，准备让他在19日返国。

彼得说，王某的失踪讯息已通知警方和移民局，同时联络了民间治安队协助寻找，可是至今依然没有发现他的行踪。

贵州老人江苏扬州博物馆坠亡 生前患抑郁症[2]

扬子晚报讯2013年10月4日下午4点多钟，扬州博物馆内发生一幕悲剧，一名与家人出来旅游的六旬老太从三楼跳下自杀，随后被送往扬州市第一人民医院西区医院，经抢救无效死亡。

---

[1] 《中国游客于马来西亚境内失踪 疑患有忧郁症》，中国新闻网2015年1月19日。
[2] 《贵州老人江苏扬州博物馆坠亡 生前患抑郁症》，《扬子晚报》2013年10月6日。

据了解，老太是贵州贵阳人，和家人一起来扬州旅游。老人患有抑郁症，家人便趁着国庆长假天气晴好，带老人出来旅游散心。4日下午，大家在扬州博物馆参观，参观后本来大家都在楼下休息，谁知老太趁家人不备，爬上三楼跳下，家人发现后，立即报警求助，送医院抢救无效，不幸死亡。惨剧发生后，扬州市公安局官方微博发文公布称："初步认定，该游客系自主坠楼。"

据悉，目前警方初步调查排除他杀，为老人自主跳楼自杀身亡。老人遗体昨天已经火化，其家人已经离开扬州返回家乡。

上述案例说明，重度抑郁症病人的行为是正常人难以预料和难以理解的。比如老人跳楼，也许她自己并不知道跳楼的危害。

1. 叙事治疗技术

叙事治疗技术的本质就是问话的技术。

（1）解构式问话。关于问话，大卫·爱泼斯坦（David Epstein）说过："每当我们提出一个问话，就可能产生一种生活。"解构式问话可以帮助人揭开故事的面纱或去掉故事的包装，从不同角度来看这些故事，从而了解故事是如何建构出来的。以下五种类型的解构式问话主要来源于吉尔·弗瑞德门（Jill Freedman，2003）的相关著作，被经常混合使用。

① 关系的来历。准确地说是人际关系的来历，考察案主人际关系的模式，并探寻产生这个模式的原因。询问人际关系的来历，除了能扩大问题所在的全景外，还可能显示出支持问题的主流文化中，习俗或见闻所扮演的角色。了解潜意识中，起支配作用的观念，尽管当事人对观念本身可能并不了解。例句：

"孤独一直是你最好的朋友吗？"

"你是怎么学到这些观念的呢？"

抑郁者常表现出孤独，找出孤独的来历当然很重要。

② 背景的影响。不断描述故事发展的背景，是如何成为问题的支持系统，追寻影响行为的文化、习俗、观念等背景。例句：

"在什么样的情况下，你预期这些观念最容易得到拥护？"

"有没有什么场合，是你最容易被邀请去（如喝酒）的地方？"

③ 影响或结果。通过发掘案主表现出的信念、做法、感受和态度对生活的真实影响，继续从不同角度追究这些信念、做法、感受和态度会带来什么样的结果。例句：

"悲观的态度会怎样影响你的人际关系呢？"

"自力更生的观念可以促进人际关系中的什么部分呢？"

④ 相互关系。"相互关系的问话"有助于解构整个组成生活问题的信念、做法、感受和态度的网络。例句：

"从这场争闹中，你对自己的人际关系做出什么结论？"

"是什么观念、习惯和感受，助长了问题？"

⑤ 策略或计划。既然信念、做法、感受和态度已成为外化的实体，即成为行事的工具，成为喜欢的做事方式，那么，说明这些信念、做法、感受和态度的形成也一定是有计划和有策略的。揭开这些策略和计划，能产生强大的解构效应，解构就是希望了解自杀倾向是以怎样的"合法性"伪装来控制案主的。例句：

"忧郁的风，它在你耳边悄悄说着什么？它怎么变得这么有说服力？"在这里，忧郁是一种信念。

"暴食症最先做什么？是让整片蛋糕的美丽影像在你眼前闪过，还是在你口中给你某种美味的味道？"

（2）开启空间的问话。在谈话和叙事过程中，常常发现一些独特点或亮点，而这个独特点或亮点很可能是问题的症结所在，或者借由这个独特点和亮点深入一步追问下去，就会发现一个新的空间，这个新的空间可能就是破解问题之门。而有时候没这么幸运，当我们看不出其他故事的开端，或是接受治疗的人并没有说出来，引导者不知从何开始的时候，就可以运用开启空间的问话技术。

开启空间的问话技术的原则：

① 关于既有独特结果的问话。即引导案主寻找故事中的例外，这个例外可能是解决问题的关键。例句：

"过去有没有什么时候，你们的关系本来可能被争论所掌控，结果却不然呢？"

"你在什么样的情况下容易做出决定？"

② 或是以假设经验的问话，询问想象中的独特结果。如果案主很难找到生活中的例外，"假设经验的问话"可以帮助他们想象这些经验。例句：

"如果你没有承担照顾孩子的全部责任，会发生什么事？比如说，如果儿子半夜醒来哭闹，你却没有起身的话，会发生什么事？"

"假如你发现，妈妈超时工作并不是要逃避观赏你的少棒联赛，而是要提供你未来想要的东西，这种认识会怎样改变你的看法？"

③ 询问不同观点的问话，以及未来导向的问话。

故事外的人，比较能看出她（他）经历的事件有什么不同的意义，这正所谓"当局者迷，旁观者清"。当人从别的观点来看待意义时，就能把别的意义当成自己的看法（至少会觉得可以一试），就可能提供另一个故事情节的开端。例句：

"关于你怎么适应这种困境，你祖母会说什么？"

"从我的观点来看，你是不是急于为这件事负起责任？关于我的这种看法，你有什么想法？"

"有没有其他朋友或同事会影响你不要这么做？"

"看到争执使家人盲目时，你对自己有没有什么体认？"

（3）不同的背景建构的问话。我们必须有一个假设：促使案主来找我们治疗的生活故事并不能代表他们生活的全部。人活在故事中，有问题的故事常常蒙蔽人，看不到与充满问题的故事不同的背景有什么意义。既然问题建构于特殊背景，建构于问题的自欺欺人式认同，那么，借着问话，也可以建构出另外一个背景，而组成独特的结果。例句：

"你们有时可能真的生气，以致说出一些言不由衷的话。可是我想知道，有没有其他情形，你们能保持不生气？"

"懒惰影响你的全部生活，还是只影响学校生活？"

此外还可以这样问话：

"我听你说觉得这是你一生的问题，可是，比较你生活中不同的时光，有没有什么时候，绝望扮演较少的角色呢？"

"在你一生中什么时期最有安全感，从那以后，你有没有想到别的事情，可以告诉我这件事情吗？"

（4）较喜欢的选择的问话。例如对于戒烟的人，你问他们什么最有助于戒烟时，他们很多人会说对戒烟做出的承诺，绝对是重要的因素。在提出较喜欢的选择问话时，我们会创造做出承诺的背景。例句：

"这是个有用的做法吗？怎么做，为什么？"

"你认为最好让愤怒管理你的生活，还是让你自己管理你的生活？为什么？"

（5）发展故事的问话。将故事引向独特的结果或较喜欢的方向发展。一旦空间开启到足以显示独特结果，或较喜欢的发展，就能提出发展故事的问话，引导故事重新撰写。发展故事的问话会引导人们把经历的过程与细节、时间的架构、特殊的背景，以及他人串起来，从而以真实或假设的事件来重新建构故事。故事要引人入胜，或身临其境。

过程——引导当事人放慢事件的速度，注意发生什么事情，以期创造有用的地图，面对未来的挑战。例句：

"你做这些事情采取哪些步骤，首先做什么，然后呢？"

"回顾这个成就，你认为成功的转折点是什么？"

细节——有些不同的细节可能在重新建构故事时，扮演很重要的角色，甚于当事人印象最深刻的细节。例句：

"你告诉他你得奖时，他有什么表情？"

"当你实现这个目标时，房间里其他人有什么反应？"

时间——独特的结果常常有历史的根源，只是被问题蒙蔽了，关于历史时间的问话，有助于将它找出来。例句：

"依你的了解，谁会预期你有这种转变？他们依据什么产生这种预期？他们会想到什么特别的记忆或事件？"

"这是全新的发展，还是以前你曾在困境中就尝试过的经验？"

背景——注重文化扮演的角色，例句：

"你有什么特别的体制或背景支持你的新决定？"

"你新发现的能力比较容易出现在工作中，还是家庭里面？"

人物——故事的产生，是哪些角色的贡献？引导思考不同的故事对其他人的影响。例句：

"谁会最先注意你已克服恐惧？这会怎样影响他？"

"你和母亲通信对这件事情有影响吗？她写给你的信中，什么事是最重要的？"

假设事件——一旦体验到这些假设的过去，常常会对人现在的真实生活产生影响。例句：

"如果你母亲健在，她认为成长过程对你而言，会有什么不同？"

"如果想象自己是学生的话，你会像什么样子？你会改变作风吗？"

（6）意义性的问话。鼓励人思索并体验独特的结果，较佳方向和新故事经验的含义。为这些经验的意义命名，建构新的意义。例句：

"在面谈时说出你的想法，而不是面谈者的想法，对你而言，有什么重要性？"

此外，还可以从意义与含义、个人特质、关系特征、动机、期望、目标、价值观、信念、知识和学习等方面引导新的意义。

（7）故事的建构。

（8）什么时候提出什么问话。

2. 叙事治疗步骤

定义问题→问题拟人→解构问题→发掘当前→找回过去→引导未来→重返前台。

五、家庭治疗模式

在旅游社会工作实践中，家庭治疗模式，对于解决家庭、婚姻、亲子问题有较好效果。本章专门介绍一种新兴起的家庭治疗方法——萨提亚家庭治疗法。[①]

调查表明，文化变迁是旅游变迁中最显著或最活跃的因素，这种文化变迁对个人和家庭影响最大。有学者认为，旅游是一把火，它既能煮熟你的饭，也能烧坏你的屋。

美国学者维吉尼亚·萨提亚（Virginia Satir，1916-1988），家庭治疗流派的创始人，国际著名心理治疗师，被美国著名的《人类行为》杂志称之为"每个人的家庭治疗大师"，也被称为"家庭治疗的哥伦布"。中国的学者也认为，萨提亚家庭治疗模式，让人们"能够感悟到一种崭新的对人生和人类的看法"[②]。

（一）萨提亚家庭治疗的基本理念

（1）人性本善，人只要正常地发展，善性就会发挥出来。

（2）人是有发展潜能的，只要有合适机会，潜能完全可以发展。

（3）人是有足够的内在能力和资源去解决问题，但成长中的经验可能使人忘记这一点或者不能正确使用。因此，治疗师的责任在于：欣赏、鼓励、发掘。

（4）人性、家庭是萨提亚治疗的基础，也是萨提亚治疗过程最为人称道的地方。

---

① 维吉尼亚·萨提亚《萨提亚家庭治疗模式》，聂晶译，世界图书出版公司2012年版，第3～4页。
② 维吉尼亚·萨提亚《萨提亚家庭治疗模式》，聂晶译，世界图书出版公司2012年版，第3～4页。

萨提亚治疗理念认为，家庭是不可分割的社会系统，家庭成员间的互动构成了家庭关系，家庭关系对于家庭成员的心理和行为有着决定性的影响。当某个人在情绪上出现"病症"，这表示他的成长遇到了障碍，以至于不能正常发展。家庭成员在互动中寻求满足自己和他人的需要，假如部分成员的需要受到忽视或歪曲，这些成员就会在情绪和行为上出现一些"病症"。这不是个人而是整个家庭的毛病。家庭成员的互动受到每个人所具有自尊的影响，当人受到压力或遇到困难，都会以他认为的最好方式处理，虽然它可能对自己或他人造成伤害。家庭成员可能长期停留在这种不健康状态，以病态作常态而不知还可以有其他选择。家庭成员的互动自然地倾向于维持"均衡"状态，当家庭系统出了毛病，家庭成员间的均衡往往要靠暴力维持，而这又进一步牺牲了成员需求。只要有合适的机会和适当的引导，每一个人都可学习新的互动方式，建立新的均衡状态。

家庭治疗师的工作就是：营造合适的机会和给予引导与鼓励，让家庭成员可以体验新的学习，让受助者可以跨越成长中的障碍，继续发展出潜能。萨提亚治疗又被称为人本学派。人本主义的实质就是让人领悟自己的本性，不再倚重外来的价值观念，让人重新信赖、依靠机体估价过程来处理经验，消除外界环境通过内化而强加给他的价值观，让人可以自由地表达自己的思想和感情，让身心健康发展。

（二）家庭沟通及影响家庭沟通的因素

萨提亚家庭疗法的中心概念是"沟通过程"，而影响这种沟通过程主要有下面三个因素。

1. 自尊：人对自己的评价、界定和认同

自尊是影响家庭成员互动的第一要素，有较高自尊的人有安全感，能欣赏长处并接受弱点和限制；自尊低的人依赖性强，认为自己没有价值，对自己与他人都缺乏信任。萨提亚认为，在家庭中，低自尊是有传染性的。自尊低的父母往往会因子女过分挑剔和指责，不知不觉中传递了损害子女自尊的信息、局限的经验，长期下来，子女自尊也会变得很低。

2. 家庭沟通模式

我们每个人无论对任何事情都会有自己的需要、感受、思想和期望，问题是沟通时是否表达出来；别人也和我们一样，有他自己的需要、感受、思想和期望，问题是怎样对待别人；任何时候，人总是在情景之中。问题是我们如何分辨不同的情景，以及在该情景下什么是合适的做法，什么是不合适的。

沟通中，兼顾上述三点，就算表里如一。

首先，我们看看表里不一的沟通方式是什么样的。

（1）讨好型：我的生存取决于别人对我的照顾和保护。

（2）指责型："攻击是最佳的防卫"，先发制人。

（3）超理性型：我的生存取决于别人佩服我理性的能力，我必须用理性克制自己和别人的感受。

（4）打岔型：我生存取决于我能掩饰我的不足。

萨提亚认为，影响沟通最主要的因素是自尊的高低，与技巧无关。家庭间沟通方式会互相影响，丈夫惯于指责，妻子可能发展为讨好。所以在进行家庭治疗时，要帮助当事人家庭看清自己和其他成员的惯常沟通方式，然后学习新的方式。

表里不一的沟通案例：

假如我的脸上洋溢着微笑，而我的口中却说"我感觉很糟"，那么我就给出了两个信息。你的反应会是怎样的呢？将上述两个信息进行选择后，你可能会有四种选择：

（1）"那真是太糟了。"（回应的是我说的话）

——我的回应会是"我只是开开玩笑而已"。

（2）"你看起来挺好的嘛！"（回应我的笑容）

——我的回应是"你怎么能这么说呢！"

（3）选择的是忽略这些转而投入自己的工作。

——"怎么回事？"

（4）"我不知道你想告诉我什么。你在笑的同时又和我说你感觉很差。你想表达什么呢？"

——"我不想告诉你什么？"

尝试将上述四种沟通模式扮演为四种"家庭雕塑"，体验一下有何效果。

家庭雕塑1——讨好

想象你自己单膝跪地，身体有些摇晃，向上伸出一只手表示给予和付出，另一只手则紧紧捂住胸口。

这一姿势向人们表明："我愿意为你做任何事情，而如果你看到我正在保护我的心脏，也许你就不会杀死我。"

于讨好者而言，语言上，表示同意："无论你想要什么都没有问题。我在这儿就是为了让你开心。"肢体上，求安抚。"我是无助的"——表现出受害者的姿态。内心上，"我觉得自己什么都不是；没有你我已经死了。我没有任何价值"。

讨好者使用讨好、逢迎的语气说话，努力取悦对方，表示抱歉或者从不反对，他们会使用所有诸如此类的方式。

家庭雕塑2——指责

想象你站在那里，一只手放在臀上，另一只手连带着手臂直指着。在你大声叫嚷、呼唤名字、批评天下所有的事物时，你的脸抖动着，嘴唇卷曲着。

于指责者而言，语言上，表示不同意："你从来都没有做过正确的事情。你到底是怎么回事？"肢体上，强调控告（指责）："我是这里的老大！"内心上："我觉得孤独而失败。"

指责者是高高在上的检察官、独裁者和老板，他好像在说："如果不是你，所有事情都会很顺利。"

家庭雕塑3——超理智

设想你的脊柱是一条又长又重的钢棍，从你的屁股一直延伸到脖子；还有一条20多厘米的铁领子束着你的脖子。保持你的身体静止，你的嘴巴也不要动。

于超理智者而言，语言上，显现超理智："如果个体能进行细致的观察，他就会注意到某些人表现出的每一个细节。"肢体上，精算型："我很冷静，很镇定。"内心上，硬而易折："我感觉很脆弱。"

超理智就像电脑一样非常准确、理智，却没有情感表达。这样的人看起来非常冷静和镇定，以至于可以与真正的电脑或字典相提并论。

家庭雕塑4——打岔

想象你的身体每次向不同的方向移动着，将你的两膝以夸张的内八字方式靠在一起，翘起你的屁股，使你更容易地耸动你的肩膀，再向相反的方向挥舞胳膊和双手。

于打岔者而言，语言上，不相关的话语是没有任何意义或者不相关的事情；肢体上，有倾角的："我已经离开这里了。"内心上："没有人关心。这里没有我的空间。"

打岔者所做的和所说的都与他人所说所做的毫不相关。这类人不会对那些观点做出回应。

上面提到的四种生存姿态全都来自一种低自尊和不平衡的状态，在这种状态下，人们将属于自己的权利拱手让给他人。而个体之所以会使用这些生存姿态，完全是为了保护他们的自我价值免遭那些言语和非语言的、知觉到或是假定存在的威胁。

沟通问题和自我价值的关系：

使用以上四种回应方式中的任何一种都表明个体的低自我价值感或低自尊。这些交流方式又被家庭中的权威和社会中普遍存在的态度所强化：

（1）"别影响别人，为了自己而向别人提出要求是自私的"——强化了讨好的做法。

（2）"不要让任何人拒绝你；别做懦弱的家伙"——强化了指责的做法。

（3）"别这么愚蠢；你很聪明不会犯错的"——强化了电脑（超理智）的做法。

（4）"别太认真。纵情享乐吧，谁会在意呢？"——强化了打岔的做法。

其次，我们再看看另一种交流方式——表里一致是什么样的。

只有表里一致的交流方式能够缓解彼此间的敌对状态，打破僵局，建立人与人之间的沟通桥梁。当你用一致的方式交流时，你会为无意中做的事情而向他人道歉。你会为一个行为道歉而不是为你自己的存在而道歉。同样地，你会用一致的方式进行评价，对事不对人。

表里不一与表里一致对比的沟通案例：

让我们想象一下你刚刚撞伤了我的手臂。这五种生存姿态的人会怎么说？

（1）讨好（低头看着地面，绞着手）：请原谅我吧，我只是个笨拙的呆子。

（2）指责：天哪，我怎么会碰到你的胳膊！下次你把胳膊收好，这样我就不会碰到了！

（3）超理智：我希望能向你道歉。我经过的时候无意中碰到你的胳膊。如果你的手臂受到了伤害，请联系我的律师。

（4）打岔（看着其他人）：咦，有人发狂了。一定是撞上了。

（5）一致（直接看着对方）：我撞伤了你，非常抱歉。你这里痛吗？

为什么我们总也不能让自己过上本应该属于自己的生活呢？

萨提亚认为，这是由于我们对熟悉的感觉太过偏爱，而在大部分的内部或外部世界里，又常常会依靠自动化的反应模式。即使是一个看上去微不足道的习惯，当尝试去改变它的时候，大部分人仍然会感到极大的困难。

3. 家庭规则

适当的家庭规则对于成员的健康成长及培养良好家庭关系有益，合理的家庭规则能让所有人的感受都能表达出来并为家人接受，规则应有弹性，可以修改。评估一个家庭时，当注意：有什么规则？哪些规则有问题？有问题的规则是用什么方式维持的？规则产生了什么效果？

（三）治疗方法与技巧

1. 治疗策略

（1）注重家人成长而非解决问题。获得内在经验，增强解决问题的能力。

（2）注重过程而非内容。成员的互动和沟通是怎样助长问题的发生和延续。

（3）注重获得新经验而非消除旧经验。

（4）注重滋润而非强迫。

（5）治疗就是教育。

2. 治疗过程

第一阶段：接触期

（1）获得信任。关注每一个人，不忽略任何人。

（2）观察当事人家庭的互动方式。

（3）对当事人家庭的回馈。

第二个阶段：蜕变期

关注什么是可以改变的，怎样改变？

（1）连接。事与事、人与人、语言与语言方面。

（2）引导说出正面动机。

（3）澄清。弄清楚每个成员的意思表达。

（4）对质。引导成员对某些信念或规矩反省。

（5）调整步速。

（6）鼓励选择。

（7）学习正面经验。

（8）视线转移。

第三阶段：巩固期

（1）巩固在蜕变期已取得的成果。

（2）帮助当事人家庭整合治疗的经验。

（3）预备家庭面对新挑战。

3. 治疗中的一些有效模式

沟通游戏、模拟家庭会、家庭塑像、家庭压力芭蕾舞、自我环、个性部分舞会、家庭重塑等。

（四）治疗师的角色以及萨提亚治疗法的特色

（1）治疗师角色。治疗师对于每一位成员，起到一个连接、中介和支持的作用，需要注意的是：

注重个人从内到外的转变，"正本清源"。

注重家庭沟通过程，让家庭自己寻求合适方式。

注重"经验式"及新的互动方式，关注改变的即时性。

注重不同层面以及对人的信任和尊重。

（2）治疗法的特色。萨提亚家庭治疗方法的一个重要特色就是坚持"改变的原则"。

关注的重点从来都不是如何消除掉某些事物，而是通过增加一些觉察、了解、证实和体验，让别的事件得以发生。其实，每一种生存姿态都蕴含着自我完善和表里一致的种子。比如① 给讨好者增加一些对自我的觉察，意味着让他像关怀别人一样关心自己。这就将旧的应对模式转变为包含对自我价值和平等性更充分体验的新模式。② 给责备者增加一些对他人的觉察，可以激励他们保持自信和决断，而不带有责备或是评判。这使责备者内心的空虚转变为自我确认和对其他人的接纳。③ 给超理智的人增加一些对自我和他人的觉察，可以帮助他们将自己的整个情感、感受和身体意识与他们已经拥有的才智整合在一起。④ 给打岔者增加一些对自我、他人和环境的觉察，可以帮助他们在适宜的情境中释放自己对于改变的灵活性、创造性和开放性。

（五）改变的阶段

1. 现状

预示需要改变，改变痛苦、不平衡等状况。一旦家庭的现状被破坏，我们就可以看到许多保护性模式出现。

例如，当父亲沉溺于酒精中的时候，我们常常发现母亲会用一系列托词来对她丈夫的酗酒行为进行否认和辩解。在治疗过程中，这个家庭往往会将某个孩子的行为当作问题加以呈现。在一个层面上，这种做法转移人们对于酗酒的关注，另一个层面上，它也将人们的注意力从功能不良的家庭系统上引开了。

2. 引入一个外部因素

引入一个外部因素也就是把那些以前并不在这里的人，引入系统之中。以治疗为例，外部因素就是心理治疗师或家庭治疗师。引入外部因素时要做到：保持接触；检验预期；检验改变中存在的障碍；将阻抗重构为尊严。

3. 混乱

混乱是从功能不良向功能完好的方向运动。混乱意味着系统现在正在以某种我们无法预期的方式进行。混乱阶段恰恰是治愈的开始。由于这个阶段接纳了人们对于未知事物的恐惧、焦虑、不确定感和担忧，它的意义就显得格外重大。另外，它还以一种积极和富有创造性的方式来利用这些感受，并由此将个体和系统从功能不良的现状，转变为一种崭新的、功能良好的存在状态。

4. 整合

将新学到的东西加以整合，建立新的安全感、新的舒适感、新的希望，发展新的可能性，利用潜在的资源，整合各个部分，以及重新评估我们过去和现在的期望。我们会接纳自己对于父母、生活经历、自我价值和未来的新知觉。只有放弃许多生存应对模式，我们才可以接纳新的存在方式。如果我们从来没有探究过什么是自己想要的，那么从现在开始，我们要打破长久的寂静，在决定我们如何感知和接受自己的同时，也探求自己希望别人如何知觉和接纳我们。

5. 执行

过去的模式仍然拥有强大的力量。要维持并且实践自己的新选择，我们需要发展出强大的支持系统。如果我们能够很好地做到这一点，就能在建立起健康的新状态的同时，获得一种更加着眼于现在的生命能量。

6. 新的状态

平等、和谐、完善、平衡，向新的可能和舒适感，而不是熟悉感开放。这是一种更加健康的平衡，它让个体和关系的功能都更加完善。

在萨提亚模式中，改变的过程包括上述六个阶段，每一个阶段都建立在前一阶段的基础之上，就像在过去知识的基础之上学习新知识。改变的过程将贯穿我们的生命之中，而每次我们经历一遍这些阶段，就变得更容易，更快乐，也注入更多的希望。

（六）改变的技术

1. 互动成分

互动成分干预技术以6个有关具体互动过程的自我问答式问题作为开始，这6个问题是：

（1）我听到和看到了什么？

（2）对于我所看到和听到的一切，我给予了什么解释意义？

（3）对于我所做出的解释，我产生了什么感觉？

（4）对于这些感觉我又产生了怎样的感觉？

（5）我运用了哪些防御方法？

（6）在评价的时候，我采用了哪些规则？

2. 个性舞会

方式：让15到40个左右的人组成小组，分别扮演"主人"（希望转化和整合自己各个部分的个体）的多个不同组成部分。一个比较大的房间可以为这一想象的聚会提供足够大的空间，而引导者（咨询师）则需要一张大活页纸和许多其他道具，从而营造出聚会的氛围，并增强各个被扮演部分的可视化的特征。一种可以让我们接受并转化自己"不可接纳"成分的方式，就是利用个性部分舞会，这样一个有着看似自相矛盾的名字的技术。将严肃的思考和娱乐性的聚会形式相互结合，让我们可以后退去体验某些别的感受，而不是一直体验与某些特质、环境或是时间相连的痛苦感觉。个性舞会的过程：为聚会准备好引导者和主体；让各个部分见面；出现矛盾；转化冲突；举行整合仪式。

3. 家庭重塑（家谱图、家庭生活编年史以及影响力车轮）

经典的家庭重塑过程：

（1）预备工作：

① 主角的家谱图（the family map）。画出个体的家庭及父亲和母亲的家庭，列出其出生、死亡、结婚、离婚的日期。同时在每一个人旁边写出对他们的看法；

② 家庭生活编年史（the family chronicle）。列出由祖父母出生的那一年开始到现在，家中发生的事件、史实及发生日期，这些年表同时也要分成个体自己的家庭及父亲和母亲的家庭年表；

③ 影响力车轮（wheel of influence）。在一张纸中间画一个圆圈，写上自己的名字，由圆圈画出辐射状的线条，并在线条的每一个尾端上写上一些自出生到18岁中对自己有重大影响的人，并以简单的形容词描述他们对个体的影响。

（2）实施阶段：

① 雕塑原生家庭；

② 雕塑主角父亲和母亲的原生家庭；

③ 雕塑主角父母的约会、求爱和婚礼场景；

④ 重新雕塑主角的原生家庭。

第三节　个案工作过程

一、接案（处理申请）

（一）处理申请的方法

（1）在本机构提供服务。服务对象为旅游利益相关方，一般为个人或家庭。

（2）将申请转到其他机构，或者暂时不提供服务。转案通常发生在关系建立阶段，往往会对案主造成一些消极的影响，所以无论是原工作者还是接替者都要注意案主的平稳过渡。所以，转案一般有比较严格的步骤和安排。

（二）接案时的主要工作

（1）工作准备。具备开展旅游社会工作的条件，包括人员、设备、场地等。

（2）了解案主的心理状况。或直接、或间接地了解工作对象的基本情况，问题所在。

（3）确立会谈议题。初步了解到工作对象的困境或问题症结后，从问题入手开始个案会谈。

二、评估

（一）资料收集

资料收集主要应从旅游利益相关者（工作对象）的生理、心理、社会功能和旅游环境体系以及旅游-社会生态体系等方面，了解案主的基本情况。

（二）诊断

依据个案工作的观点，将收集所得的资料进行分析与比较，确定案主问题的实质与问题的成因。个案工作诊断是一个兼顾社会环境和个人人格特性的诊断。诊断性陈述的具体内容包括：问题性质的确认、家庭环境与家庭心理动力、案主个人生活经历与行为特征、案主接受协助的意愿与能力的评估。

过程总结：社会个案工作是由一系列有计划的工作步骤所构成，其实施必须遵循一定的运作程序。但学者们关于个案工作流程的具体划分又有不同的看法，例如有"三步说"，即包括研究、诊断和处置；也有"五步说"，即包括申请与接案、研究与资料收集、诊断与服务计划、服务与治疗、结案与评估；还有"三阶段八步骤说"，即① 开始阶段：接案、评估与社会诊断、目标的决定、社会治疗计划的选择、工作协议的建立；② 中间阶段：持续社会治疗；③ 结束阶段：评估、结案与追踪。

第四节　个案工作方法

一、沟通技巧

沟通技巧既是旅游工作者应具备的重要素质，更是旅游社会工作中应具备的专业技能。两者既有交叉也有区别。前者重在态度，后者重在助人。旅游社会工作者的沟通技巧要点如下。

（1）倾听（listening）。倾听的姿态，体现出的共情、认真、尊重等。

（2）反应（reflection）。对别人的倾诉要有必要的、正确的回应。

（3）提问（asking question）。不是只听不问，需有必要的提问，以有助于澄清问题及了解或理解当事人的问题。

（4）重复（repeat）。沟通过程中要有必要复述对方的谈话，以进一步确定。

（5）澄清和阐明（clarify and illumination）。进一步确定意图。

（6）沉默（silence）。有时必要的沉默有利于给对方一个空间，以及沉默有时也是一种理解。

（7）触摸（touch）。例如同性之间必要的拥抱安抚或其他合乎礼节的拍肩、握手等肢体语言。

（8）小结（summarizing）。每一次会谈或个案工作一节活动中间的适当时间，以及结束时有必要做阶段性小结，理清一下思路。

（9）自我暴露（self-disclosure）。适当地自我暴露可拉近与工作对象的距离或消除尴尬。

二、关系技巧

在与当事人的工作关系中，秉持"真诚、尊重、接纳、关怀"的态度或价值观就是最大的技巧。

三、过程技巧

过程技巧即个案工作过程五个步骤中需要运用到的技巧。

（1）接案。接案是个案工作的基础，要认真做好准备工作，特别是要了解案主的心理状况，确定是否属于业务范围，是否具备解决当事人问题的专业能力与社会资源。建立相互信任关系，在此前提下确立会谈议题。

（2）评估。评估过程也是诊断过程，主要应从生理功能、心理功能、社会功能和环境体系或社会生态体系四个方面，对问题的性质、家庭环境与家庭心理动力、案主个人生活经历与行为特征、案主接受协助的意愿与能力做进一步评估确认。要注意量表工具的运用，以及学会观察，提升观察能力和水平。

（3）计划。确定服务目标是理性思考过程，是工作者对案主可能获得的结果的预期。制订服务计划是由社会工作者与案主共同承诺，合作实现双方所确定的目标及其目标的实施步骤的过程。具体来说，服务计划的内容有以下几个方面：案主的情况简介；案主的问题、需求和期望；机构提供服务的性质；计划预备达成的目标；针对目标准备开展的工作；评估的方式；服务计划的变更等。计划一是要细致，二是要获得当事人认可，并内化为愿意参与配合的任务。

（4）执行。执行就是具体开展服务与治疗，是对服务计划的实施，是社会个案工作程序中的一个重要步骤。在服务实施的过程中，工作者的主要目标是：协助案主对自身有一个清晰的了解，进一步探索自己的问题；协助案主调整社会关系；协助案主改善个人生活环境。社会工作者在服务提供与治疗中主要担任联系人、促进能力者、教师、调解人和辩护人的角色。执行过程中，既要紧紧依据计划，又要注意根据环境的改变加以变通，检验执行的核心还是看效果，而不是刻板地以计划为标准。

（5）总结与结案。这一环节是个案工作者与案主为终止彼此之间的专业关系所做的一切处理工作。结案的原因：完成服务计划、服务实施的时间限制、案主中途退出。结案时期的主要工作包括：回顾案主取得的成绩、提出发展目标、宣泄情绪、不与案主发展专业关系之外的其他私人关系、最后一次会面的安排等。

结案也是一个个案评估环节，评估是社会工作者评定个案工作的效果和效率的过程，是工作者总结经验、自我反省、自我提高的过程。

四、增进技巧的方法

做好全程记录；与督导保持密切的专业关系，多请教，充分依靠督导；运用顾问与咨询资源。

思考与练习题

1. 本章提出的旅游社会工作个案模式、工作过程和工作方法中，如何突出或体现旅游视角？与一般意义上的个案工作不同点在什么地方？

2. 在旅游个案工作计划的制订过程中，需要运用到哪些相关理论？如何运用？

扩展阅读

国际旅游岛B县黎族农村敬老院个案工作简述①

一、背景介绍

国际旅游岛海南省B县，是黎族自治县，黎族人口占全县总人口的55.7%。B县位于海南省中西部，地势陡峻，地形以山地、丘陵为主，较为偏僻；境内发展主要依靠农业和旅游业，经济较为落后，是国家级贫困县。

截至2013年，B县共有9家敬老院，目前可利用的床位共计238张床位，预计将来有350张床位。B县各农村敬老院入住老人均为黎族，语言为黎语，平均年龄约为73岁，67%的老人健康状况良好，28%的老人健康状况较差，17%的老人不能自理，35%的老人还有亲属。各农村敬老院老人入住后，接受敬老院的统一管理。敬老院出于老人的安全考虑，要求老人统一到敬老院的公共食堂就餐，不允许个人开伙；老人不得随意外出，外出需登记或者需要有工作人员陪同。新建的敬老院窗明几净、宽敞明亮，但是没有任何相应的装饰装扮，缺乏温暖的环境气氛，让人感觉像宾馆。院内的土地利用率低，绿化少，敬老院显得很是空旷。

二、存在问题

1. 入住率低

B县可使用的敬老院共有7家，2014年实际入住的敬老院床位共有182张，但是仅有43人入住，平均每家敬老院仅仅入住6人，入住率仅为23%。建好的敬老院邀请老人入住，老人却不愿意，为此B县民政局工作人员和乡镇敬老院工作人员甚至挨家挨户走访老人，试图说服老人入住，但是效果甚微，这让他们很是费解。据调查了解，导致这一现象的发生并不是偶然，而是有以下几个原因。

---

① 方礼刚、袁丽颖《农村敬老院养老服务的社会工作介入》，载《海南省"三区"社会工作探索与实践》，中国书籍出版社2015年版，第105～114页。

（1）黎族的养老风俗。B县是黎族自治县，黎族老人占了很大一部分。从已入住的敬老院院民来看，全部都是黎族老人。黎族和汉族在养老方式上很相似，均是家庭承担着养老责任，但黎族老人对家的依恋更甚于汉族老人。在家庭中度过晚年生活是黎族老年人的心愿。黎族人认同万物有灵，老人不愿意离开自己生活一辈子的地方，即使五保老人没有家人，也宁愿在自己熟悉的环境中度过余生。

（2）农村老人对敬老院的刻板印象。刻板印象是指人们通过整合有关信息和个人经验形成的一种针对特定对象的既定的认知模式。在人们的印象中，农村敬老院是没有亲人或者是子女不孝顺的孤寡老人居住的地方。一旦入住敬老院，就要受到很多约束，失去自由，认为入住敬老院就像是被关在笼子里，同时也没有了尊严，并且认为对自己的后代也有不好的影响。深层原因还与黎族信仰有关，黎族人信仰"祖先鬼"，老人在外地，害怕离世后一是找不到去"祖先鬼"那儿的路，二是怕"祖先鬼"怪罪后人，因而不容于后人。

（3）孤寡老人独居的生活习惯。每个人都有自己习惯的生活方式。黎族孤寡老人很少有聚集在一起打牌的习惯，也玩不了麻将，他们多习惯于独居生活，因而对于入住敬老院参与群居生活难免产生排斥、害怕、不习惯等反应。再者，有部分老人有一些不良习惯在敬老院中是不被允许的，一旦入住敬老院，他们会被要求改变不良习惯。例如，黎族拥有历史悠久的酒文化，酒文化氛围浓厚，大部分黎族老人都喜爱喝酒。而敬老院出于老人的身体健康考虑，都会对老人的饮酒习惯加以约束。

2. 配套设施不完善

根据调查了解，B县已投入使用的农村敬老院中，仅有的基础设施就是公共食堂和电视机，除此之外，没有任何可供老人消遣的娱乐设施。导致这一现象产生的原因是资金不足，因此出现敬老院建了但是没有资金进行进一步的建设的情况。

从农村敬老院发展建设以来，资金短缺一直是制约敬老院建设、管理的瓶颈。B县的农村敬老院资金不足主要有以下两个原因：一是政府财政支持力度不够。B县农村敬老院建设的资金主要来源于省民政厅和本县的财政支持。敬老院正式开始使用后，其管理和服务人员的费用则由乡镇财政负责。有些乡镇由于财政困难、对农村敬老院工作不重视，导致敬老院的管理和服务缺乏资金支持。二是资金来源少。除了政府财政支出，农村敬老院无其他资金来源，没有任何的社会捐赠和院办经济。

3. 管理服务水平不高

B县农村敬老院主要由县民政局负责建设，而管理则由敬老院所在的乡镇负责。各乡镇大多采用自我管理的服务模式，以最低的成本维系农村敬老院的正常运行。农村敬老院的院长由民政助理员兼职，而民政助理员日常行政业务繁重，几乎没有什么时间、精力管理敬老院。虽然B县民政局制定了管理农村敬老院的一些制度，如《敬老院院民守则》《敬老院院长工作职责》《敬老院管理人员岗位职责》，但是制定该制度后，缺乏应有的监督力度，因此制度也就成了一纸空文。因此农村敬老院的管理基本上是依靠服务人员。

B县农村敬老院服务人员的聘用大多为当地农民,平均年龄为36岁,文化程度在初中以下,月薪在1200元以下。管理服务人员共有9人,入住老人为43人,平均每个人要负责5个老人,他们要负责照料老人的日常生活,如煮饭、洗衣服、打扫卫生等,工作任务较重。

因此,缺乏专门的管理人员,缺乏先进的管理经验和管理水平,服务人员年龄偏大、文化程度偏低、缺乏良好的服务意识,管理服务人员待遇偏低、任务偏重等原因导致农村敬老院管理和服务水平迟迟得不到提高。

4. 社会参与度不够

根据对敬老院工作人员的访谈了解,B县农村敬老院与社会各界的联系较少,平时除了一些政府部门的领导会到敬老院视察外,几乎没有什么社会团体或个人到访敬老院,社会参与度不够。

国家明确提出了"要坚持政府举办为主,同时支持以公办民营、民办公助、政府补贴、购买服务以及鼓励社会力量独资、合资、合作、联营、参股等方式兴办农村敬老养老事业"的工作思路。然而,由于B县对农村敬老院工作不够重视,缺乏对农村敬老院的宣传、鼓励和支持,B县人民对农村敬老院均没什么概念。其次,B县经济发展滞后,第三产业发展不充分,养老服务业处于起步阶段,从而导致农村敬老院养老服务难以与社会养老有机结合。再者,B县的社会团体发展不足,尤其是志愿者队伍发展不充分,导致农村敬老院缺乏志愿者服务的支持。最后,政策支持体系尚未完善,民间资金参与敬老院建设、管理回报率很低,真正投入到敬老院建设、管理中的民间资金、民间力量微乎其微。

三、适用理论

1. 民族方法论

民族方法论者认为,日常生活世界是被忽视的现象,并建议将它作为研究课题,判定它是如何获得世俗的、平凡的、众所周知的特征的。民族方法论倡导研究者应沉下心来,跳出对体制、结构研究的框框,对所谓完全熟悉的、毫无意义的、平凡的和理所当然的社会环境进行认真的研究。民族方法论被誉为能够洞察隐藏在人类行为、言论背后的真实意图的"公正的眼睛"(candid camera)。正是从这个意义上看,民族方法论不仅有助于探讨掩盖在种种行为背后的旅游者个体原型及其思想乃至旅游目的地居民的真实意图,而且对于分析旅游者和旅游业的发展方向有很大的价值。这个理论的启示是,对待民族地区和旅游地区的少数民族老人的养老问题,一定要沉下心来,认真察其言、观其行,从细节中,了解他们的真实意图,进而发现真实的需求,而不是从体制和结构的角度先入为主,传递给他们也许并不太需求的东西。

2. 前台后台理论

前台后台理论认为前台是演出的,后台才是真实的生活。随着观光发展,观光业者建构出人造后台给观光客观赏，如现场工艺小制作、小贩贩卖"自种"的土特产品、"农家乐"家庭餐馆等，这些虚构出的日常生活般的场景为满足观光客对真实性的渴望，称之为舞台真实性（staged authenticity），布尔斯廷（Boorstin）将此现象称之为"虚假事件"。这个理论的启示是，黎族老人的福利院养老模式，可以与旅游相结合，一来满足旅游者对窥视"后台"的需求，二来满足老人与人交流的需要。黎族老人中，尚有纹面文身者健在，这种文身被称为活着的化石。有的老人会织黎锦，会造树皮布，还有吸鼻烟、吹鼻箫者，这些均可成为旅游资源。营造一种"舞台真实性"，可适度向游人开放，让游客感受、体验到古老的黎族风情，同时，也让黎族老人在参与之中获得精神上的满足感和物质上的补助。

四、目标任务

根据B县民族地区的特殊性，综合民族方法论及前台后台理论，分析B县农村敬老院需要解决以下几个问题。

1. 注重保持老人的独立生活能力

由于B县地区敬老院67%的老人健康状况良好，所以敬老院的养老服务主要是以生活护理为主，要特别重视入住老人自我照顾能力，保持个人独立及自尊，只需要为老人提供洗衣服、带领老人洗澡理发等服务。对于28%的健康状况较差的入住老人，其生活能够部分自理，护理人员除了为其提供洗衣服、带领老人洗澡理发等服务外，还需要协调其日常生活，帮助其进行康复锻炼，提高老人的自理能力。对于17%完全不能自理的入住老人，需要实施24小时陪护，合理安排老人饮食，按时喂老人吃饭、吃药，每天最少3次帮助肢体活动，按摩、翻身、擦洗污渍等服务。

2. 尊重黎族风俗习惯

敬老院的护理人员以及入住的老人大都是黎族老人，老人均讲黎族语言，因此管理和工作人员也应当尽量聘用黎族人。B县的黎族人民一直以来都保持着浓厚的酒文化饮食习俗，然而过量的饮酒会引起多发性神经炎、心肌病变、脑病变、造血功能障碍等疾病。由于老年人饮酒文化习惯难以改变，敬老院需要统一配备饮食，合理搭配适合老年人肠胃功能的膳食营养。同时，控制入住老人饮酒量，并对其进行健康宣教，逐步改进老人的生活方式。B县是黎族自治县，黎族老人占了很大一部分。从已入住的敬老院院民来看，全部都是黎族老人。黎族和汉族在养老方式上很相似，均是家庭承担着养老责任，在家庭中度过晚年生活是老年人的心愿。黎族老人不愿意离开自己生活一辈子的地方，希望在自己的家中老去，即使"五保"老人没有家人，但他们宁愿在自己熟悉的环境中度过余生。基于此，要在营造家的氛围上多下功夫，特别要注意做好有家人和亲人的老人家庭的工作，让亲人家人定期看望老人成为一种常态。个别坚持家庭居住的老人，敬老院要建立定期走访和定时服务机制，有条件的应提供钟点工服务。

3. 将养老与民族观光相结合

适度开放敬老院养老观光旅游。有意设地设置一些真实场景再现，如民族工艺、民族艺术、民族文身、民族服饰展示等项目，定期定时向游人开放，允许游客近距离接触老人，在专业人员督导下，开放体验式游客义工服务等。通过这些形式，充实老人的精神文化生活，同时获得一定的经济补助。

五、个案工作介入

老年个案工作是指社会工作者在专业价值的指导下，运用专业的知识和技巧为老年人及其家庭提供物质或情感方面的帮助和支持，以使老年人缓解压力、解决问题和达到良好的福利状态的服务活动。

B县黎族农村敬老院入住的老人均是"五保""三无"老人，过惯独居生活的老人入住敬老院后难免发生各类的不适应，加之每位老人的健康状况、性格、爱好、饮食习惯等都有所不同，需要社会工作者帮助敬老院建立院民档案。社会工作者要充分运用平等、尊重、接纳、不批判的态度与老人建立信任关系，并运用民族方法论视角，尊重民族习惯，了解老人独特的需求，掌握老人的最新状态，在此基础上，充分协调和利用敬老院以及各种社会资源，为老年人提供个别化服务。

案例1：社工在走访B县一家敬老院时从工作人员处了解到，刘姓老太太入住敬老院后，整天郁郁寡欢，枯坐在自己的房门口，也不与人交流。社工在工作人员的帮助下与老人交谈，交谈中发现老人对于自己的家念念不忘。因此，询问老人是否希望回自己的家看看，此时老人的眼睛微微睁大了一些，随后慢慢地点点头。之后，社工与敬老院工作人员沟通，希望工作人员可以抽空陪老人回家探望。同时，也希望工作人员今后多鼓励老人与其他老人交流，以尽快帮助老人适应敬老院生活。此后，社工再去敬老院探望老人时了解到，老人之后在工作人员的陪同下回过三次家，回去的间隔一次比一次长。并且，我们做通了老人侄儿侄女的工作，他们答应轮流定期来看望老人，也履行了承诺，之后老人与敬老院的其他老人熟悉后，逐渐习惯了敬老院生活，回自己家的次数慢慢少了。我们还了解到刘阿婆年轻时会织黎锦，她表示现在还会这门技术，还可再试试，也欢迎有人参观，但表示没有工具。敬老院让人制作了一套工具，并买来各种彩线，让她想动一下就动一下，自己随意支配时间，织出的黎锦也可以卖，但重要的是可让游客看到织锦的工艺和场景，也为民族旅游增添了一个亮点。

第七章　旅游小组工作

　　本章教学目标是了解小组工作的基本知识的同时，探讨小组工作如何在旅游社会工作中应用。教学的重点和难点是了解旅游小组工作适用的范围、对象、领域，认识旅游社会工作与旅游社会学、旅游心理学及旅游人类学等旅游相关基础理论的关联性及具体应用。

　　小组工作既是社会工作的一个重要方法，更是旅游社会工作的一个重要方法，这是由旅游社会工作的特征所决定的。旅游社会工作的第一大特征就是旅游性，而旅游性往往表现为群体性，因此，群体性既是旅游的重要特征，也是旅游社会工作的重要特征。旅游社会工作的一项重要功能是解决旅游危机，群体性旅游危机是旅游社会工作应当面对的重大社会事实，也是旅游社会工作应解决的重要社会问题或工作任务。在此，首先我们需对小组工作的一般知识有一个大致的了解。

第一节　小组工作的基础知识

一、小组工作的定义

（一）怎样才算是一个小组？

　　例一：一群人同坐一个航班，从北京到三亚，空中经历了三个半小时的飞行，同机乘客们算是一个小组吗？

　　例二：一群人在一个大厅里听音乐两小时，他们算是一个小组吗？

　　例三：一群陌生人同乘一辆长途客车在三亚旅游，路遇台风被困一天一夜，没有食品，救援受阻，他们互帮互助，积极自救，直至外援到来，他们算是一个小组吗？

　　香港理工大学何洁云等通过综述现有的文献，提出小组具有下列特征，这是迄今为止较为全面的概括：

　　（1）有一个人以上；

　　（2）有共同的目标和利益；

　　（3）成员间互相影响；

　　（4）地位与角色的演变；

　　（5）成员有归属感；

（6）小组有发展阶段，有例如规范、准则等社会控制；

（7）小组具有独特的文化与气氛。

（二）什么是小组工作?

1. 小组工作概念的基本认知

人们从实用角度出发，认为可能有类似情形或困难的人聚集在一起是有好处的，他们能彼此帮助。借用共享的方式共同领导，通过实现案主身上的个人变化来满足机构目标。米德门与勾伯格（Middleman and Goldberg）指出，社会小组工作的基本要素如下。

（1）帮助成员形成一个互助体系。

（2）工作者和成员要了解并善用小组过程。小组过程对成员有很大影响力，但不一定能帮助小组成员达到他们的目标，所以社会工作者的任务是选取有利的小组过程。

（3）社会小组工作者协助成员自动发挥小组功能。

（4）在小组工作结束时，再次检查整个小组工作。

也有从不同的观点或视角看小组工作的。

（1）发展的观点。如科伊尔（Coyle）就认为小组工作是一种教育的过程，通常由各种志愿结合的人员，在小组工作人员的协助下，于闲暇实践内实施，其目的是在小组中通过个人人格的互动，促进个人成长。或者为了达到共同目的，促成小组成员间互相合作的集体行动，从而创造了小组。

（2）治疗的观点。科诺普卡（Konopka）的定义具有代表性，他指出，小组工作是社会工作方法之一，它通过有目的的小组经验，协调个人增强其社会功能，更有效地处理个人、小组或社区的问题。小组工作的对象包括由健康的个人组成的小组，有疾病的个人组成的小组。当小组工作者运用专业训练和技巧，去帮助一群在功能上受困扰的个人所组成的小组时，小组工作者便是在进行小组治疗工作。

（3）运作的观点。特雷克（Tracker）从意义、对象、方法、过程和目标等方面入手，指出小组工作是一种运作方法，即凭借小组工作者的协助，引导人们在各种社区机构的小组活动中互动，使他们彼此建立关系，并以个人能力与需要为基础，获得成长的经验。通过这种运作，实现个人、小组、社区发展的目标。

1949年美国小组工作者协会指出：小组工作者在各种小组中，通过小组互动与方案活动达到个人的成长与社会目标的完成。小组工作者的目的在于根据个人能量与需求而促进个人成长，使个人与他人、小组与社会达到调适，促使个人有社会改良的动机，同时让每个人认识到自己的权利、能力与独特性。小组工作参与小组的目的是为了使小组中的决策不是来自小组内或小组外优势的影响，而是来自知识、理念和经验的分享与整合。经由小组工作者的操作，协助小组同其他小组和社区建立关系，以培养负责任的公民，加强社区内不同文化、宗教、经济或特殊小组的互谅，促使社会向民主的目标前进。

美国社会工作教育委员会1959年指出：社会小组工作是社会工作方法之一，它通过有目的的小组经验，协助个人增进其社会功能，以及更有效地处理个人、小组或社区问题。小组工作的对象包括由健康人组成的小组，以及有疾病的人组成的小组。当小组工作人员运用其专业训练和技巧，去帮助一群在功能上有困扰的个人所组成的小组时，他便是在进行小组社会工作。

墨菲（Murphy）认为学者们对小组工作的看法有三个方面的一致性观点。

第一，小组社会工作是通过小组经验的提供，以期达成下列目的：尽可能提高个人潜能，改善人际关系，增强社会功能，以及实施社会行动等。

第二，小组社会工作是一种基础方法，它可以运用到不同的工作部门中。

第三，在小组工作方法里，有意识地使用了工作者与成员的人际关系、成员间的人际关系、成员与小组的关系，以及小组活动，社会工作者协助成员与小组充分地利用其能力与力量，工作者也依照当时成员的目的、需求、关注与能力来运作。

综合一些研究者的观点，结合社会工作的实践，小组工作还呈现出如下特征：① 小组工作（group work）是一种群体活动或经验；② 小组工作是一个群体工作的过程和方法；③ 小组工作是社会工作的专业方法之一；④ 小组工作是一种治疗或援助。

2. 小组工作的定义

王思斌主编的《社会工作导论》中这样给小组工作下定义：小组工作是一种以两个或以上的个人组成的小组为工作对象的社会工作方法，它主要由社会工作者通过有目的小组活动和组员间的互动，帮助小组成员共同参与集体活动，从中获得小组经验，处理个人、人与人之间、人与环境之间的问题、行为改变，恢复与发展社会功能，开发个人潜能，从而获得个人成长。

小组工作就是小组工作者（社会工作者）根据活动计划，运用知识、理解、原则、技巧，指导各种有需要的志愿小组从事社会工作小组活动，通过这些活动为小组成员提供

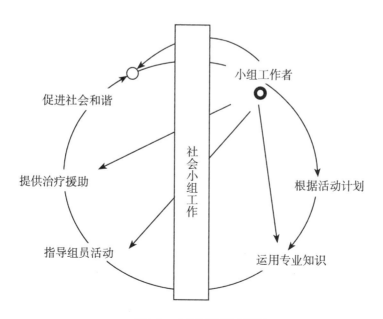

图7-1 小组工作概念图解

社工视角的治疗和援助，以增益个人发展、达到社会目的、促进社会和谐的社会工作方法（图7-1）。

二、小组工作的功能

（1）矫正功能：生理及心理上的康复（复健）、治疗、反思。

（2）预防功能：预测未来发展，并分享经验、对策。

（3）发展功能：发展人的潜能。

（4）提升功能：主要是提升社会化、社会运动、社会价值三种能力。这三种能力的共同点也可理解为增权赋能。

小组工作的类型见表7-1。

表7-1　小组工作的类型

分类标准	小组类型
形成方式	组成小组（外力影响：任务、兴趣） 自然小组(家庭、朋辈、玩伴)
参与方式	自愿小组（志愿小组、家长训练） 非自愿小组（强制性：戒毒小组）
成员联系	基本小组（家庭） 次层小组（同事）
小组结构	正式小组（任务、行动小组、教育小组） 非正式小组（同学、玩伴）
成员界限	封闭小组（情感小组） 开放小组（自由出入）
性质/目的	社交小组（提升社交能力） 教化小组（青少年行为指导） 服务或志愿者小组（志愿者小分队） 兴趣小组（音乐、绘画、折纸） 任务小组（环保小组） 意识提升小组（单亲母亲、妇女识字班） 教育小组（村妇手工艺传习，家长技巧） 成长小组（青少年、老年人成长——觉醒、反思） 治疗小组（戒毒、偏差矫治、精神康复） 社会化小组（青少年自信心培养、康乐小组） 自助和互助小组（下岗、家暴、单亲支持等） 社会行动小组（环保行动、反垃圾焚烧）

三、小组工作的原则

特雷克（Tracker）提出了小组工作的13条基本原则（表7-2），是迄今为止较为全面的总结，小组工作者当默识揣摩，用心领会。

表7-2　小组工作的原则

原　则	内　容
价值原则	尊严与价值，尊重自决、自由表达、自我实现
需要原则	发现问题、提供资源、满足需要、推动发展
文化原则	了解文化差异、尊重文化背景、促进文化变迁
组成原则	未组成小组设计组成，已组成小组密切关系
目标原则	兼顾（小组与机构）功能，明确目标，民主抉择
关系原则	建立相互接纳、相互了解的专业关系
个别原则	了解个别情况、发展个人潜能、满足不同需求
互动原则	协助参与、引导互动、促进品质
民主原则	坚持民主自决、发展责任意识、实施有效行动
弹性原则	成立正式组织、适时调整组织、安排组员角色
经验原则	先简后繁、先易后难、不断评估、尊重意愿
资源原则	善用社会资源、丰富小组经验
评价原则	持续进行过程评价、不断改善小组工作

四、小组工作的模式

1966年，帕佩利和罗斯曼在社会工作教育协会会议上的一篇论文提及小组工作三模式。

一是社会目标模式：亦简称为目标模式。目标模式下，将社会工作视为解决社会问题的重要工具，因其致力于捍卫人权，而影响了整个社会工作中的实务工作和小组工作。

二是治疗模式：关注点在于对成员的治疗目标，小组被视为达成此项目标的方法和机制。

三是互惠模式：由小组成员、小组和社会系统组成，目的在于经由彼此互利的行动，使得所有人得到解决彼此共同面临问题的意识、方法的增强和认同。社会工作者被视为居中协调者。

1977年《社会工作百科全书》记载了三个小组工作模式：互惠（预防）、治疗（康复）、发展（社会目标）。与上述观点大同小异。

五、小组工作基本理论

与其他社会工作方法一样，小组工作领域亦是建立在一定的理论基础之上，而这些理论由于表现为不同层次，体现在小组工作实务过程中宏观、中观、微观几个方面，因此，一些教科书中将这些理论分散在不同的章节中，给人一种芜杂的感觉。帕梅拉（Pamela，2010）的分析框架较好地解决了这一问题。与传统的社会工作"理论基础"相对应，帕梅拉更愿意用"知识基础"，"为了获取并且完善我们的实践技巧与干预方法的工具箱，首先必须有一个坚实的知识基础"。他认为，社会工作"所有的行动，包括特殊实务方法、观点、通用的或专门的技巧和干预方法的实施，从本质而言都是智识性的，因此，对社会工作的知识基础进行详细的描述是非常重要的"。他将社会工作应该掌握的知识基础分为三个方面，即理论的、事实的和实践的知识。

（一）理论知识

小组工作的理论知识的建立基于其他学科，从很多学科中汲取知识。社会工作专业利用人类发展、行为和社会系统的理论来分析复杂的情境，以促进个体、组织、社会和文化的改变。如果对理论没有兴趣，就只能是盲行。这不是成功的实践，对于案主也毫无益处。

1. 心理学

心理学被称为"社会工作从中吸取营养最多的一门科学"，包括生理学、心理学——心理场、行为学、人本主义、认知学、跨文化视角等。

（1）勒温的小组动力学。美籍德裔心理学家K.勒温1936年提出的一个心理学理论。他用拓扑学和物理学的概念（场、力、区域、边界、向量等）描述人在周围环境中的行为，物理学中把某个物理量在空间的一个区域内的分布称为场，如温度场、密度场、引力场、电场、磁场等。他的基本概念是生活空间，认为个人活动于其中的空间是一个心理场。这个场内的全部情况决定着某一时间内的个人行为。行为（B）是个人（P）和环境（E）的函数，用公式表达：$B = f(P, E)$。

勒温首次使用"小组动力学"（group dynamics）这一术语，它的基本含义就是要把小组作为一种心理学的有机整体，并在这种整体水平上探求小组行为或人的社会的潜在动力。勒温把小组理解为一种具有心理学意义的动力整体。小组的本质在于其所属成员的相互依存，而不在于他们的相似或差异。也就是说，小组的结构特性是由成员之间的相互关系决定的，而不是由单个成员本身的性质决定的。

（2）人类行为理论。人类行为理论是系统研究与探讨人类行为的基本理论体系，该理论重点关注人类行为发展变化过程中，先天与后天的关系，早期与后期的关系，童年与成年的关系，认知与行为以及环境与行为的关系，教育对人类行为发展变化所起的作用以及人类行为发展变化的内部机制等问题。人类行为理论主要包括：① 需要理论：马斯洛需求层次论；舒茨人际需要理论。② 弗洛伊德的精神分析理论。③ 社会学习理论：班杜拉的观察学习、替代强化理论等。④ 镜中自我理论及其对小组工作启示。⑤ 交流分析理论及其对小组工作启示。

2. 社会学

社会学是社会工作界定性学科之一。基于社会工作视角的社会学理论主要有以下几方面。

（1）社会分析理论。

① 功能派理论。功能主义理论家认为，现存的各种社会现象，包括社会分层现象和各种不平等现象，对整个社会系统的正常运行具有正面的功能效应，它们是社会系统存在和维持下去所必需的。功能理论在于解释和理解社会现象。是一种社会维持、社会保守、社会控制的视角。

② 社会冲突理论。主要以阶级划分社会阶层。代表人物是马克思："没有冲突，就没有进步：这是人类文明延续至今的法则。"马克思认为，冲突是阶级压迫的产物。被压迫被剥削阶级的存在，广大穷人和无产阶级大众的存在并非是社会的必要功能和正常功能，而是不平等的权力分配造成的。这种情形应当改变，改变的途径是社会革命，被压迫阶级应当团结起来推翻压迫阶级。这种革命就是冲突，冲突推动社会进步。

（2）意识形态理论。

① 多元主义：多元主义是自由主义的基本价值。

② 新马克思主义：工运理论、渐进革命理论、社区—工运理论。

③ 社会民主主义：以自由、公正、互助、国家视角看问题。

④ 无政府主义：倡导参与式决策、推动持续的改变。

⑤ 新女性主义：追求平权，抑制男权。

⑥ 社群主义：社群至上、权力至上、公益至上、国家至上。

（3）生态主义理论。生态主义理论注重下面一些关键词：

① 天人合一、生态高于一切、更多公民参与。

② 生态主义崇尚的基本价值。

③ 生态智慧、社会正义、权力下放、基层民主、非暴力、社群为本、女性主义、尊重多样性、全球责任、注重未来。

3. 法学

社会工作是由法律所规定的，这就意味着法律"决定了赋予社会工作的权力和责任"，同样赋予小组工作的权利和责任。

4. 社会政策

"政府在福利领域的政策以及关于它的发展、执行和影响的学术研究。"如住房、医疗、社保、教育、社会服务等。

5. 政治学

政治决策对社会工作者的义务有直接的影响。"政治学关注权力以何种方式影响政府活动的范围和内容。"

6. 经济学

市场化及管理主义的发展（3E：效果、经济、效率）规定和决定了社会工作的发展方向、模式、前景。

7. 组织理论

社会工作一般是以组织或机构的形式出现的，离开组织与机构的任何个体不可能开展专业社会工作。"一个组织的结构和文化直接影响服务的提供。"

8. 哲学

哲学与价值观规定了社会工作的取向和走向，规定了社会工作为谁服务和怎样服务。"所有的男人和女人都是哲学家。"普遍的哲学观念，专业和个人的道德价值等是社会工作的重要指导。

其他如医学、宗教、民族、文化以及其他具体科学等方面的理论与知识在社会工作中都会有应用到的时候。

（二）事实知识

事实知识也可理解为实践性知识。事实知识是"以一种易理解、可证明且可应用的方式来描述理论"，包括事实、数据、统计资料、图表、记录、研究发现或证据，以及证明等，亦即事实是可用某种方式证实或证伪。通过贫穷、失业、健康、社会分层等方面的数据统计，不难得出社区结论。实践性知识的三个途径：自我认知；批判反思；建立假设。事实知识亦包含地方性知识。

例：抑郁治疗

理论：精神病学、女性主义（反思）。

事实：药物疗效、剂量、副作用。

实践：沟通、倾听、观察、评估、信息收集等现有的可用于服务的资源与知识。

上述"事实"与"实践"均可看作是事实知识。事实知识于社会工作是特别重要的，更多时候比理论更适用。理论必须建立在实践基础之上，实践是检验真理的标准，如果理论被证明不能指导实践，或被实践证明是错误的，这样的理论就一无是处了。

第二节　旅游小组工作的应用

一、旅游小组社会工作的应用范围

旅游社会工作是为旅游利益相关者服务的，基于这一视角，旅游小组工作服务于旅游利益相关者群体的适用范围还是很广泛、很独特的。开展旅游小组社会工作就对社会工作者提出了更专业的要求，必须熟悉旅游行业、旅游心理、旅游社会、旅游环节、旅游规律等知识，必须将小组工作与吃住行游购娱联系起来，否则做不好小组工作。例如，以游客为例，工作对象大多不是在自己家中，甚至也不是置身所在城市，所在省份，乃至所在的国家。在这种情形下开展社会工作，就要多一些对工作对象的人文关怀，并且是旅游视角的人文关怀，具体来说是生活关怀，人性关怀。旅游小组社会工作的应用范围在实践中主要有以下一些方面。

（一）心理抚慰

旅游过程中，无论是遭遇共同的天灾人祸，还是个别游客的特殊感受，特别是在组团团体中，游客很容易出现"情绪传染"问题。旅游社会工作中"情绪传染"与旅游从众心理高度相关。从众心理是指 "在客观或心理上的模糊的情境中，人们自觉不自觉以他人确定行为为准则作为与他人一致的行为或行为反应倾向"[1]。对于从众心理的研究，可以追溯到20世纪。谢里夫（Sherif）进行的 "游动效应"实验和阿希（Asch）关于从众行为的经典研究，研究发现仅有四分之一到三分之一的人没有发生过从众行为。景区垃圾随处丢弃、随地吐痰、损坏花草树木、胡乱刻字题字、公共场所大声喧哗等等不文明旅游行为既普遍存在，也多与从众心理有关。尤其在天灾人祸发生时表现得更为突出。例如2014年的"马航事件"中，家属群体第一时间遇到的最突出的、共性的问题便是心理抚慰问题。这个时候，需要个案工作和小组工作综合运用，初期可能要从个案工作入手，之后，只有小组工作才能让所有的家属从中获得力量感、支持感和掌控感。

无论正常的还是负面的从众心理，"情绪传染"的苗头一出现，就当加以集中应对，否则，一旦失控，其最终结果只能是负面的，会给当事群体带来更大伤害，也为社会带来不安定因素。

（二）家庭关系

无须更多的理论，旅游无疑能改善或增进家人之间更加亲密的关系，特别是亲子关系、夫妻关系、家人关系等。因为旅游让家人转换了环境、调整了心态、愉悦了身心、增加了接触，为重建关系提供了一个新的视角和机会。父母能在旅途中感染孩子对生命的喜悦，孩子能够带给父母意想不到的欢乐。成人到一个新环境可能会先观察、适应，才融入其中，但是孩子很快就能成为它的一部分。总之，旅行会让家人更亲近，分享旅游的苦乐能够产生真实的亲密感，也是分享一次奇妙的探索或令人难忘的经验，这些都让家人之间更了解彼此的个性，不管原因为何，这种融合感将是家庭成长和健康运行的长久动力。

越来越多的社工机构开始创新社会工作，开展旅游社会工作的新尝试，命名为"亲子旅游"的项目越来越多。如深圳市鹏晨社会工作服务社2011年大运会期间开展的《牵手迎大运，相聚亲子游——彩虹计划项目暑假深圳游大型亲子活动》，旨在关爱外来务工人员家庭留守儿童的成长，展现政府对劳务工家庭的关怀。此次深圳大型亲子活动的参加对象共50个家庭，共计100人，每个入选家庭均由一名家长和一名前来深圳会亲的留守儿童组成，小孩的年龄为5～15岁。活动采用公开招募的方式进行，招募结束后，根

---

[1] 胡胜利《高中生心理健康水平及其影响因素的研究》，《心理学报》1994年第2期。

据每个企业报名此次活动的人数，按比例分配各个合作企业参与此次活动的名额。确定名单后，项目组工作人员将名单于各个合作企业、机构网站、项目博客上进行公布。整个选择过程做到公平、公正、公开。在七天活动中，穿插亲子登山玩水、趣味家庭运动会、亲子聚餐尝鲜、亲子沟通讲座等活动，为深圳市宝安沙井留守儿童家庭务工人员及其在深圳生活的子女提供社工专业服务，改善其亲子关系，一方面让他们感受到社会的关怀，提升他们对深圳的归属感，提高劳务工在沙井工作和生活的幸福指数；另一方面亦有利于促进深圳的稳定发展及沙井街道的和谐发展。

（三）危机事件

危机有很多种类，有心理危机、安全危机、环境危机、社会危机、经济危机、政治危机等。抛开具体的危机类型不谈，单纯意义的"危机"是事物发展变化过程中，遭遇突发事件，打破了原有的平衡或和谐状况，使该事物的发展遇到"断崖"式的极大困难，甚至难以为继，生存面临重大威胁。相对于政府的常规性决策环境而言，危机事件往往处于一种非常态的社会情境，各种不利情况、严重威胁、不确定性的高度集聚。因此，危机事件一般具有以下特征：突发性和紧急性、高度不确定性、影响的社会性和决策的非程序化。[①]从实践层面来看，旅游中的危机事件主要体现在自然灾害危机、社会经济危机、军事外交危机等几个方面。

1. 自然灾害危机

由于不可抗力或无法预测的偶发事件导致的自然危机，如地震、风雪、洪水、海啸、台风、山崩，以及因人为因素导致的自然危机、交通事故、海难、食物安全事故等。

2. 社会经济危机

社会、经济原因引起的旅游目的地社会、经济危机，如民族冲突、经济动荡、政局混乱、恐怖袭击等，刑事犯罪、疾病流行等给人们生活生存带来极大恐慌、心理造成极大压力等。

3. 军事外交危机

因面临战争、核武、化武等军事不利的威胁和外交不利的威胁而带来的危机。这既是全民面对的危机，也是旅游利益相关者，特别是游客面临的危机。当面对这样的危机，一方面是旅游业的萧条，另一方面是正在进行的旅游者的心理层面和生活生存层面的危机。这种临战或战时的旅游危机同样需要社会力量参与处理。流动性人口在这个时候会被纳入大旅游范畴，因此，因军事、外交因素而引起的旅游危机将面临一个庞大的人口，个案工作显然已力不从心。小组和社区工作将是必要选择。

4. 建立危机预警系统

旅游危机预警系统的建设应由政府主导，具体可由旅游管理部门如各级旅游局负责组建预警机制，在这个机制中，应有政府、企业、居民、业者、媒体、专家、游客代表

---

① 薛澜、张强、钟开斌《危机管理：转型期中国面临的挑战》，《中国软科学》2003年第4期，第6～17页。

等利益相关者参加，形成一个协同治理式的预警模式。社会工作机构可以成为这个预警系统的重要维护者的执行、操作者。建立危机管理预警系统，对危机潜伏期的信息、情报及时监测、分析和处理，预测危机发生的概率以及危机发生后可能造成的负面影响，从而做出科学的判断和早期决策。危机预警系统的一个重要功能就是把许多分散、零星的信息组织到一起，全面地监测、跟踪各种动态，向风险防范指挥部门提供决策的信息基础。

（四）旅游康复

旅游养老是现代旅游的一种新的形式，所谓旅游养老实则是旅游康复，旅游康复主要针对老年人而言。一般老年人或多或少地与慢性病有关，科学选择适宜的旅游地，可使某些疾患在游乐中不知不觉地得以康复，可谓一举多得。旅游康复有其自身特点，一是季节性，如冬季到三亚，夏季到哈尔滨，"候鸟老人"就是季节性的现象；二是地域性，一般选择有独特资源，有利于疗养休闲的风景名胜区，因而有地域限制；三是异地性，所谓旅游就是要离开居住地到外地，因此，旅游康复也就具有了异地性，就产生了"异地养老"和"互动养老"；四是运动性，由于旅游康复养老相对于老人的原住地而言，产生了一定的空间距离，旅游本身也是一种体育锻炼，因而也具有一定的运动量。在老年人旅游康复过程中，通过社工的作用，将同质性患者组织起来，通过微信等自媒体虚拟空间或真实的小组现场，开展活动，是为老年患者增权赋能的重要手段。

戒毒康复也是旅游区特别是重点旅游区不得不面对的新问题。毒品与旅游有着紧密的关系，旅游为毒品的侵入提供了经济、社会、文化和心理方面的便利。旅游人群都是经济相对富足的人群，毒贩不会放过这个机会；旅游人群一般都离开了原住的"熟人社会"，进入一个"生人社会"，社会约束减弱，变得相对更自由，有些人就易于放纵自我；旅游也是一种文化之游，旅游者都希望体验不同的文化，一部分人就容易被一些不健康的亚文化、越轨文化群体所吸引，吸毒便是其中一种；游客在旅游时，一般都希望有一个高峰体验，这种高峰体验的标准大概因人而异，一些毒贩正是利用了一些人的这种心理，提供另一种病态的高峰体验，它满足了少数人的心理需求。总之，毒品问题是旅游绕不开的话题，也是旅游社会工作应当重点关注的问题。

（五）旅游宣传

旅游业的竞争也是当今世界各国经济和文化软实力的竞争，旅游宣传在这场软实力的竞争战中发挥着重要作用。所谓旅游宣传是指旅游东道国、旅游目的地或旅游企业为了树立形象，开拓客源，吸引旅游消费，提高经济效益而进行的各种信息传递与情报沟通的活动。世界一些重要旅游目的地国家各显神通大力开展旅游宣传活动，在这其中，旅游心理宣传战发挥了重要作用。社会工作团队在这个心理宣传战中，应发挥重要的创意、策划和执行的作用。各国各地的实践表明，旅游知觉策略、模仿与暗示策略、情感与理性策略等是旅游宣传的有效策略。

旅游知觉是人们通过感官获得旅游对象、旅游环境条件等信息的感知、识别的心理过程。这既是指人们在做出旅游决定之前所获得的信息，又是指人们在旅游活动中，对旅游对象、旅游条件的直接了解、感受和体验。如三亚南山的海上观音、北京的长城等；模仿与暗示策略中，模仿是在没有外界控制的条件下，个体受到他人行为的刺激，自觉或不自觉地示范学习或体验的行为。暗示是采用含蓄的方式，通过语言、形象、符号、行动等刺激手段对他人的心理和行为发生影响、诱导，使他人接受某一观念，或按某一方式行事。模仿和暗示的宣传方法往往采用名人效应来进行，在店面招牌与服务项目上做文章。情绪活动与理性活动往往是互相妨碍和相互制约的，因此，情感与理性策略并非强调单一的情感或单一的理性策略，而是强调将二者结合起来，唤起情感和理性的综合力量。如宣传桂林山水，仅用文字的力量，无论文字多么优美都是不够的，将刘三姐的形象和故事融入其中，效果就大不一样。

（六）社会教育

1. 旅游增权

旅游增权与社区旅游参与意识的教育与培训相关。很长一段时间以来，人们忽略了旅游目的地社区居民的参与，从而忽略了他们的许多权利。社区旅游参与的研究真正始于1985年，从墨菲开始，西方学者才真正地将社区及其旅游参与当作一种旅游规划方法纳入研究视野。大多数学者认同社区参与，认为社区居民有权利参与社区旅游规划、开发与管理。进入21世纪，旅游增权的研究开始走向深入，澳大利亚学者索菲尔德提出目的地社区旅游要想获得可持续发展就必须进行社区旅游增权，而且增权的理念必须渗透到旅游系统的每个角落中去。左冰和保继刚首次对西方的旅游增权理论进行了引介、梳理和批判，并指出这一新兴理论必将对旅游的可持续发展产生深远的影响。[①]

2. 心理旅游

心理旅游是以旅游活动为实施形式，以心理咨询和治疗为实施手段，以促进参与者的心理健康为目的的新型的心理危机干预模式。心理旅游通过创设回归自然、降低压力的情境，在心情放松的前提下接受心理咨询师的帮助，从而达到放松心情和解决心理问题的效果。[②]心理旅游既适合于个体，也适合于同质群体，同质群体性质的心理旅游成本更低，组员相互支持，效果更好。有研究表明，心理旅游对于高中学生的心理危机干预和大学生人际交往障碍的帮助具有可行性和必要性。

对于高中学生的心理危机干预方面的可行性与必要性表现在：① 高中生心理健康预防的需要；② 心理旅游弥补了学校心理健康辅导和传统心理咨询的不足；③ 心理旅游创设了人际交往的良好环境；④ 心理旅游提供了父母效能教育的可能。

对于大学生人际交往障碍的帮助方面具有可行性和必要性表现在：① 心理旅游弥补了校园心理治疗人际关系障碍的不足；② 心理旅游营造了良好的人际关系环境；③ 心理旅游有助于完善大学生的性格品质。

3. 爱国教育

组织青少年游览名山大川、陆疆海防，增强对祖国直观地认识和认同，对大好河山

---

① 左冰、保继刚《从"社区参与"走向"社区增权"——西方"旅游增权"理论研究述评》，《旅游学刊》2008年第4期，第54～63页。

② 王晓乐、宫婷婷《心理旅游在高中生心理危机干预中的应用》，《科教导刊》2011年第1期。

的热爱和珍惜，寓教于乐，寓教于游，是开展爱国主义和国防教育的很好方式。同时也是直观进行社会、历史、地理知识教育的很好途径。

（七）旅游培训

社工所能介入旅游培训领域主要包括导游在内的旅游从业人员服务心理和服务策略培训，社工特别是要掌握旅游者的消费心理和行为、旅游工作人员的服务心理和行为、旅游企业管理心理和行为这三大块知识。另外，下面一些基本的心理和服务技巧也应有所了解。[①]

1. 主客交往基本策略

（1）服务人员应从旅游者的心理状态出发，随机应变采取对策。

（2）要把自己的积极性作为基本的策略手段。

（3）在知己知彼的情况下，就究竟应当劝旅游者进行消费，还是先要预防冲突中做出选择。

（4）如果旅游者情绪很好，旅游服务人员应当发挥自己的积极性。

（5）如果旅游者情绪不好，易激动，言行难以预料，服务人员应有分寸地限制自己外在的积极性和主动性，给旅游者提供最大限度的自由。

（6）面对冷漠的旅游者，服务人员应充分发挥自己的积极性，但行动要谨慎，因为有存在冲突的可能性。

2. 旅游服务的双重性

旅游服务的双重性即功能服务和心理服务。旅游服务中的功能服务指：帮助客人解决食、宿、行、游、购、娱等方面的种种实际问题，提供使客人感到安全、方便和舒适的服务。旅游服务中的心理服务指让客人获得心理上的满足，即让他们在旅游中获得轻松愉快的"经历"，在人际交往中增加客人的亲切感和自我感。"让客人获得亲切感"是提供优质的心理服务要诀之一。

（1）对客人态度谦恭。指对客人的感受非常灵敏，避免言行上任何不必要的冒犯。

（2）服务人员必须要有一定的表现能力，善于以自己的言语、表情和行动表现出对客人的一片好心。

（3）服务人员必须善于洞察客人的情绪变化，及时做出恰当的反应。

3. 旅游服务双因素

旅游企业为客人提供的服务不仅既包括功能服务和心理服务，而且还包括服务的"必要因素"（一视同仁）与"魅力因素"（特别关照）双因素。体现对客人的特别关照的方法如下。

（1）提供客人所要求的"分外"服务。

（2）在客人遇到特殊情况时，主动为客人提供"分外"服务。

（3）针对每个人的特点，为不同的客人提供不同的服务。

---

① 刘纯《旅游心理学》（第二版），高等教育出版社2004年版。

（4）为客人提供"时刻准备着"的服务。

（5）为客人提供"不言自明，心领神会"的服务。

（6）讲究语言艺术，让客人产生受到特别关照的感受。

（7）为消除不满而采取的必要补救性服务。

4. 处理投诉的程序

（1）做好心理准备：认清积极处理投诉的意义；理解客人投诉心理。

（2）耐心、认真、礼貌、尊重地倾听投诉人的叙述。

（3）对客人不幸遭遇表示同情、理解和道歉。但不要急于把问题往自己身上揽。

（4）立即采取积极行动，找到解决办法，切不可推卸责任。向客人如实说明解决问题所需花费的时间。

（5）对投诉的处理结果予以关注，进行跟踪。

（6）与客人再次沟通，询问其对投诉结果是否满意，并感谢客人。

（7）定期分析投诉，以改进服务质量，提高管理水平。

5. 导游培训

社会工作对导游的素质要求如下。

（1）具备较高的社会工作道德素养。

（2）充实社会工作理论与实务知识。

（3）必要的社工技能和外语水平。

（4）很强的心理素质。

（5）强健的体魄和敢于冒险的勇气。

6. 生态导游

1841年英国人托马斯·库克包租火车组织了570人从莱斯特前往拉夫巴勒参加禁酒大会，揭开了旅游作为一种独立存在的产业的序幕。第二次世界大战后，世界旅游进入大众旅游时期，这一时期导游职业出现了职业自由化、服务商品化、服务规范化。

"生态旅游"这一术语，是由世界自然保护联盟（IUCN）于1983年首先提出，1993年国际生态旅游协会把其定义为：具有保护自然环境和维护当地人民生活双重责任的旅游活动。以有特色的生态环境为主要景观的旅游，是指以可持续发展为理念，以保护生态环境为前提，以统筹人与自然和谐发展为准则，并依托良好的自然生态环境和独特的人文生态系统，采取生态友好方式，开展的生态体验、生态教育、生态认知并获得身心愉悦的旅游方式。

思考与练习题

1. 旅游小组社会工作的应用范围有哪些？
2. 简述旅游社会工作与导游的关系。
3. 简述旅游社会工作与禁毒的关系。

第八章　旅游社区工作——参与式旅游社区决策

本章教学目标是通过案例了解参与式旅游社区决策的内容与方法。教学的重点和难点是熟练掌握参与式旅游社区决策的具体应用。

第一节　旅游社区

一、社区

社区是若干社会群体或社会组织聚集在某一个领域里所形成的一个生活上相互关联的大集体，是社会有机体最基本的内容，是宏观社会的缩影。社会学家给社区下的定义有140多种。

尽管社会学家对社区下的定义各不相同，对构成社区的基本要素的认识还是基本一致的，普遍认为一个社区应该包括一定数量的人口、一定范围的地域、一定规模的设施、一定特征的文化、一定类型的组织。社区就是这样一个"聚居在一定地域范围内的人们所组成的社会生活共同体"。

社区的英文单词community含有公社、团体、社会、公众、交流、沟通以及共同体、共同性等多种含义。因此有的社会学者有时又在团体或非地域共同体这种意义上使用community一词。而中文"社区"一词是中国社会学者费孝通等在20世纪30年代自英文意译而来，因与区域相联系，所以社区有了地域的含义，意在强调这种社会群体生活是建立在一定地理区域之内的。这一术语一直沿用至今。由于社会学者研究角度的差异，社会学界对于社区这个概念尚无统一的定义。但许多学者认为，社区概念是以一定的地理区域为前提的。1955年，美国学者G.A.希莱里对已有的94个关于社区定义的表述做了比较研究。他发现，其中69个有关定义的表述都包括地域、共同的纽带以及社会交往三方面的含义，并认为这三者是构成社区必不可少的共同要素。因此，人们至少可以从地理要素（区域）、经济要素（经济生活）、社会要素（社会交往）以及社会心理要素（共同纽带中的认同意识和相同价值观念）的结合上来把握社区这一概念，即把社区视为生活在同一地理区域内、具有共同意识和共同利益的社会群体。

二、旅游社区

旅游社区是旅游利益相关者所赖以生活的共同的地理、社会和文化区域，亦是聚居在一定地域范围内的旅游利益相关者群体所组成的社会生活共同体，旅游社区居民的主体部分应当是旅游目的地的居民、旅游从业者、旅游企业、商业服务业、政府机关等组成的社会生活共同体。旅游社区同样包括一定数量的人口、一定范围的地域、一定规模的设施、一定特征的文化、一定类型的组织。旅游社区也可以简单理解为旅游目的地，可将某一旅游目的地视为一个大的旅游社区，然后根据区域、功能、景点、文化、类型的不同，又可划分为不同的次级社区和小社区。如民族文化旅游社区、海洋旅游社区、城市旅游社区等。

三、旅游社区与一般社区

旅游社区自有其区别于一般社区的不同之处，找出并兼顾这些不同之处，是开展旅游社区工作的前提。从实践看，旅游社区的特点如下。

（一）人口老龄性

老年旅游或者旅游养老是我国乃至国际旅游业的一个重要特征或趋势，在中国老龄化社会已到来的今天，这种趋势更为明显，一些旅游社区里大量暂住的银发人口已说明了这一点。特别是海滨城市如广州、深圳、珠海、厦门、青岛、海口、三亚等旅游城市更是如此。

（二）地域多样性

旅游社区的定位已决定了社区人口的地域多样性。如海南三亚作为国际旅游岛，每年有数百万游客及数十万长租人口，他们不仅来自全国各地，还来自世界各国。市区常住人口和流动人口的地域多样性十分明显。这种多样性的背后是差异性的存在。

（三）构成复杂性

旅游社区的性质注定了社区人口素质、阶层、教育等结构方面的复杂性必然存在。这种复杂性一方面丰富了旅游社区的人力资源和文化资源，另一方面，又为城市社区管理和社区服务带来了前所未有的压力。

（四）文化多元性

越是开放的旅游社区，越是聚居着不同省份、不同民族、不同国家、不同肤色的居民人口和流动人口。伴随着这种不同地域、民族、国家组成的社区人口的多样性，在社会生活中呈现出来的是文化的多样性。这种文化的多样性，同样既丰富了旅游社区的文化，与当地形成了涵化效应，但另一方面又可能隐藏着文化冲突或文化入侵的苗头或冲突源。并且在现实中已屡见不鲜。比如，在国际旅游岛，这种文化冲突已表现出了国际冲突的特征。

（五）消费季节性

旅游的地域性往往表现为旅游消费的季节性。比如，冬天，三亚是旅游旺季，夏天，哈尔滨是旅游旺季。而在这两个季节，这两个城市的旅游消费有旺有淡。在旺季，一方面可能商品充足，物资丰富；另一方面可能会因城市的容量有限，也可能供不应求，特别是一些特定商品更是如此，如交通运输、城市服务等公用产品。但如果一时间聚集的人口荷载超过一定的量，会给这个城市或旅游社区带来压力，从而对当地居民和游客自身的生活带来影响。在淡季，要么因消费刺激的消退，而使服务缺乏活力，仅维持在一个低水平；要么旺季上涨的物价并未因淡季而降下来，这样的一种非良性循环，受损的是普通居民，进而会影响到整个社区的经济良性发展。

上述这些旅游社区的特殊性，为旅游社区管理带来了挑战，也为社会工作带来了新的课题，必须从旅游的视角，加以研究、探讨和解决。

第二节　参与式旅游社区决策

一、公民参与与参与式社区决策的文献回顾

在考察公民参与与社会整合的关系之前，必须对"公民参与"以及该教材所指的"参与式社区决策"做一界定。

俞可平认为，公民参与，通常又称为公共参与、公众参与，就是公民试图影响公共政策和公共生活的一切活动。公民参与的要素：一是参与主体，即拥有参与需要的公民，包括公民个人和个人组成的民间团体；二是参与形式，即凡是旨在影响公共决策和公共生活的行为，都属于公民参与的范畴：投票、竞选、公决、结社、请愿、集会、抗议、游行、示威、反抗、宣传、动员、串联、检举、对话、辩论、协商、游说、听证、上访、电视、网络、手机等。

"参与式社区决策"是公民参与的一个重要形式，也是联合国人居署一直倡导使用的社会发展促进工具，它是指社区居民通过广泛的参与，行使民主权利，影响和制订社区策略，推动社区发展的一切活动，本研究所需要进行的活动仅限于投票、公决、宣传、动员、对话、辩论、协商等方面，不涉及对抗性和压力性行为，主要是运用社会调查与评估方法，重在让居民通过参与，自己解决自己的问题。下文将从社区参与和城市的包容性、社会平等、法人社团、共责体、社会排斥、社会冲突与公民社会关系的几个文献角度找寻社区参与同社会整合相关联的论据，因为这些角度也正是社会整合所要探讨和解决的重要问题。

公民参与有两个方面的含义：公民建立和参与公民社会组织，以及公民通过各种途径参与集体行动和政治参与。公民社会指数的研究显示，公民参与是中国公民社会的一个弱项，其中参与的深度更弱于参与的广度，意味着参与的制度化程度不足，存在某些结构性欠缺。

贾西津（2008）指出，"公民参与都是实现善治的必要条件。……所有民主的价值

和意义只有通过公民参与才能实现。……没有公民参与就没有民主政治"。原因如下：第一，公民参与是实现公民权利的基本途径；第二，公民参与可以有效防止公共权力的滥用；第三，公民参与可以使公共政策更加科学和民主；第四，公民参与能促进社会生活的和谐与稳定；第五，公民参与本身就是公民的价值和美德。上述观点也表明，公民社会是促进社会整合的重要路径。

第三节　参与式旅游社区决策的实践

一、参与式旅游社区决策的实践背景

虽然自从2005年以来，"城市社区参与式决策"已通过一些项目在我国一些地方开始应用，但这一被联合国人居署所推广与宣导的城市社区工作方法在我国并没有被系统地引进、尝试和应用，也没有可供应用的工作框架，因此，社会工作者有必要对这一方法加以宣传，进行试验，以期得出适合国情、社情的工作框架。不过，虽然联合国人居署的"参与式社区决策"这一方法有其独特之处，但正如上述文献回顾中所提及，"参与式"理念早被学者所论及，并已逐渐成为各方共识，只不过需要具体化为工作方法。

参与式社区决策是采用参与式工作方法解决社区问题。社区问题是指社区中的环境、中低收入家庭、贫困和失业、房屋和社会保障等政府和市场难于解决的，而居民急需解决的，对于社区服务和社区管理方面的问题和需求。这就迫切要求加强现有的社区居委会组织和发展新的公民社会组织，动员和组织居民行使他们的知情权、参与权、表达权、决策权和监督权，分析和解决自身的问题，并承担行动的责任。这种参与式理念也与政府所提出的"发展为了人民，发展依靠人民，发展的成果由人民共享"的执政理念是一致的。

某高校社工在专业教师带领下，在三亚市河西、河东两个区的7个社区进行了参与式旅游社区决策的试点研究，又以河西、儋州、群众三社区为重点，结合政府社会事务部门希望建立社区服务工作站的考虑，探索"参与式社区决策"的途径和方法。

二、参与式旅游社区决策的工作框架

参与式旅游社区决策的主要步骤、方法和工具包括以下几方面。

1. 分析并确认社区发展的核心事务及利益相关者

首先要澄清社区服务与管理方面的核心事件，即当前要解决的主要问题是什么，然后要厘清利益相关者来自哪些群体、机构和阶层，并分析他们在社区发展中的影响与角色功能。最后，通过抽样或随机方式，从诸多的利益相关者中，确定将会被邀请到"参与式社区决策"小组之中，或将要接受访谈的代表人选。

2. 召开社区问题和对策分析座谈会

通过运用社区动员的工作方法，召集以居委会工作人员，社区居民（包括暂住人口及外来人员代表）、妇女、社区内商贩等各阶层代表参加，经过简短的培训和示范，让他们初步认识和学会运用"因果关系图""问题树"以及"焦点小组"等决策工具和方法，然后在工作人员的主持下，对社区问题和现状、原因以及对策进行思考、分析，达成共识，在此基础上制定出切实可行的社区发展目标与行动方案。

3. 归纳总结出社区问题因果关系图

社区工作者协助参与人员，对社区代表就有关社会服务与管理方面所举办的座谈会或小组讨论的意见与建议进行归纳和总结，概括出一个综合性的因果关系图，形成一个具有可操作性的社区发展专案的逻辑框架。

4. 对归纳出的问题与行动进行排序

再次召开由居民代表参加的会议，让他们自己针对社区发展问题所列出的一系列行动方案进行排序，依据问题的轻重缓急，以及社区的资源和能力，定出最急需的和最可能的行动方案或优先顺序。

5. 协助社区进行具体行动方案的设计

社区工作者协助参与决策的社会居委会或居民自治组织，依据排定出的活动方案的优先顺序，进行专案设计，并向政府有关部门和相关非营利组织提交专案申请，对被批准的专案负责执行和管理。同时，通过培训提升现有的机构执行力，并且在有必要的前提下，发展新的社会组织，目的是为了更好地实现社区决策的目标和实现社区组织的功能，既要有利于建立社区参与的长效机制，又要保证参与式决策的效率、效能和效益的实现。

三、参与式旅游社区决策的成果与反思

（一）参与式社区决策的初步成果

1. 直接成果——通过社区参与实现社区自决

（1）三亚市社区服务利益相关者分析的结果。三亚市社区服务利益相关者包括：当地居民，外来人口，辖区内机构、居委会和上级政府有关部门（市民政局社会事务科）。开展调研的7个社区在居民构成上存在明显差异，有些当地居民中，下岗工人家庭和自由职业者占多数，有些则以自谋职业居民为主；而有的社区流动人口远远多于常住人口。不同的利益相关者对社区内社会服务和管理的需求程度各有不同，受到的影响和发挥的作用也不一样。

（2）三亚市群众社区"参与式社区决策"试点阶段性结果。工作员在该社区的参与式决策试点工作开展了三次活动。

第一次代表研讨会——商讨社区服务与管理的现状、问题和对策。

研讨会成员由社区居委会领导、干部和居民代表参加。工作员首先请居委会主要领导介绍了社区的基本情况，随后引导他们进行了简短、快速的利益相关者分析。这个社

区共有8800人口，其中常住人口6300多人（1225户），流动人口2400多人（486户），常住人口中70%以上的家庭属于自谋职业，其他不到30%的人口当中，单身的多于带家眷的。他们都是"改善社区管理与服务"的利益相关者。对于社区服务的需求方面，最需要的包括自谋职业家庭、下岗职工和带家庭的打工者；其次为退休人员、单身打工者；最后是上班族和做生意的。然后，将居委会干部和居民代表分成两个组，采用专题讨论法，分别就"居委会工作"和"社区服务需求"进行了现状、问题、原因与对策分析。

然后，两个组汇集到一起，进行汇报、交流和总结。

汇总后的核心问题是："社区服务、管理和设施、环境不能满足居民需求。"

研讨会结束后，社区工作者将两个组讨论的结果汇总为一个因果关系图："群众社区的社区服务与管理现状分析"，并在此基础上，起草了"群众社区改进社区服务与管理发展规划逻辑框架（2010–2012年）"，通过运用程序逻辑评估模式（program logic model），对专案的目标，需要达到的产出和成果，为实现成果需要投入的活动，以及对产出和成果可客观检验的指标及重要的前提条件都做了相应的规定和说明，使社区决策具备可操作性和执行力。

第二次代表研讨会——对已议决的问题与对策按优先顺序排序。

在做了以上准备工作之后，社工第二次来到社区，将汇总的因果关系分析结果和起草的社区建设发展规划框架向居委会领导、干部和居民代表汇报，征求他们的意见。然后，主持讨论了社区十大方面的问题与对策，并就问题与对策的重要性做了排序。顺序是：第一，就业；第二，建立"社区服务工作站"并理顺社区"与上级部门的关系"；第三，"公共活动场所"和"青少年教育"并列；第四，环境卫生；第五，消防安全。其他4个方面"工作场地、经费""工作机制""工资待遇"和"医疗服务"也都很重要。之后，对各项讨论确定了涉及的相关机构，作为今后参与进一步分析问题、原因、对策、规划和实施的主要利益相关者。而后，对其中急需又有可能的活动制订行动计划，特别是起草一份社区服务工作站建设的方案。

第三次代表研讨会——依社区参与的决策共同确定行动方案。

社工在准备好社区服务工作站建设方案后，与同事一起来到群众社区，再次设立一个工作坊。首先，通过幻灯片的形式介绍了起草的社区发展及服务站建设行动方案；然后，同与会者一起就方案的具体内容进行了讨论，明确了有关各方在服务站设计、申报、工作内容、步骤及落实等具体专案和行动方案中的责任分工，依据参与者的意见，需要调整的内容，当场在电脑上更改；最后用群众好记易懂的语言格式，向社区代表展示并讲解经大家确认的行动方案及其具体内容，本次所做行动方案的框架结构为"八定"：

定点：办公地点；

定班：领导班子；

定位：摆正位置；

定责：明确职责；

定岗：设置岗位；

定员：定员定编；

定费：费用来源；

定期：日程期限。

然后在居委会负责人和民政事务助理的共同协调下，以方案为指引，参与者分头按专案计划和分工开展工作。

至此，参与式社区决策的工具理性的角色算是初步完成，而决策执行的监督与检查同样要通过参与式来进行，这也是参与式社区决策的特点与要求。

2. 间接成果——通过社区自决实现社会整合

本研究的间接成果也是本研究的重要发现，即参与式社区决策在有效解决社区发展问题的同时，大大消弭了潜在的社会冲突，降低了冲突的可能性，削弱了冲突的烈度、有效地促进了社会整合。

处在国际旅游岛背景下的三亚市，其一大突出特点是人口构成比较复杂，社会变迁频度高，处于一种多元化的人口、经济、文化背景之中。特别是外来人员、外来文化和外在经济对三亚市的本土人员、本土文化和本土经济造成极大的冲击，这个冲击既有正面的也有负面的，尽管思维的惯性告诉我们，正面的冲击会大于负面的冲击，但相对于每一位个体的居民来说，他们往往对正面的冲击视而不见，却对负面的冲击积怨日深，甚至会以极端的和替代性的伤害行为对这种负面的冲击加以抗拒和抵制。如上文群众社区居民反应强烈的针对游客和外来人员的"经常发生飞车抢劫"的行为。关于这个问题，滕尼斯的论述是一个很好的解释。

现代的都市基本上是一个生人社会，三亚市尤其突出，本研究的资料显示，三亚市的一些社区居民中，外来人口多于本地人口，大街上、景点内，大海边、宾馆里大都是匆匆过客。在这样一个"碎片化"的社会里，杂居其间的本地人甚至外地人均失去了传统的熟人社会的约束，他们没有了道德的义务，不必畏首畏尾，人们似乎都戴着一个看不见的面具行走其间，必然会有人发现趁机浑水摸鱼而不必承担道义与伦理责任，因为他们可以隐匿于社会，"出了事"也不觉得脸丢到哪儿去，亦如社区中并非人人都知道谁是劳改释放或矫正对象，甚至有时连居委会都不知道，以至于有犯罪心理的青少年几乎对后果无所顾忌。同时，本地人对越来越多的外来陌生人也有一种天然的排斥心理，在文化背景上已形成了一个社会断裂。因而，三亚市"骑抢"、宾馆偷窃、景点抢劫、公交扒窃屡见不鲜，犯罪猖獗也就不难理解。

生人社会易形成社会断裂，但社会断裂的副产品不仅仅是犯罪，民意难于表达而引起的民怨亦是社会断裂的催化剂和加速器。海南某高校社工曾对海口市龙华区某社会服务工作站做了一个调查，调查的22户老人中，95%均不知本社区有一个以服务老年人为主的、民政局协办的民间工作机构，并且，这个机构成立半年来仍不太清楚自己到底应干些什么以及怎样干，为此，社工专业教师受委托，指导学生协助他们做了一个问卷调查，从调查中也了解到这个机构乃至所在社区的决策缺少了居民的参与。实践也表明，居民参与的缺失会形成和加速社会断裂，而积极的参与会弥合与促进社会整合。

某高校社工在三亚市河西区试点的后期做了一个参与式社区决策效果评估，这个评估也是一个参与式的，由自始至终参加试点的代表自评，收到问卷的回馈是，在"我在这次参与式社区决策中最大的收获"一栏的回答中，排列的先后顺序是：我有表达意见的机会、我说出了我想说的话、对解决社区问题充满信心、我感觉受到尊重、解决了社区问题、改变了个人的状况。在关于本问题的开放式回答一栏中，有的写"我结交了朋友"，有的写"方案很好，就是怕兑现不了"。

社区居民还反映，过去社区的安全、卫生、消防、无业青年及外来人口的管理等方面就出现过许多矛盾和冲突，街头打架、斗殴、偷抢时有发生，以致社区中的老人和一些青年人之间、当地人和外来户之间互不信任，社区公益性项目参与度低，居民之间少有联系。此次，他们通过参与过程的相互交流，对社区决策提出有利于所属群体的观点，表达了权益，增进了彼此的了解，化解了一些矛盾。这些现象的描述，也是社区决策本身所要达到的目标和功能。

三亚市的试点工作还在进行之中，行动方案正在送审，可以预期，一旦获批，将是一个最受居民支持的方案，执行起来将更为顺利，因为，这是他们自己的决定，他们都有所贡献，他们都行使了权力、主张了权利，他们共享了方案的利益，一个民主决策的方案，将互不相干的人连接在一起。

无须一一分析，可以认为，参与式社区决策无论是从内容上还是形式上，都促进了社会整合。通过参与式决策，将"碎片化"和"原子化"的"个体尘埃"重新衔接，将一个生人社会逐渐演变成一个熟人社会。社区发展日新月异，社区决策千头万绪，如果每一项决策都按参与式模式进行，正面临"崩溃"危险的社会根基将会越来越牢固，根基牢固，"社会溃败"的危险就小。虽然城乡二元结构的体制使得个体的力量难以撼动上层建筑，但本研究的结论是，一个越来越强大的社会根基将形成一种自下而上的张力，它将促进人的启蒙和觉醒，它将像种子冲破地层一样，冲破一切限制人的发展的体制，推动社会走向比"整合"更为高级的时代。

（二）参与式旅游社区决策的总结与反思

虽然"参与"同民主一样"是个好东西"，但要在基层全面地实现决策的"参与化"道路还很漫长。首先，公民参与的条件受限，公民参与跟社会经济发展水平及公民的社会经济地位紧密相关。其次，公民参与同其文化背景有关。再次，是公民参与与政治环境直接相关，一个包容的开明的政治将会鼓励参与，反之会阻碍参与。四是，公民参与与社会的推动力以及参与的途径有关，亦即权力向公民开放公民就能参与，不向公民开放就不能参与。

在一个公民社会，上述权力不是该不该开放的问题，而是应得权利。达仁多夫认为，在公民社会里，为"争取成员资格的斗争"是"现代社会冲突的伟大主题"，而成员资格表现为"一大堆应得权利"，而且"这些应得权利是无条件的"。马歇尔更明确地指出，达伦多夫所谓的"应得权利"就是公民权。

　　强调公民参与社会政治生活和制约权力，是公民社会理论的一个重要内容。一个活跃的、强大的和参与性的公民社会，不断扩大社会自主领域，限制权力活动范围，对于保障人民民主至关重要。

◆ 思考与练习题

　　1. 旅游社区的概念是什么？

　　2. 参与式旅游社区决策的内容是什么？

　　3. 参与式旅游社区决策的应用步骤是怎样的？

第九章　旅游社会工作项目评估

本章教学目标是了解项目评估在旅游社会工作中的运用。教学的重点和难点是能够运用前摄性评估、澄清性评估、互动性评估、监察性评估、影响性评估等5个类别评估方法开展旅游社会工作中的项目评估。

旅游社会工作项目评估应当是为了更能突显旅游社会工作对于推动旅游事业的发展，以及推动旅游活动中利益相关者的利益的维护、困难的解决和个性的尊重等，是为了确保旅游社会工作效果的工具和手段。关于项目评估的书籍很丰富，但项目评估的方法与模式到底有哪些，常常令初学者感到困惑。学术界至今也没有一个公认的统一的分类标准或模式。一些学者从不同的角度，提出了不同的分类主张，有从评估目的的角度，分为构成评估、过程评估[1]和影响评估[2]；有从投入产出的角度，分为成本—效能评估；有从评估的技术角度分为定性评估和定量评估；有从项目的前景或成果的角度，分为前瞻性评估和总结性评估等。[3]这些评估模式的分类虽均有其特定的工具性意义，但都未能给初学者一个整体、全面的概念框架，让初学者或评估者面对一个项目委托的时候，不知道到底应该选择哪种评估模式最合适。20世纪末，英国学者欧文和罗杰斯（Owen and Rogers，1999）提出了按项目性质和发展阶段不同对项目评估模式进行分类的方法，有学者认为这是迄今为止较为可取的分类方法，为初学者提供了一个简便易行的分类框架。

欧文和罗杰斯将项目评估分为五大类别：前摄性（practive）评估；澄清性（clarificative）评估；互动性（interactive）评估；监察性（monitoring）评估；影响性（outcome/impact）评估。本章以欧文和罗杰斯的分类方法为基本分类框架，综合其他一些评估方法，力图较全面地展示项目评估的基本方法或模式。

---

① 罗伊斯等著《公共项目评估导论》，王军霞、涂晓芳译，中国人民大学出版2007年版，第104～105页。

② 彼德·罗西著《项目评估：方法与技术》，邱泽奇译，华夏出版社2002年版。

③ 陈锦棠等著《香港社会服务评估与审核》，北京大学出版社2008年版。

第一节　前摄性评估

所谓前摄性评估亦可称之为前置性评估或前瞻性、前端性评估，是对项目运行前的策划、筹划以及对项目运行前期、初期所进行的评估，即通常所说的对"新项目"的评估。在前摄性评估阶段主要应用到的评估方法一般为项目策划、需求评估和品牌评估三种方法。

一、项目策划

一般认为，所谓项目评估，是有了"项目"才能评估，欧文和罗杰斯的评估分类方法也是基于有了项目之后，其实不然。笔者认为，项目评估的第一步，也就是前摄性评估的最初步骤应追溯到"没有项目"的时候，准确地说，是想做项目但不知道该做什么项目的时候，但这种"不知该做什么项目"并不是一无所知，而是大方向有了，具体方向没确定。这时候，项目评估可以介入了。

在教学工作实践中，我们曾遇到这样一件事情，一位民间人士打来电话，说手头有一笔款，想运用这笔款项成立一个社会企业，从事公益活动，认为海南作为国际旅游岛，与旅游相关的社会企业前景当看好，但不知该做什么，我问"你想做什么"，回答是第一步想先做旅游养老项目，还想做残疾人项目，并且还请求笔者帮他思考一下如何给这个项目或机构取一个好听的名字，笔者回答说，你如果只想做老人项目，名称可与老人相联系，如果今后还想做其他项目，则名称尽可能宽泛一点，至于项目到底怎么定位，需要进一步调查研究。对于这样的一种情形当然适用于项目评估的最原初的步骤——项目策划。

因此可以说，项目策划回答的问题是：我该做什么？怎么做？

（一）明确项目策划的步骤。

1. 问题陈述

图9-1基本上说明了问题陈述的要素，即主要解决什么问题、达到什么目标、理由和假设、有哪些或需要哪些资源、开展哪些活动、有什么样的方法、达到什么样的成效、最终预期影响是怎样的。

问题陈述：寻求解决项目问题的描述

目标：项目的预期目标、目的

理由和假设	资源		活动		产出		成效/成果		影响
项目为什么会有结果？一个成功的项目所必需的因素有哪些？	有哪些人、时间、物质、资金可用来运作项目？		有哪些资源渠道，通过哪些活动可达到理想的结果？		通过这些活动，可直接实现哪些产品和服务？		如何从这些有形的产出中保证参与者和客户的利益？		项目的结果对组织、社区或系统有哪些改变？

外部因素：关于项目结果以及超越项目控制的其他影响

图9-1 项目策划问题陈述

2. 逻辑框架

逻辑框架是项目策划的逻辑学意义上的一个流程图，是项目预测、规划、实施的总纲或者路线图。这个框架回答了该做什么、怎么做的问题。这个逻辑框架内包含一系列操作层面的概念与定义，了解这些概念和定义，有助于初学者更好地运用逻辑框架开展项目策划。这些概念主要如下。

（1）利益相关者。认识利益相关者，重点要把握以下三个方面。

首先，利益相关者的识别。

一般认为，利益相关者只是相互有利益关系的，这是不全面的，准确地说，是相互有利害关系的人，即既包括有利益关系者，也包括潜在对手（竞争、反对、对立），如图9-2所示。

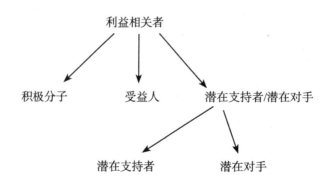

图9-2 利益相关者识别

其次，利益相关者的特点（表9-1）。

表9-1 利益相关者特点

利益相关者	特点 社会、经济； 结构、组织、状态； 态度	问题和利益 未满足的需要； 利益、目的	潜在和稀缺 资源捐赠； 知识、经验	对于项目的意义 支持； 抗拒

假设希望成立一家旅游社会企业，那么，谁是利益相关者，读者需要自己去思考，但有一点需要说明的是，最好先明确一个大的方向，比如做旅游纪念品与做一家公益性旅游餐馆（利润用于社会公益事业）的利益相关者是不一样的。

第三，利益相关者的关系。

实践中，许多项目中的利益相关者之间的关系是错综复杂的，一个好的项目，就应尽量将错综复综的关系考虑全面，一些不成功的项目策划，往往就是疏于对这些关系的认识和疏于对这些因素的考虑，因而项目实施过程中常遇到阻力。利益相关者之间的关系尽管复杂，但也有规律可循，一般来说，主要为依赖型、合作型、竞争型、冲突型四种。这四种关系不好说哪一种关系最重要，在一定情形下，四种关系都有可能成为项目成败的决定性因素，因此，在项目策划中，这四种关系的考量缺一不可。

（2）问题分析工具：问题树。[①]

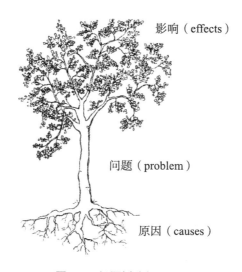

图9-3 问题树分析

通过问题树的分析，从诸多问题中，尝试确定一个焦点问题：一个涉及利益和利益

---

① 甄霖《问题树分析法——区域发展研究的有效分析方法》，《科学管理》2000年第5期，第103~107页。

相关者的问题。同时，识别焦点问题主要原因和直接的影响，然后从原因源头入手解决问题，并达到理想的效果（图9-3）。

（二）项目策划的实例

以某一旅游区的受污染的小流域治理为例，从4个主要步骤开展项目的策划分析。

1. 问题树——河水质量恶化

通过调研分析，先找出问题之所在，排列出主要问题。这是决策治污项目做什么，怎样做的重要前提。下面是以表格形式反映的问题树（表9-2）。

表9-2　问题树分析

结果或影响	水用户中 频繁的疾病	渔民的捕获 减少	水生物的危机		
核心问题	河水质量恶化				
原因	农民缺乏知识	化肥农药 的高补贴	避免高度 水污染激励 机制的缺失	法规的不适用	废水处理 能力的不足

2. 问题分析——在问题之间建立因果关系

项目策划与评估问题分析见图9-4。

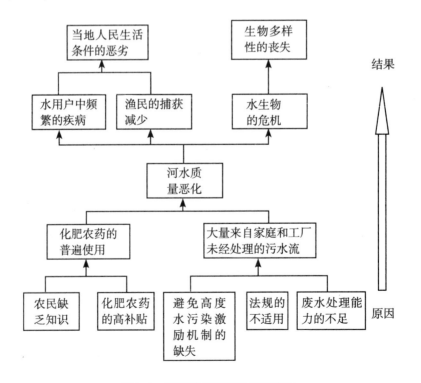

图9-4　项目策划与评估问题分析

3. 目标分析——将负面因素转变成未来需要

项目策划与评估目标分析见图9-5。

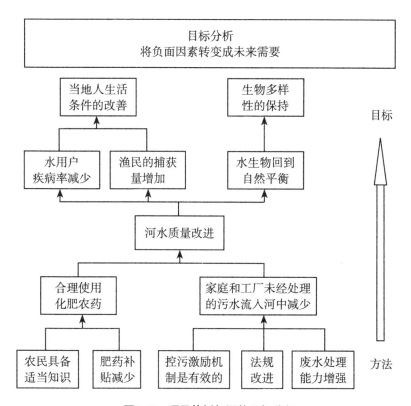

图9-5 项目策划与评估目标分析

4. 确定目标的指标

对于每项特定的产出（直接目标和发展目标）的指标，以良好为标准尺度。

指标、目标（产出和直接目标的精确目标）的基本定义：

数量（quantity）——多少（how much）？

质量（quality）——什么（what）？

目标群体（target group）——谁（who）？

时间/期间（time/period）——什么时候开始，多长时间（starting when and for how long）？

地点（place）——哪儿（where）？

确定指标举例：

项目目的：流入蓝河中废水的污染负荷减少。

指标选择：收集重金属混合物（铅Pb，镉Cd，汞Hg）。

具体目标：

数量指标：收集有害物质（铅Pb，镉Cd，汞Hg），与同期或某年水平相比较减少

75%（特别要注意基线信息的有效性）。

质量指标：符合灌溉用水和饮用水的限制标准。

目标群组：所有被蓝河村村民使用的水源。

地点：某地区的蓝河段。

时间：项目开展两年以后。

二、需求评估

（一）为什么要进行需求评估?

顾名思义，需求评估就是在一个新项目实施之前，对项目的必要性、合理性、可行性所进行的评估，最终目的是为了确定项目存在或实施的价值。它是"资源分配、项目计划和项目开发"时进行决策的工具。

从宏观层面来说，是社会政策的需要。一是制定社会政策的需要。通过社会需求的调查了解，以确定或影响一项社会政策的出台或者为政策倡议和资源分配提供依据。二是解释社会政策的需要。通过对社会需求的调查，以判断某项社会政策的成败得失，并提供改善的建议。

从微观层面来说，是项目决策的需要。一是看是否有足够的服务对象以支持这个项目。二是看项目的设计能力是否满足社会的需求。三是看是否已存在同类的服务，如存在，本项目有什么特色。四是看现有的服务为什么未能全面满足使用者的需求，是否为目标群体所知，原因是什么。五是要了解有哪些因素阻碍社区获得服务。

（二）需求的四种概念

布雷萧（Bradshaw，1977）提出了需求的四种概念。

1. 标准化需求：由专家定义的一种状态或情形

一是已经被定义了的需求标准。如海南三亚蜈支洲岛日接待游客最多不得超过一万人，这一万人便是被定义了的需求标准。

二是专家的调查报告数据。如据《2009中国青少年网瘾报告》[1]，青少年网民中网瘾群体比例为14.1%，人数约为2404.2万。这一比例与2005年基本持平。在城市非网瘾青少年中，约有12.7%的青少年有网瘾倾向，人数约为1858.5万。网瘾青少年中"平常不主动与人交往"的比例显著高于非网瘾青少年。在非网瘾青少年中，有29.1%的青少年"平常不主动与人交往"；而在网瘾青少年中，这一比例达到38.0%。

三是传统和经验判断的需求。如空巢老人的家政服务、换煤气、买菜买米。小区内有多少空巢老人就应该有多少服务需求。

标准化的评估受专家的知识和技能的影响较大。

---

[1] 中国青少年网络协会委托中国传媒大学所做的调查报告《2009中国青少年网络报告》。

2. 感觉到的需求

通过咨询和调查，从而了解、掌握和探知到的需求。这种需求数据的获得主要是通过访谈、问卷、电话、邮件等渠道获得。但这些途径获得的数据可能存在缺乏代表性、不够全面的缺点。

3. 表达出来的需求

需要某项服务的群体通过特定途径表达出来的对服务的需求。如已经提交申请或正在接受某项服务的人群所显示出来的需求，正处在排队申请或服务等候名单中的群体所反映出的需求。这种表达出来的需求往往低估了潜在需求的真实水平。因为有一部分有需求的用户由于信息不灵，不知道到哪儿申请这类服务，甚至不知道社会上还有这种服务。例如已提交申请在国际旅游岛办理《外国人临时居留证》或《外国人就业证》的这个数据便是表达出来的需求，根据这个需求，可以作为外国人社区融入或移民融入的社会工作相关数据。当然，实际潜在需求人数可能比这个稍多。

4. 比较式需求

从相类似的样本群体中调查得到的需求，以此作为参照比较数据，推估出另一相似群体的需求。如一项调查表明，高层公寓的老年人中有12%的人需要搬运服务。由此可以推之老年公寓中老人对搬运服务的需求。虽然大多数情况下这种可比性是有道理的，但同样也存在一个需要注意的问题，即这两个样本之间尽管均具有类似的人口统计学特征，但两个样本之间的需求并不必然一致。其中存在或然性。因此，采用比较式需求评估的时候，要将问题考虑得全面一点，将可变因素或其他外界影响因素考虑得细致一点。

（三）利益相关者的界定

利益相关者就是所有对一个项目有利益关系的人。评估人员需要注意的是，一个项目或各项目团队中有多个利益相关者。它包括：资助者、项目管理者、员工、志愿者、政府官员、专家学者、专业协会、其他非营利机构、媒体、社区群众、客户（受益人）和潜在的客户。

需求评估工作是一项既简单又可能很复杂的工作，没有一个标准化的方法。

（四）需要评估的方法

1. 文献检视（literature review）

2. 实地考察（site visits）

3. 问卷调查（questionnaire）

4. 焦点小组（focus group）

5. 德尔斐技术（Delphi technique）

下面这个案例可简要说明需求评估。

案例

香港巴基斯坦籍妇女医疗陪诊服务获取情况①

据悉，存在的问题是，中国香港有许多巴基斯坦籍妇女在就医方面存在一些问题，主要是语言不通、沟通不便、文化差别（如男医生不能诊视女医生）等造成的。香港特区政府遂决定设立一个社会服务项目来向这类人群提供帮助。在项目实施前要做一个需求评估。需要交叉运用以下方法：

（1）社区里有任何干预或服务吗？——文献检视

（2）是否有足够的顾客来证明一个新项目的必须性？——政府统计数据

（3）现存项目是否为目标群体所知？——焦点小组/问卷调查

（4）有任何服务获取的障碍吗？——个案研究

三、品牌评估

（一）品牌的概念

品牌战略，已成为21世纪的重要战略。品牌（brand）一词来自古挪威语brandr，意思是"打烙印"。其最初是用于标识和宣示权益，即通过一个logo，表示产品的所有权属。现代市场营销学意义上的品牌概念起源于西方，其定义林林总总。在世界各国的旅游品牌创建中，都十分重视文化旅游品牌的创建，因为文化旅游品牌的显著特征就是能够提供更高的可感觉的质量，旅游品牌独特的文化魅力，是社会物质形态和精神形态的统一，是现代社会群体消费心理和文化价值取向的结合，没有文化含量就不可能创造旅游品牌，更不可能成就旅游品牌。

（二）社会服务品牌与商业品牌的联系和区别

社会服务品牌是指从事社会服务过程中产生的一系列服务项目的名称及其所承载的具体服务内容和追求的目标。商业品牌是某一种商品或商业性服务项目的名称及其所赋予的内涵。社会服务品牌与商业品牌既有联系又有区别，联系主要表现在都有品牌名称，也都有主要品牌和次要品牌、战略品牌和关键品牌。但二者的区别很大。体现在以下几方面。

一是品牌的表现形式不一样。只要是品牌必然有一系列的品牌组合，品牌组合源于英文"brand portfolio"。其中portfolio一词原用于定义投资组合，后来品牌管理学家将其运用于品牌管理中，提出"品牌组合"的概念。品牌组合不是多个品牌的简单加合，而是指企业所有品牌的有机组成方式，即企业拥有品牌的数量、品牌的不同层级与特征等。不同的品牌用以满足企业不同目标市场及细分市场的需求。品牌组合中根据品牌的

① 叶富强，香港理工大学社会服务管理项目评估讲义，2009；方礼刚《社会服务评估步步学之一：概念、意义和类型》，《社会工作》2011年第9期，20～23页。

层级以及其在品牌组合中的战略地位，分为母品牌和子品牌、主导品牌和辅助品牌、背书品牌和被背书品牌等。美国品牌学家阿克（Aakre）和乔基姆塞勒（Joachimsthaler），在*Brand Leadership*[①]一书中以品牌组合关系图的形式，将品牌组合按外部功能和内部性质分为：产品—市场角色中的背书品牌/子品牌、营利品牌、合作品牌（联手品牌），以及品牌组合内角色中的战略性品牌、关键品牌、银弹品牌、金牛品牌（图9-6）。

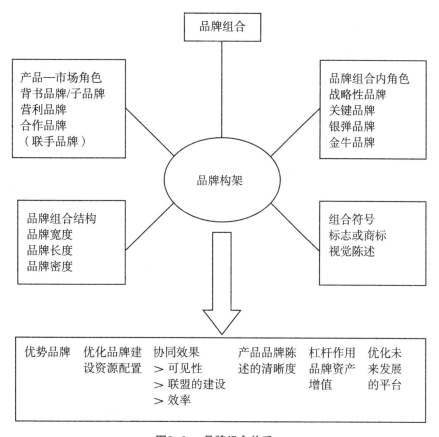

图9-6 品牌组合关系

从上图中可看出，阿克和乔基姆塞勒所指的品牌组合是企业的品牌组合，是商业品牌或商品品牌，无论是外部市场角色或内部组合角色，强调的重点和关键都与营利或货币性收入有关，其表现形式一般为具体的某件商品或某一类具有特殊logo的品牌有关，如海尔洗衣机系列。而社会服务项目的品牌并不表现为某一种具体的商品或产品，而是一个服务传递的过程，是一种虚拟品牌，或是概念品牌，所表现的是一组织项目的名称、宗旨、使命、愿景、价值观以及操作层面上的申报程序、批准程序、实施步骤、效果评估等一系列的过程组合或不同的项目名称组合。如"蓝丝带海洋保护计划"作为一

---

① Aakre D and Joachimsthaler E. Brand Leadership. London：The Free Press，2009：134～153.

个公益服务品牌，其宗旨就是弘扬海洋文化，保护海洋环境，呼吁企业及其他海洋生产者和市民、游客不违规捕捞受保护海洋生物、不购买法律禁止的海洋生物产品，不乱扔垃圾到海里。倡导"善待海洋，就是善待人类自己"。这个品牌显然体现为一系列的活动，是一个虚拟的概念。

二是品牌服务的过程和性质不一样。社会项目品牌的服务过程和性质是无偿的，不是以等价交换为原则，社会项目品牌的服务过程是一种助人的过程，是促进人的发展和社会发展的过程。而商业品牌的传递或服务过程是一种商业化的行为，体现的是生产与交换、生产与消费之间的关系。

三是品牌服务的对象不一样。社会项目品牌服务的对象往往是特定的个人或群体，而且往往是弱势群体；商业品牌的服务对象则是面向全体社会成员，虽然有市场细分，但并不特别限定，而且更青睐中产阶级和富人群体。

四是品牌追求的目标不一样。社会服务项目品牌追求的目标是改善个体、群体及社会上不太令人满意的状态，追求的是公共利益的最大化，追求的是公平和公正，而商业品牌追求的则是利润最大化。

（三）品牌评估的工具方法

知道做什么，但不知前景怎样，符不符合政策背景？

知道前景很好，但不知谁做得最好，想做到最好该怎么做？

品牌评估的几个问题如下。

1. 什么是品牌评估？

品牌评估本质上是一种品牌建立，或称为最佳实践检视，它包含两重意思，一是市场上已有同类品牌，但我们希望做到最好，如果我们的品牌不是最好，那么就需要以做得最好的那个品牌作为"最佳实践典范"，通过对照分析，找出自身品牌的不足之处，然后加以调整与改进，将自身品牌做到最好；二是计划建立一个新的品牌，甫一上市就希望高标准高起点，创建精品名牌，这时就需要进行品牌评估。

2. 品牌评估的步骤

第一步：确认品牌评估的时点。是新品牌的建立还是既有品牌的评估，这将决定采取何种评估方式。

第二步：确认市场上有无同类品牌。有同类品牌，需要进行最佳实践检视；没有同类品牌，需要建立自己的新标准。

第三步：市场调查或最佳实践检视。

（1）市场调查。文案、实地、网络、抽样、随机。

（2）最佳实践检视。

寻找，引进和发展最佳实践：

谁做得最好？

他们是怎么做到的？

相比自己的项目，差距在哪里？

我们的目标是什么，距离有多远？

第四步：实施品牌战略。

确定需要建立品牌的范围（政策、产品、服务、项目及品质保证等）。

分析目前最佳模范的成功因素。

在机构内设定最佳模范的准则。

将这些准则清晰地对员工及对外发放。

制订具体执行计划。

将成功建立的最佳模范纳入机构日常运作当中。

4P（产品、价格、渠道、促销）与3D（知名度、忠诚度、美誉度）。

第二节 澄清性评估

前一讲介绍了项目的前期、初期评估如何介入的问题，学习了项目规划、需要评估、品牌评估。这一讲是针对正在进行中的项目，讨论评估人员如何介入的问题。试想一下，既然是正在进行的项目，它是不是已经预订了目标和成效？是不是已经进行过项目规划、进行过可行性论证或前期的评估？如果是，那么，这时候应该评估什么？委托方会提出什么问题？评估者又会遇到什么问题？对正在进行的项目的评估意义何在？这就涉及澄清性评估（clarificative evaluation），需要对上述诸问题做进一步的澄清，常用的方法是程序逻辑模式。下面依据逻辑思路对澄清性评估（程序逻辑模式）加以说明。

一、项目实施者的忧虑和烦恼

项目进行过程中，项目实施者通常会有这样一些忧虑和烦恼：

项目进行之中，需要了解与目标是否一致？

项目已经实施，需要检视规划是否贴近现实？

项目不见成效，需要知道问题出在哪里？

这些问题正是需要评估者加以澄清的问题，澄清性评估由此产生。

二、澄清性评估的概念和内容

澄清性评估是以原有项目规划的各项指标为蓝本，通过对项目当前运行状态的检视，澄清项目运行的效果和质量，一方面检视项目的成效是否符合预期的目标，找出其间的不足和差距，从而对项目的运作提出改进意见。另一方面，反思项目规划本身是否存在缺陷和问题，以便及时对项目的设计加以改善和修正，确保项目的有效运行。

三、澄清性评估的意义

澄清性评估的意义在于它能够从理论和实践两方面预防或弥补项目规划的不足。其假设是，从理论层面看，若项目策划（program planning）欠缺仔细的处境分析，亦没有澄清项目背后的理论假设，会导致服务推行过程中的理据不足，项目当然不会有好的结果；从实践层面看，若项目执行中对资源投放估计不足，推行时又缺乏监管，以致未能及早改善这种状况，那么，等到结项评估发现问题为时已晚，浪费了所投入的人力物力。但这种情况是可以避免的，澄清性评估担当了这一工具性角色。

四、澄清性评估的内容

相对而言，在项目开展初期，澄清性评估的意义更为重要，有利于及早澄清项目设计及发展之间的关系。对于已经规划好并刚刚投入运行的项目，通过澄清性评估，有利于增加取得理想成果的可能性；对于项目实施初始阶段，通过澄清性评估，可厘清资源、干预、产出和成果之间的关系，促进问责和提供改善项目的方向。在项目开展中期，通过澄清性评估，主要检视项目目标和成果之间的关联度，以进一步校正项目发展的方向，保证项目正常有序运行。

五、澄清性评估的方法

文献分析，实地采访及观察。

六、澄清性评估的模式

澄清性评估的一个重要评估工具称为程序逻辑模式（program logic model）。程序逻辑模式是澄清性评估的一个主要的和常用的工具，如何运用程序逻辑模式进行澄清性评估是本章的重点内容。程序逻辑模式不仅仅适用于"正在进行"的项目，还适用于项目的每一个阶段，也不仅仅适用于项目评估，还适用于项目规划，应用十分广泛。评估者当重点掌握这个工具，特别是一些图表，看似简单，实则深刻。当反复揣摩，方有心得。

（一）程序逻辑模式的概念

程序逻辑模式是利用逻辑思维，协助活动或服务推行者分析项目中各个环节之间的关系。程序逻辑模式假设项目之间各主要组成部分若能环环紧扣，项目成功达标的可能性将会大大提高。

程序逻辑模式是一个简单的概念，它是反映你的项目如何运作，以及显示隐含在项目后面的理论和假设的一个简单图解。它为你的项目运作提供了一个路线图——强调怎样按预期工作，哪些活动需要优先安排，要实现哪些预期成果。

程序逻辑模式不只是全面量度活动成效（目标），还顾及成效与活动的服务量及资源投放（系统）之间的逻辑关系，使评估的范畴更加全面。同时，程序逻辑模式应用也十分广泛，不只是用于一个项目，还可能用于评估一个服务、一个机构、一个社区甚至更大的范围，如城市规划、国家力量等，如美国对苏联首个卫星上天进行了评估研究，发现教育投入是其成功之主要原因。无论计划、机构、规模、范围有多大，程序逻辑模式只检验项目实施或服务（计划）推行过程中目标、成果、环节之间的逻辑。

（二）程序逻辑模式的构成要素

程序逻辑模式的构成要素是指一系列静态的结构性要素和动态的过程性要素的组合。所谓静态的结构性要素即程序逻辑模式由哪些充要的概念组成（concept structure）；所谓动态的过程性要素，即各概念之间的逻辑关系（logic links）。

1. 静态的结构性要素

（1）处境分析是指对活动或服务推行时呈现的现实状况和所处的外部环境影响进行分析。这些分析便成为该项活动或服务推行时的依据所在。处境分析是程序逻辑模式的第一步，也是最重要的一步，所谓良好的开端是成功的一半，对处境的正确把握，有助于确认紧随其后的一系列概念定位及之间的逻辑关系，确定服务推行的优先次序。例如，在中国香港贫富悬殊、失业严重的情况下，食物银行（Food Bank）的服务相对于文化活动更有必要。

反之，如没有正确认识与理解所处环境的真实状况，就可能使目标与成效的定位与达成均产生偏差，使服务的需求受到影响。所谓一步错，步步皆错。因此，处境分析需慎之又慎。而且还需注意的是，处境是一个动态变化的过程，因此，处境分析不能一蹴而就，在项目推行过程中，随时都有可能发生改变，因此，工作员要密切关注这一点，随时做好调整应对的准备。

（2）理论假设是指推行项目（及其服务/活动）时所持的信念（例如知识改变命运），活动过程中需要坚持的重要原则（例如鼓励弱势社群自助）或达致成效的理论基础（例如坚持行为认知法，假设思维可影响行为）。如果理论假设本身站不住脚，那么可以想象项目一定不会成功。

例如，兴趣转移有助于改善青少年网瘾状况，因此，社会工作者运用一些兴趣转移的技巧，对网瘾青少年进行小组辅导，将使网瘾青少年的数量得以下降。理论假设是订立服务或实施项目的方针和指南，在项目评估中居重要地位。理论假设也不是评估人员随意确定的，而必须基于已有的理论依据或研究成果。因此，理论假设需持之有据。

（3）外在环境分析是指推行项目（及其服务/活动）时的处境及外在因素，这些外在因素往往不受项目策划及推行者所能控制，例如政治、经济、小区及文化因素等，它有可能阻碍或妨碍活动效果的达成。如以戒除青少年网瘾活动为例，在学校有老师监督，在家庭有家长监督，在小组活动有工作人员监督，但如果在朋辈家中，就处于监督的真空地带，很可能有同样问题的网友的一句话，一个负面的榜样，都会对案主的心理和行为产生影响。因此，在进行项目规划时，尽量将问题考虑全面一点，将不利因素的影响减少到最低限度，同时也为项目可能会出现的一些问题做一些说明与澄清。

（4）资源投放是指服务或活动过程中所投放的资源，其中包括时间、人力、财力、物力（活动物资、设备、材料、用品等）。这些资源投放是活动或服务正常开展的保证。

（5）活动/服务是项目推行后产生/开展活动的数量，是向服务对象所提供的各项活动或服务内容。例如戒除青少年网瘾项目中，所开展的服务活动是指社工家访一次、社工与对象面谈三次、朋辈辅导一次、小组兴趣活动一次、法律专家讲座一次、医生讲座一次等。

（6）服务成效是指社会工作者通过举办各项活动或服务之后，为用户、群体、机构或社区所带来改善与转变的成绩与效果，包括短期、中期的变化以及长远的影响。这种变化体现在积极面的增加，消极面的减少。如经过培训的失业人员中，有多少人重新获得了工作，后续影响怎样？在一个安老院提高老人生活质量的项目中，显示老人生活质量（在身体、心理和社交上）的改善。网瘾青少年服务对象中，上网次数的减少，对其危害性认识增强等。

具体来说，短期成效体现在学习上，其成效是期望参加者能掌握有关的知识、态度和技巧，并引发他们对此类问题的觉醒和关注，以增强他们改善的动机和期望。例如认识过度上网也有害健康。中期成效主要是指参加者就共同关注的问题做出具体行动上的反应，这种反应主要表现在行为的改变方面。它能让社会工作者明确知道服务对象是否已掌握并接受了所学知识，例如青少年上网次数减少了。长期成效是指当参与者持之以恒地实践所学习的知识技巧，便会带来整体的转变和深远的影响。例如青少年能戒除网瘾。

短、中期与长远期的成效与影响之间是相互联系、循序渐进的逻辑关系。

2.过程性构成要素（逻辑关系）

（1）成效为本，逻辑导向。程序逻辑模式各部分之间的关系首先是以活动或服务的成效为核心，即只要各部分相互协调，就能达到服务的成效。其次是各部分之间以逻辑关系为导向，表现为"如果……就"的关系。其假设是，如果活动想要达到某种规模或某种程度的成效，就必须投放相应的资源才能确保成效实现。

（2）有根有据，环环相扣。当与客观实际相符合的逻辑关系一经确定，便需要在活动推行过程中确保这种逻辑联系，这就要求凡事须有根有据，最后方能证实活动或成效是基于该活动/计划的正常有序推行。因此，从这个意义上来说，推行程序逻辑模式过程中需做到：无缝衔接；相互协调；持续检讨。

3. 程序逻辑模式的适用范围

程序逻辑模式适用于项目过程中任何一个阶段。

项目初期：有利于澄清项目设计及发展，增加取得理想成果的可能性。

项目中期：检视项目执行情况，一方面看项目是否按计划正常有序运行，另一方面看外部环境是否有变化，从而需要调整规划设计，及时发现问题，及早纠正。

项目后期：厘清资源、服务/活动和成果的关系；加强问责和提供改善的方向。

程序逻辑模式需澄清的问题见表9-3。

表9-3　程序逻辑模式需澄清的问题一览

需要及资金的估计：	过程的评估：	成果评估：	成效评估：
有什么特性、需要、优先的目标对象？ 有什么潜在的障碍？ 怎样才是最适合的做法？	活动怎样执行？ 活动顺利吗？进行的精确性？ 参与者的参与情况理想吗？ 参与者有什么反应？	在哪种程度上改变了现实？目的达到了吗？ 谁得到好处？谁没有？ 哪里可行？哪里行不通？ 有没有意料外的结果？	在哪种程度上这些改变应归咎于活动？ 哪些是纯粹的影响？ 最终影响是什么？ 活动值得吗？

4. 程序逻辑模式的运用

（1）程序逻辑模式操作（图9-7）。程序逻辑模式取材于美国的威斯康星大学（University of Wisconsin）。20世纪70年代刚从"越战"中撤出的美国资源严重缺乏。1969年1月，共和党人尼克松就任美国总统，此时美国的经济和政治处于转折时期，但由于"越战"耗资巨大，加上长期赤字财政的后果开始显露，美国的国际收支恶化，通货膨胀不断加重，美元危机由此出现。为应对这种国内通货膨胀及资源枯竭的局面，除了经济学家提出美元贬值等经济措施以外，社会学家也积极投入其中，思考通过一些监督措施防止资源浪费，也为应对资源问责。

威斯康星大学开始实践程序逻辑模式，协助活动推行者制订服务计划及检讨服务过程，其重点是倡导活动及其成效的逻辑关系，从而确保活动在合理条件下能达成预期的效果，让"资源用得其所，成效达之有理"。

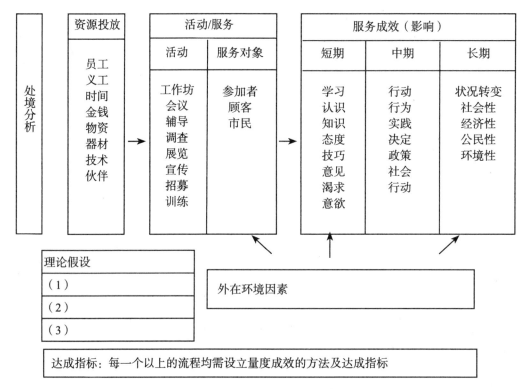

图9-7 程序逻辑模式操作[1]

（2）运用PLM进行项目策划。PLM项目策划路线见图9-8。

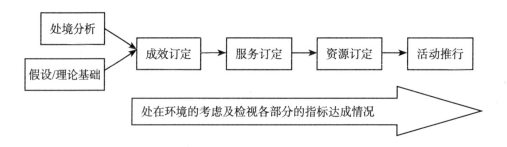

图9-8 PLM项目策划路线

① 香港基督教女青年会，陈锦棠博士合著《社会服务成效评估：程序逻辑模式之应用》，香港基督教女青年会出版2002年版，第44页。

（3）运用PLM进行项目计划与检讨。PLM项目计划与检讨路线见图9-9。

程序逻辑模式架构

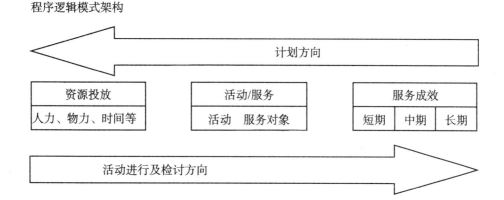

图9-9　PLM项目计划与检讨路线

（4）PLM评估作业流程。PLM评估作业流程见图9-10。

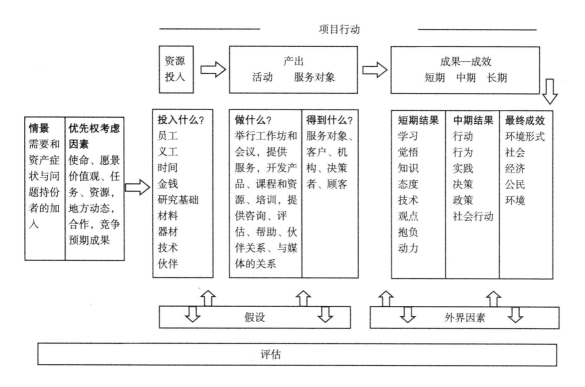

图9-10　PLM评估作业流程

案例：

香港"新丁关顾计划" ①

这是一项已经实施了的计划，该计划的目的是"促进老人院新入住院友对新环境的适应"。为进一步了解和调整该计划执行情况与活动安排及资源投放，在此，我们运用程序逻辑模式对该计划进行检视。步骤如下：

1. 确定检视对象

（1）新入住院友。

（2）有抑郁倾向。

（3）愿意协助新院友的旧院友（仍在老人院生活）。

2. 对检视对象进行处境分析

（1）过往经验显示刚新入住院友有抑郁倾向的情况很普遍，常情绪低落及自我孤立，不愿参与院舍活动。

（2）需要特别关怀和照顾。

3. 程序逻辑模式的理论假设

社会支持有助舒缓抑郁，有相关研究及理论基础。

4. 利用程序逻辑模式检视的项目

虚境分析及假设	资源投放	服务/活动	短期效果	短期效果
	社工 起居照顾员 同行者 义工 医护人员 时间 金钱	评估、心理辅导 一对一同行者 配对 义工探访 药物治疗	降低抑郁情况	身体素质的改善、心理的改善（例如自我形象）和社交上的改善（例如朋友数量、与他人的接触）

5. 透过程序逻辑模式发掘出的问题

（1）各项服务时间长短不一。

（2）服务投入的资源不足。

（3）没有订立具体（具体行为指标）的短期及中期目标。

（4）没有搜集数据以供后面评估。

6. 结论——对照检查与调整

（1）检查因果关系的假设，从而对活动及评估做出相应改变，或加入新的内容去带出理想的结果。

（2）不用抛掉所有东西，但需把各项活动更清楚地联系在一起，亦即使项目的各个环节、阶段更具逻辑关联性。

---

① 叶富强，香港理工大学社会服务管理项目评估讲义，2009。

第三节　互动性评估

所谓互动性评估（interactive evaluation），即项目实施中的动态评估，通过项目实施和信息的反馈，评估项目的问题与经验，进而提出改进的措施，如此循环，以致完善或者改变。

一、互动性评估的特点

（1）项目实施初步阶段是一般性的互动性评估，在这一阶段可能需要不断检讨和改进。

（2）项目实施过程是互动性评估的重点，但研究结果可能会导致项目计划的改变。

（3）以转变为己任，不愿因循苟且。

（4）评估者不是外来研究人员，而是项目中的持分者，例如，项目执行者、实务工作人员或服务对象。

（5）透过一个行动反省的研究循环，研究员不断观察、实地考察、反省、行动、检讨并改进。

（6）并非一次性探讨而是一系列循环活动（计划、行动、观察成效和反省）。

二、互动性评估中需要探讨的问题

（1）这个项目及其有关的服务做的是什么？

（2）项目实施跟原计划吻合吗？

（3）如何能够进一步完善该项目？

三、评估者的烦恼

（1）评估者是学者或高层管理人员，被视为"外人"，被评估持分者（例如前线工作人员或项目经理）有抗拒心，不愿合作或反省。

（2）专家主导，由上而下。

（3）被评估持分者（例如前线工作人员、项目经理或受助者）自觉不懂评估技巧，只能被动参与配合。

四、互动性评估的类型

（1）行动评估（action research）。

（2）充权评估（empowerment evaluation）。

五、行动评估的基本步骤

（1）一个螺旋式的自我反省周期。

（2）计划（planning）——如何改善现有项目。

（3）行动（action）——实施或做出改变。

（4）观察成果（observing outcomes）——系统地。

（5）反省（reflection）——为什么实际和预期结果有差距。

六、评估者的不同身份

（1）评估者（传统评估模式）。

（2）促进者（行动评估）。

（3）持分者是研究对象。

（4）一次性并且有时限。

（5）评估者控制整个评估过程。

（6）评估者与每一个利益相关者保持距离，避免有分歧。

（7）持分者携手研究。

（8）不断调查研究。

（9）研究员共同参与到各种决策（目标、内容、方法、需要收集的数据）。

（10）明确需要收集的数据，处理分歧。

行动评估举例

为抑郁的老年人开展伙伴同行辅导计划。

评估队伍：社工及朋辈辅导员。

朋辈辅导员对抑郁老人的支援：

探访或电话慰问；

情绪上的支持；

信息支援；

加强药物认识，监督老人定时食药、按处方食药；

让社工得知长者的进展。

第四节 监察性评估

一、为什么要进行监察性评估？

对照检查的需要——项目开展之后，实施者必须建立一个监察机制，以了解实施者是否明了目标，了解执行过程是否与计划相符。

问责的需要——项目的效率、质量、效能是否符合目标计划以及捐款人、董事会与其他利益相关者的要求。

项目实施过程中有无新的问题。

二、监察性评估的概念

监察性评估（monitoring evaluation）是以问责为本，着重流程与成果的评估方法，用来描述项目如何运作，评估项目实现预期功能的程度。一般包括表现评估和过程评估。

三、监察性评估适用阶段

项目阶段：在项目开展之后，明确项目的执行与计划相符；了解项目执行过程和成果，以便调整和考虑资源运用；重视项目执行过程以及项目执行后的交代。

四、监察性评估需要了解的问题

该项目是否为有需要的社群服务？

项目的执行是否与目标和品牌相一致？

如何调整该项目以达到更好的效果？

五、监察性评估的方法

（一）表现评估

（1）定期收集和报告有关项目的效率、质量和效益（问责的三个重要方面）等方面的信息。

（2）通常使用管理信息系统（简称MIS）或其他方式来收集资料。

（3）运用评估工具（以香港社会福利机构为例）。

（4）自我评估。

（5）统计报告（例如输出的服务和产品、成效、差额报告）。

（6）使用者满意度。

（7）社会福利署的访问审查。

（8）社会福利署的当场评估。

（9）社会服务绩效监察系统。

（二）过程评估

重点关注：

（1）项目怎样执行？

（2）项目执行过程顺利吗？进行的精确性？

（3）有什么困难？

（4）参与者的参与情况是否理想？有什么反应？

第五节 影响性评估

社会服务项目最终是修正某些社会问题或改善某些社会状况，影响性评估（outcome/impact evaluation）就是确定干预是否在实践意义上产生了预期的效果。

一、为什么要研究成果/影响？

（1）为表明这是一个值得做的项目。

（2）为考虑现有项目的继续执行。

（3）向赞助机构和其他利益相关者问责。

二、成果/影响性评估适用阶段

阶段：最后阶段。

成果：项目直接的影响。

影响：是项目在社会上产生的最终和长远的效果及影响。

成果：销售的收入，自我价值实现和他人的肯定。

影响：找到精准扶贫和脱贫路径，开发民族地区资源潜力，增强民族自信自强，同时保护和传承了民族文化。

三、影响性评估的关键特点

可重现性：重复实验或应用（早期）。

可扩散性：评估结果类推到其他项目（晚期）。

四、影响性评估的方法

专家判断

管理者判断

项目参与者判断

五、成果/影响评估需要考虑的重要问题

项目所定目标是否完成？

项目做出的努力是否有收获？

项目所服务的需要是否得到满足？（例如谁从中受益，谁没有）

六、常见的评估准则

效率：项目成果能够更顺畅更节省地完成吗？

成本：效益合理吗？谁受益谁付出？

成本效益（cost-effectiveness）：项目成果和目标吻合吗？在成本和成果影响上，这

是否是一个较优的项目?

七、对一个药品滥用治疗项目的成本效益分析

成本效益分析通常要把握三个要素,即成本、经济效益、社会效益。

1. 成本

工作人员

行政事务

设施

经常性费用

2. 经济效益

参与者

节省毒品开支

节省医疗开支

3. 社会效益

降低诉讼费用

减少福利/缓刑案件

思考与练习题

1. 评估方法通常有哪几个类别?

2. 程序逻辑模式的6个要素是什么?

3. 简述旅游社会工作的效果与评估之间的关系。

扩展阅读

海洋文化旅游资源价值评价的理论分析(节选)①
海洋文化旅游资源的资源属性

海洋文化旅游资源与绿地、森林以及空气质量等自然资源一样,都被认为是有价值的资产。个人行为、公共政策以及组织行为等都会对自然资源的服务能产生收益或损耗。但因其具有外部性以及公共物品的特性,市场力量既不能引导自然资源的配置,也无法实现真实反映海洋文化旅游资源社会价值的定价。正因如此,海洋文化旅游资源在经济发展中正在受到严重的威胁,其已经或正在成为稀缺资源。

---

① 廉欢、刘富江《海洋文化旅游资源价值评价的理论分析》,《中外企业家》2014年第34期,230~266页。

海洋文化旅游资源是最重要的显性旅游吸引物，"是一种特殊的公共资源，从公共管理的角度讲，具有准公共物品的属性，具有非排他性和非竞争性特征。具有'拥挤性'的特点，当准公共物品到达'拥挤点'后，每增加一个消费者，将减少原有消费者的效用"。其具有一定历史沿革，是人类长期海洋活动和海洋发展历史足迹的"活化石"，是人类探索、开发、利用海洋各个时期的重要标志，这决定了海洋文化旅游资源是不可再造、不可复制、不可移动的，具有历史性、地域性、稀缺性和不可复制性的特点。这一独特的资源属性对其作为旅游资源的保护和开发提出了极高的要求，正确理解海洋文化旅游资源的公益性内涵，是保护前提下进行旅游开发与供给的关键，既要发挥其具有的社会公益功能，如旅游开发、文化遗存、生态环境保护等，又要兼顾海洋文化旅游资源当地居民的生活利益，合理处理好保护与开发的关系。

第四编　旅游社会工作服务领域

第十章　少数民族文化与旅游服务

本章教学目标是了解多元的民族文化，并能够以多元视角看待民族文化。教学的重点和难点是认识旅游与民族文化及旅游社会工作与民族文化之间的关系，重视文化能力的培养。

第一节　民族文化概述

民族文化是各民族在长期的社会实践和历史进程中所形成的共同的精神财富。民族文化具有多元性的特点，不同的文化背景，决定不同的价值观，这些价值体系需要社会工作者在实务过程中给予不同的理解与尊重。因此社会工作特别强调文化的敏感性，对个人、家庭、群体、社区，乃至更大范围的文化背景与环境的认识，是做好社会工作的大前提。

一、文化的含义

在中文语境下，追溯"文化"的含义，首先要将二字分开来理解，因为最初这两个字并非连用，却是现代"文化"一词的发端。《周易·贲》："观乎天文，以察时变；观乎人文，以化成天下"，大概是将"文"与"化"联系在一起的最早记述。

美国社会学家戴维·波普诺（1999）认为："文化诸要素包括符号、价值观、规范和物质文化。"

英国人类学家泰勒认为："从广泛的人类学意义上说，文化或者文明就是作为社会成员的人所获得的，包括知识、信念、艺术、道德法则、法律、风俗以及其他能力和习惯的复杂整体。"[1]

英国的另一位文化人类学家马林诺夫斯基（1999）在其《科学的文化理论》一书中，对文化有这样的定义："文化是一个有机整体，包括工具和消费品，各种社会群体的制度宪纲，人们的观念和特点、信仰和习俗。"

我国学者张甲坤（2005）也对文化做了定义："文化是一定社会生活的总和。"言简意赅，很符合中国人的理解习惯。当然，我们还应当将这个社会生活细分为物质生活和精神生活两大方面，甚至细分为更多方面，将在下文中进一步说明。

二、文化的分类

中外学者对于"文化"有不同层面的解释，归纳起来有广义与狭义之分。

所谓"广义文化"，即人类社会创造的物质文明与精神文明的总和，其内涵十分广泛，其内容或层次的划分方法也有不同的见解，一般认为，文化是由物质文化与精神文化两个层面组成的，我们称之为"两分法"。但也有观点认为文化是由物质文化、制度文化、精神文化三个层面组成的"三分法"。有认为是由物质文化、制度文化、风俗习惯、思想与价值四个层面所组成的，我们称之为"四分法"，还有观点认为文化是由物质、社会关系、精神、艺术、语言符号、风俗习惯六大子系统组成的，我们称之为"六系统法"。

所谓"狭义文化"，则排除人类社会关于物质创造活动及其结果部分，专注于精神创造活动及其结果，即"上层建筑"部分，它反映一个民族的理论和思维水平、思维模式、精神风貌、心理状态、审美情趣和价值取向等。

文化是呈现在我们面前的一切现实。简单地说，从精神层面，是我们头脑中固有的来自社会实践、反映客观世界的思维方式；从物质层面上来说，是我们眼中所看到的一切具有人文印记的物质成果。

民族文化是各民族人民共同创造的精神文明与物质文明成果的总和。

第二节　多元的民族文化

20世纪70年代以来，在西方社会女权运动，当地常住居民及新移民运动争取公民资格或公民权利的背景下，西方主流社会逐渐了解性别、族群差异、身份认同等问题的存在及其重要性。随着后现代及全球化观念的兴起与发展，多元的民族文化在世界各地逐渐兴起。认识多元的民族文化是做好民族社会工作的大前提。

---

[1] 曾小华《文化与制度文化》，《资料通讯》2001年第3期。

一、多元文化的由来及含义

"多元文化"与"多元文化主义"的概念相伴而生，多元文化也是多元文化主义产生的基础。20世纪70年代，在境内原有的诸多民族及境外移入的各种移民群体的多重压力下，加拿大政府采用"多元文化"的概念，开始推行"多元文化主义"政策。所谓多元文化是指一个国家或地区之内，不同的民族、种族和群体，所创造和展现出来的文化现象极具多样性和差异性，由这种多样性和差异性所组成的文化整体即是一种多元文化。"多元文化"只是涉及文化的多元现象，如语言、食物、服饰、音乐、戏曲等的多样性并存。"多元文化"的本质是对文化现象的中立性描述或客观性的归纳和总结，这一概念本身的价值导向并不明显，而"多元文化主义"则具有明显的价值导向。

第二次世界大战后，随着列强殖民地的纷纷独立，发展出了后殖民理论，后殖民理论关注的焦点话题是压迫、抵抗、种族、性别、差异、错置和迁移的经验。在对这些话题的研讨中，我们发现既有的西方论述，不足以有效了解和解决第三世界的问题。像美国、加拿大这样一些移民人口众多的国家逐渐显示出同化政策的失灵，在这样一个背景下，加拿大率先推出"多元文化主义"政策。

"多元文化主义"（multiculturalism）一词大致是由多元文化（multicultural）演化而来，但并不直接等同于"多元文化"，"它涉及促使我们从社会或集体的角度去思考多样性或差异性的接受或包容课题。它是一种追求各种不同族群共存共荣的思想主张"。多元文化是介于多民族和多种族之间的概念，具包容性的优点。人类学家科塔克说得更直白："如果一个国家中，文化多样性被认为是好的和值得选择的看法，这被称为多元文化主义。"

二、多元文化的表现

从中文的字面上来理解，多元文化的"元"包含有元素、方面、部件、类型的意思，是组成一个事物的一体多面。"多元文化"虽是"多元"，但毕竟统一于"文化"之中，"多元"是构成"文化"的不同组件。我们采用上述关于文化的"三分法"概念，将文化的内涵分为物质文化、制度文化、精神文化三个层面，归纳起来，民族文化的多元性呈现在以下一些方面。

1. 物质文化层面的多元性

物质文化是指人类在生存和发展过程中所创造的物质产品及其所表现的文化现象的总和，包括饮食、服饰、房屋、建筑、交通、生产工具、生活器物用具以及乡村、城市、气候、地理环境等，是文化要素的物质表现。我国各民族创造的丰富多彩的物质文化共同构成了中华民族的文化宝库。认识民族文化的多样性，首先当从物质文化开始。

中国人崇尚"民以食为天"，"吃"是中华民族大家庭中最具特色的文化。饮食方面既要了解这个民族喜食什么，同时也要了解厌食或禁食什么，后面的一点甚至更为重要，因为只有了解才能理解和尊重。

吃饭、穿衣和居住，是人类产生之初的第一要务。中国的民族服饰文化更是灿若星辰，服饰与民族的审美、价值、尊严和图腾等紧密相连。服饰体现一个人乃至一个民族的个性特征，而当某种服饰定型为民族标志的时候，服饰又包含了民族的共性特征。其他如房屋、建筑、交通、生产工具、生活器物用具等莫不如此。

16世纪初期，法国历史学家、社会学家博丹（Jean Bodin）在他的著作《论共和国》（*The Six Books of a Commonwealth*）中认为，民族差异起因于所处自然条件的不同，不同类型的人需要不同类型的政府；法国启蒙哲学家孟德斯鸠（Mon-tesquieu）在《论法的精神》（2012）一书中，甚至认为气候的特殊性对各民族生理、心理、气质、宗教信仰、政治制度能起到决定性作用，认为"气候王国才是一切王国的第一位"，并指出热带地方通常为专制主义笼罩，温带形成强盛与自由之民族。毫无疑问，地理环境是社会发展的客观物质条件而不能上升为主导的或决定性的因素。马克思在《资本论》中说过，封建社会之解体与资本主义的产生"并非自然的恩赐"。但不可否认，地理环境与人类社会均处于不断运动变化而又相互影响、相互制约之中。不同的地理区位孕育着不同的民族文化，无视地理环境和随心所欲地践踏地理环境的地理环境虚无主义，均与社会发展的客观规律相违背。

2. 制度文化层面的多元性

制度文化是人类在物质生产过程中所结成的各种社会关系的总和，表现为风俗习惯、道德规范、行为准则及法律制度、政治制度和经济制度等内容。作为物质文化和精神文化的中介，制度文化在协调个人与群体、群体与社会的关系，以及保证社会的凝聚力方面起着不可或缺的显著作用，深刻地影响着人们的物质生活和精神生活。制度文化中，风俗习惯对民族的性格影响深刻，或者说民族性格更多地体现在风俗习惯方面。接触、了解和认识一个民族的性格特征，首先应当从风俗习惯开始。

风俗习惯是指个人或集体的传统风尚、礼节、习性，是特定社会文化区域内历代人们共同遵守的行为模式或规范，它对社会成员有一种非常强烈的行为制约作用。风俗习惯主要包括衣食住行、迎来送往、婚丧嫁娶等方面的民族风俗、节日习俗、传统礼仪等。习惯上，人们往往将由自然条件的不同而造成的行为规范差异，称之为"风"，而将由社会文化的差异所造成的行为规则之不同，称之为"俗"。所谓"百里不同风，千里不同俗"正恰当地反映了风俗因地而异的特点。风俗是一种社会传统，某些当时流行的时尚、习俗，久而久之也会发生变迁，即所谓的"移风易俗"。风俗习惯还体现在生活方式方面，各民族有不同的生活方式，同一民族在不同时期，甚至不同的部落之间，生活方式也有所不同。

政治制度表现在权利、价值、利益、政策等方面。在一个多民族的国家，各民族之间在权利、价值、利益、政策等方面有着不同的分享与诉求。在不同的阶级、阶层、性别、区域、族群之间，其权利、地位与诉求绝不是整齐划一的，存在着不平等现象，当然，有时候，这种不平等恰恰是为了平等。另外，我们也必须看到，多元主义往往与民族主义、种族主义甚至分离主义共生，虽然不能共融。正视这些平等与不平等，共生与分离，压制与反压制，亦是文化多元性在政治方面的另类表现。

3.精神文化层面的多元性

精神文化是人类在从事物质生产基础上产生的一种意识形态，从更深层次上讲，精神文化是指哲学观念、价值伦理、文学艺术、音乐戏曲、语言文字、道德规范、心理状态、精神面貌、行为准则、审美观念以及身份认同与政治主张或政治状况等。精神文化是民族文化的核心，是民族文化最本质的表现，精神文化的多元性表现在不同民族意识形态方面具有的差异性，认识这个差异性，才是对一个民族最深刻的理解。

精神文化的要素中，文学艺术、音乐戏曲最能直观地表现一个民族的精神文化特征，是各民族文化中最具符号意义的文化表现，是理解民族文化特征的重要视角。各民族在历史的长河中共同创造出了绚丽多彩的文学艺术和音乐戏曲，其种类、数量之繁，灿若星河。文学艺术方面，民族、民间小说、诗歌、故事、神话、传说、歌谣、叙事诗、谜语、谚语、绘画、雕刻等传世作品浩如烟海，难以计数。当我们深入民族群体之中，像捡拾海边贝壳一样搜罗这些文化瑰宝，才能认识民族文化的精髓。

第三节　旅游与民族文化

民族文化的多元性决定了各民族都有着与众不同的民族特征和民族个性，以及共同展示出的异彩纷呈的民族风情。少数民族地区一般生态环境保护较好，或者受破坏的程度相对较低，这些自然风光一经人类的参与，其呈现出来的同样是一种独特的人文景观。旅游是一种游历，游历的本质就是一种满足对不同文化和景观的好奇以及体验和经历。民族文化是旅游的灵魂，旅游离不开民族文化，旅游服务就是将民族文化呈现给游客的过程。

一、民族文化的三大文化体系

我国是一个多民族的国家，也是一个海陆兼备的国家。从地理位置看，多元文化、内陆文化、海洋文化构成了民族文化的三大文化体系。

1.多元文化

本章第二节从物质文化、制度文化、精神文化三个层面解释了多元民族文化的含义。显然各民族在物质、制度、精神三个文化层面有着显著的不同，但同时又相互吸收、借鉴、补充，从而不断丰富和完善自身，并进一步形成独特的文化。民族文化是多元性与独特性的统一。多元是共性，独特是个性。各民族既会因多元文化而适应时代，又会因其鲜明的文化个性而独树一帜。多元文化既体现在一个民族之中，更体现在一个国家之中。

举例来说，黎族属于中国历史上岭南民族的一支，距今五六千年前，古百越民族东迁南移，海南岛迎来并留住了一部分百越民族，这就是海南岛最早的居民——黎族的先民。岭南地区在古代为南越百姓居住地，当时称土著文化。秦汉以后的几次动乱中，北方汉族人迁徙南下带来了中原文化。长期以来汉越文化相互交流融合，加上吸取了岭南周围地区如荆楚、闽越、吴越文化，还有海外一带的外来文化的优点，从而使岭南文化中的多元化成为其最大的特点。岭南地区的多元文化主要是中原文化与土著文化长期融合的结果，也是吸收周边地区文化的结果。这里要明确的是，在汉越文化中，是以中原文化为根，在岭南多元文化中则要明确以中国传统文化为主导。其次要强调的是，在汉越文化融合的主体中，不能忽视南越文化的历史发展及其特色。如果离开了上述两点，那么，岭南的多元文化偏离了民族和地域的特点，那与国外地区的多元文化又有什么区别呢？

2. 海洋文化

海洋文化的生成空间为海洋。海洋是流动的，变化的，宽容的，较少狭隘观念与保守思想。海洋又是积极的，进取的，浪漫的，有广阔的想象与联想的空间，开拓人的心灵世界。这些构成了海洋文化大气、强悍、机智、热情、浪漫、生气勃勃、充满想象力与创造性的基本特征，也构建了海洋民族豪爽、旷达、灵活、开放、包容、容易接受新事物与新观念的心理素质。此外，海洋文化交往、开拓、贸易多，吸取和传播文化也多，双方的先进技术和文化的交流也多。近代的中国和国外的交往都是从沿海地区的城镇作为交汇点产生和发展的，因此，海洋文化的重要特征就是开放、开拓。

3. 内陆文化

内陆文化又称大陆文化，是指以陆地为生成背景的文化，大陆文化是一种农业文化，即"农耕文明"。原始时期，人类只能在陆地或陆地中的江河湖泊水域从事采集和渔猎。陆地因受山岭江河阻隔而造成狭隘性与封闭性，因对土地的私人占有而产生封疆与世袭观念，又因土地占有的面积大小与山岳的高低形成等级制度。陆地是稳定的，农业社会要求稳定，崇尚风调雨顺；封建政权的代号为"江山"，即使说"四海为家"，也是以四海为边界；传统所谓"六合""四方"一般都不包括海洋，明清实行"海禁"政策，也把海疆排除在外，明显地体现出一种陆地视角。《诗经》中"普天之下，莫非王土。率土之滨，莫非王臣"，言及一国之疆域，离不开一个"土"。皇天后土，安土重迁，这些都是大陆文化的生成背景。所谓"天不变道亦不变"，大陆文化虽然厚重、典雅、精致，但其封闭短视、求稳惧变等方面的局限性还是很明显的。

二、民族文化的五大特征

1. 原始性

原始文化是指无书面语言、相对孤立、人口少、社会组织和生产生活技术比较简单，以及一般来说，社会文化受外界影响较小、变革相对缓慢的一种民族文化。如黎族在海南岛上创造了一系列传统文化，由于海南岛自古以来"孤悬海外"，因而受外来文化影响、冲击的机会较少，无论物质文化、制度文化还是精神文化层面，至今仍保留许多原始文化的特点。

从物质文化层面上看，黎族饮食、服饰、房屋、建筑、交通、生产工具、生活器物

用具、狩猎、捕鱼等以及气候、地理环境等仍保留着显著的原始遗风。

饮食习惯还保留着采集、狩猎、捕捞以及钻木取火等人类早期的生产生活方式。从黎族变迁史来看，20世纪中叶以前，采集是黎族人获取食物的主要手段；20世纪中叶以后，生产力得到极大解放，黎族人生产生活方式发生了较大变化，但采集、猎捕活动虽然不是主要获取食物的途径，但仍是黎族人获取食物的辅助手段和生活习惯，采集物包括各类植物根、茎、藤、叶片、花朵、果实以及蜂蜜（窝）等。至今在海南黎族集市上我们仍能看到革命菜、雷公笋、芭蕉杆、木薯根、野蜂窝等。海南长夏无冬，四季常青，漫山遍野，万木争荣，这也为黎族人民的采集活动提供了先决条件。黎族人也是打猎、捕捞的能手。服饰方面，今黎族润支系妇女所穿的"贯首衣"，简单而言就是一块布中挖一孔，贯穿于头上即成一件衣服，其款式是最为古老和原始，是人类早期披挂树皮树叶或藤编的残留。班固《汉书·地理志》卷二八记载："（海南岛）民皆服布如被单，穿中央为贯首"，明确印证了这一服饰古老和原始的特性。钻木取火是史家公认的人类早期的文明，但怎样钻木取火，文献大多语焉不详，甚至有人怀疑，也有人做过失败的试验，而黎族钻木取火术的现场演示为这一古老的方法提供了最好的解答。

黎族钻木取火技艺主要分布在海南岛中南部，包括三亚、五指山、东方等市及琼中、保亭、陵水、乐东、昌江、白沙等县的黎族聚居区。具体方法是将一根长短、粗细适中的钻木杆垂直对准平放在地面上的另一根木棍，再用双掌夹紧木杆来回搓动，直至将木杆摩擦生热，变得很烫，甚至发焦，这时就赶快用芭蕉根纤维或木棉絮引火，边引边钻，待纤维、棉絮接近燃点之时，不停地用嘴吹气，同时快速抓起一把干茅草助燃。钻木取火的物质遗存，为现代人解读远古文化遗迹提供了佐证。目前，黎族钻木取火技艺已被列入国家首批非物质文化遗产名录。

在农业生产上，黎族人还保留一种火耕的生产方式。火耕是一种旱地农业，即现在的"砍山栏"，是古代普遍流行的生产方式，它处在水耕农业的前期阶段。这种生产方式曾经成为黎族生产经济的主流，并一直持续到20世纪初。

黎族的房屋、建筑方面当以船形屋最著名，还有渡水葫芦亦是黎苗族自古遗留下来的最古老的渡水工具。古代人渡水时，将葫芦瓜系在腰上游渡或抱葫芦瓜游渡，今海南省五指山市毛道乡、东方市江边乡的部分黎族农民还在使用葫芦瓜作为渡水工具。而独木舟在黎族地区则运用得十分普遍，尤其是白沙、昌江等县黎族使用得最多。

再从民族文物角度上看，民族文物是一个民族文化的载体，民族文物的质地能够反映出民族传统文化的性质。一个民族文物中有机物越多，其原始性质越浓，反之，其原始性质越弱。黎族文物中，竹、木、藤等有机物占80%以上，且独木器具占有相当比重，而金属仅占20%，从中可以看出其文化的原始性的浓度。

2. 独特性

民族文化的独特性是指民族文化中区别于其他民族的、具有排他性和唯一性的、本民族在长期的生存发展和生产生活实践过程中创造和形成的一种具有鲜明个性和标志性的文化。

3. 自立性

自立性是指各民族所具有的独立自主、自强不息的特性。自立性既是各民族的共性也是个性，共性是指各民族均会因生存而学会自立，个性是指各民族自立的途径、手段和特点各有不同。黎锦就是黎族人"自力更生，丰衣足食"的象征，是中国纺织史的"活化石"。几千年来，心灵手巧的黎族妇女，不仅发明了先进的纺织技术，也成为最优秀的"调色师"。黎族使用的染料多为植物类染料，靛蓝是黎族最常使用的染料。植物染料除了靛蓝类为人工栽培外，其他几乎都是野生的。植物染料可利用的部分包括根、茎、心、皮、叶、花、果等。黎族生活在热带雨林地区，植物染料资源十分丰富。调查发现，黎族妇女使用的植物染料不仅品种很多，不同地区的方言、喜好和习惯又不相同，因而对染料的运用也有所差别。目前，黎族还在经常使用的植物染料有十多种。

黎锦是以棉线为主，麻线、丝线和金银线为辅交织而成的，是可作为上衣、裙子的优质布料。黎锦制作精巧，色彩鲜艳，富有夸张和浪漫色彩，图案花纹精美，配色调和，鸟兽、花草、人物栩栩如生，在纺、织、染、绣方面都很有特色。黎锦早在春秋时期就有盛名，是中国最早的棉纺织品。黎锦包括筒裙、头巾、花带、包带、床单、被子（又称"崖州被"）等，有纺、织、染、绣四大工艺，色彩多以棕、黑为基本色调，青、红、白、蓝、黄等色相间，配制适宜，富有民族装饰风味，构成奇花异草、飞禽走兽和人物等丰富的图案。宋朝以前，黎族人的棉纺织技术远远领先于中原汉族，元朝黄道婆来到海南，将黎族的纺纱、织布等技术加以改进传播到内地，迅速推动了长江下游棉纺业的发展。

4. 兼容性

兼容性体现一个民族对待外来文化的一种兼容并包的态度和胸怀。在兼容性方面，海洋民族优于内陆民族。这与海洋民族的迁徙、融入的历程有关。兼容性是岭南文化在历史发展中反映出来最明显的特性之一，而岭南文化也是海洋民族的发端之一。岭南人对待古代文化、外来文化，包括一切古今中外文化都能采取来者不拒、批判吸收、一切皆为我用的态度。兼容性中最主要的原则是以我为主，也就是多元化是以中华文化为主。

5. 务实性

务实性是实用主义原则在民族生存实践中的具体反映。在古代，少数民族的生存环境往往较为恶劣，为了生存，必须打破封闭，放下隔阂，向外部世界寻找生存资源，那么，与其他民族做生意，以货易货就是一个现实选择，务实性是商业文化带来的优点。要做生意，长期经营下去，就必须靠诚信。因而商业文化所带来的行为必然是务实。同时，商业文化也带来灵活变通的特点，这是与务实相辅相成的另一面。

第四节　旅游社会工作与民族文化

一、旅游社会工作领域与民族文化

民族文化是旅游的灵魂，旅游社会工作是对民族文化适应促进，因而开展旅游社会工作当从认识一个民族的文化特征开始。斯大林1912～1913年间在一篇著作中曾经指出："各个民族之所以各不相同，不仅是因为他们各有其不同的生活条件，而且是因为他们各有其表现于民族文化特点上的不同的精神形态。""民族是人们在历史上形成的一个有共同语言，有共同地域，有共同经济生活以及有表现于共同文化上的共同心理状态的稳定的人们共同体。"

人类学者对族群的看法也是基于对文化的认识，"在上世纪60年代，原生论（primordialist approach）学派认为，族群是生根依附于群体文化的"。

认识民族文化关键是要认识民族文化的敏感性，所谓文化敏感性，即关注文化间的细微差别以便客观地看待一种新的文化，对这种文化进行评估和欣赏，以及对不同文化的适应和尊重。社工认识文化敏感性意义表现在"尊重案主的社会文化背景"，"对于主流社会价值观中的偏见之敏感"与"评估案主对于主流社会的适应力"。

人类依靠感知认识客观世界，依靠感知有选择地收集周围世界的信息，对其做出相应的反应。人的感知既包括对物的感知，也包括对社会中各种人际社会现象的反应。不同的民族具有不同的感知特点，最突出的表现是对同一事物具有不同的选择性；在社交方面表现出不同的待人接物方式，对同一行为或同一语言内容做出不同的理解。不同民族的认知差异，主要是后天自然环境与社会环境塑造的结果。民族的传统习惯对本民族成员的认知发展有着重要的影响。如在颜色爱好的选择上，朝鲜族喜爱穿素白衣服，故有"白衣民族"之称。他们认为白色是纯洁的象征。男女所穿的上衣，在斜襟上都镶着白布边。老年妇女喜着素白衣裙，并习惯用白绒布包头。朝鲜族人家中的陈设布置，也多是白色基调，白窗帘、白床单、白桌布等。即使兼有其他颜色的衣物，也多半是近似白色的，如男士的灰白、黄白、月白外衣，以及女士的粉白、月白色裙子等占多数。新中国成立前，朝鲜族甚至以白色为等级地位、身份高低的标志，如地主就不允许自己的雇工穿白色衣服，只允许他们穿近似白色的淡土黄色衣服。

维吾尔族人世代生活于我国西北部的沙漠地带，茫茫沙漠中的小小绿洲是他们赖以生存的重要物质基础，因此，他们视绿色为生命的象征。维吾尔族喜欢绿色还与他们所信奉的伊斯兰教有关。据记载，伊斯兰教的创始人穆罕默德在世时就非常喜欢绿色，伊斯兰教的教旗及清真寺的大门都必须是绿色的。

不同民族的认知差异不仅表现在颜色喜好上，还表现在对饮食、服饰的偏好上。我国的鄂温克族长期以牛、羊等动物为主食，很少食用蔬菜。他们认为青菜是牛、羊、马的食物。在我国，汉族人多以茶待客，而彝族人多以酒待客，居住在牧区的蒙古族人、鄂温克族人则以奶茶待客。蒙古族人、鄂温克族人日常也以奶茶作为饮料，如谁家只喝开水或茶，会被他们视为小气。新疆境内的维吾尔族人受伊斯兰教教规的制约，女子必须穿裙子，若只穿长裤，会被视为放荡。饮食与服饰特点体现了不同民族生活、生产的特点，也是特定生活环境下不同民族知觉选择差异的所在。

此外，一个民族，总有自己民族特有的行为动作用以表达、交流观念与情感，特别是长期共同生活的民族群体更为突出。行为动作和语言一样，与文化紧密相连。一个民族受他赖以生存的社会形态、生产生活方式以及道德习俗的制约和影响，总具有一些独特的行为方式，如面部表情及手势行为，它们表达着一个民族特有的社会意义。一个民族也往往有其他民族所没有的某种行为或手势。人体大约可以做出一千种平稳的姿势，但在同一种文化中，人们习惯采用的姿势为数要少得多。在各种姿势的组成方面，跨文化的差别有时是环境因素造成的，如居住在寒冷和地面总是潮湿地区的人，一般不席地而坐。

劳动方式也造就人们特殊的行为选择，如在我国陕西一带的汉族农民，平时因他们经常在田间蹲着干活，故养成了一种"蹲"的行为习惯。无论是吃饭还是聊天，无论在什么地方，他们总是"蹲"着，即使有凳子，他们也往往是蹲在上面。

居住在青藏高原的藏族人，交谈时，常用五指撮在一起表示对对方的厌恶与不满，意即"你管不着"或"别管闲事"。不仅如此，在藏族同胞中还流传着许多禁忌，家人或朋友离家后，当天不能扫地，否则意味着将离去的人同垃圾一样永远被清扫出门。太阳落山以后，即使扫地，也不允许将垃圾倒出门外，尤其不能将白色的东西随便拿出家门，他们认为这会使自己的财气外流。此外，藏族人认为，一出门就碰上空桶，或碰上拿空桶的人，是不祥的预兆，它预示着自己想办的事将要落空。所以，藏族人平时不将空桶放在门口，特别是逢年过节时，都要将大小桶灌上水。

瑶族青年男女的恋爱方式颇具戏剧性。秋收大忙一过，瑶族未婚青年就要背米去异姓村寨串情人。该寨异性青年要设酒宴款待，酒宴期间，互相对唱山歌交流感情，待选中情人后，双双走到寨外，倾吐爱慕之情，并按规矩，情郎在爱妹的手上咬一口，再由爱妹往情郎的手上还一口。这一口既不能重，也不能轻。咬重了，说是狗咬的；咬轻了，则不能表达对情人的爱，而且必须咬在手背上，不能咬在手背的骨节处。假如咬的程度、位置都符合规定、情理，被咬的伤口既发炎又化脓，表示恋人的情意已溶进了肌体的血液里，再往手上拴了红色和蓝色丝线（男的给女的拴蓝色或黑色丝线，女的给男的拴红丝线）后，就可择日成亲了。这婚恋全过程可以说是瑶族文化的体现。瑶族人喜欢唱山歌，并善唱山歌，山歌是他们生活中必不可少的一部分。而恋爱青年互咬对方手背，据说是可以让情意溶入肌体，彼此记住对方。

从以上诸多实例中，可以看出不同的民族有着不同的行为认知特点。在社会交往中，人们虽然同样以语言、身体姿态及面部表情等行为动作来表达自己及推测他人的心理活动内容和含义，但在不同的文化背景下，其行为认知与理解却有较大的差异。

二、旅游社会工作方法与民族文化

1. 旅游社会工作对民族文化的探究途径

旅游资源的本质是文化资源，没有文化也就没有旅游。当前，通过塑造文化品牌树立本地鲜明的旅游形象，增强文化旅游的竞争力，是世界各地文化旅游发展的重要趋势。由于国籍、民族、性别、年龄、身体特征、经济地位、教育、职业、宗教组织归属以及其他可被辨识的特征，在日常生活中，往往不知不觉地构成了各个互动群体在价值信仰和行为表现上的差异性、多样性。这种差异性也就是文化的差异性，民族文化是旅游文化中的瑰宝，关注民族文化的差异性也是旅游社会工作的重要内容。进入21世纪，全球化更加广泛，信息化更加深入，不同的主体之间的交往更加密切，人们面对的差异几乎无处不在，内容也更加丰富。如何能够相互沟通、相互理解，"跨文化能力乃成为关键"。因而，跨文化能力也应当是旅游社会工作对民族文化的探究途径。

2. 旅游社会工作者开展民族文化服务的原则

跨文化能力是指在跨文化情境中，能有效进行沟通并恰当地融入各种语境的能力。跨文化能力建立在理解文化的基础上，"人类社会都是文化现象"，是"人为建构的"[①]。跨文化服务是跨文化能力的具体表现和应用，跨文化服务的一般原则如下。

（1）不断学习原则。一般而言，跨文化服务工作者必须善于利用各种机会增进自己的世界观和文化知识，了解文化对人的行为、态度、价值的影响；在服务过程中，熟悉不同文化群体成员的语言能力及沟通的风俗；熟悉社会福利政策的调整对各种不同族群的差异影响；熟悉他们日常生活中可利用的资源情况，以及他们在使用各种社会服务过程中所存在的障碍。

（2）知己知彼原则。工作者首先要了解自己的族群、性别和文化遗产、所属族群文化价值与偏差；了解服务对象的文化、习俗，案主族群的集体世界观；能够运用上述自我觉察及文化知识来设计能有效实践且彼此有价值共识的干预策略。

（3）自我揭露原则。在初步建立关系的过程中，适当的自揭露是重要的，它可强化个人的归属感和接受感。卢姆从循序渐进的视角指出有三个层次的自我揭露。第一层次是初步接触时就有关共同兴趣爱好方面的自我揭露；第二层次是过程中对案主表达同理心、关怀；第三个层次是问题确认阶段，即对于案主遭遇到的重大难题需工作者帮助时，宜表达自己曾遭遇过类似的经验。[②]

（4）专业技能原则。参照美国社会工作者协会提供的指引，一个胜任的跨文化服务工作者，需具备以下工作技巧或能力。

① 可与各种不同文化背景的人打交道，并建立了解和学习这些案主不同文化的渠道。

---

① 李明政《多元文化社会工作》，台湾松慧文化出版社2011年版，第7页。
② 李明政《多元文化社会工作》，台湾松慧文化出版社2011年版，第9～10页。

② 能有效和服务对象沟通和讨论有关文化差异的议题，并对可能有文化偏见的情况予以回应。

③ 精通会谈技巧，擅于从案主文化脉络中来理解其语言的意义。

④ 有能力区别常态性的文化差异表现和有困扰的、不当的行为。

⑤ 能将案主文化的相关资讯整合进服务计划中，服务目标的规划能尊重案主的抉择。

⑥ 能根据不同的环境条件选取和发展契合案主的文化、双文化或边缘文化经验的方法、技术、技巧。

⑦ 能运用各种工具媒介，包括翻译、肢体语言与服务对象沟通问题的处理课题。

⑧ 了解社工、案主、特定的机构设施和社区等所属文化体系间的相互作用。

⑨ 能有效运用服务对象文化背景相关的支持体系解决问题。

⑩ 能辨识案主所需之服务传递系统或模式，必要时能进行适当转介。

⑪ 能与督导或同工商量，以确认自己跨文化服务的专业表现，了解那些可能阻碍或增进文化能力的实务运作。

⑫ 能适当评价运用到不同案主之新科技、新研究和新知识的效度与可行性。

总之，社会工作者只要带着一颗真诚、友善、同理之心，秉持虚心学习的态度及服务社会的人文情怀，就一定能做好跨文化工作。

3. 旅游社会工作开展民族文化服务的实务方法

将跨文化能力的相关原则和方法技巧，运用到个案工作、小组工作、社区工作和社会工作行政与研究之中，也是旅游社会工作之于民族文化服务的具体应用。

〖扩展阅读〗

少数民族文化对旅游业的积极影响[①]

（一）经济对旅游业的影响

1. 促进经济发展

少数民族文化有助于发展民族旅游。它不仅保障了国家稳定和繁荣，也促进了少数民族地区文化与经济的交流。少数民族文化的注入是旅游一个新的增长因素。发展民族旅游有助于促进民族之间的交流，能提高少数民族地区人民的生活水平，帮助民族地区建立以市场为导向的经济。在少数民族地区的发展中，经济是非常重要的。游客会对少数民族文化感兴趣，旅游业的发展也依赖于少数民族的深厚文化。通过旅游的发展可以保持少数民族文化的特点，以及保障其文化的长久保存。另外，旅游的终极目标是丰富人们的文化生活，提高人们的修养和品位。它要求旅游业具有高水平的文化特质并依赖于文化资源，挖掘少数民族文化的精髓对提高人们的文化品位产生重要的影响。

---

① 姜凯博、孟祥君、吕烨《中国少数民族文化对旅游的影响》，《旅游纵览》（下半月）2018年第3期。

2.加强基础设施建设

完善旅游产业体系的基础设施是经济欠发达地区的关键。反之，将成为民族地区发展的障碍。旅游业的发展极大地促进了少数民族基础设施建设的水平和节奏。为了加强旅游基础设施建设，我国已安排了13亿国家免费中央基金以发展西部地区，85个项目占总资金的70%。在资金的支持下，旅游业发展迅速，同时建设了世界海拔最高的青藏铁路，极大地促进了西藏旅游业的发展。另外，该地区旅游业的迅速发展使空气、铁路、道路网和水系统得到了改善。旅游业的发展增强了民族认同感，增强了合作意识。最重要的是，它促进了当地居民和游客之间的交流，也加快了少数民族经济的建设。

（二）文化对旅游业的影响

我国的少数民族数量很多，在他们漫长的历史中都形成了不同的独特文化。作为一种综合性的社会行为，少数民族旅游的发展带来了一系列的影响。旅游业的发展开辟了新的机遇，改善了少数民族地区的产业结构，为发展注入了新的活力，成为地方经济的重要支柱，同时民族地区旅游业的发展也为人们提供了接触先进文化的机会。因此，这种发展有助于改变人们对少数民族文化生活的看法。

少数民族地区的资源是发展旅游业的关键。少数民族文化的应用将是开发自然资源的重要部分。掌握了少数民族文化的精髓，旅游业将得到更高层次的发展。另外，少数民族文化是依托区域旅游资源开发的。为了继续吸引更多的游客，当地的文化旅游部门和经销商一定要保护当地的古建筑、历史遗址，收集一些当地古代文献资料，有些逐渐衰落和消失的少数民族习俗应得到保存。同时，也应更加关注传统节日丰富的民族特色，旅游业的发展必然带来更大的经济效益。

第十一章　医疗旅游与旅游养老服务

本章教学目标是了解旅游区老年社会工作的需求与特点，掌握老年社会工作的一般方法，把握旅游区老年社会工作的新特点与新模式。教学的重点和难点是旅游区老年人健康照顾的基本理论与实务以及旅游区老年人健康照顾的基本实务。

第一节　医疗旅游服务

面对全球经济增速放缓的总体形势，"亚洲的医疗旅游业却似乎没有受到冲击，反而日益蓬勃，成为该区域增长最快的一个新兴行业"①。从印度、韩国、泰国到新加坡等亚洲国家的医院，每年所受理的外国病人数以百万计。2000年世界医疗旅游业的总产值不足百亿美元，而到了2005年已达到200亿美元，其发展势头十分惊人。各国正在以特色医疗资源优势吸引着世界各地的消费者，并换来了巨大的外汇收入。2011年博鳌亚洲论坛发布的《亚洲经济一体化进程2011年度报告》称，亚洲已经成为全球最富有潜力的医疗旅游服务市场。专家预计，中国有望是下一拨医疗旅游的热门国家，中医对外国人有强大的吸引力。根据欧洲市场调研公司益普索近日对24个国家近2万名成年人的调查，大约有1/3的受访者愿意考虑医疗旅游，到海外享受质优价廉的医疗服务。业内专家预测，亚洲医疗旅游业每年的增长速率将达到15%至20%，新兴富裕群的出现是推动该行业迅速发展的主要原因。世界卫生组织曾预测，到2020年时，医疗健康相关服务业可能成为全球最大产业，观光休闲旅游相关服务业居次，两者相结合占世界GDP的22%。

一、医疗旅游的概念

医疗旅游是将旅游和治病、疗养结合起来的一种旅游形式，是以医疗、护理、康复与疗养为主题的新型旅游服务。旅游者可以根据自己的病情、医生的建议，选择合适的旅游区，在旅游的同时进行治疗。医疗旅游与传统医疗最大的不同是加入了旅游的元素，旅游元素实际就是环境元素。相对于特定的人和特定的时期，因环境的改变而给患

---

① 赵中文《亚洲医疗旅游业 增长最快新兴行业》，《中医药国际参考》2011年第11期，第38页。

者带来的改变有时候是任何药物不能媲美的。比如，有的生活在北方寒冷地区的老人长年有哮喘、关节炎等慢性病，到三亚住一段时间就自动消失了。当然医疗旅游还有愉悦身心，放松情绪等功能，这些特征正是医疗旅游价值所在。选择"医疗+旅游"消费模式的游客数量正在逐年递增，它已成长为全球增长最快的新兴产业之一。世界医疗旅游业最发达的国家是泰国，除此以外，包括印度、印尼、哥斯达黎加等国目前均在大力发展医疗旅游产业。

二、医疗旅游的服务项目

1. 医院治疗

旅游目的地利用当地独特、优美、宜人的自然环境和高端的医疗技术设备，设立专业或综合性医院，为以游客为主体的广大客户提供一流服务的医疗项目。医院治疗是最受游客青睐的旅游服务重点项目，全世界许多医疗旅游胜地最吸引游客目光的还是医院治疗。如瑞士莱蒙湖周边医院的羊胎素治疗项目；韩国首尔狎鸥亭洞的医疗美容项目；新加坡的癌症治疗项目；日本东京、大阪、富山、奈良的PET健康检查项目；中国台湾的洗肾医疗项目；匈牙利布达佩斯、索普朗两市的牙科医疗项目；印度金奈、新德里的心脏手术项目等。对于境外的病人而言，来此就医，既是旅游之旅，也是医疗和健康之旅。

2. 特色治疗

旅游目的地利用当地天然、独特及不可移动的优势医疗资源，如温泉、水、沙、泥、矿物、森林、花草，甚至阳光、空气等为游客提供治疗性服务。

扩展阅读

各旅游地特色治疗的主要项目

温泉疗：利用温泉水的化学和物理综合作用，达到治疗疾病和防治疾病的一种疗法。化学作用主要表现在通过温泉水中的阴阳离子、游离气体、微量元素及放射性物质，不断地刺激体表及体内的感受器官，改善中枢神经的调节功能。物理作用可分为温度和机械作用。温度作用即温度对皮肤、心血管系统、呼吸、胃肠功能、免疫系统等有益刺激。机械作用即通过静水压、浮力及温泉水中液体微粒运动，实现对皮肤的按摩作用。这些综合作用促使大脑皮层逐渐形成正常的协调活动，抑制并逐渐代替紊乱机体的病理过程，从而使慢性疾病得到缓解或痊愈。

矿泉疗：矿泉疗的功效主要体现在化学作用，许多温泉也具有矿泉的功效。根据水的不同性质和疗效，可细分为单纯泉、碳酸泉、碳酸土类泉、碱泉、食盐泉、硫酸矿泉、铁泉、明矾泉、硫磺泉、酸性泉、放射性泉等不同的矿泉治疗方式。

水疗：利用不同温度、压力和溶质含量的水，以不同方式作用于人体以防病治病的方法。水疗对人体的作用主要有温度刺激、机械刺激和化学刺激。按其使用方法可分为浸浴、淋浴、喷射浴、漩水浴、气泡浴等；按其温度可分为高温水浴、温水浴、平温水浴和冷水浴；按其所含药物可分为碳酸浴、松脂浴、盐水浴和淀粉浴等。水疗常用来治疗心血管、泌尿、肌肉、骨骼等方面的疾病。虽然水疗简便易行，不像温泉、矿泉疗法受疗养地点、环境、条件的限制。但水疗往往与温泉疗、矿泉疗相互利用资源，相伴而生。

温泉鱼疗：将一种生活于温泉出水口附近、体长只有2厘米的小鱼放养在温泉池中，由于特殊的生活习性，此鱼不仅能在水温高达43摄氏度的温泉水中畅游，最奇特的是当人进入池中，小鱼立刻将人围住。这种小鱼不会咬人，而是专门啄食人们身上的死去皮质和一些只有在显微镜下才能看得到的细菌。这群小鱼吸啄皮肤时，人不仅不会感到丝毫的痛痒，还能享受到一种极为惬意的感觉。

芳香疗：芳香疗也称芳香水疗，它是通过利用天然香料或合成香料与天然的水资源相结合进行沐浴、按摩和香熏来促进人体细胞新陈代谢，满足身体听觉、嗅觉、视觉、味觉、触觉等愉悦感觉的基本要求，达到一种身心舒畅的享受。芳香水疗的功效有很多，主要有：恒温冷却、肌肉放松、脑细胞再生复活、血液氧气的增加、促进心脏功能、促进血液循环、皮肤漂白、毛孔清洁、清除体臭、去除皮肤老化角质层等。原理是通过各种水疗设备的交替使用，水中的富氧被吸收，以及水疗对穴位的按摩达到治疗和保健的作用。天然香料一般有：薰衣草、茶树、薄荷油、黑胡椒、安息香精油、罗马洋甘菊、澳洲尤加利、天竺葵、迷迭香、沉香醇百里香、柠檬、丁香等。

花疗及花浴：玫瑰花浴，富含多种微量元素及维生素，清心爽体，排毒养颜。用玫瑰花沐浴花香醉人，自然飘逸，让置身大都市生活的女性，尽情享受来自大自然的健康美丽。人体经常在玫瑰花浴液中浸泡，即能充分吸收玫瑰花对人的香体作用，长期使用可以滋香肌肤，保持皮肤水分和弹性，同时玫瑰花对皮肤也有营养功效。茉莉花浴，深层美白滋养肌肤，改善缺水、干裂、脱皮皮肤，香味能安抚情绪，缓解精神压力，使身心得到放松，对失眠的人有很好的帮助。薰衣草浴，放松身心、消除疲劳、润泽肌肤、改善橘皮纹等。牡丹花浴，增强人体免疫力，促进新陈代谢，提神醒脑，活血化瘀，消炎止痛，解除疲劳。荷花浴，祛斑、清心凉血、解热毒、消湿祛风。

石疗：现在流行的能量石疗法，顾名思义就是以"石头"为主角来进行美体健身的一种新方法。用于能量石疗的石头是由地心所爆发出来的火红岩浆凝聚而成，本身不但蕴藏丰富的微量元素，也被认为是地球能量的化身。石疗养生最早起源于北美洲的亚历桑纳河流域，当地印第安人利用河床中由火山地热所形成且经过溪流长期冲刷的玄武岩矿石，再配合草药浸泡及加温，并以按摩方式将矿石的自然能量释放至人体深处，达到治疗疾病的目的。

　　泥疗：物理疗法中的一种，利用自然界的泥，直接使用或经过选择、加工及加热后，用以治疗疾病。泥疗的使用方法并不烦琐，泥源亦易得到，治疗范围广，疗效显著，因此有推广价值。热泥疗法是将泥加热稀释后入浴或包缠患病部位，利用其温热作用进行治疗，谓之泥疗。泥疗所用之泥有黏土泥、沃土泥、炭泥、人工泥等。火山能量泥中含有天然的活性炭、氧化钾和37种元素及微量元素，并有释放负离子的功能。故此，能有效地去除皮肤的黄黑色素，起到祛斑美白皮肤及收紧肌肤、减少皱纹的效果。良好的渗透性及吸附作用，可以消除面部脱落的表皮细胞和污垢，特别对青春痘、暗疮有特殊疗效，使肌体产生透气、光滑、清凉的舒适感。

　　炭疗：据2010年12月2日湛江新闻网报道，炭疗保健是利用特别方法烧制活性炭后，利用窑内留下的热能、远红外线、负离子，加速人体细胞新陈代谢，刺激汗腺，将毒素从体内排出，有别于一般的理疗，其对于肩周炎、关节炎、风湿、腰肌劳损、更年期综合征、亚健康有明显的帮助。中国南方广东湛江等农村地区时兴这种炭疗保健方法。

　　蜂疗：在中国，自古就有蜂产品入药治病的传统，其中蜂蜜最为常用。蜂疗是一个医学词汇，是人类利用蜜蜂蜂毒及其蜂产品治疗疾病的简称，是将蜂针液的药理作用与针灸学原理相结合的一种疗法，主要借助工蜂尾针的针刺作用及毒囊分泌的蜂毒作用进行治疗，适应于风湿性关节炎、类风湿性关节炎、强直性脊柱炎、痛风、神经衰弱、坐骨神经痛。其方法是用镊子夹住活蜂胸部，或用拇指和食指捏住其双翅，置于穴位上令其螫刺，也可用镊子将蜂针取下点刺或散刺相关穴位。[①]

3. 院舍疗养

　　为能够照顾自己，身体健康无大碍，但日常生活仍需要心理上、知识上以及简单医疗上的支持及指导，需要在环境、气候适宜的度假、旅游胜地做中长期暂住性疗养的游客，特别是中老年游客，提供生活群体的公寓式住宿环境及膳食、洗衣、有限度的起居照顾和有选择性和针对性的卫生、保健服务及社交、旅游活动的一种旅游疗养服务形式。包括旅游地对外开放的各类老年公寓、老年宿舍、敬老院、养老院、福利院、疗养院、托老所等都属于院舍疗养的形式。

4. 旅游养生

　　为身体健康，基本不需要起居照顾和医疗照顾，但希望通过适宜的旅游环境和旅游活动度假休闲，怡情养性，追求身心更加愉悦，身体更加健康的中老年游客提供公寓式住宿环境，形成同质性生活群体，引导社交、娱乐、体育和旅游活动，开展以养生为目的的东方功夫、卫生保健、食疗食补和教育培训服务的一种旅游服务形式。

5. 反季调养

　　为因身体原因和养生需要，并具备一定经济条件和休闲时间的游客，提供冬避严

---

　　① 韩言昌《蜂疗的经历》，《蜜蜂杂志》2019年第8期，第42页。

寒、夏避暑热的"候鸟式"住宿、餐饮服务，形成同质性生活群体，满足基本的社交、娱乐、保健和旅游活动需要的一种旅游服务形式。如中国南方的"候鸟族"多来自北方，北方的"候鸟族"多来自南方。因此，接收"候鸟族"入住的旅游地，在每年旅游调养季节来临时，应早做准备，特别是经济实惠、适合反季调养的住宿、餐饮环境，以保障"候鸟族"的居住和调养需求。

总之，医疗旅游中一笔重要的开支是住宿，一般来说，作为与医疗旅游服务相配套的住宿服务，其价格应低于商务住宿和一般酒店住宿。

6. 园艺治疗

园艺治疗（horticultural therapy），日本称为园艺疗法，韩国称为园艺治疗，是一种新的、辅助性的治疗方法，借由实际接触和运用园艺材料，维护美化植物、盆景和庭园，通过置身自然环境而纾解压力与复健心灵。目前园艺疗法运用在一般疗养和复健医学方面，例如精神病院、教养机构、老人和儿童中心、戒瘾中心、医疗院所或社区。现在中国大陆，广东的精神病院、老人院和社区开展得最多。其简单的定义是：利用园艺来治疗。美国越来越多的卫生医疗机构，从医院到老年护理院再到精神病院等，都较重视运用园艺疗法，将园艺活动作为治疗病人的一种手段。

国际上对园艺治疗的定义较多，较被公认的是美国园艺治疗协会（The American Horticultural Therapy Association，简称AHTA）的定义：园艺治疗是对于有必要在其身体以及精神方面进行改善的人们，利用植物栽培与园艺操作活动，从其心理、身体等方面进行调整的一种有效的方法。[①]

研究发现，园艺疗法能够减缓心跳速度，改善情绪，减轻疼痛，对病人康复具有很大的帮助作用。园艺治疗是学员透过园艺活动，如花卉及蔬果种植、干花手工艺、治疗性园艺设计等，借着植物以及接近大自然提升生活质量、调整心理及心理上的健康。园艺治疗适用于不同年龄、不同背景及不同能力的对象，如长者、老年痴呆症患者、中风患者、慢性病人、儿童、青少年、精神病患者、智力障碍者、酗酒者、吸毒者等等。

园艺治疗通过以人为本的理念，透过园艺种植的过程获得精神及生理上的收获，学员可以通过园艺治疗服务，在社交、情绪、身体、认知、精神及创意方面得到改善。

园艺治疗需由受过专业训练的园艺治疗师主导，在我国，园艺治疗首先由社工机构引进，因此，开展园艺治疗的社工机构最少也应有一名园艺治疗师，或受过培训的治疗师。在治疗开始前，专业的园艺治疗师会对接受治疗的个人或团体各方面情况进行全面评估，并根据其接受治疗者的需求制定合理的治疗方案。在治疗全程中进行跟踪记录，疗程结束后再次进行评估以确定是否达到预期治疗目标。治疗方式不一定在被治疗者家中进行，一般应创造条件，在专门建有园艺场地的院所中进行。治疗过程也并非仅有园艺治疗师和接受治疗者参与，还有跨学科的相关专业人士以及志愿者们

---

① 李树华《尽早建立具有中国特色的园艺疗法学科体系（上）》，《中国园林》2003年第3期，第17～19页。

参与辅助治疗。

三、医疗旅游对社会工作的需求

伴随着医疗旅游的发展而带来的一个必然的结果或现象是，医疗旅游目的地将纷至沓来一支庞大的、连绵不绝的医疗旅游消费者队伍和不断涌现的各类医疗、保健、养生机构和院所。这个特定的群体和特别事物的出现，绝不仅仅意味着对医疗资源的需求和供给的问题。在这种"医疗+旅游"的模式下，市场除了对医疗资源的需求外，吃、住、行、游、购、娱哪一项都不能少。而另一个更重要、更特别的需求，却往往被忽视了，那就是旅游社会工作。不过，这种忽视不是人们有意为之，而是旅游社会工作所能提供的服务资源与服务传统极为有限之故。通过考察，医疗旅游目的地对旅游社会工作的需求体现在以下一些方面。

1. 矛盾调解

医疗旅游的消费者多来自天南海北，存在着文化背景的差异。对这种文化背景的忽视，往往就是矛盾的源头，有了这个文化差异的存在，一旦服务和收费环节上出了问题，矛盾就会爆发，以致激化。同时，医疗旅游的利益相关者也不仅仅是医院、医生和病人之间，医疗旅游过程中涉及的矛盾和冲突关系表现在医患之间、医旅（旅游机构）之间、医群（当地群众）之间、医政（政府和管理部门），甚至医医之间和患患之间等利益相关者之间。当前，这方面的矛盾和冲突多发，但医院和政府的矛盾调解机制普遍缺乏，即便有的地方建立了这样的机制，但由于充当调解人的一方往往是医院和当地政府，缺乏第三方机构的参与，因而很难得到另一方的信任。社会工作介入医疗旅游矛盾调解已被证明是第三方机构参与的最有效形式。

2. 康复治疗

旅游目的地有着得天独厚的康复治疗环境条件。康复治疗是指专业人员通过运用医学的、教育的、社会的、心理的、作业的方法，使病、伤、残者（包括先天性残疾）已经丧失的部分生理功能、社会功能和经济功能尽最大可能地得以恢复和重建，从而使其能重返社会并开始新的生活。康复治疗常与药物治疗、手术疗法等临床治疗综合进行。康复治疗专业人员必须通过国家承认的卫生资格相关考试，并获得初级师、中级师等证书，才能持证上岗。现有康复治疗的专业职称包括物理治疗师、作业治疗师、言语矫正师、心理治疗师、假肢与矫形器师、文体治疗师、社会工作者。康复治疗的手段一般有物理疗法、作业疗法、语言治疗、心理治疗、康复护理、康复工程、职业疗法、传统康复疗法等。

社会工作与康复治疗的关系从不同的视角看有不同的关系。从广义的视角来看，社会工作与康复治疗是融合关系，康复治疗本身就是社会工作；从狭义的视角来看，社会工作与康复治疗是协助关系，康复治疗过程必须借助社会工作的协助才能完成得更好，效果才更巩固；从专业视角来看，社会工作与康复治疗是嵌入关系，即康复治疗与社会工作相伴而行，有康复治疗的岗位就有与之相配套的社会工作岗位，社会工作渗透进康复治疗全过程之中。显然，康复治疗过程中，社会工作不能缺位。特别是对于康复患者心理、社会、经济功能的恢复，社会工作者完全可以独当一面开展工作，这既是社会工作的专业领域，同时也是康复治疗的重要领域。康复患者的一些肢体、语言等功能恢复性训练，只要对社工稍加培训也是可以分担专业治疗师的一部分工作的，甚至可以在专业人员指导下，日常训练直接交由社工去做，这也是对专业治疗师资源不足的重要补充。有时，一个个案的治疗还必须要由上述相关专业治疗师与社工共同协作或组成一个康复治疗小组（rehabilitation team）才能完成。

3. 医疗陪护

"三分治疗、七分护理"，说的是护理工作的重要性。医疗陪护是指医院里专门陪伴、监护住院病人的专业人员、专门人员或特殊专业护理人员，这些人员一般来自医疗机构、家政服务和社工机构。医疗陪护按性质的不同可分为技术陪护（医护）、心理陪护、生活陪护。

技术陪护：由具备相关专业技术并需要运用这些专业技术对病人进行干预和处置的专业陪伴和护理。一般包括医护、介护和监护。医护是由医生或护士在行使职责过程中对病人进行的陪伴、观察、处置和护理。介护是指为患者独立生活、正常生活的实现、尊严及人权的尊重，自我价值的实现及日常生活起居提供援助。介护的内容主要包括病人的安全移动护理、给药护理和急救护理。监护是通过人工观察和仪器设备监控观察，根据病人反应及时反馈给医务人员或在一定范围内自行处置的陪护形式。

心理陪护：现代护理模式正由"生物医学"模式变为"生物—心理—社会医学"模式即整体护理模式，这也是人本主义的医疗护理。在人本主义医疗模式下，更突出心理因素和社会因素。人本主义视角下的整体护理模式，要求护理人员除了加强对病人自身的关注外，还需要把注意力放到病人所处的环境、心理状态、物理因素等对疾病康复的影响因素上。整体护理的特色主要是通过心理护理体现的，其中心理护理是关键，贯穿于整体护理的始终。护理专业的本质是对人类的关怀。国外学者Lo等人认为，整体护理包括相互联系的4个维度：躯体护理、心理护理、社会护理、精神护理。目前研究者们已经把心理护理作为整体护理的核心成分之一，它存在于所有的护理活动中，与其他3个维度不可分割。培格瑞（Pegram）认为心理护理是使躯体护理的方法得以顺利实施，并以建立良好护患关系为核心的方法、措施和过程。[1]由此可见，社会工作方法亦应是整体护理的核心，它同样嵌入了所有护理活动之中。心理陪护是在心理护理基础上，更增加了一个陪伴的功能，它体现了陪护人员将随时地、贴心地为求医者提供心理疏导、心理辅导、心理疏通、心理矫正、心理抚慰等方面的服务。

生活陪护：由社工、家政人员和其他护理人员为行动不便或者有特殊病痛的普通住院病人、老人提供生活起居照顾，如按医嘱为病人提供营养丰富的饮食和帮助病人进食，采取不同的护理知识和技术，协助医护人员治疗，并尽量帮助病人减轻病痛，度过

---

① 姜爱侠《心理护理研究概述》，《科技与企业》2012年第13期。

安全舒适的住院时光，尽快恢复健康等。除社工外，实际上家政及一般护理人员也应当懂得或具备一点社工知识，这样才能提高服务品质。从这个意义上来说，社工负有对家政及普通护工人员进行知识培训的责任，换言之，后者应当接受社工知识培训。总之，社工的工作领域贯穿于生活陪护始终。

4.心理援助

此处专指对住院病人的心理援助。除一些患有心理疾患，直接寻求心理治疗的病人外，一般病人在病痛及治疗过程中也往往伴有心理困扰问题，这时，解决心理问题成为保持正常治疗以及巩固疗效的前提。心理援助即心理危机干预，是运用心理学、心理咨询、心理健康教育学等方面的理论与技术，对处于心理危机状态的个人或群体进行有目的、有计划、全方位的心理指导、心理辅导、心理咨询和心理治疗，帮助当事人或当事群体平衡已严重失衡的心理状态，调节其冲突性的情绪和行为，降低、减轻或消除可能出现的对个人和社会的危害的心理干预和治疗过程。

▸ 扩展阅读

从别斯兰到三亚：为了"忘却"的治疗[①]

三亚是我国唯一的热带滨海旅游城市，著名的天涯海角、寿比南山的南山都在这里，每年的世界小姐总决赛也在这里举行，因此三亚一直是国内外游客喜爱的度假胜地。今年的"五一"黄金周，这里和往常一样火爆，不过除了普通的游客外，三亚还迎接了一批特殊的小客人，他们是谁呢，一起去看一下。

2006年5月2号傍晚，三亚市椰林滩酒店迎来了一批特殊的客人，他们是2004年俄罗斯别斯兰人质事件中幸存下来的10名儿童，平均年龄13岁。他们将在这里接受为期一个月的康复治疗。这10名儿童都是在人质事件当中受到了枪伤，或者说在枪伤的同时，受到了比较大的、精神上的刺激，美丽的三亚，优美的环境，加上中医的一些治疗，将有助于对于这些儿童身心健康的恢复。

人质事件后的一年多时间里，这些儿童在世界各国提供的援助下进行了多种治疗，这次到三亚是应中方的邀请，希望发挥中医的优势，用一个月的时间来修复孩子们在精神和肉体上遗留的创伤。

2004年9月1号，在俄罗斯南部北奥塞梯共和国别斯兰市第一中学里，1200多名师生和家长正在举行开学典礼，突然，30多名恐怖分子冲入校园。在谈判过程中，一些家长和学生被恐怖分子当作筹码要挟，陆续遇害。僵局持续了50多个小时，俄政府特种部队终于被允许进入校园运送尸体。但突然间体育馆发生了数次爆炸，局

---

① 柯学东《从别斯兰到三亚：为了"忘却"的治疗》，大洋网2006年5月13日。

面顿时混乱起来。特种部队不得不强行冲入校园解救人质，大部分恐怖分子被当场击毙，但仍有331名人质遇难，其中186名是儿童，而在枪林弹雨中得救的900多名人质，几乎无一例外地受伤，有100多人落下了终身残疾。

埃里布朗是这次来华治疗活动中唯一的一位母亲代表，在人质事件后，她和其他的受伤儿童家长一样，不停地为孩子的治疗奔波。但是，手术可以治好孩子们的枪伤，却不容易治好枪伤留下的后遗症和孩子们心里的创伤。而中国政府在这时提出了中医治疗的建议。

埃里布朗："所有的父母都很高兴，所有的父母都抱着他们的小孩希望能来中国，但是大夫选择了最需要来中国的小孩。"

2006年3月底，中方派专家组到别斯兰市进行诊断，由于名额有限，专家们最终确定了10名最需要治疗的孩子来三亚。

三亚市中医医院院长刘德喜："首先第一个是药物治疗，药物治疗就是中药，第二个就是外用的办法，外用就是包括针灸、推拿，还有药浴，还有个办法，就是心理治疗的办法，就是通过一些活动，首先三亚这个地方，气候环境（都很好），大海沙滩对他们的心情（有好处），然后我们就通过一些活动，比如说他们最喜欢的少林拳，还有一个就是绘画，中国画，还有就是普通话，简单的生活用语，我们想通过一个月在这里治疗以后，首先心理基本康复，第二个还学到一些中国传统文化。"

三亚市中医院的专家们在对10个孩子进行了复查后，确定了最终的治疗方案。

相对于可怕的针灸和又苦又黑的中药，下午的少林拳就好玩多了。孩子们马上就活跃了起来，鲁斯兰年纪最小却学得最快，他的父母为了保护他在人质事件中双双遇难，可怜的鲁斯兰每天晚上都会在噩梦中惊醒，不过，看到他练习武术时的高兴劲儿，医生们对他的恢复很有信心。

10岁的阿密娜是个很温顺的女孩，颅内至今还残留子弹碎片，导致左侧轻度偏瘫、左下肢肌肉萎缩，而且经常头晕头疼。在三亚经过10天的针灸康复治疗后，阿密娜有很大的好转。

武术教练介绍，武术训练是他们最喜欢的课，他们训练的时间，18堂课在15个小时之内完成，这个时间比较短暂，多少有点难度，因为他们没有基本功，教练就多做些示范，让他们去理解，去意识到每个动作，脑海里有印象。

教练说，考虑到孩子们心理上都受过伤害，他不会用传统的非常严格的教学方式去教拳，但是为了让孩子们真正体会到武术对身体的好处，他也不会降低要求，只是换种方式加强示范。

中国传统文化讲究能文能武，第一天治疗后学习了武术，那第二天治疗后就该学习绘画了。这可是女孩子们的强项，一个下午她们不仅学会了一幅水墨画，还学会了不少中国字。

> 教练："武术学习能增强他们的魂魄感，还有就是绘画。我们为什么选绘画，就是让他们以一种平和的心态，来做一件事情，这样起到一种修身养性的作用，这也是我们中医里治疗的一个原则吧。"
>
> 另外，等孩子们的状况有所好转后，医生会增加孩子们的户外观光活动。不过，尽管孩子们的活动表安排得满满的，医生们认为，一个月的时间还是太短了，希望孩子们能在短短的30天里尽情享受三亚的阳光、椰林和海滩，消弭恐怖留下的创伤，忘却残酷的记忆。

5. 社交娱乐

医疗旅游消费者与普通游客不同，他们虽然来自不同的地方，但都为了一个具体、明确的目的走到一起，并需要在一起共同生活一段时间，这就构成了一个同质性的群体，就有了社交和娱乐的需要，虽然普通旅游散客也有娱乐的需要，但其性质更具有个体的色彩，而旅游消费者的社交娱乐突显的是群体色彩。

6. 互助互惠

有相同困扰、相同疾患、相同需求或相同诉求的医疗旅游消费者自发自觉组织起来，互相帮助，互惠互利，成为一个同质性互助合作群体。比如住院治疗的慢性支气管炎患者或某种癌症患者组成一个小组，互相传递医疗和健康信息，互通有无，上至国外新药、下至各地偏方以及各自在调养过程中发现的有效食疗或某种健身途径等，这对于患者建立信心和促进治疗效果十分有益。互助互惠小组固然是一个非常值得推广的事物，但在现实中作为"原子化"的散居个体，每个人的文化背景、生活习惯、社交能力不一样，很难自发地、真正地组织起来，但有一点会得到不同文化背景的患者认同，就是他们一般都会认同这样一个组织，这时就需借助一种外来力量，催化、链接和推动这个组织的产生，这也就是社会工作者的价值所在。

7. 社区照顾

对于那些远离家乡和亲人，主要生活、居住在社区，并在社区接受治疗或疗养的各类型医疗旅游消费者，特别是其中的老年人和行动不便或独立生活有障碍的病残患者而言，亟须社区照顾服务。现阶段我国大多数城市社区以及农村社区所能提供的社区服务是以政府和街道居委会及村民自治组织为主，一方面，这种服务资源极为有限，一些地方甚至是空白；另一方面，这些服务主要是为户籍居民提供，而且是为户籍居民中的少数困难户提供。因此，满足医疗旅游地区社区照顾的需求更重要的是需通过市场途径解决，这个市场有两个维度，一是经济市场，即以营利为目的的商业机构。二是公益市场，即以公共利益为目的的非营利机构，包括社会工作机构。

8. 临终关怀

随着医疗旅游的发展，特别是国家经济的持续发展，中产阶层的不断壮大，与医疗旅游相关的一个新的旅游消费需求已经产生，并将不断增长，需大于供的现象已经出现。这个新的需求就是与医疗旅游相配套的临终关怀服务。服务是建立在需求之上，这种需求的有两种基本表现形式，一是延续性需求，即一部分享受中长期医疗旅游服务的老年人，特别是高龄老年人或危重病人，在旅游地居住治疗一段时间后，逐渐适应并偏爱当地的气候环境的情况下，会选择在旅游地终老。

9.社会企业

所谓社会企业是以企业经营模式为运行特征，以社会公共利益为本质属性，以经济收入达成支持社会理想实现的一种新型企业类型，同时，社会企业的产品中也蕴含了服务社会的理想与情怀。表现在一是其产品具有社会性。社会企业的产品一般与社会公共服务有关，即与医疗、保健、旅游及文化有关，有些产品在流通和消费过程中还直接传播了公益理念和信息。二是其定价具有社会性。社会企业提供的产品与服务一般都追求质优价廉，用户信得过。社会企业的产品也是对市场的必要补充，其特点是小商品居多，少有大宗商品。

第二节　旅游养老服务

随着闲暇时间的增多，老年人的日常生活变得单调而乏味，他们日渐注重提高自己的生活质量和健康水平，希望在有生之年享受生活的乐趣。他们渴望享受宁静，回归自然，放松身心，旅游正是满足老年人此种需要的绝好方式，它是物质生活与精神文化生活的结合，是求新、求知、求乐的综合体验。加之现在一些传统观念的变化，更增强了老人外出旅游的欲望。旅游逐渐成为老年人提高生活质量的重要方式。而养老旅游作为一种新兴的老年方式，将养老和旅游有机地结合起来，使老年旅游者在旅游中养老，在养老中旅游，一定会受到老年旅游者的青睐。

一、旅游养老的概念

李松柏（2007）认为养老旅游是老年人为了寻找更舒适的养老环境离开他们的常住地，到其他地方休闲、度假、养生，连续时间不超过一年的活动。周刚（2006）认为养老旅游在本质上属于老年度假旅游，是老年旅游者以异地养老的形式而发生的不以工作、定居和移民为目的的旅行和游览活动的总称。梁陶（2008）认为养老旅游是指老年旅游者在连续时间不超过一年，且不以获取经济利益为目的的异地养老过程中所发生的一切现象和关系的总和。

上述三种观点，第一个观点侧重养老，第二个观点侧重旅游，第三个观点侧重过程和现象。综合上述观点，我们认为，旅游养老是一种"旅游+养老"的一种新的旅游观或养老观。所采用的方法、途径和工具是旅游，目的和本质是养老。是老年人及其家人，根据老年人的需求和偏好，选择合适的旅游地，借助旅游环境、旅游过程和养老资源，进行季节性或阶段性的旅游和养老活动，是一种集异地性、暂住性、旅游性、疗养性于一体，身心兼修的精神与物质文化交互活动以及旅游与养老相得益彰的通过旅游进行养老的过程。

二、旅游养老的服务项目

与旅游一样，旅游养老同样要涉及吃、住、行、游、购、娱这几大服务项目。只不过根据旅游养老的特点，需要对这几个要素进行重新排序。排序的结果应该是住、吃、行、游、购、娱，与此同时，还要加上另一个重要元素：医。虽然前述"医疗旅游"一节中已提到"医"的问题，但与本节的"医"还有一定的区别，一是就医的群体不一样，医疗旅游的群体大多是急需治疗的患有各种各样疾病的患者，而养老旅游的群体大多是身体相对健康，即便有的患有一些慢性疾病，也是较轻微的和需要慢养的疾病。二是就医的目的不一样。"医疗旅游"是以医疗为主的旅游，将医疗放在首要地位，是专为某种疾病治疗而来，重在享受临床诊治服务。而"旅游养老"并非以医病为主，而是以养老为主，"医"居于次要地位和从属地位，其意义在于必须"时刻准备着"符合老年人需要的医疗资源，且方便老年人诊视。上述七个要素的旅游养老服务项目具体可归纳为以下几个方面。

1. 旅游养老的住宿问题

"住"显然是旅游养老服务中首先需要解决好的问题。"住"的方面一般有以下几种形式的服务。

（1）酒店旅馆。包括星级酒店和一般旅馆，这种酒店旅馆适合高收入和小住数天的老年群体，虽然环境较好，但费用较高，即便是普通旅馆，超过十天半月费用也很可观。因此，不适合长住或低收入群体入住，因此，在旅游养老中，这种住宿模式，最不经济实惠，因此市场需求较弱，也不易推广。

（2）产权酒店。酒店开发商将酒店的每间客房分割为独立产权出售给投资者，投资者根据自身的需求状况与酒店管理方签订灵活的经营管理协议，一般有三种模式，一种是投资者不在酒店居住，将客房委托酒店管理公司统一出租经营获取年度租金净收入，同时获得酒店管理公司赠送的一定期限的免费入住权，既可自己享用，也可用于转让、赠送和继承。二是投资者自己每年也需小住一段时间，而将不住的时间交与酒店管理公司统一打理，获取租金收益；三是投资者将产权房间全部委托管理公司打理，收取一定的年度租金，如自己需要入住，则视同普通客人，提前预约，入住期间的租金按略低于当日市场价从与管理公司签订的年度合同租金收益中扣除。产权酒店概念虽然好，但仍然只能是少数人享有，一般工薪阶层还是缺乏购买力。

（3）养老院所。我国现有的社会养老机构有敬老院、养老院、福利院、老人公寓等，这些服务设施是专门为老年人设计的，不但设施齐全而且价格合理，在发展养老旅游的过程中充分利用这些养老设施，既能满足老年旅游者的各种特殊需求，又能降低养老旅游的成本，是旅游养老较好的选择。但这些机构的经营性质有公办与民办两种，现实的情况是，公办只针对按行政区划划分的当地户籍居民，一般不对外开放，而只有民办机构才对外开放，目前这种状况正在改变，也需要改变，这种改变既是公办机构自身发展的需要，也是养老资源宏观调控和服务社会的需要。

（4）农家乐服务。农家乐是新兴的旅游休闲形式，是由当地农民（也开始出现由城里人或外地人出资的现象）在当地农村面向社会特别是面向都市居民提供的一种回归自然、放松身心、愉悦精神的吃、住、观光、购物一条龙服务形式的休闲旅游方式。一般来说，农家乐的业主利用当地自产的甚至是无公害的果蔬粮食开办餐馆招待客人，利用当地生产的天然原材料，如竹、木、藤、椰壳、牛角、水果、石料、珠宝、贝壳、水果、药材等进行加工，满足客人的需要，材料实，成本低，流通环节少，物美价廉。农家乐一般都位于空气清新、环境优美的自然景区，呈现美丽质朴的田园风光，能够怡情养性，因此不仅受到很多城市年轻人的欢迎，对大多数老年旅游者亦具有吸引力。全国各地旅游景点的农家乐均较受欢迎，生意兴隆。一些著名的长寿村还专门开发农家乐养老旅游产品，让老年人融入当地的生活，感受当地的人文风情。

（5）社区租赁服务。旅游养老人员通过互联网、中介机构、熟人关系、现场寻访等方式在旅游地城市或农村社区，根据自身消费水平和住宿要求，向社区居民租赁富余的房间，小住一月至一年不等。这些房间大都较为简陋，少数条件设施好一些，但价格略高，一般都具备基本的床铺、洗漱或做饭设施，有的还配备有电视、空调、冰箱及上网设施。老人需要自己收拾和自己做饭。房间的功能主要是"住"和"吃"，老人们会选择白天外出溜达或游览，中午或晚上回住地休息。租赁费用按一人一床位或一人一房间以及季节和地域的不同，中国内地的价位一般在一个月数百元到上千元不等，一个月的费用可能不及星级酒店一晚的费用，较为经济实惠，北方到南方以及南方到北方的"候鸟老人"大多采用这种较低廉的旅游吃住方式以达到居住较长时间的目的。

（6）寄居托老服务。寄居托老服务是近年来产生的一种新的旅游养老形式，它包含两种模式，一是领养模式，二是寄养或托养模式。领养模式是为满足那些家中没有老人的年轻人为表达对老人的敬重、怀念以及愿意为社会和老人奉献一份爱心的精神需求，而领养一位符合领养条件的老人，依据双方自愿和与第三方监督机构（一般为民政部门或公证部门）的协议，无偿奉养老人一段时间甚至直到养老送终。寄养或托养模式是老人的家人或老人原所在社区将老人托付给旅游地的某个家庭或家庭形式的托老机构，给付一定费用，让老人生活在寄养家庭或托老机构氛围中，融入当地人生活的一种养老模式。上述两种模式中，前者是纯公益，后者是社会性第一，营利性第二，兼具公益成分，寄养或托养模式既像领养模式一样，让老人有了家的归属感和亲切感，同时也不失为旅游地居民获取生活和家用补贴的一个现实途径，因而越来越受到各方重视。

爱心托老所"量身打造"的照顾让"寄居"老人不孤单[①]

还有几天就是我们传统的新春佳节了，和家人一起过一个团圆年是节日里最幸福的事儿了。然而还有着这样一群特殊的老人，他们或因为身体，或因为家庭等各种原因不能回家过年，但是他们并不孤单，因为他们有一个温暖的大家庭——爱心托老所，春节来了，他们的情况是怎么样呢？

剪窗花温馨布置爱心托老所里过年氛围很浓

走进位于七里河区曦华源内的爱心托老所，温馨的布置和准备过年的场景让人感觉到了浓浓的年味，只见各位工作人员和部分老人分外忙碌，他们有的戴着老花镜剪出了各式各样好看的窗花，有的在小志愿者的帮助下画画……一派忙碌热闹的景象。而那些没有自理能力的老人则在工作人员的照料下穿戴得干净整齐，"漂亮王阿姨，今天早上锻炼的怎么样？""东北大美女，你看这个窗花是啥图案？"爱心托老所负责人宋妮妮在几名老人中间"调皮"地和他们说话，虽然这几位老人都失去了自理能力，语言也表达不清楚，但是从她们的脸上，看到了开心的笑容。

据悉，爱心托老所现有40名老人，大都是失能、半失能状态。今年过年这些老人基本都不回家，都会在托老所过年，为了精心照顾好他们，托老所特意安排了所有护工和工作人员24小时轮流留守。

40位不回家过年的老人每一份照顾让他们不孤单

托老所里的赵叔叔今年60岁了，在年轻时曾有过一个幸福的家庭，他的爱人在怀孕快生孩子时遭遇了车祸，孩子没有保住，爱人变成植物人的几年后也离他而去，那个时候赵叔叔精神受了很大的刺激，同时患上了自闭症和抑郁症。刚来爱心托老所时，赵叔叔抱着一只小狗，晚上睡觉时也需要小狗的陪伴，精神状态很不好。鉴于这种情况，托老所的护工除了精心照料他的饮食起居外，还经常和他聊天、散步。慢慢地，赵叔叔的病情和精神状态都有所好转，和托老所护工、老人们熟悉了之后，逐渐不再需要小狗的陪伴，现在每天搬水、扫地、帮护工照顾其他老人，可勤快了。

王叔叔喜欢吃自助餐，每隔一段时间，宋妮妮和爱人便会带王叔叔去他喜欢的一家餐厅"美餐一顿"；李大哥患有"肌无力"，能动的只有头部，他无聊的时候，就让他的"鼻子"刷一会儿手机……其实这里的每一位老人背后都有着一段让人心酸流泪的故事，但幸运的是，他们每个人都有一份量身打造的特别照顾，这些照顾让他们更像是生活在一个温暖有爱的大家庭，从此不再孤单。

[①] 颜娜《爱心托老所"量身打造"的照顾让"寄居"老人不孤单》，《兰州日报》2019年1月31日第4版。

（7）投亲靠友。老人投靠旅游地的子女和亲友，小住一段时间的现象越来越多，这部分人群占旅游养老的总人数虽然比例很小，但从绝对数上，也不在少数。这种现象与旅游地的人口结构特点是一致的，"外来性"便是一个重要特点。在旅游地的政府机关、企事业单位、非营利组织、民办企业及个体工商户工作及从业的人员中，出生地为外省市甚至国外的人员占有较大比例。旅游地一般在相对较偏远和闭塞的乡村和山区，因而教育、观念、文化和经济实力也相对落后，外来人口和投资的进入，是开发和建设旅游地的必然选择。1988年前后，"十万人才下海南"，正是旅游地人口特征的一个实证。海南的这十万人还主要是指高端人才，并不包括那些打工者，加上后来陆续而来的打工者，显然海南的外来人口更多，附带而来的现象是，投亲靠友的季节性和旅游性暂住的老人也越来越多。这部分老人虽然不需要当地政府承担任何养老费用，但他们同样需要养老服务。

2. 旅游养老的饮食问题

旅游养老的饮食问题包括两个方面，一是保证餐饮供应的问题，包括供应地点和供应量的问题；二是根据不同个体差异，一日三餐以及一餐之中膳食结构的科学、营养、均衡及合理配伍的问题；三是餐饮传输即如何送达或如何实现就餐的问题。中国俗语有"穷人富路"之说，其意是出门在外的人尽量要把自己照顾得更好一点，把钱粮备足一点，旅游在途的人也都希望在"吃"的方面能尽可能一饱口福，医疗旅游消费者多是病人和中老年人，更需给他们精心准备可口的饭菜。了解消费者的偏好，访问他们的反应与感受，向餐饮提供者提出合理化建议。为消费者提供送餐等起居照顾服务，不仅仅是家政服务或护工的责任，更是社会工作机构和社工的责任，在这一领域社工较为缺位，恰恰是服务质量不尽如人意的原因。

3. 旅游养老的观光问题

属于旅游养老的这个群体不仅仅是来到旅游区，享受阳光、空气和环境，而一定是会选择边旅游边居住，即"早出晚归，边住边游"。那么，旅游地或接待机构除了安排好食宿以外，旅游景点、线路的选择，出行观光顺序、时间、强度的安排，观光期间的其他活动安排、在寓时间的社交娱乐活动安排等都要到位。景点、线路的选择要本着安全、有益、经济、可重复的原则。如何选择景点线路，如何安排合适和必要的活动，如何针对老人的问题和需求结合旅游进行干预和解决，如何使在寓时间生活得更有质量，如何尊重不同文化并满足不同文化背景老人的需要，这些课题都是社会工作者需要回答和面对的。

4. 旅游养老的交通问题

一是城市大交通，二是居住环境的小交通，三是观光线路的专线交通。这三方面是否方便到位，经济实惠，体现了一座城市的包容性和服务水平。虽然这些交通问题不是社工能够决定和解决的，但社工可以通过所开展的社区工作，进行社会动员和关系协调，做到链接资源、提供信息，倡导利益、推动政策。

5. 旅游养老的购物问题

虽然我国已经出现了购买力较高的老年旅游者群外，我国老年消费者，大多经历了低生产力水平、低消费水平的阶段，习惯了俭朴的生活方式，养成了精打细算、反对铺张的消费习惯。所以说，重点开发物美价廉型养老旅游产品，可以迅速为市场所接受，刺激市场的进一步成熟。

6. 旅游养老的娱乐问题

娱是"吃、住、行、游、购、娱"这旅游六要素中的最后一项，但绝不是最不重要的一项，而是最后一个重要环节，也是旅游养老服务体系中的一个极为重要方面。从实践来看，这种娱乐可分为三种类型或情形：一是在途娱乐。观光游览的中途休息时间内开展的娱乐，这个时间段一般来说主要就是休息，不会有其他活动，但也有例外，如果休息时间超过一定限度或者足够长的话，也可以安排一些简便易行的少量娱乐活动。二是到达娱乐。主要是指到达酒店、营地、目的地，安顿下来后的休息时间，可安排适当的、有地方特色、适合游客的娱乐活动。三是景点娱乐。即旅游与娱乐合一，旅游项目中本就含有娱乐，如看节目表演，参与泼水节活动，举办篝火晚会等。

7. 旅游养老的医疗服务

开发温泉疗养型养老旅游产品，温泉中含有丰富的矿物质，对老年人常有的风湿性关节炎、类风湿性关节炎、慢性支气管炎、动脉硬化、老年原发性高血压病等疾病具有一定的疗效，而且还有保健、美容、护肤的功效，如著名的汤岗子康复理疗中心（鞍山汤岗子医院），利用泉水、矿泥及中西式疗法60余种治疗手段，对风湿、腰椎间盘突出、强直性脊柱炎、心脑血管后遗症有显著疗效。

此外旅游养老的心理情绪支持也是一项重要的服务需求。

三、旅游养老对社会工作的需求

基于旅游养老的特点，至少在以下四个方面对社会工作提出了特定的需求。

1. 康复社会工作

康复社会工作，是指把社会工作原理、方法和技巧运用于康复工作，协助残障人士恢复和发展他们的潜在能力，实现他们在现代生活中的社会适应功能的社会工作。服务对象包括各种残障人士和行为上的残障者，通过专业化的程序和技术对生理的、心理的、行为的残障者实施再教育和再塑造，以增强他们适应社会的能力，使之介入正常的社会生活，乃至成为具有建设性的社会一员。旅游养老视角下的康复社会工作除了亦具备上述内容之外，外延还有所扩大，即也包括慢性病康复社会工作。特别是在一些气候条件优越的海滨疗养胜地，如海南三亚等地，深得内陆省份候鸟老人喜爱，许多有各种慢性病的老人习惯到这些地区过冬度假、旅游，边旅游度假，边试图康复。

2. 护理社会工作

社会工作是医院护理工作的一个重要组成部分。随着社会的发展和医学模式的转变，护理工作的社会地位和作用表现得很突出，也显得很重要。因为，患者或者住院医治者的所有问题并非医生能全部解决的，也并非所有问题都是医学问题。并且，来的医疗护理机构中，护士的角色也将发生变化，护理工作的内容、范围和方法都将扩展和改变。在我国的社会主义制度下，人人都拥有身心健康的权利，护理社会工作将从侧面使人享受这种权利。这也是"美好生活"的体现。那么，护理社会工作的范围广义层面讲可概括为：社会指导、社会政策、社会教育、社会预防、社会服务、社会建设等。狭义的社会工作的具体内容包括以下几方面。

（1）病人和家属的支持者。这是以病人为中心的整体护理模式的要求。护理人员针对病人所患疾病的发生、发展、治疗、转归全过程实施心身护理，对家属的心理情绪给予支援。

（2）医院各科室的协调者。医院有许多专业科室，既各有分工，又需要密切配合，但医院本身并没有第三方充当协调者，因而总会出现一些或轻或重的不协调，这是医院工作流程中的通病，而社会工作者天然能够承担这一责任，能协助医院和医务人员共同做好病区内外的社会工作。

（3）社区保健的服务者。随着旅游养老的发展、候鸟老人的增多，社区保健便成为现实需求。WHO的目标是到2000年人人享有卫生保健，为确保这一目标的实现，社区保健成为护理社会工作者的一个新的重要内容。创建社区保健机构、进入社区进行宣传动员、提供社区保健专业服务，将成为护理社会工作面临的一个新任务。

3. 心理陪护社会工作

无论在旅游社区，还是在旅游医院，抑或是旅游养老公寓，有许多独居老人，有的是本来就独居，有的是孩子为尽孝，将老人安排到气候条件优越的地方旅游休闲，暂时独处，孩子们自己则依然回到老家打拼干事业。这样一来，旅游地的老人心理陪护的需求就成为显性问题。无论是从社会还是从市场层面，都潜藏着巨大的需求。

4. 医务社会工作

医疗旅游既是医疗事业发展的一个新方向，也是旅游事业发展的一个新方向。如老年慢性病防治与疗养、医学美容、健康养生等。随着这方面用户的增加，医务社会工作者的需求量也随之增加。在一些医疗旅游区，医务社会工作者是供不应求。海南博鳌乐城国际医疗旅游先行区的创办，以其大面积、大规模、大机构、大资本，将我国医疗旅游事业提升到一个新的高度，它的建成将在世界上产生重要影响，同时对医务社会工作者的需求也是巨大的。医务社会工作是指综合运用医务社会工作专业知识和方法，为有需要的个人、家庭机构和社区提供专业医务社会服务，帮助其舒缓、解决和预防医务社会问题，恢复和发展社会功能的职业活动。医务社会工作的对象主要是患者、家属，甚至医务人员。医务社会工作是协助病人及家属对疾病的反应与治疗有深切的了解，帮助他们恢复生活的信心，解决所面临的问题和恢复正常生活功能的专业活动。

◄ 思考与练习题 ►

1. 如何看待旅游社会工作与养老服务的关系？

2. 旅游目的地的养老服务呈现哪些独特之处？

3. 发展旅游区的养老服务重点要解决哪些问题？社会工作切入点体现在哪些方面？

◀扩展阅读▶

2018年医疗旅游行业现状与趋势分析——将迎来快速发展新时期[①]

医疗旅游行业发展现状

所谓医疗旅游，国际上定义是指以医疗护理、康复修养为主题的健康管理和旅游服务。而从医疗、旅游产业深度融合角度讲，游客去异地进行医治、康养、美容和预防等为主要目的而产生的食、住、游等旅游活动，统称为医疗旅游。

因此，发展医疗旅游，不仅可以推动健康服务业和旅游业，还将带动其他相关产业的发展，如餐饮、住宿、交通、会展、娱乐、购物、医疗器械制造、医药制造、建筑等，能够有效拉动宏观经济增长。公开数据显示，全球医疗旅游市场总体约600亿美元，每年市场消费约为210亿美元，年增长率为20%至30%。

我国旅游资源非常丰富，特别是中医药领域拥有传统技术和广阔市场，中国在发展医疗旅游业方面具有独特优势。通过跨境合作，各国能从中国寻找到商机，中国医疗旅游业也必将迎来快速发展的新时期。

目前，北京、上海、广州等少数一线城市对于发展医疗旅游产业表现出极大的热情，积极学习国际医疗旅游发达国家的经验，部分也着手制定本地区医疗旅游产业发展的相关政策和措施。同时，部分旅游城市也相继推出医疗旅游服务。

因此，相对于医疗旅游发达的国家，中国的医疗旅游产业主要分布在医疗技术、设备先进或医疗保健资源丰富的地区。未来，随着医疗旅游市场壮大，将以率先发展的地区为中心，不断扩大覆盖区域，最终完成全国范围内的布局。

现阶段，医疗旅游行业参与者主要包括三类：一类是在线医疗企业，如就医160、好大夫在线等；另一类是传统海外医疗机构，如盛诺一家、美医汇等；还有一类是在线旅游企业，如携程、途牛等。

其中，春雨国际依托平台沟通抢占国内外医疗旅游市场，利用高性价比产品辐射更广泛消费客群，稳居第一阵营；盛诺一家、翰翔仁和、爱康体检宝等聚焦绝对高端市场，依托PC端和线下发展业务，组成第二阵营；就医160、微医、好大夫在线等利用移动互联网优势，试点开发部分产品形成医疗旅游行业第三阵营。

[①] 温程辉《2018—2023年中国医疗旅游行业深度调研与投资战略规划分析报告》，前瞻产业研究院网站2018年5月6日。

虽然我国医疗旅游发展潜力得到认可，但当前还受制于医疗体制、资源配套不均衡等内在原因，整体来说还处于起步阶段，缺乏一个优质、完善、全程的医疗旅游服务及支撑系统。

对此，我国应从政府、医疗和旅游机构的角度推动医疗旅游行业发展，具体可从政策精准发力、产品独具特色、产业深度融合、人才强力保障等四方面着手。

医疗旅游行业发展趋势

首先，随着医疗技术的全球化发展，未来各个地区医疗水平的差异化将会逐步减小，在这样的发展趋势下，旅游在疾病治疗类医疗旅游中地位将会进一步提高，消费者对于医疗旅游过程中的旅游项目、旅游服务将会更加重视。

其次，我国将引导国际竞争优势的企业和金融机构聚集，分阶段引进国际先进的医疗设备与技术，逐步形成世界领先的医疗旅游产业集聚区，将医疗护理、健康管理、康复保健、休闲养生、旅游观光相结合。

最后，在发展关系上，主要以政府为主导，医疗旅游产业链上相关企业后续跟进；在发展形态上，将形成四大形式，即城、镇、园、区；发展次序上，第一阶段主要包括市场需求与调研与资源推广、包装设计医疗旅游产品，第二阶段发展医疗旅游配套和培养专业接待队伍，第三个阶段建立医疗旅游产业发展基金、医疗旅游有关的法规和规范。

第十二章　　旅游区的禁毒社会工作

本章教学目标是了解旅游区禁毒社会工作的基本理论和实务方法。教学的重点和难点是旅游区禁毒社会工作实务以及旅游区禁毒社会工作的途径与方法的选择。

综观世界各国的现实情况，旅游区尤其重点旅游区，一般都是毒品的重灾区，是毒贩比较青睐的地区。因为这些地方汇聚了各个不同地区、民族、国家的游客，各种不同的文化、亚文化，乃至越轨文化也容易在这些地方汇聚。旅游本来就是对不同体验的消费，因而，毒品和禁毒问题是世界各国重要旅游地区都不得不面临的一个挑战。中国的云南、广西、海南等一些重点旅游地区也不例外。如海南省"为净化海南国际旅游岛建设社会环境"[①]，省人大常委会对2004年制定的《海南省禁毒条例》进行了修订，于2010年3月25日审议通过了《海南经济特区禁毒条例》。重点旅游区往往成为毒品的聚散地，因此，禁毒社会工作是旅游社会工作中的一项重要内容。

第一节　　禁毒社会工作的历史与现实

一、毒品与吸毒问题的历史回顾

"毒品"问题，追根溯源当从鸦片说起，中国不是鸦片的原产地，唐朝时阿拉伯商人把鸦片作为贵重礼品传入我国；宋朝人们仅用于治病和观赏；元朝时蒙古军队远征印度将鸦片作为战利品带回国内；明朝时开始在一些王公贵族中流行吸食鸦片作为消遣，万历皇帝就是一个"鸦片皇帝"；到清朝时，特别是乾隆中期以后，国人吸食鸦片逐年增多。据史书记载："嘉庆初食者甚少，不二十年，蔓延天下，自士大夫以至贩夫走卒，群起趋之，靡然而不返。"[②] 当时鸦片主要由国外进口，鸦片战争以后，国内才大面积种植。17、18世纪时，葡萄牙人和荷兰人把鸦片从土耳其运到中国，数量不多。1757年英国占领印度鸦片产地孟加拉国以后，输入中国的鸦片逐渐增加。到了道光年

---

①　邓云秀《打击毒品犯罪净化国际旅游岛经济社会环境——海南经济特区禁毒条例解读》，《海南人大》2010年第7期。

②　梁廷枏《夷氛闻记》，中华书局1959年版，第8页。

间，吸食鸦片已泛滥成灾，遍布社会各个阶层，每年大量白银外流，造成国库空虚，民不聊生。"我们认为，对1838—1839年度鸦片进口数量的估算，应从四万二百箱扣除运往东方其他国家的五千箱，另加土耳其鸦片估计约五百箱，改订为三万五千五百箱比较确切。"①鸦片流毒一直延伸到民国时期。民国时期，虽然有禁烟令，但在执行中大打折扣，旧北京一些大公馆都有烟灯烟枪，家家喷云吐雾，北京八大胡同更是烟馆林立。警察明明知道那些大公馆吸食鸦片的事情，却不敢管，只是睁一眼闭一眼。烟土的高额利润，促使当时军阀割据的管辖区在军阀纵容下，纷纷种植鸦片。军阀可以抽烟税，或垄断包销包运。当时的烟土成为军阀主要财源和军费的来源。另一方面，当时市面盛行东北的"冻土"、云南的"云土"、广东的"广土"。根据讲述人说，东北烟土劲头最足，抽过剩下来的烟灰还可以抽，能够反复抽好几次，深受买主的欢迎。可见鸦片对当时中国传播之广，毒害之深。

中华人民共和国成立之初，中央人民政府即采取坚决措施，在全国范围内开展了禁毒运动，收缴毒品，禁种罂粟，封闭烟馆，严厉惩办制贩毒品活动，8万多毒品犯罪分子被判处刑罚，2000万吸毒者被戒除了毒瘾，并结合农村土地改革根除了罂粟种植。到1952年底，短短三年时间，就基本禁绝了危害中国百余年的鸦片毒害，创造了举世公认的奇迹，成为人类禁毒史上的一次伟大创举！但好景不长，至20世纪80年代末开始，毒品又再次死灰复燃。国际贩毒集团利用中国这个"黄金通道"向其他国家贩运毒品，不久在云南、贵州、新疆等边境省份出现吸毒人群，然后向大城市和沿海城市蔓延，很快又扩散到全国，毒品蔓延速度之快令人吃惊。短短几年，我国从无毒国又逐步变成毒品的消费大国。全国2148个市、县都有不同程度的毒品滥用问题。党和政府一直以来对这一问题十分重视，1990年，中国政府成立国家禁毒委员会，统一领导全国的禁毒工作，负责禁毒国际合作，办事机构设在公安部。1998年，国务院批准公安部成立禁毒局，全国31个省、自治区、直辖市和大多数县（市、区）政府都建立了相应的禁毒领导机构，各地成立了上百家戒毒机构。经过十多年的努力，毒品蔓延势头得到一定程度的控制。但致幻剂、兴奋剂滥用又呈现快速上升势头，形成了新的吸毒潮，达到令人担忧的程度。根据中国公安部禁毒局的统计数字，截至2017年底，全国登记在册吸毒人员258万人，其中75%是青少年。公安部禁毒官员分析，按吸毒人员显性与隐性比例计算，中国实际吸毒人数超过1000万人。②

二、戒毒社会工作的产生与发展

禁毒社会工作是社会工作的重要组成部分。在禁毒实践中，把社会工作引入禁毒斗争中，这是一种制度的创新。对于禁毒社会工作的定义，国内学者虽有不同表述，但并没有太大的争议。

---

① 李伯祥等《关于十九世纪三十年代鸦片进口和白银外流的数量》，《历史研究》1980年第5期，第79～87页。

② 刘子阳《我国实际吸毒人数超过1000万人》，中国法院网2014年6月27日。

范志海（2011）认为，所谓禁毒社会工作，即将社会工作的理念和方法应用于禁毒工作领域，由具有一定禁毒和社会工作的科学知识、方法和技能的社会工作者，对工作对象提供生活关心、戒毒康复帮助、就业指导、法律咨询服务和行为督促的一种工作过程。

李霞（2012）认为，禁毒社会工作是指社工运用一定的禁毒知识和社会专业知识、方法和技巧，遵循社会工作价值理念，在一定时期内，为服务对象提供心理辅导、行为修正、家庭关系及社会环境改善、就业信息提供、技能培训等跟踪帮教服务，协助他们完成心理、生理脱毒，提升适应社会生活的能力，顺利回归社会。张莹、王玥（2014）认为禁毒社会工作是社会工作的一部分，是社会工作在禁毒领域的具体表现。

概括起来，戒毒社会工作是社会工作在戒毒领域中的拓展运用，是由具有一定社会工作及戒毒工作专业知识和技能的社会工作者，在禁毒戒毒领域为工作对象直接提供社会服务，并在一定的社会福利制度和司法制度框架下，根据社会工作的价值观和伦理，帮助有困难的吸毒戒毒人员走出困境的职业活动。戒毒社会工作是社会工作的创新领域和分支领域。

在中国，现代意义的戒毒社会工作虽然是近十来年产生的新生事物，但追本溯源，则有290余年历史。学术界普遍认为中国禁毒工作的开端是雍正七年（1729年），据有关文献记载，光绪初年有民间禁烟活动的出现。王宏斌（1997）在《禁毒史鉴》一书中对清末民初的禁毒社会工作做了总结性的评述：1835年以前的禁毒是行政措施，没有群众参与；1835年到1840年，道光帝自上而下发动禁烟运动，这一运动主要由在朝的士大夫倡导，群众参与成分很小；1906年以后，一些自发的群众禁烟拒毒团体开始在禁毒运动中扮演重要角色；1924年以后，群众参与禁毒的积极性越来越高，禁毒拒毒团体在20世纪二三十年代禁烟运动中发挥了很大作用，使禁毒不再是一项单纯的政府行为。清末民初，包括西方传教士在内的群众性、社会性自发禁毒团体不断出现，并开展了形式多样、内容丰富的禁毒戒毒活动，在上海、北京、武汉等大城市还设有专门的戒毒机构。这一时期当是中国戒毒社会工作的起步时期。史载现在所知"较早的民间禁烟组织是郭嵩焘于光绪五年（1879年）联合乡中同好设立的禁烟公社，禁烟公社由传统士绅组成，禁毒公社的禁烟举措是调查族内烟民和施舍戒烟药品"。

《戒毒社会工作基础》一书认为我国专业禁毒社会工作的起源当以1991年美国戴托普国际公司与云南省的合作为标志。1998年，云南中美戴托普药物依赖治疗康复中心（云南省药物依赖防治研究所康复部）在昆明正式成立；2000年，戴托普开始与云南大学社会工作系合作，戴托普成为云南大学社会工作系的实习基地，每年为该系学生提供实习场地、委派专人担任实习学生的机构督导，配合云南大学社会工作系的建设和发展。云南大学社会工作系为云南戴托普提供专业知识和技能支持，并对戴托普的工作人员做专业培训，推动了戴托普机构工作的开展。当时尽管禁毒社会工作的名称在我国还没有正式出现，但从21世纪初开始，社会工作已经介入到我国的禁毒工作体系之中。

2003年8月，上海市率先在浦东、徐汇、卢湾、闸北四个区进行禁毒社会工作服务试点。社区戒毒不失为解决戒毒成功者回归社会等问题的可行途径之一。2003年12月，上海市成立了我国首家专门从事社区禁毒工作的社团海市自强社会服务总社。2004年8月，禁毒社会工作服务在上海全市19个区县全面推开。①禁毒社会工作者按照"政府主导推动、社团自主运作、社会多方参与"的思路，积极探索社区戒毒康复模式，帮助戒毒者回归社会，恢复和改善其社会功能。禁毒社工队伍的建立，标志着社区禁毒从单纯的行政行为转变为社会行为，动员社会各方力量参与禁毒。

2007年10月25日，深圳市委、市政府出台了《关于加强社会工作人才队伍建设、推进社会工作发展的意见》和7个配套文件（简称"1+7"文件）。其中，深圳市推进禁毒社会工作发展的具体举措，一是积极拓展包括禁毒在内的社会工作服务领域；二是政府购买社工岗位，在禁毒部门设置社会工作专业岗位，每70名吸毒人员配1名社工。2007年12月29日，第十届全国人民代表大会常务委员会第三十一次会议审议通过了《中华人民共和国禁毒法》，并于2008年6月1日起施行《禁毒法》，对我国的戒毒模式有新的提法，首次明确提出"以社区戒毒（康复）为主体，强制隔离戒毒与自愿戒毒为补充"的戒毒新模式。从此，"社区戒毒"的法律地位得到确认。对于禁毒社会工作而言，这是一个标志性的事件，它推动了禁毒社会工作的制度化和法制化。

2008年10月，深圳市禁毒办公室将福田区作为禁毒社工进驻社区的试点单位。试点工作采取"政府购买、民间运作"方式，委托"春雨"和"升阳升"两间社会工作服务机构运作。同年12月，深圳市成立了第一个社区禁毒社工工作站——深圳市禁毒社工福田试点。两间社工服务机构分别从香港聘请专业督导，专业督导与禁毒社工一起编写了《禁毒社工制度汇编》，介绍禁毒社工的工作方法和技巧。2009年，宝安区及龙岗区政法委员会也先后购买了14名禁毒岗位社工服务，分别在沙井街道办事处及龙城街道办事处开展禁毒社会工作。至2011年4月，深圳全市共设48个禁毒社工岗位，分布在罗湖、福田、龙岗、宝安、南山等区。

2011年《戒毒社会工作基础》一书出版，标志着戒毒社会工作由实践探索向理论总结的发展，使戒毒社会工作作为一门学科，一个专业和职业，从实务领域走向了教育领域，一些开设有社会工作专业的高校纷纷在课程中设置了戒毒社会工作课程。海南省琼州学院社会工作专业于2012年增设戒毒社会工作课程，并在海南第三戒毒所等单位长期开展了戒毒社会工作服务。越来越多的戒毒社会工作专业人才走出高校，走向服务领域。

三、毒品与吸毒问题的现状

（一）毒品问题是全球性问题

毒品泛滥是当今世界面临重大问题之一。据统计，全球约有2亿人在使用毒品，吸毒人群遍及全球200多个国家和地区。吸毒人群日益年轻化，年龄在16～64岁的人口中，约

---

① 范志海《中国社会工作发展报告》，社会科学文献出版社2009年第一版。

5%的人一年至少非法吸食过一次毒品。全球每年毒品交易额达8000亿至10000亿美元，每年因滥用毒品致死的人数高达20万，上千万人因吸毒丧失劳动能力。同时，吸毒与犯罪也有高度相关性。公安部禁毒局有关人士介绍，在毒品犯罪严重地区，约80%的男性吸毒人员有过其他违法犯罪行为，而80%以上的女性吸毒者从事卖淫，导致艾滋病等多种疾病扩散流行。数据显示，哥伦比亚、秘鲁和玻利维亚依然是主要可卡因产地，其中哥伦比亚可卡因产量从去年600吨降至目前的430吨，降幅达28%；注射吸毒人数最多国家是中国、美国、俄罗斯、巴西。

国际社会为控制毒品泛滥付出了极大的努力，但是全球毒品的非法种植、加工、销售和使用情况依然不容乐观。联合国毒品和犯罪问题办公室发布的《2019年度世界毒品报告》显示，2017年，约有2.71亿人在前一年使用过毒品，占全球15～64岁的人口的5.5%。全球2017年非法生产的可卡因数量达1976吨，创历史新高，比前一年增加了25%。同时，2017年全球缉获的可卡因数量增加了13%，达1275吨，是有史以来报告的最大数量。全球使用最广泛的毒品仍然是大麻，估计2017年有1.88亿人使用过大麻。

世界各国及联合国都在不断探索解决毒品蔓延的问题。一方面鼓励合法药品制造公司生产充足的医用药品，并经由各大卫生系统分发给患者使用；另一方面，它又要防范用于供应非法贸易的各种非法生产和分发行为。国际社会管理合法药品贸易和打击非法毒品买卖的历史可分为四个阶段。[①]

19世纪80年代至20世纪初期为第一阶段，"供应管制"是这一阶段的主要特征。一些政府机构认为解决毒品问题的最佳方法是依据欧洲和北美工业化国家的医疗准则，把药品的获取限于"合法"需求。中国在这一时期备受关注，鸦片战争的失败，非法的鸦片贸易使其深受其害，也使其成为当时全球非法交易的一个主要中心。

第二阶段从20世纪初至30年代初期，"签订条约"是这一时期的主要特征。1907年签订了《中英禁烟条约》；1909年在上海召开万国禁烟会议，形成了决议案九款，此时清政府相对完备的禁毒法律体系初步形成。1912年1月，由中国、美国、日本、英国、德国等国家在海牙召开禁毒国际会议。签订了第一个国际禁毒公约《海牙禁止鸦片公约》。该公约的要点是：缔约国应当制定法律管制"生鸦片"的生产、销售和进口；逐渐禁止"熟鸦片"的制造、贩卖和吸食；切实管理吗啡、海洛因、古柯等麻醉品。1936年6月26日通过、经1946年修正的《禁止非法买卖麻醉品公约》。这个公约明确规定了非法制造、买卖、运输、进口和出口麻醉品的行为属于犯罪行为，同时还对这些罪行的刑事管辖权做了规定。

20世纪30年代中期至60年代中期为第三阶段，"国际合作"可谓是这一时期主要特征。前一阶段制定的基本法规在世界范围内得以实施。多数国家支持药品供应管制条约。各国政府在收集并估算合法使用数量后提交到国际管理机构，由其建立国内执法体

---

① 威廉、麦卡利斯特《国际禁毒政策：一项历史的考察》，徐芳芳译，《中国社会科学报》2011年第199期第8版。

系管理合法交易和惩戒非法交易，并加强政府间的国际合作。20世纪三四十年代，滥用毒品致使中国国内极不稳定。新中国成立的十年间，国内一系列举措使毒品滥用大大减少。但是中国被拒绝加入国际毒品管制体系，还经常在证据不足的情况下被指控非法向国外走私毒品。

20世纪60年代至今为第四阶段，"精神药物"的出现是这一时期的主要特征。一系列新型药品的出现对许多地区传统的管理权威提出了严峻挑战，使毒品非法买卖在全球范围内更为泛滥。一种名为"精神药物"的非鸦片类药物滥用较为严重。国际供应管制体系无法阻挡该药滥用势头的扩大，政府则企图通过推进新的反非法买卖措施，加强国内法律监管和增加管制药物数量、种类等方式予以应对。这一时期，中国政府重新加入国际毒品管制体系中，参加了联合国麻醉品委员会及其他国际管理机构的会议。

历史证据显示，毒品问题无法彻底解决。供应管制能起到一定的控制作用，但社会各界必须认识到，贫穷、不平等、社会排斥和心理、社会支持缺失等因素都可能导致个人使用毒品。因此，未来面临的挑战在于如何增加对成瘾者的心理、社会治疗的投入以及开发防范毒品成瘾产生的项目。

改革开放后，中国与国际社会的合作恢复了正常状态。创立于1997年的联合国毒品和犯罪问题办事处（UNODC），自20世纪80年代中期开始与中国合作开展有关方面的工作。根据其职能，联合国毒品和犯罪问题办事处的艾滋病防治工作主要针对的是监狱、强制戒毒和康复中心内的吸毒问题。在组织机制方面，它强调与公安、卫生和社区组织建立合作伙伴关系。

目前，联合国毒品和犯罪问题办事处正在与中国国家禁毒委员会一起，按照国际最佳实践经验，审议中国在强制戒毒和康复中心的犯罪——司法做法，希望通过把成瘾重新定义为主要是一个健康问题，以期减少对吸毒人员的侮辱和歧视，提高戒毒和康复的效果，最终减少艾滋病病毒感染。同时与中国国家禁毒委员会、司法部在艾滋病与吸毒方面合作开展一些其他活动，如联合国艾滋病规划署项目加速基金资助的项目，已在广东的强制戒毒和康复中心开展。

（二）传统毒品与新型毒品

毒品是指鸦片、海洛因、甲基苯丙胺（冰毒）、吗啡、大麻、可卡因以及其他能够使人形成瘾癖的麻醉药品和精神药品。根据毒品来源分类，可分为传统毒品和新型毒品两大类。

1. 传统毒品和新型毒品的区别

（1）传统毒品：指植物体中天然含有的具有明显生理活性的毒品，可将植物的一部分直接吸食、饮用或通过简单的提取净化后得到含量较高的毒品。常见的传统毒品有：鸦片、吗啡、海洛因、大麻、可卡因。

鸦片：又称"阿片"，俗称"大烟""鸦片烟"，有生鸦片和熟鸦片之分。生鸦片来自植物罂粟，一般不直接吸食，需进一步精制成熟鸦片方可使用。熟鸦片呈深褐色，手感光滑柔软。长期吸食可使人瘦弱不堪、极易感染各种疾病，寿命也会缩短。过量吸食鸦片可因急性中毒、呼吸抑制而死亡。

吗啡：鸦片中所含的一种主要生物碱，滥用者多数采用静脉注射的方法，静脉注射吗啡的效果比吸食鸦片强烈10～20倍。

海洛因：鸦片系列毒品中最纯净的精制品，是目前我国吸毒者吸食和注射的主要毒品之一，又称"白粉"。纯净的海洛因为白色、有苦味的粉末，多用玻璃纸包装，以保持干燥。海洛因的镇痛作用是吗啡的4～8倍，对人体的依赖性是吗啡的5倍以上，常用剂量连续使用2次即可成瘾。

大麻：当今世界上最廉价、最普及的毒品，大麻类毒品的主要活性成分是四氢大麻酚。大麻可吸食、饮用、吞服，也可注射。长期吸食大麻可致肺癌的发病率增高，可使人失去对复杂机器或工艺流程的操作能力和驾驶机动车的能力，造成意外事故。

可卡因：古柯树叶中分离出来的一种最主要的生物碱。吸食可卡因可产生很强的心理依赖性，长期吸食可导致精神障碍，也称可卡因精神病，容易引起暴力、攻击行为。

（2）新型毒品：利用两种或两种以上的化学物质，通过一系列的化学反应制造出来的毒品。由于它们主要是在广大青少年中流行，所以，在某种意义上说，这些新型毒品对人类的危害更大，后果更为严重。常见的新型毒品有冰毒、摇头丸、K粉、咖啡因、三唑仑、GHB，此外还有安纳咖、氟硝西泮、麦角乙二胺（LSD）、甲喹酮、丁丙诺啡、地西泮及有机溶剂和鼻吸剂等。

冰毒：亦称"甲基苯丙胺"，外观为纯白结晶体，故被称为"冰"。冰毒对人体中枢神经系统具有极强的刺激作用，且毒性强烈。冰毒的精神依赖性很强，吸食后会产生强烈的生理兴奋，大量消耗人的体力和降低免疫功能，严重损害心脏、大脑组织甚至导致死亡。它还会造成精神障碍，表现出妄想、好斗、错觉，从而引发暴力行为。一般中小剂量者，表现出精神振奋、清醒、机敏、话多、兴致勃勃、思维活跃、情绪高涨、注意力集中、工作能力（特别是技巧性工作能力）提高，而且长时间工作或学习无疲劳感、无饥饿感。基于此，一些偶尔的滥用者，如长途行车司机服用以免困倦，学生挑灯夜战应付考试，运动员用以增强耐力和速度，演员用以增加精力和提高表演艺术等，他们都属于非经常使用者。正因为冰毒的这种"看起来很美"的诱因，对社会的危害更大。

摇头丸：冰毒的衍生物，以MDMA等苯丙胺类兴奋剂为主要成分，具有兴奋和致幻双重作用，滥用后可出现长时间随音乐剧烈摆动头部的现象，故称为"摇头丸"。摇头丸外观多呈片剂，五颜六色，服用后会产生中枢神经强烈兴奋，出现摇头和妄动。服摇头丸后往往在30～60分钟开始感受到药力作用，效力高峰约在90分钟，并能持续8小时或更长。表现为主观同情心增强、感情移入、快感、自信力的增强，视觉洞察力有改变等。在幻觉作用下常常引发集体淫乱、自残与攻击行为，并可诱发精神分裂症及急性心脑疾病，精神依赖性强。

K粉：即"氯胺酮"，静脉全麻药，有时也可用作兽用麻醉药。K粉为白色结晶粉末，无臭，易溶于水，通常在娱乐场所滥用。服用后遇快节奏音乐便会强烈扭动，会导致神经中毒反应、精神分裂症状，出现幻听、幻觉、幻视等，对记忆和思维能力造成严重的损害。

咖啡因：化学合成或从茶叶、咖啡果中提炼出来的一种生物碱。大剂量长期使用会对人体造成损害，引起惊厥、心律失常，并可加重或诱发消化性肠道溃疡，甚至导致吸食者下一代智能低下、肢体畸形，同时具有成瘾性，停用会出现戒断症状。

三唑仑：又名醋乐欣，淡蓝色片，是一种强烈的麻醉药品，口服后可以迅速使人昏迷晕倒，故俗称迷药、蒙汗药、迷魂药。可以伴随酒精类共同服用，也可溶于水及各种饮料中。见效迅速，药效比普通安定强45～100倍。

GHB：γ-羟丁酸，又称"液体迷魂药"或"G"毒，在香港又叫作"fing霸""迷奸水"，GHB在台湾又叫作液态快乐丸、G水、X水，或迷奸药水，是一无色无味的透明液体，有白色粉末、药片和胶囊等剂型，使用前溶于水或饮料中服用。常被居心不良者当作约会强暴的用途。GHB是目前美国最流行的滥用药物之一，在1990年被列为非法药物。由于使用后有快感的感觉，也会有减少脂肪及增加肌肉量类似类固醇的作用，因此经常被药物滥用者、健身房、减肥中心及健康食品中心非法利用，以邮寄或网络方式贩卖。另外由于它会使人快速昏睡及暂时丧失记忆力，故也是一种臭名昭著的约会强奸药物之一，但也被当作有效的安眠药使用。使用时也会引发肠胃道、中枢神经系统症状及呼吸抑制、身体无法控制的移动等严重副作用。

（3）传统毒品与新型毒品吸食方式及吸入后症状的区别：传统毒品多采用吸烟、烫吸式或注射等方法吸食滥用，如海洛因、杜冷丁可通过注射方式使用，鸦片、大麻一般采用烟吸的方式，海洛因和可卡因可通过烫吸的方式吸食。

新型毒品吸食者多采用口服或鼻吸式，具有较强的隐蔽性。如大麻适用于吞服、K粉多用鼻吸方式。

由于不同的吸食方式毒品进入机体的途径不同，吸收和作用快慢也不同，吸入是通过皮肤与黏膜的吸收其药效更快，静脉注射因直接进入血液，作用最快，所以传统毒品与新型毒品的吸食方式不存在严格的界限，在一些吸毒重灾区主要以注射方式为主。而静脉注射易致针眼皮肤感染、静脉炎、静脉硬化、静脉血栓形成等等。

传统的毒品主要为麻醉药品，对人体以"镇痛""镇静"为主，医疗上常用于减轻疼痛、治疗腹泻和镇咳。如鸦片、海洛因、吗啡及一些鸦片生物碱衍生物都具有这一功能。

新型毒品对人体主要有兴奋、抑制或致幻的作用。服用后出现精神亢进、心悸不安、颤抖、焦虑、失眠、头痛反应，在这些反应之前会有短暂的欣慰感。药效消失后，吸食者会产生疲劳、无力、不快甚至心律不齐等反应。

（4）传统毒品与新型毒品所致犯罪诱因的不同：传统毒品吸食者一般是在吸食前犯罪，由于对毒品的强烈渴求，为了获取毒资而去杀人、抢劫、盗窃。传统毒品多属于麻醉药品，吸食之后吸食者处于镇静状态，不会出现幻觉，犯罪主要是为了获取毒资购买毒品以解决毒瘾发作。

新型毒品吸食者除了同样具备传统毒品吸食者在吸食前为了获得毒资而进行杀人、抢劫等犯罪的可能性以外，主要是在吸食后出现幻觉、极度兴奋、抑郁等精神病症状，以致行为失控而造成暴力犯罪。由于新型毒品多为精神药品，属于兴奋剂、致幻剂，也有一部分为抑制剂。吸食者在吸食以后或精神亢进，或产生幻觉，或陷入昏迷、精神紊乱极易引起暴力犯罪。

2. 传统毒品与新型毒品的相同之处

传统毒品与新型毒品都具有毒品的基本特征，即依赖性、耐受性、危害性和违法性。依赖性（成瘾性）表现为生理依赖性和心理依赖性。生理依赖性表现为一种周期性或慢性中毒的状态，需要继续使用该药方能维持机体的基本生理活动，否则就会产生一系列机能紊乱和损害的反应。心理依赖性是指人在多次用药后所产生的在心理上、精神上对所用药物的主观渴求或强制性觅药的心理倾向。

耐受性指不断使用同一种或同一类药物后，药用效果会出现退化现象，机体对该药物的反应迟钝、变弱，必须不断增加剂量才能获得与以前相同的药效。由于毒品的药物耐受性，几乎每个吸毒者都会经历逐步增大吸毒量、缩短吸毒间隔时间以及改变吸毒方式的过程。

危害性即毒品泛滥不仅对吸毒者本人，而且对家庭、对社会都有极大的危害。吸毒者不仅身心健康受损，而且易感染和传播多种传染性疾病，尤其是性病与艾滋病。且容易诱发违法犯罪，阻碍社会经济正常发展和败坏社会风气。

违法性是毒品的法律特征。我国刑法规定：走私、贩卖、运输毒品，非法种植毒品原植物，制造毒品，非法持有毒品，引诱、教唆、欺骗、强迫他人吸食、注射毒品以及非法提供毒品的行为都是犯罪行为，必须予以严惩。

综上，传统毒品与新型毒品的特性总结归纳如表12-1所示。

表12-1 传统毒品与新型毒品的特性

	新型毒品	传统毒品
代表品种	冰毒、摇头丸、咖啡因、三唑仑、麻古、K粉、GHB等	鸦片、海洛因、可卡因、大麻等
来源	大部分是化学合成	罂粟、古柯、大麻等原植物或加工的半合成类毒品
对人体的作用	兴奋、抑制、致幻	镇痛、镇静为主
滥用方法	口服或鼻吸式	吸烟式或注射
滥用与犯罪的关系	吸食后行为失控造成暴力犯罪	吸食前为了获取毒资而去杀人、抢劫、盗窃犯罪
滥用场所	娱乐场所或聚众	隐蔽

总之，无论是传统毒品还是新型毒品，一旦成瘾，对吸食者对社会都会产生极大的危害，为了自身的健康和社会的安宁，每个人都应该远离毒品。

四、禁毒斗争的主要策略与措施

1. 美国：重视预防教育和禁毒运动

美国十分重视吸毒的预防教育，在禁吸戒毒方面投入了大量经费和其他资源，在全国开展了"抵制药物滥用教育"和"肃毒运动"，并制定了评估事件、创建小组、提出计划、行动动员、计划执行的禁毒具体步骤。联邦政府将每年10月6日确定为"肃清毒品教育日"，在全国范围内集中开展为期一周的"反毒品教育周"；从1986年起，开展实施"联邦雇员的工作场所要成为无毒场所"的运动，在新生入学、新兵入伍和应聘雇员等入门环节都要经过毒品检测才能录用；重视在校学生预防教育，克林顿政府在1998年发起了投资14亿美元的"全国青少年反吸毒教育媒体运动"，2008年又为该项目拨款1.3亿美元，组成有禁吸戒毒专业人士、社区警察和学校专职心理教师为主的行为干预机制；注重家庭在预防教育中的作用，为家长提供相关培训；社会层面，主要依靠媒体通过信息传播的方式向社会大众开展禁吸戒毒预防教育，政府制作禁毒广告投入全国1300多家媒体，还专门开设两个专题禁毒网站。另外，许多社会组织和科研机构开办资讯机构，为社会提供预防毒品和戒毒资讯和帮助，从而构建了由法院、警察、专业机构禁毒、媒体、社区、家庭和学校共同参与的美国禁毒预防教育体系。

2. 欧盟：共同治理与六大活动

欧盟推出的《欧盟禁毒计划2009～2012》从加强禁毒合作和提高公众禁毒意识、减少对毒品的需求、减少毒品供应、加强国际合作和增强禁毒意识五个方面提出了欧盟禁毒行动的基本方针。欧盟禁毒注重建立"一个共同治理跨国毒品问题的政策框架"，这个框架有以下几个特点：在政策领域方面，欧盟禁毒政策的范围仅限于"与共同体事务有关""涉及共同利益"和采取共同行动更有效的禁毒事务，对于成员国自己可以解决的问题，欧盟禁毒政策一般不会干预；在政策实施方面，从控制和命令转向更具弹性的"治理"；在政策治理目标上，这个框架不是以消除成员国制度与政策的差异性、以替代成员国禁毒政策为目标，而是希望建立欧盟层面上的共同治理的制度和政策框架，找到解决共同问题最有效的方法。欧盟虽然可以造成成员国丧失其独立行动的权力，但是能够使其获得共同行动的能力。成员国本身的政策需求成为推动欧盟禁毒政策不断发展的最大动力。

此外，欧洲各国还根据自身的实际情况推出了一些特色计划，如荷兰在1990～2002年间实施的健康学校计划（the healthy school and drugs）；英国从2000年开始实施光明未来（或称积极未来）计划，旨在通过教育和就业机会来积极影响年轻人，从而达到减少药物滥用和暴力的发生，该计划覆盖了全国10～19岁之间的1.8万名青少年。之后，英国又在2003～2007年实施毒品教育计划（blueprint drug education programme），专门针对11～13岁的青少年及其家长进行与烟草、大麻、酒精、兴奋剂、可卡因以及生物、甲基苯丙胺、挥发性有机溶剂等多种具有滥用潜力物质有关的预防教育，开启由学校、家长、社区组织、媒体和卫生政策方面组成的五项干预策略；西班牙在2003年推出电影和价值观教育（the movies and teaching values）项目，向公众传递理性认识和正确价值观，澄清一些错误的认识和价值观以及错误的行为和习惯；意大利侧重对公民特别是青少年进行电视教育，播放关于毒品预防方面的电视系列片，主要向15～22岁的青少年提供某些滥用药物的危险与警示；希腊从1998年开始推出家长培训计划（parents training），目标定位为家长和社区，目的是促进家庭在药物滥用方面发挥应有的作用。

　　3. 日本：每年为期三个月的宣传活动

　　日本的药物滥用问题始于"二战"后，在20世纪50年代和70年代曾有过两次大流行。日本在禁毒处、缉毒官和禁毒警察以及具有专业禁毒知识人员的共同努力下，进行了正确的禁毒知识宣传及限制类药物的知识普及，并在日本各地建立了药品兴奋剂滥用防止中心，在各都道府县配备药物滥用防止指导员，在他们的通力合作下，定期或不定期地对日本在校生及广大青少年进行禁毒宣传教育活动。如在全国范围内举行与"国际禁毒日"主题相关的街头宣传活动，该活动每年从6月22日一直持续到7月21日。每年的10月1日至11月30日，日本还定期举办"防止滥用毒品药物及兴奋剂"的宣传演讲教育活动，活动由政府和民间机构合作组织，在全国范围内多个站点同时开展宣传活动。各大学也会在开学典礼前进行禁毒宣传教育。

　　4. 巴基斯坦：世界上受毒品危害最严重的国家之一，吸毒人数高达数百万

　　面对贩毒和吸毒人数急剧增加这一形势，巴基斯坦采取了一系列切实可行的措施。首先，严厉打击毒品走私。巴基斯坦成立了全国性的禁毒委员会，组建了由军、警和海关参与的"禁毒部队"，打击毒品走私。其次，采取强制性手段铲除境内种植的罂粟。第三，重视与联合国及其他一些国际组织合作，支持和帮助这些地区的居民发展农业生产，保障他们的经济收入。第四，加大舆论宣传力度提高国民禁毒意识，并加强戒毒工作。

　　5. 墨西哥：大规模扫毒

　　墨西哥政府为控制毒品泛滥，在全国范围内发起了大规模扫毒斗争，取得了丰硕成果。政府采取的措施有：第一是加强立法，健全的法制为增强扫毒力度提供了有效的武器；第二是政府改组整顿缉毒机构；第三是积极开展以"让毒品离开生活"为主题的全国扫毒宣传运动，提高全民对毒品危害的认识，自觉抵制毒品。同时，墨西哥政府加强了同联合国、美洲国家组织等国际组织的联系，并签署多份"扫毒合作协议"，双边、多边扫毒合作得到进一步加强。

　　6. 马来西亚：双管齐下

　　马来西亚政府在禁毒方面主要采取了"双管齐下"的策略，即在努力控制吸毒的同时设法减少毒品的来源。控制吸毒方面，政府加强了禁毒宣传，使全体国民特别是青少年认清毒品的危害性；同时设立反毒、戒毒等方面的咨询机构。在减少毒品来源方面，具体措施一是政府加大了禁毒拨款；二是增加缉毒人员；三是严格立法；四是设立禁毒专门机构。

　　7. 缅甸：加大打击力度，实施替代工程

　　缅甸政府近年来把禁毒作为政府工作的重要任务，采取了多种禁毒措施，禁止种植

罂粟，加大了打击毒品犯罪的力度。在打击毒品问题上，缅甸十分重视国际合作，已与联合国、邻国和其他有关国家签订了双边或多边禁毒合作协议。与此同时，缅甸非常重视边远山区少数民族的"替代罂粟工程"，努力使少数民族在经济上摆脱对罂粟种植的依赖，使其改种其他经济作物，或获得其他谋生手段。

8. 泰国：重视司法保障

司法机构的广泛参与，给泰国禁毒工作的向前推进提供了有效的司法保障。根据泰国《禁毒法》的规定，泰国的总检察长是泰国禁毒委员会成员。另据1991年9月27日颁布实施的泰国《打击毒品犯罪措施法》第15条的规定，泰国总检察长同时还是泰国毒品犯罪财产审查委员会成员（该委员会由泰国反贪委员会主席任主席，泰国司法部常务部长为副主席）。泰国毒品犯罪财产审查委员会具有如下主要权力：① 对涉及毒品犯罪的财产进行检查；② 判定毒品犯罪嫌疑人或其他人的财产是否属于毒品犯罪的财产；③ 依法冻结、查封涉及毒品犯罪的财产。

9. 阿根廷：实施因人施教计划

由于毒品不断涌入，阿根廷渐渐成为南美主要毒品消费国之一。吸毒，尤其是青少年吸毒成为阿根廷严重的社会问题。针对这一问题，阿根廷政府实行教育为主，使全社会认识毒品、自觉抵制毒品的政策，推出针对不同人群的宣传教育计划。阿根廷政府1992年设立了一个禁毒宣传教育机构，并在全国建立了300多个分支机构，形成了广泛的宣传教育网络，专门宣传毒品危害，提供戒毒咨询，培训工作人员，贯彻国家禁毒计划。

10. 中国香港特别行政区：从间接的宣传教育转向直接的预防和治疗、帮助

中国香港针对青少年药物滥用等社会问题，设立了专门管治机构，除了设有香港特别行政区禁毒局这一职能机构外，还在行政区政府设立了灭罪委员会、青年事务委员会、危机青少年服务委员会三个"中央协调"机构，此外还有青年协会社团机构和许多民间戒毒治疗及救助机构。宣传和教育一直是我国香港特别行政区预防药物滥用的重要措施之一。针对不同年龄段学生的需要，制定了青少年早期教育的工作方针，药物讲座对象推广到小学五年级学生，制作了视频资料，政府与民间组织合作，开展了系列宣传活动。进入21世纪，开始执行有针对性的系列预防和治疗、帮助计划。包括外展服务更新为专为高危青少年服务的"地区青少年外展社会工作队"，增设"滥用精神药物者指导中心"，重视选择的指标和对象，而不是"药石乱投"，使戒毒工作效果更加明显。

11. 中国澳门特别行政区：坚持开展预防药物滥用的教育工作

中国澳门特别行政区从1992年开始，正式开展预防药物滥用的教育工作，澳门设有防治药物依赖厅，依赖厅通过不同的预防方法，循序渐进地向学校、家庭及社区推广预防意识和教育。根据不同对象设置了特定的宣传课程和活动方式，包括健康生活教育项目和青年社区中心项目，前者教育对象为5～12岁学龄儿童，采用国际认可的健康及药物教育课程，引导儿童认识健康生活的益处及药物滥用的危害；后者服务对象为12～25岁没有药物滥用行为的青少年，重在培养他们认识自我、自重自爱、增强抵御不良诱惑的能力。

12. 国际禁毒日

20世纪80年代以来，吸毒在全世界日趋泛滥，毒品走私日益严重。面对这一严峻形势，联合国于1987年6月在维也纳召开了关于麻醉品滥用和非法贩运问题部长级会议。会议提出了"爱生命，不吸毒"的口号，并建议将每年的6月26日定为"国际禁毒日"，以引起世界各国对毒品问题的重视，号召全球人民共同来抵御毒品的危害。1990年2月，在纽约召开的联合国第17届禁毒特别会议通过了《政治宣言》和《全球行动纲领》，并郑重宣布将20世纪最后10年定为"国际禁毒十年"，要求各国立即开展有效而持续的禁毒斗争，促进《全球行动纲领》的实施。[①]

第二节　禁毒社会工作的主要途径

我国《戒毒条例》第二条规定："县级以上人民政府应当建立政府统一领导，禁毒委员会组织、协调、指导，有关部门各负其责，社会力量广泛参与的戒毒工作体制。戒毒工作坚持以人为本、科学戒毒、综合矫治、关怀救助的原则，采取自愿戒毒、社区戒毒、强制隔离戒毒、社区康复等多种措施，建立戒毒治疗、康复指导、救助服务兼备的工作体系。"戒毒条例中所指的"社会力量广泛参与"包括了戒毒社会工作，甚至戒毒社会工作应当是社会力量的主体，从各地的实际情况看也是如此。无论采取哪种模式戒毒，戒毒社会工作都可以嵌入其中，可以说戒毒社会工作贯穿了戒毒工作的方方面面。

从开展社会工作的方式看，主要有以下途径。

1. 嵌入式

嵌入式包括形式嵌入和过程嵌入。形式嵌入是在不同的戒毒形式及其实施主体的组织单位中嵌入社会工作。这些戒毒形式有劳教戒毒、强制戒毒、自愿戒毒、社区戒毒、机构戒毒。过程嵌入是在不同的戒毒康复过程中嵌入社会工作。这些戒毒过程有生理脱毒过程、心理脱毒过程、社会脱毒过程，在这每一过程中，社会工作都有介入的空间。在嵌入模式下，社工与被嵌入单位是两套系统在运作。嵌入式也是一种外力作用或外力干预模式。

2. 岗位式

在涉及禁毒、戒毒或社区宣传的非社会工作机构中，按一定比例，设置配备内部的、专门的社会工作者岗位，安排专业人员负责这项工作。如医院、戒毒所或社区安排有社会工作部、心理咨询部等类似的社会工作岗位，社工人事关系不属于某个社工机

---

① 本节内容综合自赵敏、张锐敏《戒毒社会工作基础》，香港青年协会与上海市青年联合会主编的《预防犯罪与青年工作——沪港两地的探索与实践》以及香港特别行政区禁毒处网站中有关药物滥用的报告等资料。

构，而是属于所服务的单位，其用工性质属编内人员或者计划内编外人员，当然，社工在业务上可能会接受政府相关社工管理部门及有影响的当地社工机构的培训和指导。

3. 合作式

与警察、教师、商人、精神科医师、医师、心理师及一些接受专业训练的药物滥用辅导员（前瘾者），一起提供服务，以及合作开办戒毒机构。

4. 代理式

由依法注册设立，独立运作的专业戒毒社会工作机构承接政府购买服务或有关部门的委托戒毒的一种戒毒形式。如上海自强社和他们的司法社工，广东联众社会工作机构等均属于代理式社工服务。

5. 自助式

社工机构自行设立的戒毒服务机构，自行收治社会戒毒者的一种服务方式。

从开展社会工作的场所看，主要有以下途径。

1. 家庭戒毒

家庭戒毒模式是戒毒者选择理想的戒毒药物，在家人的照顾和监督下，在家中完成生理脱毒（亦称戒掉体瘾）并进入心理康复期（亦称戒掉心瘾）的治疗过程，是一种更具人文关怀的戒毒模式。家庭成员天天生活在一起，其亲密关系是任何社会团体都无法比拟的，家庭的关怀和温暖以及家人的支持和理解能使吸毒患者感受到自身价值的存在，并积极配合戒毒。

家庭戒毒是国家对吸毒人员实行强制戒毒和自愿戒毒两种方式的补充和延伸。随着近年来毒品在国内的日益泛滥，国家所规定和提倡的戒毒方法和强制戒毒容量已无法广泛地适应和控制日趋增多的吸毒现象。更有不少戒毒者及其家属碍于名声或限于经济条件而不愿或无法接受强制戒毒和其他专门戒毒机构的治疗，也有人在观念上认为进强制戒毒机构等于犯罪，而担心戒毒者日后步入社会会遇到歧视。基于这些原因，家庭戒毒已经在不少地区被采用并逐步得到重视和推广。2005年6月25日，中国医师家庭戒毒教育工程负责人宣布，我国首例开放式家庭戒毒模拟试验成功，样本来自湖南衡阳一名有6年吸毒史的女子。[①]

由于条件所限，家庭戒毒有一定局限性。一是缺乏身体脱毒期的药物控制和应急处置技术；二是缺乏专门医生给予药物治疗标准化的指导；三是缺乏心理医生给予相应的心理治疗；四是容易出现边吸毒边戒毒的情况。这些都是家庭戒毒的阻碍因素，随着戒毒工作社会化程度的不断深化，有关机构加以指导，这些问题会逐渐得到解决。

2. 院舍戒毒

吸毒患者离开个人或家庭原住所，在个人自愿或由家人推荐、协助的前提下，入住由国家或民间机构创办的戒毒专门机构，进行为期数月至一年左右的生理、心理脱毒的一种戒毒治疗模式。这些戒毒机构的名称在内地一般称为某某"戒毒医院""戒毒疗

---

① 刘璐璐《我国首例开放式家庭戒毒试验成功》，新华网2005年6月25日。

养院""戒毒所"，在中国香港称为"某某会"，如"香港晨曦会""中途宿舍"等。院舍戒毒的特点是自愿性、开放性和专业性，其中一部分可能还要加上有偿性。由于院舍戒毒的这些特点，较之于强制戒毒，戒毒者有更多的自由，同时因为没有进入司法程序，也不会留下"强戒"的案底，越来越受到戒毒者的关注与接受。之所以没有大范围推广开来，主要原因还是专业资源的不足。

3. 农场戒毒

农场式戒毒模式是按照集戒毒、康复训练、劳动锻炼和心理矫正为一体的模式进行管理。吸毒者或已结束强制戒毒过程的吸毒者，遵循自愿原则，在亲属的支持下，申请加入戒毒农场，参加生产就业，时间一般为一年左右。在农场里，戒毒人员与外界相对封闭，不与粉友联系，不私自外出，"与世隔绝"是这里的生活准则。戒毒者从事劳动，领取工资，也可以邀请亲人来一起居住、劳作，目的是戒除毒品的心瘾，最终回归社会，当然，戒毒者也可以选择离开。在管理方式上，"戒毒农场"非常强调自愿性，因为在这里不像对强制戒毒人员那样进行强制管理，所以只有那些真心想戒毒的人，才能在农场里安稳生活、劳作。农场实行自治管理，选举自治委员会，并推举出主任和副主任。在这个相对自由、相对自治的小"社区"里，戒毒所负责为戒毒人员引进、调整生产项目，购买各种生产材料，为他们劳动创造条件。在海南，农场戒毒已成为一种重要模式，并在全国有一定影响，公安部2008年12月在海南省三亚市召开"全国公安机关戒毒康复场所工作现场会"，在全国推广农场式戒毒康复场所建设的经验。目前，云南昆明建有国内最大的戒毒康复基地，农场是其主要形式。基地占地3200多亩，2500人在这里戒毒。这里有由家畜养殖基地、饲料加工厂等组成的康复农场，还开设缝纫、电焊、美容美发等12个科目的职业技术培训。参与戒毒的人员在这里可以领取劳动报酬，组成一个独立的"社区"。[①]

4. 工厂戒毒

工厂戒毒是与农场戒毒相对应的概念，是一种职业戒毒模式，戒毒者在自愿前提下，进入工厂，一边工作，一边继续接受生理和心理脱毒治疗和训练，同时也为排除外界不良环境的干扰，彻底戒除毒瘾。戒毒学员此时是一名特殊的工人，享受工人的报酬和福利。学员进入工厂后，经过一段时间的培训，获得一定的职业技术，然后能独立从事工业生产和制作。这些职业技能主要体现在手工艺制作、电子元器件加工与生产、手机等日用小电器零配件装配等劳力密集型产业方面。工厂戒毒期一般为一年左右，但根据个人意愿以及工厂需要，也可能长则三五年，甚至终身在工厂工作。

5. 社区戒毒

我国《禁毒法》规定：对吸毒成瘾人员，公安机关可以责令其接受社区戒毒，同时通知吸毒人员户籍所在地或者现居住地的城市街道办事处、乡镇人民政府。社区戒毒的期限为三年，城市街道办事处、乡镇人民政府负责社区戒毒工作；城市街道办事处、乡

[①] 徐涛《戒毒农场探秘》，《南京日报》2010年6月25日A3版。

镇人民政府可以指定有关基层组织，根据戒毒人员本人和家庭情况，与戒毒人员签订社区戒毒协议，落实有针对性的社区戒毒措施；公安机关和司法行政、卫生行政、民政等部门应当对社区戒毒工作提供指导和协助。城市街道办事处、乡镇人民政府以及县级人民政府劳动行政部门对无职业且缺乏就业能力的戒毒人员，应当提供必要的职业技能培训、就业指导和就业援助。《禁毒法》所指的社区戒毒被赋予了司法的定义。本文所指的社区戒毒，既包含了司法意义上的社区戒毒，也包括非司法意义的社区戒毒，其本质是指在社区或由社区进行的戒毒工作。

社区一词是由社会学家费孝通先生首创，在《关于当前城市社区建设的一些思考》一文中，费孝通回忆道："社区这一概念最初还是燕京大学的一些大学生在1933年介绍美国芝加哥学派创始人帕克的社会学的，用来翻译英文community一词的。"据费孝通教授讲，他们之所以把community翻译成"社区"，是企图用"社"表示群的意思或者叫群体，用"区"表明一个位置，具有地理上的意义。此后，"社区"一词在中国便成了通用术语。在后来的实践中，"社区"一词被赋予了新的内涵和外延，有了新的生命。依照中办发〔2000〕23号文件的定义，社区是指聚居在一定地域范围内的人们所组成的社会生活共同体。目前我国城市社区的范围，一般是指经过社区体制改革后做了规模调整的居民委员会辖区。社区构成四要素：① 有一定数量的人口。社区的存在离不开一定的人群，人是社区活动的主体，否则不能构成社区。② 有一定的区域。社区是区域性的社会，必须有一定的社会活动场所。③ 有一定相互配合的适应社区生活的制度和相应的管理机构。④ 有一定的心理认同感，每一个社区中的居民对自己所属的社区都有一个情感和心理上的认同感、归属感和参与感。在上述要素中，人群是社区的主体；地域和生活服务设施是社区的物质基础；制度和管理机构是协调社区生活各种关系的调节器。社区戒毒人员是在开放的社区环境中被执行戒毒措施。吸毒人员离开了戒毒场所，但并没有完成戒毒的全过程，仍然需要在重返社会的过程中接受进一步的考验。吸毒人员成功脱毒以后回归社区，要学习如何使自己的生活有意义，如何与他人建立良好的社会关系，在面对生活中的困难不再借助毒品去逃避。社会工作者帮助社区成员制订禁毒的计划和目标，运用集体行动的方法，鼓起社区居民参与戒毒工作的意愿与信心，搭建社区戒毒平台，构筑社区戒毒网络，创建有利于戒毒的社区文化环境，力求从源头上控制毒品蔓延。社工运用社区工作的方法，如社区宣传教育、组织活动、发放宣传材料等方法宣传毒品危害知识，扩大社区居民参与度，提高他们的参与热情。志愿者是社工的宝贵资源，通过发展禁毒志愿者，发掘居民中蕴藏的力量，扩大社区居民的支持与参与，形成强大合力，充分发掘和使用社区人才资源，促进社区吸毒问题的解决，建立社区戒毒的广泛的社会基础，凝聚社区居民的力量和智慧共同开展社区戒毒。社区工作的总体概括，是指在党和政府的领导下，依靠社区力量，利用社区资源，强化社区功能，解决社区问题，促进社区政治、经济、文化、环境协调和健康发展，不断提高社区成员的生活水平和生活质量的过程，也是建设管理有序、服务完善、环境优美、治安良好、生活便利、人际关系和谐的新型社区的过程。2011年6月26日国务院颁布的《戒毒条例》第十三条规定："对吸毒成瘾人员，县级、设区的市级人民政府公安机关可以责令其接受社区戒毒，并出具责令社区戒毒决定书，送达本人及其家属，通知本人户籍所在地或者现居住地乡（镇）人民政府、城市街道办事处。"

6. 社会戒毒

社会戒毒是社区戒毒的延伸概念，社会戒毒的概念包括社区戒毒并大于社区戒毒。社会戒毒是集中全社会的力量，共同为吸毒、戒毒人员提供戒毒、就业和回归社会的帮助。社会戒毒是一个大社会和大社区的概念，其本质是强调政府各相关部门，各企事业单位、组织、机构和团体，各民间公益组织，都应当承担禁毒戒毒的社会责任，包括宣传、教育、医疗、培训、就业、保障等责任。在社会戒毒模式中，政府、社区、社会工作服务中心是三个核心，其中政府是主导、社区是引导、社会工作服务中心是协调。三个核心发挥了作用，社会戒毒才能落到实处。在社会戒毒模式中，社会工作服务中心的角色非常重要，表现在以下方面。

（1）药物滥用发生前的预防工作。① 教育：预防方案和教育方案，即从小学开始，在课堂中教导有关药物滥用的知识；以团体方式安排学生聆听相关演讲；引导自助团队开展活动；赞助成人教育相关课程；协助工商企业充分利用教育资源与机会。② 培训：训练有关药物滥用防止工作的专业人员。③ 宣传：给社会大众尽快传递有关药物滥用相关信息。

（2）对药物受害者及其家属提供介入帮助。① 紧急照护：医疗与非医疗，电话专线，24小时服务。② 住院治疗：生理\行为及心理上并发症。③ 门诊服务：卫生中心、社会机构、专设治疗中心；个人及团体心理治疗\就业及教育援助\协助解决个人问题。④ 持续使用美沙酮："美沙酮的使用必须在有一位精神病医师、一位心理医师、数名护士、数名社工员和数名助理专业人员所组成的住院院所及门诊诊所下方可使用。"⑤ 治疗性社区：自助式治疗社区。提供住宿，小团体治疗，职业康复计划，辅助性专业人员，如前成瘾者任辅导者或角色楷模，长期监督及团体密集接触；青少年患者的治疗性社区：职业训练、在职训练、高中课程方案，家属参与。

（3）减少容易造成药物滥用的社会环境。① 增强亲子关系。② 强调父母在家庭中正向角色。③ 父母给子女清楚明确的价值体系。④ 同伴关系的正面影响（减少负面）。⑤ 学校生活经验，养成教育，正向强化与奖励支持。⑥ 所有机构在设计方案时，能以青少年利益为考量。"当青少年的生活充满威胁及艰困时，通常会寻求社工的协助。"

7. 强制戒毒

强制戒毒是指各级人民政府根据需要设立的常年或临时性戒毒场所，由公安、司法机关管理，卫生部门监督、社会工作者协助，强制戒毒人员在戒毒所内戒除毒瘾。时限一般为3～6个月，最长不超过一年时间。对戒毒者在接受脱瘾治疗时期和早期康复期，实行与外界隔绝的办法，使他们不能获得继续吸毒的机会。并按戒毒所的规章制度实行半军事化和封闭性的规范管理，对戒毒人员进行强化训练、教育和管理，使他们生理上、心理上的毒瘾逐渐得到控制、减弱直至消除，并使之一度扭曲的心理逐步回归正常。这种强制性的方法容易扼杀人的个性发展，不利于吸毒者的社会能力的恢复和提高。

8. 自愿戒毒

自愿戒毒是基于区别与强制性戒毒，通过教育引导吸毒者意识到吸毒行为给自己、家庭、社区带来的影响与伤害，主动脱离毒瘾的过程。自愿戒毒需要通过生理脱毒、心理脱毒、社会功能回归等三个过程，不单是一个生理脱毒的过程，强戒人员复吸率居高不下，只起到惩戒的效果。各个领域的专家们都在寻找能够脱离毒魔控制的方法心理学上。生理脱毒是使吸毒者摆脱生理依赖的过程。生理依赖就是我们常说的躯体依赖，它表现为在戒毒过程中身体方面产生的一系列症状，这些症状在很短的时间内就可以消除，但是吸毒者要在很长的一段时间内承受心理依赖的驱使。躯体依赖是反复滥用毒品和复吸的生理基础，生理依赖是复吸的精神需求。因此，我们还应当对吸毒者采取心理戒毒的治疗。催眠戒毒是厦门爱恩心理咨询中心独家引进的纯心理戒毒疗法，是一种易实施、成本少、痛苦小、见效快、无副作用、不容易复食的纯物理戒毒技术，提倡尽量不用药物或少用药物，通过强大自身的心理能量以实现戒断目的。如果正在吸食毒品或者正在进行毒品交易，被公安机关现场抓获，是肯定要送去强制戒毒的，这是立案的，说明是登记在册的吸毒人员。如果是家人送吸毒者去自愿戒毒中心戒毒，那么这是以医院的形式治疗，是不立案的。

第三节 戒毒社会工作的实务模式与方法

一、生理戒毒模式与方法

生理戒毒模式亦即医学戒毒模式，这里之所以称为生理戒毒模式是针对心理戒毒模式而言，生理戒毒也称为戒除体瘾。

现代医学认为，药物依赖是一种慢性、复发性脑病，依赖行为的形成不仅与成瘾药物的本身特征有关，还与个体的心理、生理、遗传因素以及社会因素密切相关。因此，对于药物依赖的治疗，也要采取药物治疗、心理治疗、行为矫正、职业技能培训、重返社会等综合措施才能达到效果。

具体到特定患者则需要进行系统评估，根据评估结果和相关的治疗原则（如美国国家药物滥用研究所和世界卫生组织制定的药物滥用治疗原则），制定适应该患者的个体化治疗方案。一般来说，在戒毒初的生理脱毒期，其戒毒手段主要是医学戒毒，简言之依靠药物治疗，或者"冷火鸡"式的干戒再配合药物治疗。

1. 阿片受体激动剂或拮抗剂

阿片为罂粟科植物罂粟未成熟蒴果浆汁的干燥物，内含20余种生物碱，含量达25%。按其化学结构可分为菲类和异喹啉类，菲类中主要有吗啡、可待因等，含量高达10%。阿片受体激动剂有强大的镇痛作用，同时也有明显的镇静作用，并有镇咳作用（因其可致成瘾故常不用于临床），对呼吸中枢有抑制作用，使其对二氧化碳张力的反应性降低，过量可致呼吸衰竭而死亡。阿片受体激动剂是临床常用的镇痛药，通常用于中、重度疼痛的治疗，但是此类药物常伴有明显的不良反应，如恶心、呕吐、便秘和呼吸抑制等，同时存在较高的成瘾性和依赖性，大大影响了药物的临床应用。近年来，阿片受体拮抗剂与阿片受体激动剂组成的复方药物陆续上市，临床试验显示此类复方制剂可以减轻不良反应，降低药物滥用的风险，为阿片类镇痛的临床应用提供了新的思路和选择。阿片受体激动剂或拮抗剂的使用具有自身剂量递减的特征。弱激动剂替代药品有：美沙酮、阿片酊、丙氧芬；部分激动剂药品有：环唑星、丁丙诺啡；拮抗剂有：纳洛酮、纳屈酮等。

2. 非阿片受体激动剂或拮抗剂

① 与神经递质有关的药物：可乐宁、心得安、异搏定、拟胆碱药等。② 与免疫活性有关的药物：干扰素、环胞多肽、放线菌素—D等。③ 激素类药物：促甲状腺释放激素、促肾上腺皮质激素等。④ 中枢抑制药：氯丙嗪、氟哌啶醇、安定、冬眠合剂等。⑤ 大脑皮质抑制及扩张血管类药：东莨菪碱、山莨菪、颠茄等，对呼吸中枢具兴奋作用，但对大脑皮质有明显的抑制作用，此外还有扩张毛细血管、改善微循环以及抗晕船晕车等作用。⑥ 中草药：完全取代了迄今国内国际上所采用极不科学"以毒攻毒"的替代疗法，中药戒毒"以物降物"中和有毒成分，填补国内外戒毒医学技术用药领域空白，成功开创了戒毒新途径。中药戒毒能有效地戒除各种毒瘾，提高人体免疫力和生活质量，使吸毒者恢复正常人体生理机能。中药戒毒配方高度浓缩，不含麻醉成分和受国家管制的药品成分，无成瘾和依赖性，安全性高。

3. 评价脱瘾药物的标准

主要标准：对戒断症状的控制程度；药物的副作用及安全性；对药物本身的依赖性；流失成毒物代用品的可能性。

次要标准：脱瘾时间的长短；临床实施的难易；费用的高低。

4. 阿片类药物与非阿片类药物脱瘾效果的比较

阿片类药物与非阿片类药物脱瘾效果比较见表12-2。

表12-2　阿片类药物与非阿片类药物脱瘾效果比较

	标准	阿片类药物	非阿片类药物
主要标准	戒断症状控制	好	有的较好，有的较差
	药物副作用	小	一般较明显，有的严重
	对药物的依赖	有可能	不会
	流失的可能性	存在	不会
次要标准	次要标准		
	脱瘾时间	不等	几天至十几天
	临床实施的难易	较易，但不等	较难，但不等
	费用的高低	不等	不等

5. 二氢埃托啡（DHE）脱瘾治疗用药方案

（1）原则：第1～3天，足量用药，彻底控制戒断症状；第4～7天，逐日减量，建立病人信心；第8～10天，断然停药。

（2）剂型：舌下含片：40微克/片；注射针剂：20微克/支。

（3）用法：以最后一天吸毒时间算起，第1～3天，视症状轻重程度采取两种方案。

一是舌下含片法：戒断症状出现后含化1～2片，以缓解症状，每2～4小时重复用药，药量随症状需要随时调整，以控制症状为限。

二是舌下含片加静脉点滴法：开始同样用舌下含片。症状发作严重时肌注1支，可使病人立即安静。接着静脉点滴DHE（500ml葡萄糖盐水内加5支，即100μgDHE）。摇匀，每500ml溶液可滴6～10小时。可视症状调节滴注速度，以控制症状为限。注意呼吸。连续滴注3天，第2、3天滴注量可酌减。

第4天：舌下含化DHE1～2片，每4小时一次；

第5天：舌下含化DHE1片，每6小时一次；

第6天：舌下含化DHE1片，每8小时一次；

第7天：舌下含化DHE1片，每12小时一次；

第8、9天：停止用药。

（4）检测：第10天肌注纳洛酮0.4～0.8mg催瘾；同时尿液进行海洛因及吗啡分析。

（5）对二氢埃托啡作为阿片类脱瘾药物的基本评价：主要优点是对戒断症状控制较彻底，起效快；药物副作用很小；合理用药不至于形成依赖；7～10天即可脱瘾。主要缺点是舌下含片有效时间较短，常频繁用药。静脉点滴可克服此缺点，作用持续稳定。基层推广有一定困难。[1]

---

[1] 王淑范等《盐酸二氢埃托啡治疗海洛因成瘾的临床研究》，《中国临床药理学杂志》1992年第2期，106～112页。

（6）存在问题：医疗管理上的问题是不合理用药影响疗效；不合理用药造成对二氢埃托啡的依赖。行政管理上的问题是冒牌货在市场上出现；高价倒卖；流失到社会上，成为毒物代用品。

（7）二氢埃托啡的应用前景：在有效管理下，二氢埃托啡可以成为一个良好的阿片类脱瘾药物。有以下几种用药方案：二氢埃托啡单药；二氢埃托啡与中枢镇静安定药联合应用；二氢埃托啡与美沙酮联合应用；二氢埃托啡与阿片酊联合应用；二氢埃托啡与其他戒毒药物联合应用。

6. 对美沙酮维持疗法的评价

优点：① 简便易行；② 减少海洛因需求，减少社会犯罪率；③ 减少静脉注射毒品引起的艾滋病传播。

缺点：① 以瘾代瘾，没有根本解决问题；② 终身维持，增加社会负担；③ 有些成瘾者将其作为毒物代用品。

7. 二氢埃托啡与美沙酮联合用药

二氢埃托啡速效，停药较易，美沙酮长效，口服方便，因此可考虑：第1、2、3天，二氢埃托啡静脉点滴；第4、5、6或7天，美沙酮口服并逐渐减量。

临床案例：将年龄、病程近似的海洛因依赖者80例，随机分为3组，A组20例，口服美沙酮7～8天，总剂量130～160mg。B组20例，静脉滴注二氢埃托啡（DHE）3天，第4天改舌下含片，总剂量2.6～3.0mg。C组40例，静脉滴注DHE3天，总剂量1.2～6mg，第4天口服美沙酮3～5天，总剂量60～100mg。结果C组优于前2组，戒断症状缓解快，用药量少。

C组（DHE+美沙酮），5%～10%葡萄糖液500ml加入DHE100μg静脉滴注，30滴/分钟，连续3天，总剂量1.2～1.6mg，第4天改给美沙酮每8小时10mg，第5天改给20mg/d，第6天，10mg/d，7～8天，5mg/d，总剂量60～100mg。[①]

8. 手术戒毒

（1）开颅手术戒毒是打开大脑来切断相关的脑神经以达到目的。实践中常出现的情况是，大脑相关的神经切断了，却不能清除身体的毒素；钱花了，大脑开了，却不能根治。开颅手术戒毒是戒毒进程中试探性的方法，仍然是不成熟的，目前已被禁止。

（2）埋药戒毒是将缓释药埋于身体内，让药物缓释用以控制毒瘾发作，每两年需要重新开刀置入，不能长期稳定，不能根治，也是治标不治本的方法。

9. 康复与预防

康复一般需一年时间。让依赖者过正常劳动者的生活，培养其适应社会的能力，促进其人格的成熟。要促使他们改变人生态度和生活方式，增强抗拒毒品的能力。这一期间应尽量脱离原来的环境，减少或杜绝与昔日"毒友"的接触。

---

① 沙丽君等《盐酸二氢埃托啡和美沙酮联合治疗海洛因瘾》，《新药与临床》1994年11月第13卷第6期，第337页。

二、心理戒毒模式与方法

（一）动机强化治疗

动机强化治疗认为，药物依赖者的内在戒毒动机是发生改变的真正动力与关键因素，药物依赖者的戒毒动机不是指其内在拥有的某种特征，不是固定不变的，而是表现在戒毒者的态度、认知、情绪及行为的改变过程中，戒毒动机是多维度、动态变化的，外在因素如环境、家庭、治疗等可以影响其戒毒动机而促进改变。

动机强化治疗的目的是治疗师应用一定的心理治疗技术来激发药物依赖者自身的改变动机，然后制订计划，采取行动改变的过程，强调改变的主体是药物依赖者本人，治疗者主要是激发者的角色，兼教育和合作者，动机强化治疗在药物依赖治疗中应用非常广泛，可单独作为一种治疗模式或者整合到其他治疗模式中。

1. 康复阶段的动机分析

美国心理学家狄克拉曼特（DiClemente）根据药物依赖者的内在动机，把康复过程分为以下六阶段。

（1）不考虑改变阶段（precontemplation）：在药物依赖早期，吸毒者认识不到吸毒的危害，因此不考虑改变自己的药物滥用行为；在药物依赖后期，吸毒者否认吸毒对自己生活的影响或不相信自己能康复，而不愿意改变自己的行为。

（2）考虑阶段（contemplation）：当药物依赖的后果越来越明显时，药物依赖者认为自己有问题，需要改变，处于矛盾阶段，并反复考虑是否改变。

（3）准备阶段（preparation）：药物依赖者经过反复考虑，认为必须改变自己的行为，开始准备改变，做出具体的行动计划，如收集戒毒治疗方法及治疗机构的信息，对治疗时间、治疗费用、家庭事务等进行安排，为治疗做充分准备。

（4）行动阶段（action）：药物依赖者做好戒毒准备后，采取具体的行动来改变自己的吸毒行为，如求助于专业机构及专业人员进行戒毒治疗，或者自己采取其他方法戒毒，停止药物滥用的行为。

（5）保持阶段（maintenance）：药物依赖者经过努力，采取一系列行动改变了药物滥用行为，如经过脱毒治疗停止了吸毒，但如何保持已发生的改变是治疗成功的关键，也是药物依赖者康复的最大挑战。

（6）复发阶段（recrudescence）：药物依赖者虽然经过种种努力，但有因为各种原因又开始药物滥用的行为。

2. 促进改变的策略

（1）促进认识过程的改变。认识过程主要是强调药物依赖者的内在态度与认知过程，即如何看待自己的问题。增强意识、突然觉醒、自我再评估、环境再评估、改变社会环境等均可促进药物依赖者改变其认知过程。

（2）促进行为过程的改变。行为过程主要着重于患者的行为和行动，行为过程在改变过程中更为重要。控制促发因素、应对条件反射、行为强化、坚信自我、帮助支持系统等可影响药物依赖者行为改变的过程。

治疗师可通过许多策略来促进药物依赖者改变自己的认识与行为过程，这些策略包括：促动性交谈技巧、心理教育、澄清价值、决定权衡、解决问题、设定目标、预防复发计划、果断性训练、角色扮演、认知技术、调整环境、角色澄清、行为强化、加强社交技能、澄清需求、评估和反馈等。

（3）促动性交谈。促动性交谈是动机强化治疗的最重要的一个心理咨询策略，它不仅是一种咨询的技巧，还是一种与来访者的交往方式，治疗师需要与来访者建立一种信任、合作的治疗关系，在帮助来访者过程中，治疗师接纳、理解对方的感受与需求，通过与患者共同探索其内在的动机与价值观来解决其矛盾心理，引导来访者自己发现问题并认识到改变的必要性，并帮助其选择如何解决问题的方法，强调激发药物依赖者积极改变自己的内在潜能，许多研究证实促动性交谈是一种很有效的干预策略。

促动性交谈原则与技巧如下：

① 积极倾听。

② 表达共情：尊重与理解访者及其感受与需求，支持、引导性的咨询方式是促进改变的条件。

③ 发现差距：帮助引导来访者集中注意力，发现其目前的行为与其理想的或希望的行为之间的差距，当来访者认识到其目前状态与期望之间的差距时，会强化其改变的愿望。

④ 避免争论：试图说服来访者，认为其存在问题或者需要改变会促发更大的阻力，只有来访者自己说出改变的理由，才有可能取得进步，咨询者的目标是"与来访者一起前进"，应该尽量避免与来访者争论。避免争论的具体策略有选择性同意、双向反馈、重建解释等。

⑤ 开放式提问。

⑥ 找到切入点。

⑦ 化解阻力：如果来访者有阻抗，可能需要改变咨询策略来化解阻力，推动改变，责怪对方缺乏动机与阻抗是不利于改变的。

⑧ 支持自信：产生改变动机的一个重要前提是来访者必须相信改变是可能的，许多药物依赖者难以改变是由于他们没有自信，不相信自己有能力改变，咨询师首先要相信患者能够改变，并帮助患者建立自信，让对方看到希望，对改变表示乐观，并有可行的方法达到目标。

⑨ 小结。

（二）认知行为治疗

1. 预防复吸的相关概念

理解以下相关概念的基本内涵，对于社会工作者或治疗者更有效、更有针对性地帮助戒瘾对象戒除毒瘾具有重要的指导意义。

高危情景。容易引发复吸的某种对视角、触角、听觉、嗅觉、味觉以及情绪等有高度刺激的外部环境或情形。如歌厅、舞厅、酒吧以及与昔日"毒友"聚会的场合，还有忧愁、苦闷、焦虑的情绪等等。

自我效能感。自我效能感是个人对自己完成某方面工作能力的主观评估。评估的结果如何，将直接影响到一个人的行为动机。

破堤效应。依赖者在治疗康复初期的决心很大，但常常不能贯彻始终。而好不容易坚持住的"操守"往往在上述诸因素的反复冲击之下变得不牢固，会有经不住"再来一次"的事情发生。如果"再来一次"真的发生，就像大坝一样很快会被随之而来的波浪冲垮，这就是马莱特和戈登（Marlatt and Gordon，1985）所描述的破堤效应或失操守效应。

看似无关的决定。当患者完成脱毒治疗以后，具有较高的自我效能感，对成功地保持操守有正性的期望。但是不久，可能开始做一些"小小的决定"，如果认识不到并没有及时制止，就会从保持操守发展为复吸。这些"小小的决定"称为"看似无关的决定"（SID）。常见的SID有：主动暴露到危险环境中（"我只是随便拜访他，我不认为他还在吸毒"）；检验自己拒绝诱惑的能力（"我觉得我能应付"）；把自己的操守建立在别人的行为上（"只有父亲不管我，我才开始戒"）；坚持要待在危险环境中（"看看治疗是否有效"）。这些看似无关的决定是非常危险的，是一种常见的导致高危情境的心理过程。虽然在某个时间段上并不一定显得特别可怕，但是一系列小决定会一步步将患者带入复吸的危险境地，并在某个特定的时候使情况迅速恶化。合理化否认是SID主要的心理防御机制，能够起到很好的掩护作用。这是一个自我欺骗的过程。患者不清楚这个过程，经常在无意识的情况下进入高度危险的场景，在事后回想才认识到这些决定的危险。

ABC（理性情绪疗）法。见本章第二节。

2. 行为强化治疗的基本技术

（1）代金券法，也称代币券法。代金券是由治疗者或治疗机构制作，具有特定标记，可为一种内部流通的、印有一定"面额"价值的"货币"、代用券或筹码，也可为用红旗或红星等式样的印章符号。例如在一所收容各种智残儿童的医院里，根据智残程度分为若干班级，每一班的儿童对其日常生活和学习活动有一定的规章要求。代金券的用途是根据治疗需要，对按规定和要求完成某一任务的治疗者给予奖赏的凭证。这个凭证既可以是真正能够用于治疗机构内部购物，也可以是一种具有收藏性、观赏性和荣誉性的符号。代金券法对于帮助呈现严重行为衰退的慢性精神分裂症病人塑造新的行为，或对于处于康复期的治疗者进一步巩固疗效有一定效果。

（2）金鱼缸法。金鱼缸是玻璃做的，透明度很高，不论从哪个角度观察，里面的情况都一清二楚。这种"透明性"的心理在生活当中应用得比较广泛，比如在管理上、在面对生活上……心理学家便将这种现象称为"金鱼缸法则"或"金鱼缸效应"，"金鱼缸法则"是由日本最佳电器株式会社社长北田光男先生始创的。北田光男先生强调，企业应像玻璃制作的金鱼缸一样，增强单位各项工作的透明度，防止领导者享受特权、滥用权力，从而强化领导者的自我约束机制，同时增强员工信心。"金鱼缸法则"运用到心理学中，就是要提醒人们学会去看透一些事情。在我们的生活当中，细细反省之后我们就会发现，我们很多时候之所以生活得不开心，就是缺少了一个"金鱼缸法则"，即很多事情没有看透，或者是不愿意去看透，甚至还在做一些自我欺骗的事情。生活过得不如意，就"骗"自己说自己没有努力，而实际上自己已经累得筋疲力尽了；孩子总是让人操心，就"骗"自己说孩子还没长大，而实际上孩子已经成年走向社会。面对生活中的这些不如意，暂时的欺骗确实可以帮助自己减轻一些心理上的压力，但是长此以往，将不堪重负，甚至在"顿悟"的那天，可能会精神崩溃。"金鱼缸法则"的运用要点如下。

① 淡化占有欲。遇事看得透，想得开。在物欲面前，更要懂得淡化"我的"意识，失去的也就失去了，不要为碰翻的牛奶而哭泣，因为这时的牛奶已经不是"我的"了，它已经归属于大地了，那么你何必为已经成为别人的东西而伤心流泪呢？正所谓"胸阔千愁似粟粒，心轻万事若鸿毛"。

② 看事物需一体两面。就像玻璃一样，透过正面看背面的东西，甚至看三维四维空间的东西。很多东西失去并不是没有意义的，在这些失去的背后，往往隐藏更多的"得到"，那么我们是不是可以将眼光注视在"得到"方向，而不是在"失去"方向呢？这就像沙漠中还有半杯水，不应抱怨，而应庆幸还有半杯水。

③ 不要自我欺骗。成功了就是成功了，失败了就是失败了。不要在成功的时候欺骗自己是侥幸成功，也不要在失败的时候欺骗自己是意外失败。这种自我欺骗往往会蒙蔽自己的双眼，让自己看不到事情的真相，从而使自己生活在自我营造的假想中。

④ 生活得更加现实一点。所谓生活得更加现实一点是指不要让一些虚幻的、追求不到的东西来干扰自己。比如生活中的一些感情、尊严、面子等，工作之上的名誉、利益、竞争等。生活的最终目的就是活得惬意潇洒，而不是任何虚幻的、纯心灵的慰藉。只有明白这一点，我们才能真正舍弃那些不必要的羁绊，真心诚意地为生活而努力。

⑤ 智慧思考和生活。这个世界之所以有太多的困惑，原因就是我们没有学着去看透一些事情。比如说不懂得舍弃、比如说顾虑太多。从某种意义上说，这就是折腾自我的一种心理，要想走出这种心理误区，不妨学着看开一点：牛奶洒了就洒了吧，还有咖啡呢。

（3）量表调查。

① 渴求感强度评估。渴求感是许多人都能够体验到的正常的心理现象，如饥饿、性欲，对电子游戏等也会产生渴求感。毒品会产生特殊的欣快感和精神满足感，常常使已经脱毒的戒毒人员强烈地渴望获得重温旧梦般的精神体验，这就是所谓的心瘾。心瘾是吸毒以后的自然产物，在生理依赖消除以后仍会持续存在。当处于康复期的戒毒人员心里出现渴求感时，并不意味着已经犯了错误，重要的是社工应教会他如何面对和处理。根据对渴求感强度评估表12-3的填写，基本能判断渴求处于什么样的程度。

表12-3　渴求感强度评估

	没有、几乎没有	有时	经常	总是或几乎总是
平时是否储备一些毒品以备用？				
是否在早晨醒来以后2小时内就要吸毒？				
是否通过吸毒来缓解周身不适？				
是否每天在一定时间内吸毒？				
是否通过吸毒来提神？				
醒后的第一件事情是否就是吸毒？				
你是否心里总想着吸毒这件事情？				
你是否把吸毒视为第一需要？				
你吸毒的想法是否十分强烈，无法控制？				
每天的活动是否总围绕着如何得到毒品？				

② 诱发物与渴求感强度。根据表12-4，可以画出一个渴求感强度曲线图，根据这个曲线图，社工就能帮助戒毒人员发现或处理高危情形，从而做到事先预防和学习如何临时处置和应对。

表12-4　诱发物与渴求感强度对应

诱发物	渴求感强度
卧室	0 1 2 3 4 5 6 7 8 9
卫生间	0 1 2 3 4 5 6 7 8 9
某个朋友	0 1 2 3 4 5 6 7 8 9
与家人吵架	0 1 2 3 4 5 6 7 8 9
无聊	0 1 2 3 4 5 6 7 8 9
……	……

社工帮助戒毒人员学习处理渴求感的方法如下。

分散注意力：体育运动，与人聊天，放松练习等等，每人可列出一张清单。

讨论心中的渴求感：向要好的朋友和理解自己的家庭成员讲述自己的渴求感，可以降低焦虑。

体会渴求感在自己身上发展的过程：体验开始—高潮—减退的过程，用笔将它的时间记录下来，将注意力放在渴求感本身，注意渴求感所在的身体部位。

思考吸毒以后的不良后果：许多人在这个时候只考虑好的结果，要迫使自己思考坏的后果，让戒毒者自己列出保持操守的原因以及破坏操守的后果。

自言自语："不用毒品我并不会死""现在难受一点，但我知道过一段时间就好了"，反驳错误的被动式思维。

还可能通过小组活动，激发每位参与的经验，让戒毒人员自己总结出一些适应的、简便易行和有效的方法。

三、社会戒毒模式与方法

前述已经指出，社会戒毒是集中全社会的力量，共同为吸毒、戒毒人员提供戒毒、就业、家庭困难和回归社会等方面的帮助。社会戒毒的主体可以是街道社区，也可以是社会工作机构。社会戒毒是一种由社会广泛参与的非强制性的戒毒措施。社会戒毒的对象一般为需要进行社区戒毒的人员以及自愿参加社会戒毒的人员。社会戒毒是一种社会协同戒毒模式。

1. 社会戒毒的目标

（1）摆脱亚文化。亚文化理论的提出绝不是仅仅为了解释这一现象，更重要的是为了针对这一现象提出针对性的解决问题的思路。亚文化圈的存在，说明圈内人同样需要有归属感，而社会排斥和区隔不仅不能帮助一些人摆脱亚文化的控制，反而将他们推向亚文化圈，使他们的亚文化群体的联系更为紧密，更为群体成员所认同。因此，社会有责任减少排斥现象，运用亚文化理论的启示，既然亚文化提供的是一种归属感，甚至相互的尊重和安全感，那么，社会同样可以通过另外一种全新的方式，让他们同样能够找到归属感，同样感到尊重和安全。这种方式的本质就是要通过一个组织，将他们组织起来，让他们在组织中开展活动，通过活动找回尊严和价值，在组织中获得成长。如回归之家、中途宿舍以及由戒毒回归人员组成的各类志愿服务队等。管理和支持这些新的组织形式的机构和人员，只有在秉持高度社会责任感的前提下，不断创新服务形式，与亚文化争夺阵地，才能真正帮助他们有效地摆脱亚文化的影响。

（2）提供资源。社会戒毒最值得称道、最难做、最应该去做的一件事情便是为戒毒回归人员提供社会资源方面的支持，这对戒毒人员眼前的困难和长远的戒毒最有帮助，因而最能获得戒毒人员的信任，从而促进戒毒效果的提升。这些资源包括戒毒人员面临治疗和照顾、生存和发展、经济和政治等方面的一切需要而又缺乏的支持资源，如吃饭、用药、住宿、办证、培训、就业以及公民权利的保障等方面。

（3）重塑人格。吸毒或戒毒人员，一旦为社会所抛弃，他们就会形成一种自暴自弃、自甘堕落、破罐破摔甚至反社会的心理，并会运用一些自认为是"合理"的不正确的认识或理由，去解释自己为何要继续吸毒或做一些危害他人和社会的事情，人格受到扭曲。如看到别人痛苦的表情就感到兴奋，认为身边的亲戚朋友都不值得信赖，只有"毒友"才是他们真正的朋友，那些在别人看来是藏污纳垢的地方才是他们安全的归宿，没有钱就应该去偷去抢等，人格明显地被扭曲。一旦出现这样的情形，仅靠药物甚至强制手段均难以解决根本问题，即便毒瘾可能短时内"戒掉"了，但"心瘾"可能还没有解决。这个时候，重塑人格的重要性就突显出，而重塑人格不是一个一蹴而就的事情，也不是短时间内可能解决的问题，得打"持久战""人民战"。通过生活关怀和心灵关怀，让戒毒人员体验到社会的温暖，沐浴着人性的光辉，在关怀和教育中，潜移默化地重塑人格，实现再社会化。

（4）降低复吸。使戒毒对象不断摆脱亚文化、为他们回归社会提供资源支持并重塑人格，都是为了一个共同的目的，那就是降低复吸率，这也是社会戒毒的最终目的。社会戒毒的目的从理想化的角度看是使戒毒者彻底根除毒瘾，永远不再吸毒；从现实角度看，是为了最大限度地降低复吸率，因为，使某一特定社区内的特定戒毒人群复吸率降为零的可能性也几乎为零。尽管如此，社会戒毒的目的还是要尽可能地使复吸率降低的程度实现最大化直至为零。这就要求社会戒毒必须有一套成熟和常态化的机制和规范，并以此保证社会戒毒的运行和效果。

2. 社会戒毒的形式

（1）正式组织。正式组织是由政府、街道、居委会、社区、企业以及民间组织设立的，以免费服务为主体，以有偿服务为补充，旨在帮助戒毒回归人员和自愿戒毒对象解决戒毒和康复期间从治疗到照顾、从生理到心理、从生存到发展以及从经济到政治等方面问题和困难，促进戒毒人员更好地融入社会的非强制性的专门机构或组织。

（2）自助群体。自助群体主要是围绕对某一戒毒人员的困难帮助，由某一戒毒人员和他的亲人、亲戚、朋友、同事及其他社会关系自发形成的支持群体。在自助群体中，自助群体的形成与发展状况与戒毒人员的戒毒意愿呈正相关关系。戒毒人员是主体，是核心，在戒毒康复过程中起主导和支配作用。

（3）互助群体。互助群体是以戒毒人员、戒毒人员的家人为主体自发形成的戒毒康复小群体。这个小群体通过互通无有，互介资源、互通信息，互相支持鼓励、相互慰藉而开展互相帮助，从而保证或促进戒毒人员戒毒康复效果维持一个正常水平并不断向好的方向转变。

（4）自然帮助者。自然帮助者是指与戒毒人员在生活中有自然关联，并经常性地为戒毒者提供帮助的邻居、房东、亲戚、朋友、同事以及社会好心人士等某一个或某几个以个体支援出现的支持力量。

（5）志愿服务团队。志愿服务团队是指由愿意无偿提供时间、技术、知识、金钱和物质为戒毒人员服务的社会各界人士所组成的，并归属于某一志愿服务组织，由组织依志愿者的意愿、条件和能力，指派为某一具体戒毒对象或机构提供志愿服务活动的团队。戒毒志愿服务人员通常由社区人员、心理咨询师、医生、律师、警察、同辈已有戒毒成功者等组成。

3. 社会戒毒的支持体系

（1）社会支持。社会支持包括支持机构和支持项目，即由社会力量创办的中途宿舍、回归之家、日间康复所、戒毒机构、社工机构等戒毒服务机构以及由社会力量支持的免费清洁针具和安全套的派发、美沙酮等免费戒毒药物的提供、免费的讲座培训等戒毒服务项目。

（2）社区支持。一是社区教育：通过创新教育方式方法，帮助和促进戒毒对象树立正确的生活方式，远离毒品与吸毒人群，重塑社会支持网络，走近亲人朋友和正常的社会生活，学会和了解减少毒品危害的方法与途径；二是社区照顾：社区正式组织或社区组织的非正式组织对因吸毒（包括复吸）或戒毒康复期出现的戒断症状而给生活和身体带来不便或严重困扰的吸毒或戒毒人员在社区内进行的生活和身体照顾；三是社区管理：对社区戒毒人员，由社区组织建档造册，及时了解和掌握动态情况并登记情况，及时帮助解决困难和应对高危情形，做到既管又理，重在服务。

（3）职业支持。职业支持是由外界对社区戒毒人员提供职业支援的多元支持体系，是由各个不同性质支持机构的人士，根据机构的安排和自身的职业或专业特长，定期或不定期为社区戒毒对象提供的职业和专业的服务活动。例如戒毒机构、心理咨询机构、医院、律师事务所、社工服务中心等组织机构根据各自服务项目而派出专门人员在社区单独开展的各类服务。

（4）同伴支持。相对于家庭支持而言，同伴支持是戒毒人员自助和互助的次级支持系统，是戒毒人员心理、情感需要和生活困难帮助的重要支持力量，同伴支持程度对于戒毒效果关系密切。在社会戒毒模式下，就是要倡导同伴支持、利用同伴支持、依靠同伴支持。

（5）家庭支持。家庭支持是戒毒人员自然的和初级的支持系统，也是社会戒毒的重要基础，基础越牢固，社会戒毒的效果就越好。家庭是戒毒人员的衣食之源，是情感停泊的港湾。在社会戒毒模式下，家庭支持不是孤立的和自生自灭的事件，而是社会可以干预而且也应当干预的事件。社会需要帮助家庭做好两方面的工作，一是引导和发展积极的家庭因素，二是克服和消除消极的家庭因素。对于戒毒人员正常的家庭关系，社会组织应当通过家访和社区访问予以鼓励和发扬光大，同时也帮助解决力所能及的困难问题；对于家庭关系紧张的个案，要通过专业的社会工作方法，进行家庭干预，干预的策略包括：通过改善亲子关系和亲人关系等建设和谐协调的家庭关系，通过改善父母行为态度和不良的教育方式等建设父母能力，通过亲情帮教提升家庭成员的帮助力度。

4. 社会戒毒的干预方法

社会戒毒模式不是一种自然存在的、被动的戒毒现象，而是一种需要人为干预的、能动的戒毒模式。与其他模式不同的是，社会戒毒模式下，戒毒干预的外界力量呈现多元而协同的特征，而且实现这种多元而协同的局面需要有一个主导者，否则，社会戒毒就是空中楼阁，难以实现。从现实经验来看，建立一个政府领导、社会组织主导、企业补充的协同机制是社会戒毒模式有效运行的重要保证。具体来说，这个"社会组织"也不能泛泛而谈，应当明确具体，各类社会工作机构有能力、有条件、有责任主动走到前台，承担这一主导者的角色和历史赋予的重要使命。有了社会工作机构作为主导，"干预"才能成为可能，干预策略才能落地。这种社会干预的目标、内容和方法包括以下三个层面。

（1）个人层面。① 节制吸入。将干预的初始目标定在"节制吸入"而非"禁止吸入"或"杜绝吸入"是明智而科学的选择。社会工作者需要在戒毒对象的直接和深度参与下，共同制定戒毒目标和方案，明确而具体地规定"节制"的短期目标和未来努力追求的长远目标，即通过一段时间的社工服务，戒毒人员的吸入频次、剂量的短期递减指标和今后相当长时间内应保持或达到的理想状态，如半年内、一年内不复吸。② 高危情景应对。社工重点帮助戒毒人员学习如何应对和处理环境诱因、人际诱因和情绪诱因，通过模仿学习和认知学习，当面临高危情景时，能够顺利渡过难关。③ 处理复吸渴求。通过心理暗示、注意力分散、消渴替代或满足替代等方法应对渴求。④ 提高自我效能。通过认知行为、理性情绪、社会学习等综合方法，帮助戒毒人员树立必胜信念。

（2）社会层面。① 伴侣和同侪干预。以帮助个人为目的，以生态系统理论和结构理论为指导，通过对吸毒和戒毒者周围环境中的重要关系人进行干预，从而达到帮助当事人的目的。这些干预包括对吸毒伴侣、性伴侣和同侪（俗称"毒友"）的干预，减少不良环境对当事人的影响。② 社会网络干预。在调研的基础上，通过绘制戒毒人员的社会关系网络地图，筛选出重要的正面影响和负面影响，通过社工的外展服务，以期达到扩大正面影响，减少负面影响。③ 减供和减害干预。减供就是要运用社会力量，打击种毒、制度和贩毒，减少毒品供应，切断供应渠道。同时，通过对吸毒对象的治疗和帮助，减少毒品对人身健康的危害。④ 舆论干预。在政府主导下，利用各种传统媒体、新媒体和自媒体在全社会特别是中小学在读的青少年群体中开展宣传教育，广泛传播吸毒的危害及防治知识、渠道。在他们步入社会之初就筑起第一道禁毒戒毒的"防火墙"。

（3）文化层面：道德与价值观。政府鼓励和支持社会力量参与，通过教育、培训形式的创新，读经典，学理论，播观念，在公民中树立、培养以传统道德和社会主义核心价值观为主体的民族文化意识，从文化层面提高对毒品危害的认识，在吸毒戒毒人员中重建羞耻感，在广大人民群众心中筑起一道拒绝毒品的屏障。

四、社会工作模式与方法

1. 个案工作模式

在社工机构制订周密的个案计划的前提下，由一名社工与一名戒毒人员之间开展一对一的戒毒康复帮助模式。这种模式既可以是封闭式的室内面谈，也可以是开放式的实地帮助。个案工作模式主要包括危机介入模式、任务中心模式、心理社会模式、行为修正模式、叙事治疗模式、问题解决模式、个案管理模式、家庭治疗模式和综合实务模式等九种模式。

2. 小组工作模式

依据小组动力理论，组建同质性小组，制订小组计划，定期开展小组活动，通过小组活动，促进小组成员意识的觉醒、认识的升华。

（1）社会目标模式。透过一系列原则和方法，培养小组成员的社会责任感、社会意识和社会良知，促进意识的觉醒和权利的提升。社会目标模式的具体目标是：① 发展提升小组成员社会意识潜能，同时提高实现社会变迁的责任心。② 发展小组成员社会能力，增强自尊心，提高应对社会环境的能力。③ 培养社区领袖，使他们有能力带领和推动社会变迁。社会目标模式多用于社会政治小组和社会行动小组。

（2）互惠模式。在助人过程中强调个人与社会的（互惠）关系，使小组成员在社会归属和互相依存中得到某特定方面需要的满足，启发组员主动思考问题，寻找共同点，自主确定并强化发展目标。需要运用到的理论有：系统论中人与环境关系；场域理论；镜中自我；符号互动。

（3）治疗模式。也称预防或康复模式，是以个人治疗作为小组工作的任务，同时也提供个人预防和康复的一种干预方式。它吸纳了精神医学、心理治疗和咨询的理论技术，是一种临床模式，用来协助不良的个人达到和恢复预期的社会功能。罗伯特·凡特（Robert Vinter）是这一领域集大成者："个人的社会关系与适应能够透过小组的方式得到治疗。小组治疗应该被视为一种专门的服务。"小组治疗模式主要有精神分析小组、阿德勒小组、心理剧、行为治疗小组、完型治疗小组、交流分析小组、案主中心小组、理性情绪治疗组、现实治疗小组等。

3. 社区工作模式

（1）传统模式：主要包括社区发展、社区计划和社区行动三个类型。

（2）延伸模式：社区发展、社区计划、社会策划、社会行动、社区照顾、社区服务、社区教育、社区矫正、社区组织九个类型。是一种社会细分模式。

中国台湾学者徐震将社区行动的步骤分为六个阶段：

（1）社区需求的研究。

（2）工作目标的确定。

（3）行动方案的拟订。

（4）大众意见的征求。

（5）行动方案的修订。

（6）工作进行的反馈。

中国香港学者陈丽云认为，社区工作可分为四个时期：

（1）探索期。

（2）策动期。

（3）巩固期。

（4）检讨期。

中国香港学者莫邦豪将社区工作的历程总结归纳为四个阶段：

第一阶段：准备与探索。

第二阶段：动员与组织。

第三阶段：推展与巩固。

第四阶段：检讨与反思。

科恩（1970）将社区工作的开展分为11个步骤：① 进入社区；② 分析社区；③ 进行接触；④ 集结居民；⑤ 发展社区领袖；⑥ 组织工作；⑦ 设定优先次序；⑧ 权利与谋略；⑨ 建立政治力量；⑩ 自助谋略；⑪ 离开社区。

五、综合模式与方法

在实务工作中，有时单一的方法解决不了面临的所有问题，常常需要几种工作模式同时运用或交叉运用，如个案、小组、社区工作方法、家庭治疗模式与方法的综合运用，这种模式与方法的综合运用即是社会工作的综合模式与方法。

思考与练习题

1. 旅游区禁毒社会工作的理论基础有哪些？
2. 旅游区禁毒社会工作有哪些独特之处？

扩展阅读

国际旅游岛戒毒工作的实践①

戒毒社会工作是一个难题、新题，也是一个社会热点和急需的事业，是社会工作值得深入探讨的新领域。在海南省第三戒毒所开展的戒毒小组工作实践活动时间已过去了近两年，经过两年的沉淀，现在静下心来回头看，这次实践活动留下的思考之多，对学生影响之深远仍然历久弥新。现在再将这个实践过程和环节原汁原味地总结和展示出来，与大家分享，以抛砖引玉。

一、背景介绍

作为国际旅游岛最南端的一座热带旅游城市三亚市，在旅游变迁带来经济增长的同时，诸多社会问题也在同步增长，其中一个重点问题便是吸毒问题。海南省原副省长符跃兰曾指出，戒毒学员复吸率比较高，有多方面的原因，做好戒毒工作不光是劳教所、戒毒所、司法系统的责任，也有家庭、社会和政府的责任。她指示相关部门要认真调查研究，提出有建设性的意见和建议，综合各方力量，努力提高戒断率，维护社会和谐稳定。

海南省人大常委会内务司法工委调研组2014年对海南贯彻实施《中华人民共和国禁毒法》《海南经济特区禁毒条例》情况执法调研发现，海南吸毒人数居高不下，且呈现低龄化的现象。全省累计登记入库吸毒人员50582名，实际在册吸毒人数

---

① 方礼刚《小组工作在戒毒社会工作中的运用》，《海南省"三区"社会工作探索与实践》，中国书籍出版社2015年版，第156～162页。

34007人，占全省人口比例达5‰以上，其中，查获17岁以下吸毒人员458名，年龄最小的仅13岁。由此导致刑事案件高发，一些地方"两抢一盗"案件中吸毒人员作案比例高达60%。据了解，海南是全国为数不多的几个没有发现规模毒品种植和规模制毒工厂的省份，绝大部分为岛外流入，是一个典型的毒品消费省、输入省和受害省。近年来，毒品通过海、陆、空渗透海南不减，通过邮政、物流贩运日益增加，给管控和打击带来了难度。尤其是物流的形式，目前尚无有效查控措施。调研组还发现，冰毒、K粉、摇头丸、神仙水等多种合成毒品近年在海南迅猛发展，滥用问题突出，违法犯罪活动呈快速上升趋势。去年全省新增登记在册吸毒人员中，合成毒品滥用人员占一半，其中35岁以下人员占84%，且零包贩毒突出，以贩养吸凸显。同时，合成毒品也从主要在娱乐场所滥用，逐渐向城乡接合部、农村改装房、林区、出租屋、宾馆酒店、网吧转移。[1]抽样调查显示，吸毒与性病是高度关联的，三亚市吸毒人群性病（梅毒）感染率为3.3%[2]，禁毒戒毒工作压力大，任务重。当前，全球戒毒的巩固率只有9%，我国戒毒人员的复吸率也是同样不容乐观。

调查表明，三亚市戒毒所戒毒康复中心戒毒人员第一次吸毒原因都差不多，少部分是自己寻求新奇感和刺激而染上的，大部分是因为生活压力、挫折、无聊等借药物来麻痹自己。我们一般所说的戒毒包括生理脱毒、心理康复和回归社会三个完整的过程。国内外有关吸毒人员的戒毒资料都表明，吸毒人员生理脱毒的成功率可达100%，戒毒的瓶颈就在于心理康复和回归社会两个阶段。而我国大部分戒毒所的工作也仅停留在生理脱毒阶段，心理康复和回归社会两个过程基本上没有实现。也正因为后面两个阶段的工作没有做好，致使复吸率居高不下。被称为继医学、心理干预之后的第三大干预措施戒毒社会工作应运而生，被寄予厚望。基于现实的需要，琼州学院社会工作专业师生决定在三亚市戒毒所运用小组工作介入进行戒毒社会工作的实践尝试，将教学与社会服务相结合，充分发挥高校社会工作专业服务地方的作用。由于三亚迄今尚没有一家专门从事戒毒的社会工作机构，所以，高校社工专业承担了一些急需的社会服务，而且这种服务不仅是义务劳动，学校还为此承担了部分费用，同时也得到了海南第三戒毒所的大力支持。

二、项目计划

（一）实践教学目的

1. 提升社工专业学生的专业实践能力

---

[1] 李晓梅《海南吸毒人口占比全国排名靠前 年龄最小仅13岁》，南海网2013年11月28日。

[2] 林竹良等《三亚市吸毒人群梅毒感染监测分析》，《中国热带医学》2008年第8卷第10期。

2. 锻炼专业教师的实践和督导能力

3. 开拓教师从事应用型科研的新途径

4. 探索戒毒社会工作方法与模式

5. 与三亚戒毒所合作，开展社会服务

（二）社会服务的内容

指导教师带领学生在三亚戒毒所，对戒毒康复对象开展小组社会工作实践。这些工作对象是已经在戒毒所接受了生理脱毒之后，进入回归社会前的康复期，这一时间大约半年到一年，这时的主要问题不再是脱毒的问题，而是心理和情绪上需要舒缓和支持，同时要为未来重新走向社会打好基础，做好准备。社工的介入就是为了从认知上帮助他们增加信心，在行为上帮助他们学会适应，在职业规划上帮助他们认识发展的方向和寻找达到目标的途径。先从小组工作开始，逐步拓展到个案工作和社区工作。

（三）社会服务时间

2012年4月25日~6月25日（每周一次），每周三下午3：30~5：30。

（四）社会服务地点

海南第三戒毒所戒毒康复中心（三亚市荔枝沟）。

（五）社会服务参与人员

琼州学院人文社科学院2009、2010级社会工作专业学生及全体专业教师。

（六）社会服务安排

1. 人员安排

每周同时安排两个小组，每个小组安排2~3位专业老师作为观察员（小组工作督导）、一位小组主持人、2~3名助理主持。每个小组10名戒毒学员，每次2个小组同时为20名学员服务。这20名学员由戒毒所发布通知信息通过自愿报名和指定（戒断问题稍严重一些的对象）相结合最终确定，在社工尚未进入戒毒所之前，已先期与戒毒所多次接触，并也与学员代表接触，初步了解了一些情况。之后，戒毒所将确定的学员名单及相关个人资料通过邮件发到社工专业负责人。社工专业参与学生在老师指导下，根据先期调研掌握的情况，针对需求状况，初步将小组工作计划确定下来，预先发邮件到戒毒所相关负责人，经审定同意后即行开始工作。在实际执行过程中，下面的计划每次都有微小的调整，但总体变动不大，先将8次小组工作计划及相关安排，做一"原生态"呈现：

戒毒小组工作人员安排表

序号	组别	学生姓名	指导教师	组员
1	第一小组	孙莹莹　张长隆　王向苗　孙杜靖	方礼刚　王芝兰　魏茹冰	（为尊重隐私，每名学员自己给自己取一个在小组中的代号） 第1小组学员：C罗、阿依仔、快乐男生、歪歪、小波、小臣、小金鱼、小平（1）、小平（2）、小小鸟 第2小组学员：多彩（1）、多彩（2）、开心、快乐、和善、激情、和谐、人生、炸鱼、友善
	第二小组	丁　琳　刘路春　梁皙鳐　周倍妃		
2	第一小组	王梦超　雷　婷　孙莹莹　曾卫明	方礼刚　王芝兰　魏茹冰　邓琼飞　梁淑平	
	第二小组	符子沙　唐旺金　丁　琳　吴东俊		
3	第一小组	张晓冲　周　敏　孙莹莹　吴富春	方礼刚　王芝兰　魏茹冰　邓琼飞	
	第二小组	周碧丽　韩佳玲　丁　琳　曾健锋		
4	第一小组	杨亚利　张亚楠　孙莹莹　方晓维	方礼刚　王芝兰　魏茹冰　邓琼飞	
	第二小组	苏　瑞　张枫艳　丁　琳　赵珂熳		
5	第一小组	周　羚　李　晨　孙莹莹　余向琴	方礼刚　王芝兰　魏茹冰　邓琼飞	
	第二小组	吴惠萍　张　平　丁　琳　易万朝		
6	第一小组	韩飞洋　武利利　唐荟瑛　孙莹莹	方礼刚　王芝兰　魏茹冰　邓琼飞	
	第二小组	吴月仙　孙贞科　汤山贵　丁　琳		
7	第一小组	李水胜　程　思　陈　欣　孙莹莹	方礼刚　王芝兰　魏茹冰　邓琼飞	
	第二小组	袁昌磊　王远溪　王东肖　丁　琳		
8	第一小组	张　蓉　符菊霞　董玉博　孙莹莹	方礼刚　王芝兰　魏茹冰　邓琼飞	
	第二小组	文　学　吴琼艳　张熙强　丁　琳		

　　注：其中，参与小组活动的学生可以替换，但应保证每次小组活动至少有一位上次参与过活动的同学，以此实现"以老带新"组员经验分享，同时也为对社工专业2009、2010级全体学生作一轮训。另外，小组活动主持人应让参与过小组活动的学生

担任，但第一、第二小组的组员（每小组各为10人）应保持固定，为尊重隐私，让每位组员自己给自己取一个代号，指导教师则根据实际安排负责实务指导工作。

2.活动要求

（1）服务准备。参与实践的小组成员在小组活动开展前，以小组工作计划书为蓝本，结合自身特点，制订每一次小组活动具体实施方案，并将活动方案报相关指导老师审核，经指导老师审批后方可实施。

（2）服务日志。要求参与学生实践期间做好实践日志的撰写工作，实践日志内容主要包括：当天工作内容的简要描述、实践感受、小组活动中遇到的问题以及对问题和活动的反思。实践日志人各一篇，字数不限，将择优秀者作为范本存档备查。

（3）服务参与。原则上要求2009、2010级社会工作班学生全部参与到实践活动中，具体人员安排根据实际需求分配。

（4）服务总结。每次小组工作结束后，在安排好案主离场后，指导老师组织参与小组活动的学生进行20~30分钟的活动反思，并要求学生做好小组活动评估与总结，并应有文字材料存档，总结材料需由指定人员于当次活动结束后的第二日提交指导老师。

（七）社会服务注意事项

（1）社会服务安全：在往返戒毒所的路途及开展工作中，注意人身安全及交通安全问题。

（2）社会服务纪律：明确实践教学纪律，并遵守戒毒所的有关规定，并按实践教学要求完成相关总结及表格的填写。

（八）社会服务经费预算

序号	项目	单价	小计
1	车费	6元/人次×12人/次×8次	576元
2	活动经费	100元/人次×8次	800元
3	总计		1376元

（九）社会服务组织领导

社会服务教学分管领导：郝福伟

社会服务教学项目具体负责人：方礼刚

参与教师：王芝兰、魏茹冰、邓琼飞、梁淑平

三、实施过程

（一）预调研

2012年3月，我们在海南上第三戒毒所进行了两次调研，形式主要为访谈，对象为戒毒所负责人和教官，我们从文化层次、年龄结构、家庭状况、社会环境、复习

成因、戒毒难点等方面着重进行了调查研究。了解到文化层次上，大部分是初中以下文化程度；年龄大部分在30岁左右，45岁以上占极少数；从家庭状况来看，大部分家庭是关心戒毒人员的，不关心或半抛弃的只占少数，只有那么三五家；从社会环境来看，戒毒人员70%来自乡镇，从事低端业，一般居住周围人员复杂，诱惑多；从复习成因来看，主要是家庭排斥，社会冷漠以及找不到工作，无所事事，导致心灰意冷；从戒毒难点来看，主要是康复阶段的回归社会之间的不安全感强烈，表现为被隔离的孤独感、对家人的思念与不敢面对、对社会的期望与恐惧、对今后工作生活的焦虑、对自我价值的低估，正是由于这一系列的情感变化与需求，影响到戒毒成果的巩固。

我们正是基于这次调研，最后决定从情感入手，在处于康复期的60余名学员中，抽取20名学员，组成两组，每组10名，开展为期两个月，每周一次的小组工作活动。

（二）制订小组计划

爱与希望同在——戒毒工作小组计划书

小组名称：爱与希望同在

活动地点：三亚市戒毒所戒毒康复中心

工作对象：康复期的戒毒学员20名（分为2组）

参与人员：5位督导老师（每组两名），每次小组主持为8名社工专业学生（每组4人，1名主持人、1名场记记录员、2名观察员，主持人保持不变，其他人员每次轮换）

1. 理论架构

（1）场论。场论强调团体是一个动力整体，应作为一个系统整体来研究。此理论对团体的辅导的发展有重要影响的主要是团体气氛和团体内聚力的研究。根据团体动力学理论，团体辅导过程中，指导者为成员创设一种良好的团体气氛和高度的内聚力，有助于团体辅导的实施，提高辅导效果，达到助人自助的目的。戒毒学员在一个相对封闭的空间中，他们需要相互之间的支撑和扶持。

（2）马斯洛的需要层次理论。马斯洛的需要层次理论把人类的需要分为：生理需要，安全需要，归属和爱的需要，尊重的需要以及自我实现的需要。在戒毒学员身上，这几方面的需求表现得尤其鲜明突出，特别是归属和爱的需要及尊重的需要。

（3）再社会化理论。再社会化是由于原来的社会化失败或其基本上已不适用，重新学习社会的价值和行为规范的社会化过程。再社会化就是在某些重要方面对人的重新社会化，再社会化是戒毒学员普遍面临的问题。在第三戒毒所调研中，我们发现这些吸毒者，他们的思维方式有所变异，和一般人是不一样的，如有一个叫阿龙仔的学员，讲述他看到别人痛苦就特别快乐，喜欢看别人流血。另一名学员认为，吸毒就是产生快乐的工具。他们普遍认为，自己属于被社会大众和亲朋抛弃的一个群体。

（4）班杜拉的社会学习理论。社会学习理论强调人的行为、思想、情感反应方式和行为不仅受直接经验的影响，也受间接经验的影响，观察和模仿是学习的主要过程，在学习过程中认知是很重要的，人在学习的过程中具有自我调节的过程。我们观察，相对于说教而言，榜样的力量对于帮助戒毒学员认识事理及学会技巧更重要，特别是同辈帮助和曾经的"毒友"现在回归正途并成功创业的那一部分人的现身说法非常有效。

（5）波恩的交流分析理论。交流分析理论是检查在互动过程中双方的行为对对方有无刺激作用，利用该理论的目的是了解小组成员开展小组工作时，哪些成员比较主动，哪些比较被动，引导一些比较进入状态的成员影响一些状态不佳的成员，从而提升小组的动力和小组的凝聚力，并进一步达到小组目的。在前期调研中，我们也观察到找来座谈的6名学员，有4名较活跃，很配合，另2名较沉默，有轻度抑郁特征，管教干警事后介绍说这是他们刚通过强戒的后遗症，也有的是自身心理和性格原因。因此我们觉得，在戒毒小组工作中，交流很重要，做计划时应加强这方面的安排和设计。

2. 总体目标

（1）学会面对和处理生活压力、挫折和无聊。

（2）摆脱以前的烦恼，重新定位自己，找到重新生活的动力。

（3）帮助学员重拾对生活的信心，重新找回曾经失落的爱自己和爱家人的自然情感。

（4）帮助学员学习面对诱惑与烦恼的技巧，促进学员回归社会后减少复吸率。

3. 服务对象

身份特征：康复期的强制戒毒学员。

4. 小组特征

（1）性质：成长性小组；社会化小组；支持性小组；认知性小组。

（2）节数：8节。

（3）日期：2012年4月25日~2012年6月25日。

（4）时间：15：30~17：30。

（5）地点：三亚市戒毒所戒毒康复中心。

4. 招募方法

（1）三亚市戒毒所内张贴海报。

（2）三亚市戒毒所工作人员动员戒毒者参加。

（3）个别学员被指定参加。

5. 制订8次小组工作活动计划（此处略，在具体执行中叙述）

（三）向学校及服务机构提交工作方案

当年4月份，我们分别向本校人文社科学院及海南第三戒毒所提交了社会服务实施方案，得到了两方面的大力支持，人文社科学院给予社会工作专业以一定的经费支持，第三戒毒所为当日参与小组工作的师生提供专车接送服务，同时还委派两名干警各负责一个小组的安全管理。

（四）在学生和教师中开展宣传动员

在没有接触吸毒人员以及戒毒机构之前，一些学生和教师甚至感到恐惧，为他们能否顺利与这些人群打交道感到担忧，信心不足，有的有畏难情绪。为此，我们召集全体师生召开了一次动员大会，介绍了戒毒所的基本情况，特别是让学生打消畏难情绪，同时，我们也告诉学生，这是一次难得的实践机会，第一次工作我们要一炮打响。因此，首次去的同学我们还要经过挑选，尽量让一些有一定主持经验、基础好、应变力强、口齿伶俐的同学作为第一次小组工作的参与者。通过动员，大家的疑虑消除了，表现出极大的热情与期望，分组工作进展顺利，2009级社工班全体同学，按每组4人、其中1名主持固定不变、其他3人轮换的办法，两个月下来正好轮训一遍。

（五）预演小组计划

在每次小组活动开始前，我们一般要进行1～2次预演，预演时间在课余和晚间，地点在室外和餐厅。由指导老师和相关同学观摩，然后各自发表意见，进行修改。预演是在小组计划的"脚本"基础上进行，预演的过程在于修正两方面内容，一是修正计划本身不合理之处，二是修正主持人在主持过程中的语态细节问题，以及如何处置突发事件、冷场等预案问题。

（六）执行小组计划

按我们与戒毒所的约定，每周三下午3点半，我们准时到达戒毒所，依计划开展小组工作。小组工作计划就相当于电影脚本，我们的具体实施以此为准，也强调学生要根据当时变化的情况，灵活运用，及时做出调整。事实证明，由于我们准备充分，计划合理，使得每次小组工作进展非常顺利，达到既定目标与效果。

（七）具体计划与活动开展（略）①

---

① 方礼刚《小组工作在戒毒社会工作中的运用》，《海南省"三区"社会工作探索与实践》，中国书籍出版社2015年版，第156～162页。

第十三章　旅游冲突与旅游危机

本章教学目标是了解旅游冲突和旅游危机的基本概念和内容。教学的重点和难点是旅游冲突和旅游危机的类型以及旅游冲突和旅游危机的处置方法。

旅游的本质是追求人与自然、人与人之间的和谐，然而在追求和谐的过程中，往往要面对冲突与危机，而且旅游越是发展，这种冲突与危机越多。和谐孕育于冲突与危机之中，通过建构和谐旅游，使人们在身心愉悦的审美体验之中，以及在提供旅游产品、旅游服务和旅游好客过程中，逐渐消解冲突与危机，促进旅游地区经济社会协调发展。

第一节　旅游冲突与冲突管理

一、社会冲突理论

（一）对社会不平等现象的解释

对于如何看待社会不公平现象社会学家有两种不同甚至对立的解释，这两种解释背后的支撑正是社会学的两大支柱——功能主义与冲突理论，它们是社会学最初的两种理论取向。社会学家哈罗德·克波指出："对社会不平等问题的看法和理论解释往往与对社会现实的整体判断或宏观性的理论解释紧密相关。"[①]克波认为，功能主义和冲突理论对社会存在的基本模式有完全相反的假定，功能主义认为社会是有序的，也承认是不平等的，但不平等是不可避免的，社会关系是依靠规范和价值共识的强力控制加以维系。冲突理论认为社会是冲突的，也是不平等的，是强权者强制实行有利于其利益的规则而迫使从属地位的群体被动接受这些规则。

这个所谓的有序性的实质是说明社会是由一个不平等的分层组成的有机体，尽管功能主义理论与冲突理论本身就存在"冲突"，但早期的功能主义理论家，如斯宾塞，也曾将"冲突"概念化。斯宾塞认为，战争是一种冲突，也是社会进化的一项重要动力，

---

① 李春玲、吕鹏《社会分层理论》，中国社会科学出版社2008年版，第20页。

因为组织良好的社会通常会获胜并淘汰弱者，或至少把它的组织程度提高到胜利者的水平。①在这里，斯宾塞只看到了冲突的功能，但忽视了不平等对社会系统产生的冲突、分解和变迁。②

社会学意义上的冲突理论发端于马克思，发展于韦伯（1858—1920）和齐美尔（1858—1918），不过，韦伯和齐美尔既清晰地阐发了冲突理论，同时又对马克思的论说表示怀疑。但总的来说，当今冲突理论的核心思想仍然来自马克思、韦伯和齐美尔。

乔纳森将冲突详细定义为"敌对、战争、竞争、对立、紧张、矛盾、争吵、分歧、争议、暴力、反对、革命、纠纷等概念"③。

对立未必产生冲突，但当平衡被打破，冲突就会产生。另外，随着全球化程度的加深，社会越来越走向开放，人们的权利意识也会越来越增强，群众对官员的要求会越来越高，那么，冲突的频率还会越来越快，冲突的诱因越来越小。一些民主国家和地区，包括中国香港的事实也证明了这一点。"公开抗议可说是香港文化，仅是2001年，每日平均有六点五宗。"④香港政府和市民对此习以为常，并未造成恐慌。

（二）社会冲突与社会分层

在社会学中，社会分层（social stratification）这一词汇是描述不平等系统结构的一个术语，它反映出社会上各类物质性的和象征性的资源在不同的人当中的分布情况。社会学家所谓的"层"指的是一些社会群体，"分层"就是把所有社会成员分类为不同的群体，这些社会群体通常被认为是按等级性排列，某个社会群体比另一个社会群体等级更高，因为它拥有更多的资源——财富、收入、权力、地位等。这些等级排列形成了社会分层体系，社会学家通过这一角度来观察社会结构、描述资源分配形态和评估社会不平等，并通过这一视角分析社会冲突或阶级斗争。

社会分层可谓社会冲突理论的最初分析工具。当代社会分层研究中，一直存在着两种对立的价值判断，它们代表着对不平等的两种不同的解释：功能论的解释和冲突论的解释。

功能论观点以功能主义学派和社会达尔文主义为代表，认为不平等和社会分层具有正功能，是社会进步所必需的。冲突论的观点与之相反，认为不平等和社会分层是少数人通过各种手段控制和垄断资源并排斥其他社会成员所导致的结果。这并不意味着是合理的和必然的。人们可以采取各种控制和调节手段，减少社会不平等，使社会发展更加协调、稳定。

在国际社会，这两种观点也代表着两种不同的社会经济发展模式，一种是忽视公平的不受干预的市场自由竞争模式，另一种是重视公平的政府干预的市场竞争模式，认为经济增长应使大多数社会成员受益，不应该只有少数人受益，政府干预可减少市场竞争

---

① 李春玲、吕鹏《社会分层理论》，中国社会科学出版社2008年版，第20页。
② Jonathan H. Turner. The Structure of Sociological Theory. California: A Division of Wadsworth，1986.
③ 李春玲、吕鹏《社会分层理论》，中国社会科学出版社2008年版，第29～30页。
④ 陆恭蕙《让民意声音响起来》，香港大学出版社2003年版，第25～26页。

导致的不平等。

阶级冲突主要是马克思的理论视角。马克思认为，社会冲突是统治者与被统治者之间资源分配不平等所产生的固有的利益冲突。在资本主义社会的社会冲突表现为两大对立阶级——资产阶级和无产阶级之间的利益冲突，这是资本主义社会的主要矛盾，是不可调和的，马克思认为社会变迁的动力主要来自阶级之间的冲突，也就是阶级斗争。"到目前为止的一切社会的历史都是阶级斗争的历史。"[①]马克思指出，资本主义社会最终只剩下资产阶级和无产阶级这两大对立阶级，这两个阶级之间的利益冲突将最终导致资本主义社会的灭亡。但马克思的这个预言没能实现。资本主义社会的发展并未导致两极化的阶级结构，相反，处于资产阶级和无产阶级之间的中产阶级人数增长，而无产阶级人数则下降，因此，后来的阶级分析理论家大多数承认阶级之间存在利益冲突，但未必导致阶级斗争，阶级之间也可能出现相互妥协和合作，甚至有人提出"阶级正在死亡"[②]。因此，以淡化阶级的阶层划分来研究社会分层成了马克思之后大多数冲突理论家的理论视角。

综合戴维·格伦斯基等人的研究，归纳出八种资源种类，这八种资源的不平等分配成为当代社会分层理论的基础[③]，对这种资源的争夺当然也是导致冲突的原因。这八种资源如下。

1. 经济资源

土地、农场、工厂、企业、流动资产、劳动力等。马克思主义理论家和学者（马克思、赖特等）十分强调这种资源的重要，并以此进行阶级划分。

2. 政治资源

家长族长、老板经理、政党和社会权威、魅力领袖（charismatic leader）等。冲突论代表人物达伦多夫（Ralf Dahrendorf）认为，政治资源是社会分层中最重要的资源形式，它决定了其他资源分配的不平等。

3. 文化资源

拥有高学历和具有高消费行为、良好的行为举止、有品位的生活方式等。布迪厄（Pierre Bourdieu）和迪玛吉欧（Paul DiMaggio）都对文化资源的分层进行过专门的研究和讨论。

4. 社会资源

拥有高层社会网络和社会关系及进入各类协会的资格等。沃勒（E.Lloyd Warner）和科尔曼（James Coleman）等人讨论了这种资源对于社会分层的重要性。

5. 声望资源

拥有良好的声誉及名望及信仰的虔诚度等。雪尔斯（Edward Shils）和沃纳（W. Warner）都研究过声望资源对于社会分层的重要意义，但在部分研究中主要关注的是职

---

① 马克思、恩格斯《马克思恩格斯选集》（第一卷），人民出版社1977年版，第250页。

② Terry Clar and Seymour Lipset. Are Social Classes Dying? International Sociology，1991.

③ 李春玲、吕鹏《社会分层理论》，中国社会科学出版社2008年版，第5页。

业声望。

6. 公民资源

享有财产权、契约权、公民权、选举权或各种国民福利以及集会、结社和言论自由等。马歇尔（Thomas H.Marshall）最早注意到了这种资源对社会分层的意义，后来的布鲁巴科（Rogers Brubaker）等人在这方面进行了进一步分析。

7. 人力资源

拥有专业技术、技能、文凭学历、资格证书以及工作方面的资历和在职培训经历等。斯瓦拉斯托加（Kaare Svalastoga）和贝克尔（Gary Becker）等人专门研究了人力资源对社会分层的影响。

8. 性别资源

为与上文统一，本研究亦采用"性别资源"概念，特指因性别而获得的资源。女性主义视角中，性别的不平等导致享有资源的不平等。布卢姆伯格认为，性别分层最终是由相对于男性而言女性对生产手段和剩余产品分配的控制程度决定的。这种控制赋予了妇女"经济权利"，从而影响政治权力、名望以及其他分层资源的水平。查菲茨认为，因为男人在更广阔的社会控制了精英地位，从而可以使有利于男人的价值定义永存，这些定义典型地导致了对妇女从事工作的贬抑。女性主义冲突论的观点是只要男性控制了不成比例的资源，性别不平等就会存在；相反，如果女性能获取更多的资源，则性别不平等会减弱。而为了获取这些资源，女性及其支持者就必须流动，但流动的有效性受到影响。这种客观的分析，似乎将问题抛给了社会。

柯林斯（Randall Collins）关注资源的不平等，从冲突社会学的角度将资源分为权利资源、物质资源、符号资源、文化资源，这些资源的不平等，是紧张与冲突的根源。

（三）社会冲突与社会流动

韦伯指出，社会流动程度是社会冲突发生的一个重要变量，什么时候权力、财富、声望只为小部分人所掌握，其他人都被排斥在外，什么时候就会有紧张与不满，这种不满进一步减弱了被排斥者对掌握这些资源的人的合法性的认同。当那些处于社会等级底层的人没有机会向上流动或进入一个新阶级、党派或身份群体时，不满就会聚集起来。社会流动的程度——获得权力、声望、与财富的机会——成为不满与紧张进而造成人们倾向于冲突。但冲突的发生高度依赖能够把被统治者动员起来的魅力领袖，与马克思不同，韦伯不认为这种领袖的出现是必然的，不平等的系统中并不总是发生革命性冲突。魅力领袖是否出现，在很大程度上是个历史机遇问题，但如果这样的领袖出现并挑战传统权威，把受到社会排斥的底层人们的不满动员起来，冲突与结构性变迁才有可能发生。

但韦伯认为，冲突与变迁还要从地缘政治和世界体系的视角来考量。社会冲突不仅仅体现在社会内部的权力、声望与财富等级间的流动程度方面，统治权威的合法性还有赖于国家之间的成功与声望。韦伯的一个重要命题是，统治者越是能在社会的大多数中营造一种与社会中少数冲突的感觉，其合法性就越高；统治者越是营造一种遭受外在力量威胁的感觉，其合法性就越高。反之，政治权威如果不能支撑一种合法性存在的感觉，在内部冲突面前就会显得脆弱，如果在外部系统中失去声望，会失去合法性，并在内部冲突中更加脆弱，反之，外部冲突有时也可掩盖内部矛盾。

柯林斯也认为，一个国家在地缘政治世界中的成功，经常决定了它的形式、生存能力和稳定性。达伦多夫（Dahrendorf）指出，缺少向权威地位的流动会提高被统治者对冲突的情感卷入程度，这种流动越少，冲突将越激烈。

社会流动是分析社会冲突的一个重要变量。中国以户籍为中心的城乡二元结构，阻挡了数以亿计的人们向城市流动的愿望。教育政策在户籍壁垒的基础上又附加了一个经济壁垒，也阻挡了农民的孩子接受高等教育，甚至高中教育的权利。这种流动不光是阻止了向上流动，也阻止了向下流动，城里人想流向农村也是困难重重，这就造成了城市壅塞，形成拒绝外来人的"霍布斯丛林"。

（四）社会冲突与社会封闭

韦伯在《经济与社会》中的一篇文章——《开放与封闭的关系中》，提出了"社会封闭"概念。后来的社会分层理论家兰克·帕金、安东尼·吉登斯和雷蒙德·默菲等人把它引入阶级分析理论，从而使这一概念成为当今社会分层研究中的一个极为重要的概念，而分层研究也从另一个视角解释了社会冲突的原因。

韦伯所谓的社会封闭，指的是社会群体所采取的一种使自身利益最大化的社会行动，即把资源和机会局限于一小部分拥有特别资格的范围内。韦伯把社会关系和经济关系分为两大类，一类是开放性的关系，即任何想加入的人都可以加入；一类是封闭性的关系，即只有特别资格的才可以加入，而其他人则排除在外。正是基于这两种关系的区分，他提出了社会封闭的概念是："根据某种主观意愿以及相应的规定，排挤、限制某些人加入或者符合某些条件的人才可以加入。"通过这一封闭过程将特权和生活机会限定在一部分人群内享有，为稳固这一封闭系统，特权享有者必须以某种方式、某种标志使他们与其他人区分开来，特权利益群体排他性逐日增强和持续，逐渐发展成为带有理性规则的联合组织，并将其影响扩大到政治领域，从而建立正式的法律秩序。这时候，利益群体垄断资源和机会的行动实践就受到了组织和制度的保护，而利益群体则成为合法的特权群体。韦伯指出，特权群体的排他性的行为"也可能激起被排斥群体中的部分人的对应行动"，但他没有对这种"对应行动"做进一步的解释。然而，韦伯的这个并没有深入分析下去的概念被后来社会分层理论家作为阶级分析理论的核心概念，"它使马克思从宏观结构层面提出的阶级关系、阶级冲突、阶级斗争的概念得以具体化"。[①]这说明，韦伯所指的"对应行动"就包含了社会冲突。

社会封闭与社会流动同样存在因果关系，正是社会封闭才造成了社会流动的停滞。所不同的是社会流动是一个价值判断的概念，而社会封闭是一个行为判断的概念。中国从本质来说是一个封闭的社会，或者走向开放的封闭社会。利益一旦形成集

---

① 李春玲、吕鹏《社会分层理论》，中国社会科学出版社2008年版，第42～43页。

团，就带来封闭，形成特权群体，而这些特权群体常常能左右政府政策，向着更有利于特权群体倾斜，为贫富两极分化提供了加速器，这是比社会封闭更可怕的后果，也是许多冲突的政治性原因，值得高度关注。在当今中国的权利话语中不难找到这方面的实证。官僚体制也是一种封闭，正是这种封闭，才产生了劣币驱逐良币的现象。封闭是冲突的根源之一。

（五）社会冲突与社会排斥

无论功能理论还是冲突理论，都承认冲突加强了群体的有机联系，促进了敌对双方的连接。这一理论共同点说明，人是希望生活在社会之中而不希望被孤立和被边缘化的。而社会确有一种制度，人为造成这种孤立和边缘化。

1974年法国学者提出社会排斥概念，他当时主要用来描述经济领域排斥现象。后来学术界对这一概念加以扩展，被用来解释许多社会现象，应用到方方面面，特别更侧重于描述社会不平等。一些研究者认为，参与是社会排斥概念中的重要因素，布尔夏特（Burchardt）[①]等人指出，社会排斥是个人生活居住在一个社会中，没有以这个社会的公民身份参与正常活动的状态。理查森（Richardson）和勒格兰德（Le Grand）认为，如果一个人是被社会排斥的，他必须在地域上居住在那个排斥他的社会里；他没有参加作为这个社会的一个公民可以参加的正常的活动；他愿意参与这些活动，但是被他不能控制的因素阻止了。萨拉切诺（Saraceno）认为社会排斥中的不参与和参与不足是基于公民权利的分析。个人被社会排斥，是个人作为公民参与国家、社区、市民社会活动权利没有实现或者没有完全实现的问题。

吉登斯（Giddens）[②]认为社会排斥理论不单注意由于社会成员自身原因而产生的排斥，它更关注社会力量的作用，注重排斥过程的研究，研究社会成员怎样在过程式中被排斥。认为不同社会地位的人都有可能被社会排斥，只是在不同维度上的排斥。吉登斯认为社会排斥有多种形式，分为经济方面、政治方面和社会方面。国际社会的社会排斥研究支持政策制定。英国20世纪90年代成立了社会排斥部（Social Exclusion Unit），专门研究和处理社会排斥问题。英国政府定义的社会排斥是人民或者地区遭受到了失业、低技能、低收入、简陋的住房、高犯罪率、不健康和家庭破裂等问题的综合影响。[③]

社会排斥与社会封闭既有联系又有区别。相联系的是，两者都具有政策性、排他性、歧视性、条件性；相区别的是，社会排斥具有自我性、资源性和广泛性。所谓自我性是指贫穷造成的亚文化圈自身也排斥进入主流文化，如"城中村"。所谓资源性是指由于经济资源、社会资源、福利资源等资源的缺乏，无能力获得社会服务、社会参与的

---

① Burchardt T, Le Grand J, Piachaud D. Social Exclusion in Britain 1991—1995. Social Policy & Administration, 1999.

② Giddens A. Sociology. Cambridge: Polity Press & Blackwell Publishing Company, 2001.

③ 彭华民《福利三角中的社会排斥——对中国城市新贫穷社群的一个实证研究》，上海人民出版社，世纪出版集团2007年版，第11～15页。

机会。所谓广泛性是指社会排斥没有团体没有边界，无处不在无时不在。[①]

社会排斥导致民工与城市的冲突越来越多。按照城市管理政策与制度，农民工只是二等公民，被歧视，被排斥。在各种媒体上……民工的形象被不断"妖魔化"，个别中部省份的民工被"污名化"。

上面述及的是一种主动排斥，但更多时候是被动排斥，即因为被排斥者自身的贫穷、无助、无能力和无资格等，导致不能享受一些资源，因而只能采取一种宿命论观点默默承受，自闭于社会，但这不是他们的错。不过，无论主动还是被动，从事实看来都是社会冲突的根源。

（六）社会冲突与公民权利

面对冲突，我们常常有谈虎色变之感。其实冲突并不可怕，害怕冲突反而可怕，应当辩证地看待冲突。冲突与应得权利的概念来源于达伦多夫（Ralf Dahrendorf）的辩证冲突理论，认为"社会有两副面孔，一副是一致，一副是冲突"[②]。达伦多夫更将这两副面孔描述为"稳定与变迁、整合与冲突、功能与反功能、价值共享与利益对立"。达伦多夫冲突论的主要论点是："冲突是由于权力分配引起的，而不是由于经济因素引起的，因此，最好的办法是各利益集团各司其事，这样虽时常会有一些小冲突，但却限制了严重冲突的集中爆发。"[③]在《现代社会冲突》一书中，达伦多夫说得更明白："现代社会冲突是一种应得权利和供给、政治和经济、公民权利和经济增长的对抗。这也总是提出要求的群体和得到了满足的群体之间的一种冲突"[④]，进而解释应得权利包括两个方面，一是基本权利，包括全体社会成员应得的宪政法权利，二是实际工资创造者应得权利。这两种权利可以理解为政治权利、经济权利或生存权利。

马歇尔（T.H.Marshall，1973）的论文中被称为"最为人肯定的部分"[⑤]，就是提出了三类公民权责及其历史与制度的发展。他指出公民权责可分为三个因素：① 民权。指保障各种个人自由所必须具备的权利，即人身自由，言论、思想及信仰自由，拥有财产权，及获得公平审讯的权利。法院是其制度化的基础。② 政治权利。是指包括选举及被选举权。议会制度是其制度化的基础。③ 社会权利。是指得到最起码经济福利及保障的权利上，及全面分享社群内文化传统与文化生活的权利，包括各种福利的享用权，其结果是确立了整个社会福利制度。

科塞认为，权利的不平等可能会产生敌对的情绪，但并不必然会引起冲突，敌对的情绪是否会引起冲突，部分地取决于权力的不平等分配是否被认为是合法的。在传统印度的种姓系统中，种姓之间的冲突是很少的，因为无论上等或下等种姓，都认同

① 彭华民《福利三角中的社会排斥——对中国城市新贫穷社群的一个实证研究》，上海人民出版社，世纪出版集团2007年版，第17～22页。

② Jonathan H Turner. The Structure of Sociological Theory. California: A Division of Wadsworth，1986.

③ 郑杭生《社会学概论新修》，中国人民大学出版社1994年版，第555页。

④ 达仁道夫《现代社会冲突》，中国社会科学出版社2000年版，第3页。

⑤ 文思慧、张灿辉《公与私——人权与公民社会的发展》，香港人文科学出版社1995年版。

这种划分。

马克思把社会看作两极分化成统治者与被统治者的潜在对垒的阵营。马克思认为，被统治者与统治者之间日益增大的张力会超越意识形态而达到政治组织。随着他们在政治上组织起来，被统治者将从精英手中夺取生产资料的控制权。除非他的共产主义乌托邦中的临时"无产阶级专政"在某个时候"消失"，否则新的精英集团就会拥有生产资料，并又一次嵌入辩证运动中。

二、旅游社会冲突

（一）旅游与环境的冲突

旅游业是资源依托型产业，主要依托自然和人文环境，基本上没有生产活动，是利用环境，观赏环境，维护环境，正是因环境优美而称其为旅游，本来，旅游业似乎是对环境影响最小的行业，理论上没有破坏环境的理由。然而，在商业利益的驱使下，对自然、人文环境随意的，甚至是破坏性的、毁灭性的改造、变造、加造等现象时有发生，不少地区超负荷接待游客，乱建滥造旅游设施，使历史古迹和独特、协调的自然、人文景观遭到破坏。拥挤的游客及产生的大量固、液、气、声废物，机动车辆的废气，大量游客对地面的践踏和对生态的破坏等，造成旅游区资源环境质量日益下降。旅游环境冲突事件时有发生。如有的南方某滨海地区，搞"剃头式""扒皮式"商业旅游开发，即将自古以来已形成平衡生态的热带林木，甚至连草皮全都像剃头一样剃掉，像扒皮一样扒掉，再栽一些北方运来的小花小草，然后搞圈地运动，美其名曰"XX谷"。结果是公众不满意，当地老百姓不满意。世界自然和文化遗产泰山和黄山，由于大兴土木，修建索道，砍伐树木，其自然环境遭到严重破坏，在为世人所诟病的同时，已引起各方高度重视。世界遗产是世界级文化名片，申遗的目的在于保护，而不是成为发展旅游项目的噱头。一些地方申报的时候很认真，成功了就不注意保护，甚至破坏。丽江古城里立起了现代化的大楼，平遥老城墙外被挖了一道深沟。2013年1月13日，针对联合国教科文组织对中国三大著名景区湖南张家界、江西庐山和黑龙江五大连池发出"黄牌"警告事件，张家界、庐山和五大连池在认错的同时，也开始制定相关的整改措施。"黄牌"事件表明，地方政府不能光看地质公园的经济效益，更应注重"公共性"——科技的普及、文化价值的宣传等。这同样将对区域经济产生借鉴，城市的发展不能光靠经济来驱动，还要有文化等发展载体，并让民众成为城市发展的主人。

旅游与环境冲突的原因，本质上是人的贪欲造成的，人们过度地从环境中摄取利益。贪欲完全消除不易，只能在一定程度上遏止，一是要加强监管；二是要完善法律；三是与国际接轨，积极加入国际组织，参与文化申遗，以国际标准调整旅游与环境的关系。

（二）旅游利益相关者之间的冲突

旅游是一个历史的概念，也是一个变化的概念。在古代，旅游就是行走，就是文化游历。在古代，旅游不是商业，旅游是自发的行为，名山大川就在那儿，没有围墙，不收门票，甚至没有旅馆，你爱来不来。那时候，旅游没有利益冲突。现在不同了，旅游已成为商品。当然，旅游成为商品是社会的进步，因为它提升了旅游的品质，消费者可以用金钱买到优质的服务，可以以舒服的方式和过程，实现高峰的、极限的、神秘的、异域的旅游体验。任何东西，一旦成为商品之后，它带给人们的一定不只是美好的感觉，一定还有令人失望的地方，一定有设计者、生产者、经营者和服务者，甚至储存、运输者之间的利益冲突。于旅游业而言，是旅游利益相关者之间的冲突，各方都追求利益最大化，冲突就产生。这些冲突的主体如下。

1. 旅游企业与社区居民之间

作为当地居民，社区居民是旅游原始资源，包括自然资源、民族文化资源等的发现者、创造者、拥有者、保管者和使用者，于旅游开发而言，他们理应从这种有形和无形的资产中获得应有的"原始股权"或"天赋股权"收益，比如首当其冲的是应优先获得就业的权利，用现在的专业术语说就是：旅游发展的成果应与当地人共享。既是共享，权利和机会应当公平分配。作为旅游企业，他们拥有人、财、物力，拥有专业和技术，通过他们的投入与包装，可以将潜在的资源变为现实的财富，他们理应从中获取应得利益。关键是，谁来主持这项分配，实践中谁最有权利。资金流向准，谁最有权利。显然资金是流向企业的，社区和居民并没掌控旅游收入，也没有第三方来监督收入在企业与资源"主人"之间的公平分配，冲突在所难免。创业初期，矛盾可能不突出，当旅游企业进入发展期、成熟期、高潮期之后，冲突就显现，比如，随着专业化服务的提升，企业不可能大量使用当地人工。有资料指出[①]，凤凰古城的旅游项目多由外地投资者经营，在老洞苗寨、苗人谷、勾良苗寨等乡村旅游景区，从事旅游经营活动，包括导游人员和旅游纪念品摊点经营者大都是外部人员。当地社区居民无法从旅游开发中获益，日常的生活却受到旅游开发的严重影响，生态环境和民族文化遭到破坏，外部的不良思想对社区居民也形成强大冲击，如旅游开发造成当地原有生活方式和文化活动的舞台化，当地传统工艺品的低质化和廉价化，导致民族文化的逐渐失真甚至扭曲，社区居民对旅游开发的不满逐渐增强。旅游企业与社区居民之间通过提升居民对旅游开发和收益分配的参与，建设一种和谐的社区关系，是旅游企业发展必须选择的正确道路。

2. 旅游企业与员工之间

旅游企业与员工之间利益从理论上讲应是一致的，企业因员工而兴，员工因企业而存。但我国的情况有些特殊，一是还有很多旅游企业并没有经ISO 9000质量管理体系认证，国内《全国旅游业标准化发展规划2009—2015》还处于指导阶段，尚未形成法定的执行标准。接受COPC国际服务质量标准认证的旅游企业目前只有同程度等为数不多的几家。因此，相当多的投资者有短期行为驱动力。二是许多旅游企业投资者和高层管理人员多是外部人员或外地人员，或者家族经营，而员工多为当地招聘，高级管理层与普通员工之间缺乏天然的联系，存在心理隔阂。三是旅游的季节性，也为导游和从业者带

---

① 张海燕《旅游企业与社区居民利益冲突及协调博弈研究》，《财经理论与实践》2013年第1期，第121～124页。

来了职业的不稳定性，淡季的生活难以保障。一些员工除了旅游服务外也无一技之长，旅游成为其赖以生存的经济支柱。四是一些企业对员工不关心，以薪代管、以查代管、以罚代管，流动不畅。由于这些原因，一些旅游企业未能兼顾好企业与员工之间的利益，让员工一方面感觉到分配不公，另一方面没感到人文关怀。因此，员工与企业管理层要么直接冲突，即采取一些对抗行为，要么间接冲突，即以离职表明心意。

3. 旅游企业之间

旅游企业之间的竞争主要是价格和线路的竞争。特别是旅行社数量庞大，良莠不齐，各使手段，竞争激烈。因而，明里暗里、激烈温和、线上线下的冲突未曾停止。因这种企业间的利益冲突，导致低价团这一"怪胎"产生，并因此带来与游客之间的衍生冲突。同时，旅游企业恶性竞争导致旅游事故频发，不断发生的事故表明，旅游客车日益成为交通事故的"重灾区"，"2011年以来，旅游客运车辆事故呈上升趋势"[①]。2010年全年旅游客运车辆导致的事故死亡人数同比上升4%，2011年以来，旅游客车肇事起数、死亡人数同比上升40%和158%。2011年全国12起一次死亡10人以上事故中，4起涉及旅游客车。因此，表面看是企业之间的利益冲突，但实际上受损最大的还是终端消费者。当然冲突的结果也使企业双方两败俱伤，没有赢家。究其原因，还是旅游企业的高度同质化。同质化发展势必会导致越来越严重的恶性竞争，最终，很可能导致相当一部分景区难以实现可持续发展。目前在我国，针对大众旅游需求市场的旅游开发，还处于粗放式阶段，很多投资者都盲目跟风投资，追求"投入少、赚快钱"。在这种背景下，政府需通过统一规划等措施，引导旅游开发者转变投资观念，在发展旅游项目的过程中注入旅游业的"灵魂"——文化，创出品牌特色。相关主管部门应完善准入评审机制，既要保持适度竞争，又要保障不会形成恶性局面。对于一定地域范围内的项目，同质化规划"超载"的部分应不予通过。实际操作中，一些相关主管部门接到上报的旅游项目规划后，惯常做法不会对其旅游、娱乐的内容和市场竞争优劣势进行分析。旅游项目如何打造，几乎都是投资者自己说了算，很容易造成同质化竞争。因此，旅游开发不是追求一家独大，而是要注重结合当地民俗、生态等特色，在吃、住、行、游、购、娱等方面进行深层次开发，形成一条完整系统的产业链。这样既能突出各自的特点，又能丰富旅游项目、延长游客逗留时间、增加旅游地收入。

4. 旅游企业与游客之间

旅游企业与游客的矛盾是当前旅游业的主要矛盾。这些矛盾的根源，表面看在于信息的不对称、文化的不敏感、服务的不到位、利益的不共享（片面强调企业利益）和发展的不持续（短期行为）等因素造成的，但本质上是旅游服务业的哲学观产生偏差，或者并没有接受正确、适用的哲学观点的指导。另外，旅游交易过程中，偶发的游客人身伤害事故、生产安全责任事故、局部的自然灾害事故，乃至旅游服务过程中发生的刑事伤害案件引起的与游客及其家属的冲突，虽然具有一定的偶然性或不可控性，但相较于

---

① 《旅游客车为何成事故"重灾区"》，人民网2012年5月30日。

一般的冲突管理，并没有不同之处。

旅游业是商业，商业的本质是两个人以上的协商。旅游业也是娱乐业，也就是说，旅游业是制造和出售快乐的行业，消费者购买快乐，并且感受到了快乐，也说明消费者得利了。因此，旅游业同样要有"利归天下"的商业哲学思想，要接受一个观点：旅游业的未来一定是旅游利益相关者一起共同缔造的，旅游企业只盯着自己的口袋，一味地向游客索取，而不知让利与用心，不把游客当家人、亲人或"上帝"看待，不仅不会有发展，冲突也在所难免。因为，如果没有"利归天下""利益共享"的观念，游客一定感受不到快乐，花钱买不到快乐，其结果可想而知。

企业极端逐利的结果很容易招致冲突。综合多家媒体报道，2012年7月24日，湖南某国际旅行社接待了其他国际旅行社组织的55人团队到张家界旅游，导游顾某与旅游团队的领队于某因旅游购物发生争执，当地旅游质量监督管理所的工作人员和公安民警现场调解无效后，导游顾某遂邀众围堵派出所，进而发展为一起涉及近百人的群体性治安事件。直到公安机关强制带离24人后，事件才基本平息。但是，从7月25日至28日，部分导游以维权为由，连续几天在武陵源魅力湘西广场拉标语、静坐，极少数人员还威胁、恐吓正常带团的导游。还有少数组织者通过QQ群、微博、电话短信等方式串联煽动，扬言在8月1日举行导游罢工活企业动。类似这样的事实很多，从表面看是导游与顾客之间的冲突，但实质上还是企业与顾客冲突，企业的价值观直接影响和放大了导游的极端逐利行为。要整顿这些现象，首先要整顿企业经营思想。

5. 游客与居民之间

游客与旅游地居民或当地居民之间的关系本应是利益共生体，游客是当地居民特别是靠旅游从业为生的居民的衣食之源，游客是旅游景点存在的价值和理由，游客是旅游地区发展的强大推力，是旅游业的关键伙伴，是"金主"。当地居民参与更是营造良好人文环境、提升旅游景区形象的重要因素，是旅游景区创新旅游产品的重要补充，是旅游景区可持续发展的重要保证。游客与当地居民是一体多面中的重要利益相关者，在利益平衡中维持正常关系，促进彼此发展。但一旦由于某一方面的原因，这种平衡关系被打破，就会发生冲突。从理论上讲，冲突的根源还是在于利益分配的争议；从实践看，相互争夺的利益不仅仅是经济利益，还包括政治利益、经济利益、社会利益和文化利益。政治利益的冲突源于对相互权利、地位、尊严的尊重不够，经济利益的冲突表现在当地居民提供的旅游补充产品与游客需求即购买意愿的不匹配，以及出现强买强卖、欺客等不良现象。社会利益的冲突表现在游客活动与居民生活相互之间造成干扰，对公共利益带来不利影响。文化利益的冲突表现在旅游对当地特色文化、民族文化带来不利影响，造成传统文化的失真与扭曲，亚文化输入对青少年带来不利影响等。

还有一种情绪转嫁式冲突，也是游客与居民冲突的深层原因，那就是当地旅游利益分配不均，导致居民将怨气转嫁到游客身上。据报道①，2011年10月19日，19名重

---

① 张希《湖南凤凰被指利益分配不均 当地居民怨气转嫁游客》，人民网2011年11月2日。

庆游客在湘西凤凰古城旅游，因一起超车事件，被当地人用手枪指头并被暴打。事发时，30多名凶手将游客围困在山头近一小时。在渝湘两地警方的共同努力下，游客最终逃出"魔掌"。报道称，事后当地公安将两名涉案人员抓获，对游客进行了安抚工作，并对当地司机开展法制教育。据有关方面介绍，发生这类事件的最根本和最重要的原因是，在旅游业快速发展的同时，当地政府、游客、开发商和居民四者的利益关系未能得到很好的协调处理。在旅游开发中，开发商获取了利益并分给当地政府，当地居民却被排除在外；村民在开发商和当地政府面前处于弱势，游客又在当地居民面前处于弱势。由于以上原因，所以出现了当地居民对游客采取暴力、欺诈的现象，这实际是当地居民将"经济损失"和随之而来的怨气转嫁到了游客身上。因此，当地政府除了对居民进行法制教育外，还要进行深刻反思，正确处理自身与各方关系，协调好各方面的利益。

此外，由于游客的无限量购买力的缘故，对当地居民的生活造成影响是旅游业，特别是国际旅游业发展过程中出现的新的冲突和问题，亦当引起注意。这个问题告诉世人，游客并非越多越好，购买力并非越大越好。

6. 政府与旅游企业之间

政府更多的是从宏观层面关注税收、GDP、生态环境等经济社会影响，这些影响也与官员的政绩高度相关。企业更关注如何少交税，多获利，并可能会更多地考虑企业微观发展的需要，这种微观需求常常会与政府的宏观发展需要相冲突。比如，政府可能希望企业大量安排当地人就业，以减轻旅游开发带来的就业与生计压力，而企业可能会因为专业分工的需要，考虑到当地人大多无一技之长，只能配给少量的服务岗位，但这满足不了地方政府的要求，仅这方面常常存在冲突。企业在用地（征地）、用钱（贷款）、环评等方面，一旦满足不了地方政府的条件设定，或者企业自身存在问题，很可能也不会顺利。政府与企业之间也要避免因对冲突的忽略，放任企业对资源、环境的过度使用而造成的"公地悲剧"式的结果。

政府与旅游企业的利益冲突总体上是宏观与微观、全部与局部、公共与私利、国家与集体利益不一致的冲突，前者往往占有道德高地。但也存在一些因不正常的原因引起的利益冲突，冲突的原因并非因公利的诉求而引起，而可能与当事双方某个人的好恶有关，但这只能算是局部的和个案的情况，可忽略不予考虑。

7. 政府与社区及居民之间

地方政府与社区居民之间的关系可以分解为政府—社区—居民这样一个三重关系，即地方政府与居民之间隔着社区这堵"墙"，社区成为政府与居民之间的委托和中介单位。即政府通过社区对居民加以管理，居民通过社区对政府反映意见、建议和诉求。政府与居民的关系是管理与依赖的双重关系，即政府对居民实行管理，同时也依赖居民执行和参与政府目标、项目和任务，居民也依赖政府获得福利等待遇。但实践中，更多地体现为政府对社区居民的约束，以及社区居民对当地政府的不满。地方政府在旅游开发中是管理者和监督者，对旅游发展的大方向进行指导。但是在旅游开发实际过程中，由于地方政府管理的局限性，有时不能有效地协调好社区居民与旅游开发商以及其他利益群体之间的矛盾，使其对社区居民的承诺不能兑现，社区居民的合法权益得不到保障，甚至存在个别干部谋取私利的现象。所有这些导致社区居民对地方政府信任的下降，以致在与政府打交道的过程中，常常抱不合作甚至对抗的态度，使政府部门的工作难以顺利开展，或者实施效果不好。

政府与居民之间也不仅仅只在经济利益方面会产生冲突，文化方面亦有冲突的可能。例如，海南某沿海渔村，由于旅游项目开发的需要，需整体搬迁渔村，政府为渔民建好了整齐划一的"新农村"安居小楼，但渔民拒绝搬迁，原因是政府缺少对该渔村的社会学调查，缺少文化方面的关怀与考量，渔民觉得住新楼与保留老文化之间，应当选择后者。

另外，同一群体如游客、企业等内部之间的冲突同样也属于冲突管理的涉及范围。

三、冲突管理

在当今旅游业发展过程中，旅游利益相关者之间因利益分配、资源争夺而导致的矛盾与冲突层出不穷。特别是旅游目的地居民与旅游企业之间的矛盾、旅游与旅行社之间的矛盾、政府与企业之间的矛盾、从业者与管理者之间的矛盾等不一而足。在这种情形下，在政府层面，或通过第三方机制进行冲突管理，或开展冲突调解是非常必要的。冲突管理一般由政府有关部门或委托第三方机构进行。

（一）认识冲突的过程

实践中，冲突一般有以下5个发展过程。

1. 萌芽期

冲突双方的利益焦点开始暴露，矛盾开始从幕后走向前台，从内部走向外部，从暗中谈走向公开谈，从隐形走向显形。

2. 触发期

矛盾的长期积蓄之后，遇到某一偶发事件，便引发了必然的冲突，形成了双方剑拔弩张式的对峙，气氛变得紧张，这一时期冲突刚开始显现，还未形成或发展成破坏性事件。

3. 对抗期

冲突前期积聚的能量得以释放，语言、行为、肢体、群体的冲突、对抗，甚至准暴力事件产生，双方的情绪都很激动，混乱和伤害的局面已经发生。冲突的结果要么是两败俱伤，要么是一胜一败。但所谓的胜方不一定是赢家，赢家可能面临更大的潜在报复。

4. 调解期

经由第三方，由强力部门介入，通过多种手段进行协调处理，主要的手段有：司法、仲裁、调解和谈判。调解期是冲突管理的关键时期。

5. 恢复期

恢复到正常状态或原来的状态。冲突一经发生，经调解后，不可能发展到比以前更和谐的状态，能恢复到一个原有的平衡状态也就不错了。

（二）冲突需要管理

1. 冲突管理的原则

（1）防患未然：一般来说，在冲突萌芽期，冲突管理机构不好出面有什么作为，但也不能听之任之，无所事事。将冲突消弭于萌芽状态自然是最理想的设计，但要把握一个度：有时候，冲突并未发生，外界介入反而加速冲突到来，或者将问题复杂化，引出双方有更多的时间从容要价，弄得第三方本想做一件好事，反而骑虎难下，而且，有时候事情的解决恰恰需要有一次冲突，其理论假设是：冲突促进问题解决。

（2）建立预案：一个地方政府，或一个管理辖区，一定要建立一个冲突管理机制，有一个冲突管理小组组织，有明确的组成人员和领导人。预案不是对某一个事件的预案，因为冲突事件都是偶发的，甚至是不可预期的，所以不可能先为每一个具体的冲突建立预案。但可以预估某几个类型的冲突是可以的，类型可能有多个，例如，可预估今年可能在征地拆迁、旅游开发、居民邻里、候鸟人群、干群冲突等方面可能会有多类型的冲突产生，然后在专业人员组成方面有意识地引入相关人员，但预案只能是一个，即冲突解决应急预案。应急预案的后面是以一支由各方人员组成的冲突处置基本队伍为支撑，这支基本队伍后面还要有相关专家、专业人士组成的志愿者队伍。一旦有事，这支队伍应拉得起、走得开。预案一经建立，应组织演练。预案应实行一把手负责制，如一市场之内，应由市长负责。同时要明确召集人，召集人只能是职能部门，一旦有事，第一时间由召集人向一把手汇报，提出初步方案，由一把手做指示，组织预案小组即行集中做决策，执行预案。

（3）迅捷介入：预案机制的目的就是为了赢得时间，越快越好，在冲突发生的第一时间迅速组织到位，到现场开展工作。关于"第一时间"也应做一个规定，比如立即、马上、一小时之内、24小时之内等，应根据不同性质、不同地区、不同交通状况做出明确规定。同时还应规定，一旦冲突发生，由谁在第一时间向冲突预案小组召集人汇报。可实行首问负责制，即政府部门中，接到冲突信息的第一个人，应当第一时间汇报给冲突预案处置小组召集人。冲突管理预案小组人员组成应以文件形式下发本级政府各部门，并应对冲突预案加以宣传，让行政甚至企业、居民知晓。

（4）调解斡旋：调解斡旋是冲突管理的核心部分，是技术性加艺术性的工作。调解由四个板块组成，即司法、仲裁、调解、谈判。一般而言，冲突发生的第一时间，不宜用司法、仲裁，甚至调解也难以进行。第一时间要做的是稳定双方情绪，了解双方诉求，所以，谈判一般是冲突管理第一步，然后在谈判取得成效的基础上进行调解，调解不成进行仲裁，仲裁不成最后走司法程序。因此，冲突管理手段的顺序是：谈判—调解—仲裁—司法。司法是最后的救济手段，司法虽具有强制约束力，但不一定比谈判更有效。

（5）对话重建：封闭产生隔阂，交流促进理解。在冲突双方之间，搭建长效的对话机制，这为双方表达意见、缓和矛盾构建了一个出气口，设置了一个安全阀，这是冲突管理中后期管理服务的重要环节。

2. 冲突调解的原则

自我负责、自愿、中立、理解和保密是管理冲突应坚持的原则。自我负责就是调解方支持冲突双方各自提出解决方案，各自承担调解的结果。自愿是指是否参与或接受调解，建立在自愿基础上。中立是调解者不持立场，保持中立。理解是指包括调解者在内，冲突各方应相互理解对方的立场。保密是指无论调解是否成功，未经全体同意，不得向任何第三方或外界透露相关信息。原则当在调解一开始即向各方申明，并有必要签署相关承诺书。

3. 冲突调解的程序

冲突调解的程序一般分为六个基本阶段：① 签订协议；② 收集问题；③ 协商谈判；④ 寻找解决方案；⑤ 订立合约；⑥ 执行审查。在事态复杂或涉及双方均参与者众多的情况下，这六个基本阶段将被多次重复。①

4. 冲突调解的几种方案

（1）F-V型。F代表一方完全失败，V代表另一方完全胜利。F在前，突出F的感受。此方案是以一方失败一方胜利告终。失败的一方有严重挫折感，认为没有得到公正对待，并可能加剧后续争执和积蓄着报复心理。

（2）V-F型。V在前，突出V的感受。胜利的一方从冲突对方中获得了更多的利益，一方面欢欣鼓舞，另一方面当感受到失败者的情绪时，又心存阴影，自责的同时可能也会心存恐惧，担心报复。

（3）F-F型。冲突双方都失败，没有赢家。在旷日持久的冲突中，两败俱伤，甚至想放弃，即没有信心再做积极的努力。

（4）V-V-型。双方都取得一定的利益，但都没有达到理想目标。是一个折中方案，标志冲突的暂时结束，但问题并没有解决。

（5）V-V型。冲突双方都获得了最大利益，都感受到胜利或成功，这是一种双赢模式，也是冲突调解所追求的最好模式或效果。

显然，（5）、（4）所代表的双赢或次双赢是最好和较好的冲突解决方案。调解的过程是一个艰难的过程，也是一个从（1）到（4）或（5）的促进和转化过程，冲突调解的难点在于当事双方的情绪控制及是否能相互站在对方立场思考。另外，需要注意的是，并非所有的冲突都可以调和到双赢局面，比如价值观的冲突几乎没有双赢余地。

5. 冲突调解中的谈判技巧

在冲突调解的程序中，协商谈判是一个关键环节，这个环节完成的顺利与否基本可决定调解是否成功。掌握调解的技巧很重要，虽然具体问题具体分析，没有一个铁律会被认为是谈判的绝招或秘诀，但还是有一定规律和经验可以总结。一般来说，谈判要注意下面一些细节问题。

① 亚历山大《全球调解趋势》（第二版），阿姆斯特丹出版社2006年版。

（1）认识你的谈判对手。

① 通过什么渠道了解对手情况？有无非正式的接触犯，有无通知当地政府、社区或街道？有无通过其他工作小组？

② 对手的自然属性。如年龄、性别、健康、人数、家庭结构等。

③ 对手的社会属性。如教育、职业、收入、财产、民族、相互关系等。

④ 有什么诉求？会提什么要求？

（2）组成谈判小组。注意小组成员与对方的兼容性、亲近性等。如对方成员中有女性，己方也应对等有女性，同时应有一位负责地方治安、熟悉对方情况，并也可能易为对方所接受、有亲近感的人参与。

（3）确定谈判原则。

① 了解案情，综合各方信息逐一核实，结合谈判的筹码，分析利弊得失。

② 决定谈判的四原则：平稳、快速、尊重、补偿。最后的金钱补偿，通过对受损方的补偿求得平衡是最重要，也是最难的一环节。

③ 避免诉诸法律或公权力，如果政府作为冲突一方，避免给民众造成政府以权压人形象，力求和解，采取必要的让步和妥协。

（4）设定目标和底线。什么是目标底线及你希望达到的水平？你认为对方的目标是什么？底线是什么？己方与对方的差距有多大？达成目标让步与妥协的步骤方法是什么？

（5）注意谈判人员形象。注意服饰、表情。服饰、表情要符合当时气氛，穿着要简朴得体。比如有死伤发生的冲突事件，谈判人员就不宜穿花哨、喜庆的服装。

（6）落实环境的设置。地点、时间、住宿、座位、设备、室温、休息、餐饮、安保、医疗等都应做到周全的安排准备。

（7）安排律师和记者。是否需要？对方是否有？有利和不利？利大还是弊大？要做好分析。

（8）谈判中的情绪控制。

① 不同于商业谈判，对方可能带有强烈情绪，要做好心理准备。

② 谈判一开始，要控制焦虑、不满情绪，要带着积极乐观情绪，传递一个合作解决问题的态度。

③ 减少陌生感和敌对感。

（9）坦然面对情绪的宣泄。

① 尽管为管控而来，但情绪宣泄不可避免，亦是正常现象。

② 情绪宣泄也是情绪管理的一个重要手段。

③ 应让对方或家属将情绪尽情宣泄。

④ 但应逐个发言、做好记录。

（10）转嫁责任或归责于对方。

① 人在发生了事故灾害的时候，往往会选择逃避责任的行为。

② 如果冲突一方是政府，谈判对方会认为全部责任是政府造成的，要求其承担全部

责任。

③ 政府需有理有礼有节。证明政府的合法性。

（11）避免对抗性谈判。

① 谈判开始，除了情绪宣泄外，谈判对象可能倾向转嫁责任和归责对方。

② 即使你完全不同意，但也不要急于反驳，反驳反而会加重对抗情绪，强化对方立场。

③ 可以先表达同理心，淡化对方竞争与对抗心态，然后再慢慢表达意见。

（12）敦促对方进入实质性谈判。

① 引导对方从情绪表达进入实质性谈判。

② 从宣泄到开始谈判是一种进步。

③ 同时注意自己情绪。

（13）如何谈钱（中国文化——欲擒故纵）。

① 政府代表千万不能单刀直入地说："你们不是想要赔偿吗？"

② 这只能激怒对方。

③ "我知道你们也不是为了钱。"

（14）注意谈判中的其他对手。有时家属由于陷入情绪之中，不一定是主要的、清醒的谈判对手，其他亲朋反而可能是主要谈判对手和开价者，找出主要对手也有利于冲突的平息。

（15）帮助对方明确条件。

① 对方处于情绪激动中，话多不一定有条理。

② 帮助其总结、明确。

（16）要让对方先亮牌。当对方诱使你亮牌的时候要把持住，不要先亮牌，让对方先亮牌。

（17）永远不要接受第一次报价。

① 日常经验："5万元？""行！"

② 给对方反应是：是不是我哪儿出问题了？是不是我报价报低了？是不是我还可以再高点？

（18）不情愿的买家和卖家。

① 即使已迫不及待地愿意，但仍要表现出不情愿。

② 不情愿的买家和卖家，可以大大增加谈判空间。

（19）威胁与诱惑。

例如，尸体，众所周知是不能复原的，政府知道，家属也知道。反复提尸体，是为后面要价做铺垫。提出威胁是在诱使你答应他后面提出的条件，要坚决拒绝诱惑。

（20）随时离开谈判桌。

① 这常常是施压的方法，告诉对方，你不答应条件也会离开。

② 在商业谈判中，如果你是使用者，请记住，你不是真的想离开。

（21）把对方拉回谈判桌。关键是引入调解人，通过调解人将对方拉回谈判桌。

良好的关系和保持中立，是调解人非常重要的条件。

（22）克制情绪，保持团队一致性。当对方提出过分或全新要求时，留意团队情绪，不要看作侮辱，避免情绪化，必要时可选择暂时休息会儿，给自己创造思考空间。

（23）做出妥协，表示诚意。谈判就是要准备妥协，如果一点也不妥协，谈判就没法进行下去。

（24）避开锋芒，隔离谈判。可能有一位或两位难缠的对手，不要影响自己情绪，可以绕开他，面向其他对手表达自己观点，寻求突破口。

（25）如何让步。收缩空间法。

（26）虚拟"最高权威"。创造回旋空间。避免对手认为你是一个没有决策权的人。

（27）我不是你的冲突方。政府作为冲突一方是最难解决的冲突。避免给人印象：我就是你的冲突方。

（28）补偿金的定性。赔偿还是救济。

（29）协议达成。

第二节　旅游危机与危机干预

本节所指的旅游危机主要是旅游安全危机，包括两个层面，一是社会性安全危机，二是自然性安全危机。社会性安全危机与旅游冲突的结果高度相关，即旅游冲突引起安全危机。自然性安全危机是旅游地区或旅游过程中由自然灾害引起的危机。在社会性旅游安全危机中，由文化冲突引起的危机更令人注目，当今的文化冲突几乎渗透到世界旅游的任何一个角落。21世纪的人们将面临这四股力量的角逐，就像两组拔河比赛，一方面在顽强地抵抗，另一方面又不得不合作。此消彼长，时刻在角力。在这种角力中，全球化与一体化虽偶有不稳，但总体上似占上风，旅游安全危机正是源于这种不稳定的角力状态之中。基于民族、宗教和文化的冲突，区域旅游安全问题就不可能避免。人们需要更多考虑的可能是如何解决区域民族、宗教和文化冲突，实现旅游安全问题的最小化。

一、旅游危机类型

旅游组织对旅游危机的定义是：影响旅行者对一个目的地的信心和扰乱旅游业继续正常经营的非预期性事件。旅游危机包括旅游安全类危机和旅游行业类危机。

（一）旅游安全类危机

1.传统旅游安全危机

（1）饮食安全。关注旅游过程中的食物中毒、食品卫生与安全。

（2）住宿安全。安全事故、噪声和污染物影响、传染病影响等。

（3）旅行安全。出行中的交通安全、人身安全、财产安全等。

（4）游览安全。旅游业生产安全、设备设施安全、道路安全、人身安全等。

（5）旅游娱乐安全。如何消除或避免旅游与赌博、旅游与色情的现象与陷阱。

2. 新的旅游安全危机

（1）新旅游安全危机的表现。

① 旅游与和平。和平局面被打破。

② 旅游与恐怖主义。恐怖主义存在必然带来旅游危机。

③ 旅游与犯罪。特别是影响大的犯罪活动和犯罪行为必然危及旅游。

④ 旅游与战争。一地、一国乃至国际社会的局部战争，以至于世界性的战争，对于旅游而言都是灾难。

⑤ 旅游与政治不稳定。一国、一地区的政治不稳定，特别是政局不稳定，一定是旅游业的"寒冬"。

⑥ 旅游与传染性疾病。阵发性、突发性、传播性的传染性疾病的发生，会给旅游业带来恐慌。如2003年爆发的SARS疫情，2020年初爆发的"新冠肺炎"疫情。均使当时旅游业陷入瘫痪。

⑦ 旅游与环境气候。环境气候的急剧变化与极端情况会极大影响潜在游客的动机，当然也给在游的游客带来了现实的危机。

⑧ 旅游与经济社会危机。经济社会的危机也决定了旅游消费的购买力，带来的后果是旅游业的萧条。

（2）旅游风险与旅游保险。2007年1月，世界旅游组织在西班牙马德里召开会议指出，中国已与美国并列为世界第三大旅游目的地国家，在2006年赴中国旅游的国际游客人数总计有4960万人次。该组织预测，到2010年，中国将取代西班牙，成为全球第二大受欢迎的旅游目的地国家。甚至，到2020年，中国将超越法国，成为全球最受青睐的旅游首选地。研究了解旅游风险与旅游保险，是旅游业发展系统思维的要求。它不光是游客需要思考，更是旅游业和保险业应当研究的课题。

旅游风险是对潜在风险的预测和感知，因此也称为"旅游风险知觉"。所谓"风险知觉"意指个人对于未知的风险强度、风险发生概率、影响范围等进行评估。最早是由雷蒙德·鲍威尔（Raymond Bauer）所提出来。Bauer认为消费者行为因无法产生确定的预期结果，而涉及风险承担，这种不确定的感觉有些是令人不愉快的。对旅游者来说，风险知觉是非常重要的。旅游消费者关心的是如何使满意程度最大化及如何使风险水平降至最低。因此，在风险水平固定下，期望值愈高愈好；而在期望水平固定下，风险愈低愈好。风险至少包含两个层面，一为产品类别的风险（product-category risk），此风险会反射出消费者在购买旅游产品时，内心的风险知觉。另一个为产品特性的风险（product-specific risk），此风险是关于特定的旅游产品购买。然而，对消费者影响最深也是营销人员最关心的，却是在购买旅游产品时，消费者内心所产生的风险知觉。穆蒂尼奥在最初的研究中发现，旅游感知风险的维度应当被分为八个：经济风险、身体风险、自然灾害风险、健康风险、心理风险、恐怖主义风险、社会风险和犯罪风险。根据国际国内学者观点及我国的具体实践，总结归纳出身体风险、设施风险、自然风险、服务风险、财务风险、心理风险、时间风险、社会风险八个维度。

有关资料表明，世界范围内的伤亡情况中，每年都有十几万人的伤亡人数是来自旅游意外事故。旅游者们认为既然无法避免旅游意外的发生，那么对于规避旅途中的种种不测和意外风险就是旅行前的必须准备工作，利用保险来规避旅游过程中存在的部分风险，能在一定程度上降低旅游者的恐慌率，提高旅游者对旅游的接受度，增加旅游者在旅游过程中的满意度和舒适度，对旅游行业而言至关重要。显而易见，旅游保险存在其特定的必要性和重要性。

显然，对旅游风险的认知状况决定了游客对旅游保险的购买动机，对旅游保险的购买状况也与旅游过程中心理状况或愉快程度相关。因此，旅游社会工作者应当了解究竟是哪些因素影响旅游者对旅游保险的认知和购买决策，了解如何改善旅游者对旅游保险的认知并增强旅游者的保险购买意识和购买决策行为，并对为旅游者提供更加全面、更符合游客需求的旅游保险产品等问题进行探讨，以利于在开展旅游社会工作过程中，能够解释意义、提供信息，此亦增权赋能的需要。

3. 旅游安全现象

"旅游不是一种经济活动而是一种精神活动，这种精神生活是通过美感享受而获得的，因此旅游又是一种审美活动，一种综合性的审美活动。"[1]因此，旅游是一种综合性的审美实践活动和文化实践活动。

（1）旅游安全的环节。研究者指出，在旅游活动中，发生旅游安全事故或出现旅游安全问题一般出现在这些环节：旅途、景区、购物、饮食、住宿、娱乐。通常各环节出现安全问题的比重如图13-1所示。[2]

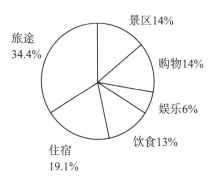

图13-1　发生安全问题的旅游环节

---

① 冯乃康《中国旅游文学论稿》，旅游教育出版社1995年版。

② 郑向敏《旅游安全概论》，中国旅游出版社2009年版。

（2）旅游安全表现。

① 犯罪。旅游犯罪是指发生在旅游领域中，侵犯旅游者、旅游地居民、旅游服务机构等旅游利益相关者的正当利益，包括人身安全和经济利益，或者破坏旅游环境、旅游设施和旅游资源，妨碍旅游业发展的危害行为的总和。综合各地报道，旅游犯罪中盗窃、抢劫、抢夺、诈骗、宰客及破坏旅游环境资源的现象较突出，而且在各地发生的住宿、交通等案件中，旅游业所占比重较大。

② 疾病。调研数据表明，常见的旅游疾病一般包括：a. 疲劳过度；b. 伤风感冒；c. 肠炎及腹痛；d. 日光性皮炎；e. 中暑；f. 冻伤；g. 毒蛇咬伤；h. 蜇伤；i. 中毒；j. 高原反应、醉氧、晕车。

（3）交通事故。包括道路、高速公路交通事故，空难、海难等水上灾难，缆车事故等。

（4）火灾与爆炸。森林火灾、房屋火灾及化学易燃物引起的火灾与爆炸。

（5）自然灾害。地震、山体滑坡、台风、海啸等自然灾害，动植物引发的灾害及环境灾害。

（6）其他意外。

（二）旅游行业类危机

1. 旅游行业类危机与特点

（1）传统旅游业危机与非传统旅游业危机。

① 传统危机。传统危机的特点：危机主要由外部引起；具有一定可预测性；恢复周期长或不可恢复。具体类型见表13-1。

表13-1　传统旅游业危机的类型[①]

类型	细分
自然灾害	地震、火山爆发、洪水等
社会灾难	国内动乱和暴力冲突
	突发性公共卫生事件
	战争和恐怖主义活动
流行疫病	动物流行病
	人类流行病
政治事件	国内政治局势动荡、外交危机、国际关系动荡
经济事件	经济秩序动荡、经济形势恶化、经济危机、汇率变化等

---

① 郑向敏《旅游安全概论》，中国旅游出版社2009年版，第50～55页。

续表

类型	细分
意外事件	重大事故
	旅游事故
旅游犯罪	旅游盗窃、旅游欺诈、旅游暴力犯罪等

② 非传统危机。非传统危机可谓是新时代、新环境、新事物、新变化带来的旅游时代的新的危机。这些危机有些是突发的，不可预见性的，有些是长期积累而被忽略，一朝爆发的。具体类型见表13-2。

表13-2　非传统旅游业危机的类型[①]

类型	细分	具体类型
旅游媒体危机	宏观环境危机	政治危机、法制危机、经济危机、社会危机等
	竞争环境危机	供应商的背景、替代品的压力、潜在竞争者的挑战、同行竞争的威胁等
旅游媒体危机	内部环境危机	产品与价格危机、信誉危机、财务危机、突发事故危机、管理危机、营销危机、运营危机、研发危机、人力资源危机、战略危机、形象危机、市场危机等
旅游客体危机	资源危机	旅游资源破坏、过度开发或环保不力导致景区生态破坏与景观破坏、自然灾害或人为因素引起的突发事件等
	经营危机	战略危机、产品危机、服务质量危机、形象和品牌危机、财务危机、人才危机、客源危机、目的地危机等
其他		媒体误导、谣言传播、新科技对旅游媒体与客体的挑战等

（2）地理扩散型与类型扩散型危机。地理扩散型与类型扩散型危机的特点是：按区域蔓延并受地理限制；影响范围广且恢复周期长或不能恢复。类型扩散型危机与旅游产品直接相关，具有相似属性的旅游客体或旅游媒体广受牵连。类型扩散型危机受旅游者的主观因素影响很大。

① 地理扩散型旅游业危机的类型见表13-3[②]

---

① 郑向敏《旅游安全概论》，中国旅游出版社2009年版，第50~55页。

② 郑向敏《旅游安全概论》，中国旅游出版社2009年版，第55页。

表13-3 地理扩散型旅游业危机的类型

类型	细分
自然灾害	地震、火山爆发、洪水等
社会灾害	国内动乱和暴力冲突
	战争和恐怖主义活动
政治事件	国内政治局势动荡、外交危机、国际关系动荡等
经济事件	经济秩序动荡、经济形势恶化、经济危机、汇率变化等

②类型扩散型旅游业危机的类型见表13-4。

表13-4 类型扩散型旅游业危机的类型[①]

类型	细分	具体类型
流行疫病	动物流行病	口蹄疫、禽流感、鼠疫等
	人类流行病	流感、艾滋病等
突发性公共卫生事件		食物中毒等
意外事故	重大事故	重大交通事故等
	旅游事故	旅游交通事故、旅游安全事故（娱乐设施事故）等
旅游犯罪		旅游盗窃、欺诈、旅游暴力犯罪等
旅游媒体危机	宏观环境危机	政治危机、法制危机、经济危机、社会危机等
	竞争环境危机	供应商的背景、替代品的压力、潜在竞争者的挑战、同行竞争的威胁等
	内部环境危机	产品与价格危机、信誉危机、财务危机、突发事故危机、管理危机、营销危机、运营危机、研发危机、人力资源危机、战略危机、形象危机、市场危机等
旅游客体危机	旅游资源危机	旅游资源破坏、过度开发或环保不力导致景区生态破坏与景观破坏、自然灾害或人为因素引起的突发事件等
	经营危机	战略危机、产品危机、服务质量危机、形象和品牌危机、财务危机、人才危机、客源危机、目的地危机等
其他		媒体误导、谣言传播、新科技对旅游媒体与客体的挑战等

---

① 郑向敏《旅游安全概论》，中国旅游出版社2009年版，第55页。

二、旅游危机（安全）管理

风靡世界的"墨菲定律"告诉我们：如果有两种或两种以上的方式去做某件事情，而其中一种选择方式将导致灾难，则必定有人会做出这种选择。也就是说，当有漏洞存在时，事故一定在那儿等着人们了。"墨菲定律"对于安全管理的启示是：容易犯错误是人类与生俱来的弱点，不论科技多发达，事故都会发生。而且我们解决问题的手段越高明，面临的麻烦就越严重。所以，我们在事前应该是尽可能想得周到、全面一些，如果真的发生不幸或者损失，就只能沉着应对，关键在于总结所犯的错误，而不是企图掩盖它。

（一）饮食安全及其管理

1. 饮食安全内容

（1）食物中毒。

（2）疾病：传染病、肠道污染、胃肠功能紊乱、胃炎、胃溃疡、恶心、呕吐、腹泻。

（3）营养不良引发的疲劳：四肢乏力、肌肉酸痛。注意饮食搭配和营养素的摄取，提高矿物质的摄入量。

（4）盗窃（饮食场所）。

（5）欺诈。

（6）火灾。

（7）其他意外事故。[①]

2. 饮食安全管理

（1）食品卫生安全。依据《中华人民共和国食品安全法》《中华人民共和国食品卫生法》健全管理制度。提倡分餐制，减少疾病传播途径。

（2）消防安全。

① 厨房各种电气设备的使用和操作必须制定安全操作规程，并严格执行。

② 厨房的各种电动设备的安装和使用必须符合防火安全要求。

③ 厨房内的煤气管道路及各种灶具附近不准堆放可燃、易燃、易爆物品，煤气罐与燃烧器及其他火源的距离不得少于1.5米。

④ 各种灶具及煤气罐的维修与保养应指定专人负责。

⑤ 灶具要保持清洁，定期擦洗。

⑥ 油炸烘烤食物时，温度及油量要控制得当。

⑦ 正在使用火源的工作人员，不得随意离开自己的工作岗位。

⑧ 下班前各岗位工作人员关闭能源阀门、火种，应有专人最后检查。

⑨ 楼层厨房一般不得使用瓶状液化气，管道煤气也应单独引入，不得穿过客房或其他房间。

⑩ 消防器材要在固定位置存放。

---

① 郑向敏《旅游安全概论》，中国旅游出版社2009年版，第109～110页。

3. 与饮食有关的其他安全管理

餐饮业主职业道德教育、餐厅现场管理：防滑倒等，防止酗酒、斗殴事件发生以及对服务人员的教育与管理、与旅游饮食卫生有关的常备药品的管理等。

（二）住宿安全管理

1. 住宿内容和安全表现形态

住宿内容包括：旅游饭店、招待所旅社、临时家庭旅馆、野外宿营。住宿安全表现形态包括：犯罪、火灾、名誉安全、隐私安全、心理安全、逃账。

2. 住宿安全管理

（1）宏观行业安全管理。《治安管理处罚条例》《旅馆业治安管理办法》《消防法》。

（2）微观住宿安全管理。规章制度、管理机构、设施设备、部门安全管理、防火、防盗、其他安全管理。

（3）旅游者管理。

① 引导。② 自我安全管理。

（4）住宿安全网络与安全组织。

① 安全管理网络。② 安全组织与安全责任。

（5）住宿安全管理的计划、制度与措施。

① 犯罪与盗窃的防范、控制与管理。② 员工的安全控制与管理。③ 住宿场所的财产安全与控制管理。④ 防火安全计划与管理。⑤ 其他。卖淫者与住宿客人名誉安全活动的控制与管理：卖淫者与嫖娼者并不能提前干预，这有违国际酒店业规矩，但经验表明，"盯堵记"不失为一个好办法；逃账的控制与管理。

（6）紧急情况的应对与管理。

① 国内客人违法的处理。② 涉外案件的处理。③ 客人伤病与死亡的处理。④ 食物中毒。⑤ 停电事故。⑥ 防爆。⑦ 重大事故处理。

（三）防盗管理

除公安外，景区管委会、治安联防、社区民众、单位、合作机构等，也应提醒旅客注意财物安全。

（四）突发公共卫生事件应急管理

突发公共卫生事件（简称突发事件），是指突然发生，造成或者可能造成社会公众健康严重损害的重大传染病疫情、群体性不明原因疾病、重大食物和职业中毒以及其他严重影响公众健康的事件。根据突发公共卫生事件性质、危害程度、涉及范围，突发公共卫生事件可划分为特别重大（Ⅰ级）、重大（Ⅱ级）、较大（Ⅲ级）和一般（Ⅳ级）四级。

为应对突发公共卫生事件，旅游行业应未雨绸缪，依据《国家突发公共卫生事件应急预案》《突发公共卫生事件应急条例》《国家突发公共事件总体应急预案》《国家突发公共事件医疗卫生救援应急预案》《中华人民共和国传染病防治法》《中华人民共和国突发事件应对法》《突发事件应急预案管理办法》等法规，制定本行业、本部门、本单位应急预案。

三、旅游安全预警

（一）一般旅游安全预警

世界各国各地区都重视旅游安全预警，我国台湾地区发布的国外旅游预警分级表中，有以下预警类型：治安预警；健康预警；容量预警；政治预警；军事预警。我国的旅游安全预警制度体现在2009颁布实施的《旅游者安全保障办法》（以下简称《办法》）这一法规性文件之中，是国家为了更好地保障人民的旅游安全而建立的一种预警制度。《办法》站在旅游者的角度，以"旅游者安全保障"为旅游安全工作的切入点，通过规范旅游者、旅游产品或服务提供者、各级旅游行政主管部门的权利义务，共同做好旅游者安全保障工作，提高旅游安全工作水平。《办法》对旅游者、旅游产品提供者的权利和义务都做了明晰规定，对应发布红、橙、黄、蓝四色预警信息。《办法》称，旅游目的地的旅游安全状况的划分标准，将由国务院旅游行政主管部门具体制定。

（1）红色旅游预警——建议不要前往该目的地旅游。

（2）橙色旅游预警——建议重新考虑前往该目的地旅游的必要性，避免不必要的旅游。

（3）黄色旅游预警——建议高度关注旅游目的地已经发生或可能发生的影响旅游安全的因素。

（4）蓝色旅游预警——建议关注旅游目的地已经发生或可能发生的影响旅游安全的因素。

（二）岛屿旅游安全管理

1. 建立健全的岛屿旅游安全管理机构

2. 加强天气预警预报

3. 健全岛屿旅游区的安全标志系统

4. 做好岛屿旅游景区的安全管理工作

（1）交通安全。

（2）游船安全。

（3）景区内游览道路。

（4）通信设施。

（5）游乐设施。

（6）警报救助安全设施。

四、公共安全危机：旅游地公共安全问题

1. 自然因素

自然因素包括地质灾害，如地震、滑坡、崩岸、塌方、泥石流等；气象灾害，如暴雨、洪涝、旱灾、风灾、雹灾、雪灾、霜冻、雷击、雾凇、雨凇、寒潮、沙尘暴、海浪、海啸、海难等。

2. 卫生因素

卫生因素包括人体安全卫生，如各类传染病、流行病、职业病、突出病等；动物防疫安全，如各类传染病、流行病、突发病、中毒等；水生生物安全，如鱼、虾、蟹、贝疾病防疫等；各种食品安全等。

3. 社会因素

社会因素包括刑事安全，如打、砸、抢、盗、烧、炸、绑架、毒品等；社会动乱，包括暴乱、非法集会游行、非法宗教活动；人为灾难，如火灾等。

4. 生态因素

生态因素包括植物病虫灾害暴发、有害生物入侵、传播、森林大火、生态退化等。

5. 环境因素

环境因素包括废气、废水、废渣、噪声、毒气、腐蚀性物质、光化学烟雾、放射性危害等。

6. 经济因素

经济因素包括生产安全，如爆炸、各类事故等；金融安全，如信贷、外汇、股市等；交通运输安全，如铁路、公路、航空、海运、管道、索道、重要桥梁等；能源安全，如煤油、电、气、水、火、热核等。

7. 信息因素

信息因素包括国家机密、计算机信息、网络信息、核心技术、商业秘密等。

8. 技术因素

技术因素包括重要公共技术设施，如电视台、电台、通信等重要信息枢纽，高新技术风险、克隆技术、转基因技术。

9. 文化因素

文化因素包括民族矛盾、文化冲突等。

10. 政治因素

政治因素包括政治动乱、国家分裂、政治斗争等；另外还有国防因素，包括外敌入侵、主权危害等。

上述可简化为人为型、自然型、复合型三种。

五、旅游地生态及经济安全问题

国际应用系统分析研究所（IASA，1989）认为，广义的生态安全是指在人的生活、健康、安乐、基本权利、生活保障来源、必要资源、社会秩序和人类适应变化的能力等方面有受威胁的状态。狭义的生态安全是指自然和半自然生态系统的安全，即生态系统完整性和整体水平的反映。

20世纪60年代以后，国际旅游业被许多国家，尤其是第三世界国家看作发展经济的重要手段，因为它主要依靠已经存在的自然资源，包括阳光、海滩、当地居民的热情好客，不需要巨额的资本投入。一些鼓吹者甚至扬言，某些第三世界国家通过发展旅游业可以不经过工业经济阶段，直接跨入以服务为基础的经济发展阶段。

但国际旅游业存在诸多问题，比如游客出游的季节性、经济发展的周期性等很多问题是目的地国无法控制的。"实际上，对于第三世界国家而言，国际旅游业的发展并没有取得鼓吹者预期的效果……旅游业的发展无法起到经常刺激当地农业生产发展的作用。"不仅如此，"发展旅游业还加剧了财富的两极分化以及社会分层的明朗化。在第三世界发展旅游业，利润流向精英阶层，这些人本已富有，享有政治影响力。从整体上看，这将延迟国家的发展。"

一般而言，旅游对当地经济影响是正面还是负面，取决于以下几个方面。

（1）旅游目的地的主要设施的性质和其对游客的吸引力。

（2）旅游者在旅游目的地的花费数额和密集度。

（3）旅游目的地经济发展的程度。

（4）旅游目的地的经济基础状况。

（5）旅游者花费在该地区再流通的程度。

（6）旅游目的地对旅游者需求的季节性所做调整的程度。

旅游对当地经济的正面影响：

（1）促进经济发展。

（2）促进产业结构调整。

（3）改善投资环境，扩大国际合作。

（4）有利于扩大就业。

（5）加速货币回笼，促进国内稳定。

（6）赚取外汇。

（7）增加税收。

旅游对当地经济的负面影响：

（1）过分依赖旅游业会影响国民经济的稳定。

（2）管理不善会造成各种浪费和社会不稳定。

（3）可能引起通货膨胀，损害当地居民利益。

（4）旅游过度超前发展会对区域经济发展造成负效应。

（5）外汇漏损。

旅游者使用进口产品成本、设施投资的外汇成本、国外广告培训、本地居民的额外开支。①

六、旅游对环境的影响

一是独立关系，互不干扰，各自发展，但这种关系不会持续太长，"随着旅游业大规模发展，环境将会产生深刻变化"。

———————
① 孙文昌、郭伟《现代化旅游学》，青岛出版社2002年版；保继刚《旅游地理学》，高等教育出版社1999年版。

二是共生关系，如历史古迹保护、野生动物公园建设。实际上世界上能达到这种关系的地方不多。

三是冲突关系。如对植物的践踏，海岸的污染，野生动物栖息地危害等。此外还有旅游对人为环境造成的影响，土地利用引起的压力。

旅游对环境的正面影响：

（1）有利于重要自然资源或地区的保护。

（2）有利于考古遗址，历史遗迹等文化资产保存。

（3）有利于改善环境质量。

（4）有利于改善景观质量。

（5）有利于基本公共设施改造。

（6）有利于居民保护环境意识提高。

旅游对环境的负面影响：

（1）对植物影响。

（2）对水体影响。

（3）对野生动物影响。土地冲突、人与动物之间的冲突。

（4）对地质环境影响。

（5）其他。噪音、景观视觉污染，考古破坏。

环境保护对策有：

（1）增强环保意识。

（2）掌握合理的旅游承载力。

（3）加大保护旅游资源与环境的投资。

（4）大力开展生态旅游。

七、旅游对社会的影响

1. 游客与当地人关系

关系是短暂的；具有时空限制，影响接触深度和强度；关系缺乏自发方面性；关系趋向不平等和不均衡。

2. 旅游的社会影响

一是社会影响的双重性。外来文化的冲击与文化的交流并存。外来价值观为当地所接受，忽视传承。交流促进了解。

二是示范效应。特别是年轻人对游客的行为与态度及消费形态的效仿，使当地居民思想发生变化，这是旅游对社会影响的主要途径。其影响有正负两方面，正面影响：激励当地人、引发模仿、促进改善、甚至改行等；负面影响：引起当地人消费观念改变，生活费用增加，产生挫折感。带来移民问题，向上流动，产生以旅游业为主的新的社会阶层，并对当地政治力量产生影响。

三是敌意产生。"当地越穷困，产生刺激就越大。"

3. 旅游对目的地的正面影响

（1）有助于维护世界和平。

（2）增进身心健康。

（3）有利于创造精神文明。

（4）国情与爱国教育。

（5）扩大就业。

（6）改善社会环境。

（7）促进教育。

4. 旅游对目的地的负面影响

（1）新殖民主义。

（2）当地生活环境恶化。

（3）生活质量下降。

（4）社会道德水准下降。

八、旅游对文化的影响

1. 旅游对文化的正面影响

（1）促进科技进步。

（2）民族和地方文化保护。

（3）促进文化变更。

（4）促进文化交流。

2. 旅游对文化的负面影响

（1）物质层面：艺术、烹调、建筑、文物古玩。

（2）非物质层面：民族文化异化；文化商品化和本土文化扭曲；传统工艺复兴；艺术形式退化、失落、失传。

九、旅游对家庭的影响

考瑟斯（Kousis M）通过对希腊克里特岛一个乡村社区的研究，表明旅游对家庭的影响很大。体现在以下几个方面。

（1）经济变化与家庭。农民向工资劳动者转移成为一种趋势，旅游业对当地家庭职业结构带来影响。

（2）对家庭规模的影响。旅游业的发展改变了工作环境，使家庭规模变小。

（3）对家庭控制的影响。传统的家庭控制权一直掌握在男性长者手中，这主要是因为他们拥有土地所有权。发展旅游业之后，经济地位变化降低了家庭的控制，甚至亲属关系的影响力也逐渐减少。

（4）对婚姻与陪嫁制度的影响。发展旅游业之后，陪嫁已由传统的嫁妆、彩礼转变为现金、房屋、工作或公司所有权的一部分。

（5）对婚姻年龄的影响。在前旅游时期，早期旅游时期和成熟的旅游业时期三个阶段中，第三阶段男女初婚年龄的跨度较前两阶段更大。

（6）对通婚的影响。旅游业发展之后，族群外婚姻更多。

（7）对男女地位的影响。旅游业发展之后，经济地位的变化带来了传统家庭男尊女卑地位的变化。

（8）对性自由的影响。发展旅游业之后，有关两性的道德规则变化很大，尤其是本地男性与外来女性游客通婚比率上升。[①]

思考与练习题

1. 我们国家可能面临的旅游冲突和旅游危机有哪些？

2. 当前我国最主要的旅游冲突和旅游危机表现在哪些方面？

3. 对当地曾经出现过的旅游冲突或旅游危机进行调解，并分析评估当时的处置方法。

---

① 尹德涛等《旅游对目的地的影响》，载《旅游社会学研究》，南开大学出版社2006年版，第92~95页。

第五编　旅游社会工作的发展

第十四章　旅游社会工作与社会企业

本章教学目标是认识旅游区社会企业的独特个性，了解旅游社会企业运作的过程与模式，学习创办与管理旅游社会企业。教学的重点和难点是认识、了解与探索旅游社会企业，分析与讨论旅游社会企业的意义。

第一节　社会企业

社会企业是一种介于商业企业和公益组织之间的新型组织形态，提倡应用市场手段和创新方法解决社会需求，同时具备了公益和商业的特征。"社会企业"这一概念最早源自欧洲。早在1844年，英国若干名为"合作社"的组织便以该模式加以运作，其从事企业活动以达成社会公益目的而非商业利润。自20世纪末，一些企业家开始关注社会公益事业，以其企业的相关管理模式、运营模式参与到解决人权问题、环境问题、健康问题等相关社会问题中，这些企业家被称为具有"社会企业家精神"，从而推动"社会企业"在全球蓬勃发展起来（中国社会企业与社会影响力投资发展报告）。

经济体任何行业都可以有社会企业，各种各样的社会问题政府管不到，私营企业也管不到，需要社会企业来填补这些空白，社会企业对提升整个社会的生活质量有很大影响。在中国，社会企业兴起正是最近这三四年的事情，但势头强劲，精彩纷呈，大家纷纷用"社会创新"来形容这股浪潮。有人断言，社会企业这种新的组织方式"将是社会创新在公益领域的引爆点"。"穷人银行家"尤努斯曾告诉中国朋友，如果你只是持续地向别人提供慈善捐款，实际上是害了他们，而不是帮助他们，因为他们会过度依赖你，而你也没有帮助他们改变现状。在英国，一个广为人知的社会企业是《大问题》杂志，它让无家可归的人卖杂志，获取工资报酬，从而改善了他们的生活状态。

在西方的历史上，非营利组织的兴衰与福利国家的实践之间存在着直接的关系。福利政策的普遍实施是为了解决"市场失灵"的问题。在福利国家的实践过程中，由于非营利组织的财政基础来自政府的财政支持，因此，其活动空间被大大压缩了，活动能力也大为下降，从而成为政府处理社会问题的一个配角。在20世纪70年代的政府改革浪潮中，西方各国的社会福利政策经历了一次大规模的结构转型，福利开支被大大削减了，政府对于非营利组织的财政支持也因而发生了结构性的变化。

这种变化与"社团革命"即非营利组织的大量涌现与重新焕发活力结合在一起，再加上私人捐赠的下降，使得非营利组织的财政来源不得不较多地依赖于市场机制。霍普金斯大学的萨拉蒙（Lester M.Salamon）教授深入思考了非营利组织社会功能、自主性地位与政府的关系等问题，先后提出了非营利组织的市场化、"志愿失灵"的概念以及非营利组织的危机等问题，产生了广泛的影响。

从全球比较研究的视野出发，萨拉蒙将"社团革命"的原因归结为四次危机与两次革命，即福利国家的危机、发展危机、世界性的环境危机和社会主义危机等四次危机，以及通讯革命和中产阶级革命两次革命。

在20世纪"社团革命"的背景下，许多学者对非政府组织都给予了高度评价，认为它是重大的组织创新和制度创新。萨拉蒙（2003）教授认为："历史将证明，这场革命对20世纪后期世界的重要性，丝毫不亚于民族国家的兴起对于19世纪后期世界的重要性。"人们不仅期望大量的非营利组织能够获得足够的自主性，以便与政府和企业形成均衡的三角格局以建构稳定的、健康的社会结构，从而承担起建设国内公民社会的责任，更希望非营利组织能够与专横的跨国公司相抗衡，实现全球公民社会的建设任务。

一、社会企业发展简史

社会企业的历史并不久远，在欧美，大抵产生于20世纪40年代，兴起于70年代。在亚洲，20世纪90年代才开始引进。中国的社会企业定型于2000年之后。社会企业发端于现当代的欧美，与欧美当时的经济、政治、文化环境息息相关。

1.经济环境

德国第二次世界大战后，百废待兴，生产停滞，需求紧缺。在马歇尔计划（The Marshall Plan），官方名称为欧洲复兴计划，（European Recovery Program）①的援助下，经济开始逐渐复苏。马歇尔计划对欧洲国家的发展和世界政治格局产生了深远的影响。该计划于1947年7月正式启动，并整整持续了4个财政年度之久。在这段时期内，西欧各国通过参加经济合作发展组织（OECD）总共接受了美国在金融、技术、设备等领

---

① 第二次世界大战结束后美国对被战争破坏的西欧各国进行协助重建计划，该计划于1947年7月正式启动，并整整持续了4个财政年度之久。在这段时期内，西欧各国通过参加经济合作发展组织（OECD），总共接受了包括金融、技术、设备等在内的各种形式的美国援助合计130亿美元，该计划对欧洲国家的发展和世界政治格局产生了深远的影响。

域的援助合计130亿美元。在很短的时间内恢复了国民经济的运行和发展，达到并超过了战前水平，进入了著名的"经济奇迹"时代。

20世纪60年代美国经济出现了一个被称之为"黄金时代"的持续增长期。导致该持续增长的主要原因之一，是第二次世界大战后美国政府为应对经济危机实行了一系列凯恩斯主义的国家干预政策，即运用赤字财政，通过通货膨胀，刺激总需求，从而抑制经济危机的破坏强度，避免大量的企业在危机中倒闭。在解决危机的同时，带来的一个负效应是造成了财政赤字大增，通货膨胀有增无减，从而形成了1970～1982年的滞涨危机。

"二战"后英国经济的发展可分为三个阶段：第一阶段是稳步发展的20世纪50年代和60年代。这一时期的主要特点是经济缓慢而持续地增长，随着消费水平的不断提高，呈现出低失业率低和巨大的物质繁荣。第二阶段是经济衰退的70年代。20世纪70年代在发达国家中，英国始终保持最低经济增长率，最高的通货膨胀率和贸易赤字的历史新高。第三阶段是经济复苏的80年代。经济复苏在20世纪80年代的一个显著特点是时间长，持续了7年，另一个显著特点是伴随着国际收支平衡中流动性资产的比例增加，政府的财政状况得到改善。

2. 政治环境

1969年后，一个以强制性社会保险为主体，囊括社会救济、社会津贴等的包罗万象的社会福利体系在德国逐步形成。然而，就在德国建成仅次于瑞典的"福利国家"之后不久，20世纪70年代的"滞涨"使得德国失业人口持续攀升，最终突破200万人。这一时期德国政府为了维持其原有的福利水平，开始采用公共服务外包的形式，期望以此来缓解政府的财政压力。

美国与上述凯恩斯国家干预思想主导下的"黄金时代"相匹配的是1964年美国约翰逊总统提出了"伟大社会"（Great Social）计划。联邦政府在减贫、教育、医疗、社区发展、环境和艺术方面投资了数十亿美元。这些资金中的大部分被委托给这些领域的非营利组织进行经营，从而促进了这些组织的产生和发展。美国始于19世纪70年代的财政危机和税收增加，合同外包涉及领域很广，包括垃圾收集、道路维护、监狱管理、公共税收的收缴等。从1982年开始，美国国际市县管理协会（ICMA）在全美范围内进行大规模调查，发现政府仍然是提供服务的主要方式。1997年前，合同外包数量处于增长态势，1993年的调查显示，其民营化活动有超过78%是公共服务外包，1997年的调查中，公共服务外包达80%，而在州政府之下的地方政府公共服务外包形式更是应用广泛。起初，美国只将部分如医疗卫生、安全警卫等非政府核心服务功能外包，后来发展到政府的每一项公共服务职能都能成为合同外包标的。美国的公共服务外包较为突出，是由于政府雇员很少从事制造、建筑或食品生产，外包合同在美国得到了广泛的运用。

1948年，英国在前期储备财富的基础上，通过颁布一系列法律和政策，正式宣布建立了世界上第一个福利国家，为公民提供"从摇篮到坟墓"的"一揽子"预防性社会保障福利体系。但伴随19世纪70年代英国经济的停滞，在日益恶化的现实条件下，英国政府逐渐意识到自己的"能力边界"，尝试与非营利组织在各个领域中的合作，借助非营利组织熟悉当地社区情况、实践经验丰富的优势，提高社会资源使用效率和服务质量。这为社会企业的发展开拓了生存空间。在20世纪60～70年代，英国经济随着传统工业的衰落而一蹶不振，失业、老龄化、贫富分化等社会问题成为社会发展的短板。在英国各阶层在思考一种新的社会福利改革哲学时，人们选中了社会企业与社区结合的方案。

3. 社会文化环境

德国人民认为企业存在的目的，不仅是为了利润最大化，而且是为了造福全体国民。德国人民愿意担负昂贵的社会福利费用和妥善照顾一时遭遇困难的同胞，这种心态深深植根于德国的社会文化中。

美国在非营利组织巨大财政缺口的现实比对下，企业被认为是较有效率及创新能力的组织形式。当时政府内外的保守派提出无论是非营利组织还是政府都应该以类商业化的方式来解决社会问题。在这股巨大舆论的推动下，越来越多的非营利组织通过商业活动获取收入来填补政府大幅裁减资助所留下的缺口。

英国在上述经济、政治历史环境的种种压力下，学术界发出呼声，号召以一场广泛的社会改革去发展一种新的福利哲学；发展出一种新的、适应新形势的福利体系，逐步接管目前只是简单地将民众维持在依赖和贫困状态下的体系，帮助民众掌控他们自己的生活；新的体系必须是一个积极的、能创造社会资本的福利体系。社会企业在英国发展了120多年，目前拥有6.2万家，雇佣人口超过80万。目前，英国有促进和支持社会企业的完整的网络，有权威的社会企业认证机构认定社会企业标记，有专为社会企业提供服务的社会公益公司，又有特殊的税收减免政策。[①]

二、社会企业的概念

自欧美兴起的社会企业，其概念目前并无统一的定义。概括而言，社会企业的投资主要是用于企业本身或者社会。与一般私有企业不同的是，它不只是为了股东或者企业的拥有者谋取最大利润而运作，其利润一部分用于企业自身发展，一部分用于社会公益事业，而且，对于一个成熟的和典型的社会企业而言，其利润的主要部分将是用于社会公益，或者企业的使命就是为社会服务。中国通常称这样的企业为"福利企业"。

社会企业从事的是公益性事业，它通过市场机制来调动社会力量，它将商业策略最大限度地运用于改善人类和环境生存条件而非为外在的利益相关者谋取最大利益。社会企业可以是营利性质的，也可以是非营利性质的，并且，它的表现形式也可能是共同合作模式、成熟的组织构架、非独立实体、社会商业或者慈善组织。

许多商业企业标榜他们自己具有社会目标，而对于这些目标的投入是以最终为企业获取更多利润为目的的。相反，社会企业与之不同，他们的目的不是对投资者提供任何

---

① 王丹阳《用商业的方式做公益》，《第一财经日报》2015年6月25日。

利益回报，除非是那些他们认为最终可以使他们实现社会和环境目标的部分。在美国，这个概念侧重体现"通过交易做慈善"，而非"做慈善的同时做交易"。

维多利亚·海尔（Virginia Hale）是一个医药科学家，也是一个社会企业家。对于市场主导医药产业感到非常担忧。尽管大的医药公司对一些可以控制大规模的传染病药物持有专利，但因为一个很简单的原因不去开发这些药物：最需要这些药的人们付不起医药费。受股东利润优先导向的驱动，医药行业专注于研发和营销那些治疗困扰富裕人群疾病的药物，这些人大多居住在发达国家并且可以支付医药费，海尔创办了One World Health[①]医药公司，其使命是确保那些发展中国家的传染病患者不论这些患者是否具有支付能力，都能够得到治疗的药物。

近几年，关于社会目的型商业的概念越来越多，它们以推行社会责任为目的，或是为慈善项目设立或寻求基金。在中国，一些有实力且有社会责任感的财团纷纷出资设立自己的基金，如南都公益基金，新华都实业集团设立的新华都慈善基金等。

虽然不乏打着公益的幌子，目的是为股东赚更多利益的企业，但从总体和大趋势看，中国企业的社会责任较之之前，有了一个质的飞跃，越来越被更多的企业特别是大型企业所认同，中国的社会企业也从无到有，逐渐进入规范发展的轨道。

三、社会企业的特征

尽管世界各国对社会企业的内涵、外延及组织形式方面的界定存在千差万别，但社会企业一般具有以下几方面的属性。

1. 社会性

社会性有两重含义，社会性是社会企业的首要性质。欧洲社会公平研究网络（EMES）认为社会企业有清晰的为了社区或者特殊目标群体利益的目标，例如创造就业、社区照顾、医疗服务、残障人士康复、失业人员培训、孤老救助、环保节能、物种保护等。社会服务目标是社会企业存在的基础，是社会企业追求的价值准则。

2. 企业性

社会企业具有企业属性。EMES对社会企业进行了理想类型的研究，指出了社会企业的经济性，包括持续性地进行产品生产和销售服务的活动，需要面对经济风险，亦具有高度的自治性，经济上能够自给，组织自身具有造血功能。

3. 公共性

产权的公共性即社会所有权，这是社会企业社会性的衍生特性。针对社会目标建立一个成熟稳定的利益相关者关系，是一个社会企业成功的关键。EMES研究虽然没有指明社会所有权性质，但也认为社会企业具有不基于资本所有权的决策权。社会企业通过自治的方式，实现组织的良性运转。

---

① 美国的非营利医药公司，旨在为发展中国家人民提供有效、可负担的药物以应对当地的疾病。该组织通过组建一支有经验的医药团队，请他们筛选出最能满足当地需求的药方，并与制药公司合作生产和派发治疗药物以拯救数百万的生命。

4. 地域性

社会企业不同于非营利机构，少有全球性或综合性的社会企业。社会企业一般根植当地，服务当地，或虽面向全国，但一般只是服务于某一个领域。比如"绿家园""地球村"等，虽没有特定地域限制，但主要是致力于环保事业，当然也只能在中国境内从事环保活动。

5. 政策性

政策性即政策的规定性，有两层含义，一旦注册和定位为社会企业，一是要遵循国家或地方关于社会企业运作的有关政策规定，二是要遵循企业自身的使命愿景和规章制度。

6. 理想性

社会企业的发起人或创业者都怀有一定的社会理想，将社会企业作为社会理想的承载者，社会企业的兴办正是为了实现这种社会理想。追求社会理想，是典型社会企业的最本质特征，是社会企业相对于一般企业的最根本区别。

四、社会企业的研究

现阶段我国社会企业研究的主要方面是理论概念研究、起源发展研究、中外比较研究、现实表现研究、案例示范研究、注册登记研究、服务领域研究、政策规范研究、问题对策研究及未来发展研究等，这些在本章前述内容中均略有涉及，不再赘述，此处重点介绍社会企业研究领域目前关注的焦点。

1. 企业通过履行社会责任提升其竞争能力与营利空间的研究

一个国家经济发展到一定程度，企业的社会责任也会随之提升，一般来说，市场经济越成熟，企业的利润率越趋于平均，暴利时代越远离。在这种趋势面前，企业要想扩大营利空间，必须关注自身社会形象，必须通过让利和分利以及形象公关、政府公关的方式扩大市场，这种让利、分利、公关亦往往通过履行社会责任实现。例如，某一企业在北京召开一个捐助××工程的新闻发布会，会上宣布除捐款数千万元之外，另外每销售一件产品捐给希望工程一毛钱，并且这个承诺将会在产品包装上加以说明，同时，在北京召开的新闻发布会还有附带条件，就是要求受捐方能邀请到一位高级别官员出席新闻发布会，如一般是全国人大常委会副委员长、全国政协副主席一类级别。如果这些活动是在各省、市、县进行，企业要求的政府公关亦会由此类推。当然GONGO（半官方性质的公益组织）之类官办的公益机构开展政府公关更容易，民间组织要开展这些活动，想邀请到政府官员非常困难，但随着NGO（非官方性质的公益组织）机构注册门槛的降低以及社会组织与政府机构的脱钩，这种状况会不断改善。除通过项目履行社会责任外，许多企业纷纷成立公益事业部，专门负责通过开展社会公益活动来履行社会责任。企业通过何种方式履行社会责任从而提升其竞争能力与营利空间成为社会企业研究的一个重要主题。

2. 非营利机构采用商业模式提升其社会服务能力的研究

非营利机构采用商业模式提升其社会服务能力即研究非营利机构如何以商业营销模式出售商品、产品或提供服务，从而提升其社会服务能力。研究这一课题就是要弄清楚这几个问题，一是非营利机构可不可以采用"营利模式"做公益，二是可采用哪几种具体的"营利模式"，三是所"营"之"利"由哪些人共享。NGO采取商业模式已经不是一种探索，而是在欧洲、美洲一些国家自NGO产生的那天起就已经开始实行的一种模式，国内许多NGO也纷纷将商业模式纳入战略规划，NGO或NPO（非营利组织）之所以青睐"商业模式"，就说明它们是需要发展一个更为持久稳定的公益资金来源模式，并且慢慢脱离社会包括政府的资助，从而达到可持续发展。

3. 大学生公益创业的理论与实务的研究

大学生公益创业可以称为社会企业一个特殊的领域和形式，也是一个不可忽视和不可阻挡的新生力量。大学生利用自身的知识储备将公益与创业有机结合，不仅成为一种新的创业方式，而且将关注点扩展到社会与公益领域，用创新的思维方式解决更多的社会问题，也成为一种公益创业模式。公益创业，已成为大学生就业和服务社会的新路径。虽然公益创业正处于雏形期，其发展前景却是一片光明。公益创业源于19世纪80年代，在欧美国家比较盛行。政府、学校和社会应让大学生更多地了解公益、参与公益，使有公益理想者以公益为自己未来的职业定位。通过大学生公益创业不仅可以帮助大学生提前完成职业选择和准备，解决大学生社会化不足和就业难的问题，还可为公益领域挖掘和培养各种类型的公益人才，更好地使大学生在职业选择与人生理想相结合的前提下造福于社会，解决更多社会问题。

4. 社会企业经营与管理能力建设的研究

暂且不讨论获取利润的分配方式是留给企业、私人分红还是贡献给社会，社会企业究其本质属性或者说其根基仍然还是企业，因而其经营与管理一定要借鉴企业的经营与管理，除此之外，没有别的路径可走。既称为企业，不管其是商业企业还是社会企业，它首先要追求营利，没有利润，一切无从谈起。因而，研究社会企业，必须要研究其经营与管理的能力建设，研究社会企业与商业企业在经营管理上的相同与不同，如何培养社会企业家也就是要培养会经营懂管理的高级专门人才。

5. 社会企业案例库建设及资源利用的研究

正因为中国的社会企业刚刚起步，制度尚未规范，法律尚未健全，作为一个新生事物，正被越来越多的人所关注，而发展社会企业必须让更多的人了解社会企业，支持社会企业，创办社会企业。当前，发展社会企业最重要的不是理论和争论，而是要直观地、形象生动地告诉人们，什么样的"企业"是社会企业，哪些人在办社会企业，社会企业怎样办，办得怎么样。回答这些问题就需要建设案例库，通过建设案例库，告诉人们怎样利用资源、告诉人们什么样的企业是社会企业。2015年6月，专事"孵化"公益创业组织的上海恩派（NPI）公益组织发展中心宣布支持启动一项旨在应用市场手段和创新方法解决社会需求，同时具备公益和商业特征的"鲲鹏社会企业加速计划"（简称

"鲲鹏计划"），全国27家社会企业入围，入围的社会企业将得到为期四个月的创业培训、投资平台搭建和资金资助。这也是一次很好的案例库收集的策划。

6. 社会企业理论研究与评估、咨询服务

在社会企业理论研究基础上，致力于为社会服务机构、城乡专业合作社、公益基金会、高校和履行社会责任的企业等组织提供项目顾问服务，在项目的筛选与投资管理、战略规划、领导力建设、市场营销、人力资源管理、项目评估等方面提供培训和咨询服务。

五、社会企业的运作机制

社会企业的运作理念是以"让经济人道德起来，让道德人经济起来"为宗旨，在发展企业的同时，致力于服务社会。营利企业的运作机制是为承担一份社会责任而放弃一部分利润，用于社会公益事业，并将这个公益事业贯穿始终，成为企业不可分割的发展内容；非营利企业的运作机制是为使社会服务能力更有保障而全部或部分按照商业运作模式来营运；社会企业的运作机制是先设定社会目标，确定规模大小和资金需求，再根据资金需求创办相应规模的社会企业，并依据营利企业运作模式，开展生产管理和市场营销，获取利润，然后将利润除留足企业发展所需资金外，其余主要部分或约定部分用于既定的社会目标。社会企业所提供的产品或服务，既可以与其所追求的社会目标有关，也可以与其社会目标无关。如某社会企业是生产假肢的厂家，而其社会目标是致力于助残事业，这就是产品与社会目标一致。而另一家社会企业生产的是旅游纪念品，但其倡导的社会目标是为城市农民工子女提供义务教育阶段的助学服务，这就是产品与社会目标并非一致。

社会企业不是富人和"高尚"人士的专利，穷人也可以兴办并可能是主要力量，普拉哈拉德（2005）在他的著作《金字塔底层的财富》中就认为，穷人不是社会负担，而恰恰是解决社会贫困不可忽视的生力军。

六、社会企业家

社会企业家具有双重身份，既是企业家又是热心公益事业和公众事务、关注民生民情的社会活动家，一名真正的社会企业家，其本质应当是社会活动家，而企业家只是其赖以生存的职业身份。社会企业家既是身怀社会理想的一个特别群体，但又像领袖人物一样是可以培养的一个群体。欧美国家一些著名的商学院都开设了有关社会企业家的课程。英国牛津大学的赛德商学院甚至要求所有学生必须要修三门以上的关于社会企业的课程。在中国，社会企业的教育还没有进入正规大学的教育体系，高校也缺乏对社会企业有深入了解和认识的师资力量。社会企业是一门实践性很强的课程，开展紧密的校企合作是培养社会企业家必不可少的路径。社会企业家不同于商业企业家之处在于，社会企业家的使命愿景是追求社会公益或者推动社会变革，而商业企业家追求的是利润。因此，真正的社会企业家必须具备以下素质。

1. 公益意识

秉持高度的社会责任感，奉行利他主义精神，关注和支持公共利益、热心公共事务成为一种信念和生活方式，成为人生观和价值观，以投身公益为荣，以投身公益为乐。

2. 变革精神

穷则思变，社会企业家要致力于为弱势群体服务，致力于解决社会问题，使社会变得更加美好，这就需要变革精神，变革相当于改变和革新，或者是变化和改革，就是要通过社会企业家的努力，使不完善的政策得到修复，使应有而没有的政策得以出台，使社会关注不够的群体得到关注，使社会缺失的功能得以恢复或重建。总之，是使社会向更协调发展的方向发生改变或变化。在当代中国，社会企业家追求变革的方向应当更符合社会主义核心价值观。

3. 人文情怀

人文情怀即人文精神，人文精神是一个人的思想、学识、文化修养、人格情绪方面的综合体现。它包含三个元素：人性，主要精神就是以人为本，关怀人，尊重人，尊重人的主体地位；理性，承认人是有思想头脑的，能够思考真理，追求真理，同时人也有对自身利益最大化的追求；超越性，就是追求一种宇宙精神或世界主义精神，追求物我交融或天人合一。"人文"的核心命题是超越个体、超越种族、超越国家，从人类整体甚至宇宙整体的角度思考世界。

4. 创新能力

社会企业本身的诉求就是用创新的方式去解决社会问题。商业手段只是其一，还可能包括技术、人力资源的发展、社会规则的改变等等。社会企业家面对的问题往往是市场和政府失灵下的难题，因此要求社会企业家具备更高的创造力、前瞻力和领导力。

5. 领袖风范

无论企业或个人所具有的领袖群体的个人魅力，在创办企业和为社会服务的过程中，通过物质和精神的贡献，不断彰显自己的社会理念，形成独特的核心价值观，引领业界潮流和思想，并逐渐为社会所接受和认同，形成较高的知名度、美誉度和良好的社会影响。如某社会企业性质的养老机构的理念是"养老改变生活"。领袖风范不是包装和吹捧出来的，是实实在在干出来的，是基于其公益精神、模范行为和先锋意识而自然形成和被社会所认可的。

6. 专业技能

社会企业家除了有服务社会的思想和资金实力以外，还必须有服务的技能，技能是实现社会理想和使用好资金的重要工具和途径。技能也许是最容易培养和实现的，也是目前大多数社会服务支持和孵化机构所侧重的。技能也不一定非要社会企业去亲力亲为，也可以通过雇佣市场上的专门人才获取，而意识、精神、创新力、领导力等才是社会企业家培养的重点，也是难点。

社会企业家的培养在世界范围内也是挑战。社会企业家不仅仅只是从国际知名商学院里的MBA中产生，社会企业家的培养应该是跨行业、跨学科、跨阶层和跨国界的。中国是否能产生真正具有规模和影响力的社会企业，取决于中国是否能诞生真正的社会企业家。

第二节　旅游社会企业

在吃、住、行、游、购、娱这旅游六要素中，我们能说出哪一个要素与企业无关吗？显然，这些不仅与企业有关，而且高度相关，如果没有企业的参与，这六个要素的功能几乎不可能实现。可以说，在现代社会，旅游的过程主要是通过企业来实现的，即便是自助游也少不了企业的参与。既然旅游与企业关系这么密切，旅游企业又是朝阳产业，那么，研究旅游社会企业就显得尤为必要。

一、旅游社会企业的概念

旅游社会企业是以旅游服务业或旅游产品制造业为经营范围，而经营的终极目标不是为投资者赚取最大利润，而是为某种既定的社会目标积累更多的资金，然后将资金投入到社会目标的项目上，最大限度地实现其社会目标。一般来说，旅游社会企业所追求的社会目标应当是与旅游相关的项目，如旅游目的地环境的改善，被旅游者生存与发展困境的改变，旅游目的地游客、流动人口、外来移民、流浪者以及社区矫治对象的帮助，以及旅游中间人的社区教育与培训等。当然，旅游社会企业不一定会、也不必要将每年的利润全部用于社会项目投入，它可能需要留下一部分用于企业的长远发展，以保持其社会目标的可持续性。

这里就产生了一个问题，企业投入多少比例才符合社会企业的性质呢？是90%还是10%？如果没有一个规定，像某些大型和著名的商业企业每年拿出利润的百分之零点几做公益，难道也可以称为社会企业或者难道不可以称为社会企业吗？因此，定一个规矩或尺度是必要的。从我国的实践来看，至少应有两个指标，一是这个社会企业一经成立，章程中应当明确规定其生存和发展的价值就是为了实现某个具体的社会目标，以彰显其社会企业性质。二是章程中还应明确规定，每年用于社会目标的投资不得少于51%，可以更多，而且另一部分利润也不能进行分红，只能用于扩大再生产，以保持企业的可持续发展，进而保障社会目标的可持续性。这个51%的规定并非凭空设想，是比照股份公司中控股的比例。其理论假设是，当企业利润中的绝大部分或全部用于社会目标投入时，这个企业才称得上是社会企业。规定这一比例是必要的，否则将会产生一些副作用，一方面社会企业将永远是一个模棱两可的概念，甚至任何企业都可称自己为社会企业，以获取社会美誉度或减免税收。另一方面，当所谓的社会企业发展到一定程度时，容易发生不可控的改变。规定投入的比例正是为了避免这一副作用的出现。

二、旅游社会企业的特征

1. 公益性

社会企业作为一个社会部门被划入"第三部门"，它不是法人定位，可以是慈善组织注册，也可以是公司注册，也可以是合作社等等，原则上投资者不分红，利润持续投入发展事业或用于解决社会问题。即使有分红但必须有上限，否则便滑向商业企业，失去社会企业的属性。

2. 企业性

其本质仍然是企业，既可以是公办企业，也可以是民办企业或民非企业，既可以是NGO/NPO（非政府、非营利组织），也可以是GONGO/GONPO（半官方非政府/非营利组织）。是通过市场交易做公益事业。其日常经营和管理是按企业模式运作，其社会目标的实施也是按企业的项目计划执行。

3. 旅游性

旅游社会企业一般扎根于旅游目的地，从事旅游服务业或旅游产品开发，其社会目标亦是服务于旅游利益相关者群体，促进旅游目的地各项社会事业及各个利益主体的协调发展与和谐发展。

三、旅游社会企业的功能

服务功能。旅游社会企业和其他社会企业一样，具有双重的服务功能。因为旅游社会企业的本质属性仍是企业，因此，一方面作为企业，它要服务于它的产品或商业服务的消费者群体；另一方面作为社会企业，它要服务于它的社会目标群体或受助群体，即通过营销筹得资金之后实施公益项目、服务项目的受益群体。前一种服务是后一种服务的基础，只有实现商业性服务才有资金实力实现公益性服务。

筹资功能。社会企业是为筹资而设，如果没有筹资，就不需要社会企业，筹资功能是旅游社会企业最核心的功能。社会企业通过市场营销是间接筹资，通过募集资金是直接筹资。一般而言，旅游社会企业的筹资方式主要是间接筹资。如一家制作出售具有地方特色的旅游小纪念品的社会企业，其最终目的当然不是为了出售纪念品，而是通过出售纪念品赚了钱之后，投入到另一个他们最终想做的公益项目，如民族文化传统的继承与保护等，这是以企业养公益的模式。因而，筹资功能的实现是社会功能实现的基础。

社会功能。即实现社会目标的功能，社会功能是社会企业的核心功能，是社会企业的价值和使命所在，是支持社会企业存在的合法性的重要依据，也是社会企业章程中对组建社会企业的功能性或目的性的具体规定。不同的社会企业都具有各自的社会功能，但社会功能的内容会有所不同。

四、旅游社会企业的前景

市场广阔。这是由中国既是全世界最大的旅游输出国也是最大的旅游接待国所决定的。联合国世界旅游组织2014年11月在伦敦发布报告称，中国游客跨国旅行消费的增长率在2014年上半年居世界首位，成为世界第一国际旅游输出国。联合国世界旅游组织秘书长塔利布·里法伊（Taleb Rifai）也指出，中国政府鼓励中国人多到欧洲等其他国家旅行，为旅游业的发展起到了很好的推动作用。而且这对中国自身也有帮助，欧洲经济好转了，才能使更多欧洲游客到中国旅游，2013年，中国是世界第四大旅游目的地国。[①]2013年10月25日，在北京举行的"2014世界旅游旅行大会新闻发布会"上，国家旅游局宣布，"去年国内出游人数已达29.6亿人次，入境旅游人数已达3亿人次，国内居民出境人数8300万人次。预计今后五年，中国公民出境旅游人数有望突破4亿人次，到2015年中国国内旅游人数将突破33亿人次，入境旅游人数将突破1.5亿人次，出境人数也将突破1亿人次，中国有望成为世界第一大旅游目的地国和第四大客源的输出国。"

资源丰富。当我们从吃、住、行、游、购、娱这六要素的角度来考察旅游资源时，会发现这是一个开办旅游社会企业的资源"富矿"。这六个方面的需求也几乎是旅游收入的全部来源。中国旅游研究院在2014年下半年发布预测：2014年中国旅游总收入3.3万亿元 同比增长14.6%。预测数据显示，2014全年国内旅游人数36亿人次，国内旅游收入达3万亿元，同比增长15.6%；入境旅游人数1.28亿人次，基本与去年持平；入境过夜人数5500万人次，与去年持平；入境旅游外汇收入480亿美元，比去年增长6.2%。

"吃"排在第一位，足以说明吃在旅游中的重要性，而中国是一个以食文化著称的国度，即所谓"舌尖上的中国"，游客每到一地总希望品尝到当地风味食品。"住"的方面也随着国人经济条件的改善而越来越讲究，特别是大众化、清洁卫生而又价格实惠的旅馆、公寓、出租房更受青睐。有的地方在旅游旺季，这样的大众旅馆可谓是一房难求。如果说旅游可以不购物，可以不娱乐的话，"行"一定是不可缺少的，"行"是旅游得以实现的工具，也是游客最为烦恼的事情。现代社会，"行"的方式也出现了多元化需求，不仅仅是飞机、汽车、火车和轮船，还有人力车、抬轿子、机动三轮车、的士与小汽车租赁自驾等服务。北京"胡同游"人力三轮车就成了一个重要的城市旅游文化品牌。"游"主要是指旅游景点和线路，使"游"得以实现的服务也主要是旅游公司、旅行社、导游和相关咨询、中介机构。"购"对于当地居民而言，其主要功能是满足物质需求，而对于游客而言，则是物质与精神的双重需要。中国游客的购买力不仅表现在国外市场的"扫货"能力，在国内旅游购物市场同样有不凡表现。一些旅游大省在国内旅游收入中，购物收入已达到六要素之首。"娱"排在六要素的最末，与它的消费地位是相称的，综观近几年的有关统计数据，关于旅游娱乐方面有两个基本判断，一是用于旅游娱乐方面的精神消费比重较往年有所提高，但仍然偏小，在六要素中所占比例近几年徘徊在10%左右，有待进一步提高。另一方面，旅游娱乐业已成为现代旅游业的主要内容，各地都在积极研究自身的文化优势，挖掘本地特有的文化内涵，努力建设独具特色的景点景区及配套的文化娱乐设施，使其成为本地旅游业新的增长点。为提升旅游娱

---

① 《联合国世界旅游组织：中国成为最大旅游输出国》，凤凰网2014年11月5日。

乐业的水平和规模正是旅游社会企业的发展空间所在。

形式多元。对社会企业的定义曾经在学术界和实务界有较大的分歧。学术界认为社会企业包含了非营利组织和营利组织，但实务界认为社会企业仅仅指非营利组织。但近些年来，这种分歧减少了，社会企业被越来越多地理解为由各种非营利和营利组织所构成：从具备社会承诺的营利公司（单一体），到协调利润和社会双重目标的公司（混合体），即"具备营利性的外壳但拥有非营利性的灵魂"，再到通过商业化方式获得利润用以支持社会目标的非营利组织（转换体）。其治理结构也不局限于一种，而是多元的。企业性质可以是公营、私营或股份制，运营模式可以是公建公营、公建民营、公办民助、民办公助，也可以是公私合营、民建民营或租赁经营；登记类型可以是企业、社团、基金会（公募、私募），也可以是各类民非机构；经营范围既可以与社会目标有关，也可以经营与社会目标无关的一切法律许可的范围。当然，旅游社会企业一定是要与旅游相关；组织形式可以是理事会形式，也可以是董事会形式或一般企业和机构形式。这种多元包容的形式为旅游社会企业奠定了良好的发展基础。

功能突显。社会企业是对于政府失灵、市场失灵，乃至志愿者失灵的重要补充。在中国，社会公益项目还不能做到完全由财政买单，而且政府购买服务尚未形成制度并在全国实行，社会捐助的资金与社会公益的需求远远不相适应，因而社会企业大有可为。于旅游领域而言，在旅游产品、旅游服务、旅游医疗、禁毒戒毒、青少年教育、社会教育、养老助残，扶贫助困、绿色环保、观光农业等领域将是未来发展最有前途和最为迅速的旅游社会企业领域。社会企业固然能为解决社会问题做贡献，但一些深层次和带有普遍性的社会问题，还需要政府、企业和社会企业的共同合力才能有所突破。有学者认为，现在的法律法规中对社会企业还未涉及，但通过商业运作方式实现社会目的肯定是公益慈善事业的发展方向。例如，在海南国际旅游岛，旅游社会企业大有可为，方兴未艾。

五、旅游社会企业的运作机制

所谓社会企业的运作机制即是指其创办和运行规则、原理、规律、流程及体制、制度等一系列概念的总称或统一体，简言之是社会企业怎么创办、怎么运转。

设立社会目标。一般而言，社会企业创办之初，首先必须确立社会目标，即服务社会的使命和愿景是什么，社会理想是什么，是扶贫、助学、助残还是救助流浪儿童、吸毒人员、艾滋病患者等。社会目标也是社会企业制定章程中的重要条款。社会目标的设计应注意可测量性，为此，在总体目标之下，必须细化成一系列具体的指标，包括数量指标和质量指标。

确定筹资方式。通过什么样的方式进行筹资，是实现社会目标的决定性因素。是直接筹资还是间接筹资，如果是直接筹资，那就要通过注册登记，设立公募或私募基金会，向社会募集资金，或者设立如社会工作服务中心一类的社会服务机构，其资金靠政府购买或社会捐助。如果是间接筹资，那就要设立准社会企业，既可以是工商注册的企业，也可以是民政登记的社团或民非等NGO/NPO，也可以是商业注册和民政注册两者兼而有之，如一半是企业部，一半是社会部。

管理运营企业。社会企业一经设立，其运营管理与企业无异，对人、财、物和产、供、销环节实行计划、组织、指挥、协调、监督、控制等管理要素一点都不能忽略，其目的同样是为了增收节支，当然，增收不是为了投资者或管理者个人，而是为了更好地实施社会目标。

实施社会目标。将社会企业制定的社会目标进行阶段性实施和执行，在实施过程中，应重点强调可操作性、可执行性和技巧性。理想的目标设计并不能保证成功的目标实施，因此在目标实施过程中要注意制度或政策的制定、阶段或年度目标的设置以及资源的有效配置。制度或政策是指为实现目标服务的准则、方法、程序、规则、形式等，制度或政策是目标实施的工具，其作用在于：使员工和管理者充分理解组织期望他们做什么或不做什么，并分清各自责任，建立起有效的奖惩，促进分工，提高效率。目标设置就是将社会服务的各项活动进行分配，直接让企业的所有管理者都参与，是一项将总体目标分散化的工作。资源的配置是对人力资源、经济或物质资源和时间资源的配置。一个总目标或子目标，只有同时具备人、资金、时间这三个要素，才是完成目标任务的前提。

社会目标评估。对社会目标的评估是社会企业自律或他律的依据，是对有关社会目标是否实现或者有无继续实施的评判。在实际操作过程中，通常关注两个方面，一是目标项目的理论评估，二是目标项目的成效评估。目标项目的理论评估主要聚焦于目标设立的合理性或合法性问题，即目标的设立与实现之间，与社会需求之间，与推动社会进步之间有无必然联系或理论支撑，理论评估的目的在于揭示项目干预及其结果的因果联系的理论，揭示项目内在的理论假设并证明项目目标成立或者不成立。理论评估不仅在于告诉人们项目的结果是什么，更重要的是说明为什么会有这种结果。理论评估是项目实施的先决条件。如旅游区农民工子女的社区教育项目获得了家长和社区的欢迎，是因为其基于"知识改变命运、教育促进融合"这一理论假设。目标项目的成效评估主要聚焦于项目最终的成果是否与理论假设或目标设计一致，社会服务项目最终的目的"是修正某些社会问题或改善某些社会条件"，如果项目的理论依据是完善的，且项目计划执行得好，就可望获得应有的社会效益。然而社会收益是不确定的，社会本身也不是静态的，社会实际以及理论上的缺陷都会削弱社会项目的效益。影响性评估就是确定干预是否在实践意义上产生了预期的效果。这类评估不可能以十足的信度去进行，而只有不同程度的似真性。大部分成效评估也是影响性评估。成效评估的目的是为弄清楚这是否是一个值得做的项目，同时也为了向支持机构和其他利益相关者问责。

六、旅游社会企业案例

社会创新孵化园

2010年7月5日，"上海市社会创新孵化园"开园。

孵化园建筑总面积近1600平方米，位于卢湾区丽园路501号，政府为解决残障人就业问题而建设此园。目前孵化园开设的12个项目均与残障人就业相关，"孵化园的项目都是一个实训和上岗的平台"。比如醇真餐厅，对游客来说，它就是一个西餐厅，但服务者都是智障和其他残疾人，它还兼具烘焙教室功能。孵化园是一个以解决社会问题为导向的新生事物。计划经济年代，上海福利工厂非常发达，解决了约10万名残疾人就业。然而随着市场经济的发展，以及上海产业结构调整，福利工厂纷纷关门，到2010年只剩1477家、3.5万残疾人职工，大量残疾人纷纷下岗，而目前第三产业的福利企业仅有18家，残疾人就业成了一个社会问题，沿用单一的行政方法或市场方法均难以应付，必须寻找创新性的解决方案，成立孵化园抚育社会企业成为一个选项。

"孵化园在孵化残障人回归社会的信心和尊严的同时，也孵化着健全人平等、接纳、承负社会责任的公共意识。"上海市非常看重孵化园的孵化功能，在政府看来，对社会组织的培育发展，不应简单提供资金资助了事，任何支持都不能代替社会组织自身成长的历练，有些社会组织正是因为在能力不足的情况下运行太多资金而陷入危机，因而需要通过孵化园培育一批具有可持续发展力的公益性社会组织，集聚一批具有公益使命意识的社会创业领军人才。

上海市民政局对孵化园的考核指标是：未来三年内，每年为30家以上社会组织提供支持；每年至少为100名残障人士提供就业辅导和培训；每年基地推荐就业的残障人士占接受培训比例的20%以上；每年至少举办50场以上公益活动；每年培训1000人次公益创业者和社会组织从业人员；争取每年有6～8个优秀的公益项目能成功复制到上海其他地区。不难看出，孵化园是上海基于解决社会现实问题的创新探索。解决残疾人就业仅是孵化园的"第一步"，上海还期待通过"社会创新"解决诸如老龄化问题、贫困问题、外来人融入问题等。[①]

未来，孵化园很可能抚育一批成功的社会企业。

点评：孵化园模式，既是一个解决残疾人就业的模式，同时也是一个旅游社会企业模式，一方面体现了它的社会性，另一方面，所从事的餐厅、食品等行业，正契合了旅游社会企业的特点，旅游餐厅、食品、旅游工艺品、纪念品、日用品等小商品的制作，亦可以采用孵化园这个形式，当然工人并不必须全都是残疾人，社会企业既可以是直接任用这些残障人士，也可以是通过项目获利间接支持帮助这个群体。

"羌绣计划"

政府在行动，民间也在行动，名声最响的是"羌绣计划"。

这家社会企业至今已经帮助8000多名"绣娘"实现在家就业，技艺卓越的"绣娘"一个月收入已经过万，去年一年接受了1000余万元的羌绣订单，在成都宽窄巷开了旗舰店，并进驻上海世博园中国元素馆。

汶川大地震后，处于地震重灾区的汶川、理县、茂县经济生产体系濒临瓦解，群众

---

① 陈统奎《社会企业在中国》，《南风窗》2010年第21期。

生活陷于困顿。羌绣在当地约10.8万名妇女的生产生活中占据重要地位，擅绣者众多，"羌绣计划"便应运而生。但当时创业者还不知"社会企业"为何物，他们遵循的是一个朴素的信念："首先把好事做对了，一定不能被人骂。"

"羌绣计划"希望告诉帮扶对象"每一个人在社会上都有自己的责任"。"羌绣计划"还告诉消费者"您的一次购买，圆一个美丽愿望"，购买羌绣产品的顾客回家拆包时，会发现一张小卡片，原来是宣传一个公益产品，通过消费，可以帮助灾后重建。

社会企业，对于消费者是一个"用钱包投票"的过程，对于做公益的人，则是一种授人以渔的过程，对于帮扶对象，亦可达到"拿自己武器，赢得别人尊重"的效果。难怪阿育王基金会总裁比尔·德雷顿说："社会企业家不会满足于授人以鱼或授人以渔。他们除非把捕鱼业革命化，否则不会罢休。"

"羌绣计划"的营销模式是，先团购，后开店。至今"羌绣计划"拿下了蒙牛、联想、中国移动等知名大企业的订单。但也非一帆风顺，另一笔大单则让"羌绣计划"遭遇寒流。有一家企业下了300万元的订单，帮扶中心将自己的全部流动资金都购买了绣片等原料，因农忙时节，加之雨季派发绣片困难，部分产品逾期，下单企业不再接受，积压了50多万元的绣片，资金周转困难，致使团队士气一度低落。创业者们也从中认识到，和商业机构合作，必须把握公益性，但绝不能忽略商业性，必须按照商业的游戏规则去管理项目。①

点评："羌绣计划"是一个民族传统手工艺品和绣品的开发和生产，也是旅游产品的开发和生产，其开发和生产的目的是为了扶贫，扶贫便是其社会性的体现，这种组织农村剩余劳力或能工巧匠，集体生产民族传统特色工艺品，集中销售或以销定产，同时也作为一种"后台展示"的旅游项目，将生产过程提供给游客观摩体验，在实现旅游开发的同时，帮助当地农户脱贫致富或将利润一部分支持当地某一扶助项目的做法，亦是旅游社会企业的运作模式和基本属性。

思考与练习题

1. 什么是社会企业？
2. 旅游社会企业的特点和功能是什么？
3. 怎样创办一家社会企业？
4. 如何看待社会企业家的责任？

---

① 陈统奎《社会企业在中国》，《南风窗》2010年第21期。

第十五章　旅游社会工作的未来

　　本章教学目标是认识后现代旅游社会工作的独特个性，了解后现代旅游社会工作的理念与特征。教学的重点和难点是认识、了解与后现代旅游社会工作的概念、内容，以及现代旅游社会工作的意义，探索利用后现代观点开展旅游社会工作。

第一节　后现代旅游社会工作

一、后现代主义产生的背景

　　后现代主义的开山鼻祖是尼采（Nietzsche），因为他的"重估一切价值"，就是要建立一种"差异哲学"，结束普遍性和共同性的长久统治。但是，一般来说，后现代主义兴起于20世纪60年代。"二战"后，西方发达国家生活日益富足，人们失去了社会目标而变得虚无，传统的风俗、权威中心已悄然隐去，世界随波逐流，漫无目标。到了60年代中期，建筑界展开了反叛现代理性设计的观念，反对现代主义纯功利对人所造成的冷漠，主张自主设计，赋予建筑以人文精神，使人与建筑达成一种自然并富有人性的和谐。这一时期的后现代主义仍然仅仅是一种关于建筑和设计美学的观念，不是文学批评理论，也没有上升为一种广泛的哲学和社会思潮。在20世纪60年代末期70年代初这一任务很快被完成。1968年，随着代表后现代主义精神底蕴的解构主义的诞生和西方普遍的反中心权威的文化热潮的勃发，反现代的后现代主义和反文化的后现代主义相互指认，最终成长为国际性的社会和文化思潮。

　　20世纪60年代以来，随着科学和技术的迅猛发展，特别是计算机的广泛应用，改变了西方的生产方式和产业结构，从总体趋势看，世界开始进入了以知识经济为特征的后工业社会时代。利奥塔在《后现代状况》中指出，后现代社会是以计算机产业为基础的社会，知识作为生产力，体现为权利象征，谁掌握了知识，谁就决定了生产力的发展方向。这直接导致了社会基本矛盾的变化，即由生产力和生产关系的矛盾、人与社会的矛盾转变为人与人之间的矛盾。这时的社会文化也发生了巨变，各种文化思潮风起云涌。随着文化广泛地渗透进商品的各个领域，出现了消费文化。这样就使精神产品从高尚的地位下降为普通商品的地位，精神生产成了商品生产。为了适应商品的供求关系，这些文化产品就要不断地变换形式以满足大众消费的需要，那种消解中心、无确定性、无深度感、平面化的后现代艺术应运而生。所谓"消解中心"以教育为例，就是要在实践上去除不合理的以自我为中心或以某个人、某部分人为中心，只注意发展中心，而不注意发展周边，只发展部分人员而不发展全体，只发展个性而不发展共性等。所谓平面化，在认识形式上表现为平面模式，在心理感觉上表现为距离感的消失，在审美愉悦上表现为身体的审美快感，在历史观念上表现为历史感的消失，在主体建构上表现为非理性主体的张扬。美国学者弗雷德里克·杰姆逊（Fredric Jameson, 2006）教授在《后现代主义与文化理论》一书中，对后现代文艺概括了四个特点，即主体消失、深度消失、历史感消失、距离消失。杰姆逊认为，后现代是处于一个完全不同的发展阶段，人们面对的文化和艺术不再是前资本主义时代的与社会、宗教、现实等相关的文化形态，而是一种靠机器复制和文化工业批量生产的文化消费时代。此时文化最主要的目的不是为了精神，而是为了消费。这必然导致艺术的庸俗化和商品化。

解构主义作为后现代主义时期的探索形式之一而产生。解构是指对正统原则与正统标准的否定和批判。无论在平面设计界，还是在建筑界，重视个体部件本身，反对总体统一的解构主义哲学原理一直被建筑设计师所推崇。实质上，解构主义是从建筑领域开始发展。彼特·艾森曼（Peter Eisenman）被认为是解构主义建筑理论的重要奠基人，他认为无论是在理论上还是在建筑设计实践上，建筑仅仅是"文章本体"，需要其他的因素，比如语法、语意、语音这些因素而使之有意义。解构主义创始人之一的德里达（Derrida）本身对于建筑也非常感兴趣，他视建筑的目的为控制社会的沟通、交流，因此，他认为新的建筑解构主义应是反对现代主义的垄断控制，反对现代主义的权威地位，反对把现代主义建筑和传统建筑对立起来的二元对抗方式。弗兰克·盖里（Frank Gehry）被认为是世界上第一个解构主义的建筑设计家。盖里生于加拿大多伦多，17岁随家人迁居到洛杉矶，他住在洛杉矶海滨城市摩尼卡，不但住房是自己设计的，而且在那个城市设计了大量的建筑。1962年盖里成立盖里事务所，他开始逐步采用解构主义的哲学观点融入自己的建筑中。他的作品反映出对现代主义的总体性的怀疑，对于整体性的否定，对于部件个体的兴趣，他设计的巴黎的"美国中心"、洛杉矶的迪尼斯音乐中心、巴塞罗那的奥林匹亚村都具有鲜明的解构主义特征，盖里的设计即把完整的现代主义、结构主义建筑整体打破，然后重新组合，形成一种所谓"完整"的空间和形态。他的作品具有鲜明的个人特征，充分体现了解构主义的灵魂。解构主义并不是设计上的无政府主义方式，或随心所欲的设计方法，而是具有重视内在结构因素和总体性考虑的高度化特点。它打破了正统的现代主义设计原则和形式，以新的面貌占据了未来的设计空间。理解了解构主义，也就理解了后现代主义的内涵。

二、后现代主义的旅游观

后现代主义的精髓是"主体消失、深度消失、历史感消失、距离消失"，以及精神生产变为商品生产，强调个性，强调多元，强调与周边环境的关系，在这样一个背景下，后现代旅游观呈现如下特征。

1. 生态旅游

生态旅游（ecotourism）是由国际自然保护联盟（IUCN）特别顾问谢贝洛斯·拉斯喀瑞（Ceballos Laskurain）于1983年首次提出。1990年，国际生态旅游协会（The International Ecotourism Society，简称TIES）把其定义为：在一定的自然区域中保护环境并支撑或提高当地居民福利的一种负责任的旅游行为。TIES进一步说明这种生态旅游还肩负一种解释和教育的功能，并且解释和教育的对象不仅仅是旅游者，还包括旅游管理人员和从业人员。生态旅游亦被称为"保护旅游"和"可持续发展旅游"，这与后现代消解一个中心或单一主体，提倡生态中心主义是相一致的。

过去，西方旅游者喜欢到热带海滨去休闲度假，热带海滨特有的温暖阳光（Sun），碧蓝的大海（Sea）和舒适的沙滩（Sand），使居住在污染严重、竞争激烈的西方发达国家的游客身心得到平静，"三S"作为最具吸引力的旅游目的地，成为西方人所向往的地方。随着生态旅游的开展，游客环境意识的增加，西方游客的旅游热点从"三S"转向"三N"，即到"大自然（Nature）"中，去缅怀人类曾经与自然和谐相处的"怀旧（Nostalgia）"情结，使自己在融入自然中进入"天堂（Nirvana）"最高精神。强调的是对自然景观的保护，是可持续发展的旅游。

生态旅游发展较好的西方发达国家首推美国、加拿大、澳大利亚等国家，这些国家的生态旅游项目从人文景观和城市风光转为"自然景物"，即保持较为原始的大自然。这些自然景物在其国内定位为自然生态系统优良的国家公园，其中美国黄石国家公园是世界上最大的火山口之一，也是世界上面积最大的森林之一。西方发达国家在生态旅游活动中极为重视保护旅游资源，在生态旅游开发中，避免大兴土木等有损自然景观的做法，旅游景点交通以步行为主，经济小巧的旅游接待设施往往掩映在树丛之中，住宿多为露营帐篷，尽一切可能将游客对旅游项目的影响降至最低。在生态旅游管理中，提出了"留下的只有脚印，带走的只有照片"等保护环境的响亮口号，并在生态旅游目的地设置一些解释大自然奥秘和保护大自然的宣传标牌，设置一些喜闻乐见的旅游活动，让游客在愉悦中增强环境意识，使生态旅游区成为提高人们环境意识的天然大课堂。

目前，在国内，开放的生态旅游区主要有森林公园、风景名胜区、自然保护区等。按开展生态旅游的类型划分，我国目前著名的生态旅游景区可以分为以下十大类。

（1）山岳生态景区，以"五岳"、佛教名山、道教名山等为代表。

（2）湖泊生态景区，以长白山天池、肇庆星湖、青海的青海湖等为代表。

（3）森林生态景区，以吉林长白山、湖北神农架、云南西双版纳热带雨林等为代表。

（4）草原生态景区，以内蒙古呼伦贝尔草原等为代表。

（5）海洋生态景区，以广西北海及海南文昌的红树林海岸等为代表。

（6）观鸟生态景区，以江西鄱阳湖越冬候鸟自然保护区、青海湖鸟岛等为代表。

（7）冰雪生态旅游区，以云南丽江玉龙雪山、吉林延边长白山等为代表。

（8）漂流生态景区，以湖北神农架等为代表。

（9）探险生态景区，以西藏珠穆朗玛峰、雅鲁藏布江大峡谷、新疆罗布泊沙漠等为代表。

（10）热带雨林生态景区，以海南保亭黎族苗族自治县呀诺达热带雨林生态景区为代表。

在发展生态旅游的过程中，很多国家都提出了不同的口号、倡议以及指导性的政策和文件，例如英国发起了"绿色旅游业"运动，日本旅游业协会召开多次旨在保护生态的研讨会，并发表了《游客保护地球宣言》。生态旅游发展较早的国家肯尼亚，在生态旅游发展的过程中就提出了"野生动物发展与利益分享计划"。菲律宾通过改变传统的捕鱼方式不仅发展了生态旅游业同时也为当地人提供了替代型的收入来源。澳大利亚联合旅游部、澳大利亚旅游协会等机构还出台了一系列有关生态旅游的指导手册。此外，很多国家都实行经营管理的分离制度，实施许可证制度加强管理。

2. 体验旅游

后现代文化具有非理性、参与性和多元性三个显著的特点，体验式旅游至少契合了参与性和多元性理念，体验式旅游有时也不排除是非理性的。美国学者约瑟夫·派恩（B.Joseph Pine II）与詹姆斯·吉尔摩（James H. Gilmore）在他们1999年合著的《体验经济》（*The Experience Economy*）一书中，对体验经济做了较为系统的阐述，指出体验经济是"以商品为道具、以服务为舞台、以提供体验为最主要经济提供品的经济形态"。体验式旅游便是这种体验经济的产物。所谓体验式旅游是指"为游客提供参与性和亲历性活动，使游客从感悟中感受愉悦"。20世纪80年代中后期，在中国一度兴起的城里人到农村"住农房、吃农饭、干农活"就是体验式旅游的雏形。人们开展旅游活动大多是为了扩展个人视野，感受不同的生活体验或者获取个人生活范围以外的信息。传统的观光式旅游，仅仅依赖一些自然资源或者历史遗产为游客提供一种游览的满足感；而后兴起的探险式旅游则更多的是追求感官或者感受的刺激，例如漂流、攀岩、登山等，但也有体验式旅游的雏形；度假式旅游着重提供一种休闲的氛围，让游客轻松愉快享受假期。体验式旅游更能给游客带来一种异于其固有生活的体验，比如为城市人提供乡村生活的体验；为游客带来不同地域，或者是不同年代生活的体验等等。体验式旅游的类型大致可以分为四种，称为"4E"（Entertainment，Education，Escape，Estheticism），就是我们经常说的娱乐体验、教育体验、逃避体验与审美体验。

3. 个性旅游

崇尚个性是后现代性的显著特征，在人们的旅游观念和旅游行为方面表现得尤其突出。个性旅游是针对由旅行社制订线路的被动式旅游而言的，个性旅游强调依个人偏好、兴趣选定旅游线路和方式，突出对个人独特需求的满足。但个性旅游并非不需要旅游行社提供服务，应人们追求个性的新趋势，各旅行社也纷纷推出更加个性化的服务。2012年，《今日早报》发表一篇题为《旅游正在从大众化走向个性化》的记者采访报道，指出"旅游行业亟待转型升级，'定制线路''深度旅游'等渐渐成为主流"，并引用业内人士的预测："到2015年，旅游消费将占居民消费总量的比例达到10%，国内游人数将达33亿人次，旅游行业总收入达2.5万亿元。"个性游将越来越成为主流。

4. 特色旅游

在我国旅游业大发展的同时，各类旅游形式正竞相发展。作为旅游内涵延伸的一种新形式，特色旅游正在悄然兴起，并有蓬勃发展的势头。特色旅游是一种新兴的旅游形式，它是在观光旅游和度假旅游等常规旅游基础上的提高，是对传统常规旅游形式的一种发展和深化，因此是一种更高形式的旅游活动产品。特色旅游通常也被称为"专题旅游""专项旅游"。这里所说的特色旅游，是指为满足旅游者某方面的特殊兴趣与需要，定向开发组织的一种特色专题旅游活动。从实际操作或理论分析的角度来看，特色旅游有别于观光旅游、度假旅游等常规旅游项目，主要特征表现在以下三个方面。

一是旅游生态环境和文化环境的原始自然性。旅游者所到的旅游区域具有独特的自然生态风光，人口相对稀少，由于受工业化影响程度较低，生态环境、生活方式和文化模式等方面仍保持着相对原始状态。

二是旅游项目和线路的新奇探险性。所谓新奇性，是指旅游项目和线路设计具有历史感和现实感相结合的巧妙构思，视角新颖，能够突出一两个具有独特特征的主题。

三是旅游形式的自主参与性。这主要表现在所设计的许多项目，既要给旅游者提供尽可能完善的服务，同时又留有许多让旅游者自主参与的余地，这也是一种更人性化的服务。

5. 无差别旅游

无差别原则源自数学术语，归纳逻辑的创始人之一凯恩斯将无差别原则作为确定基本概率的原则之一，其在概率论、统计学和现代归纳逻辑中占据重要的地位。凯恩斯对无差别原则的最初表述是："无差别原则宣称，如果没有已知的理由对我们题目中的一个候选者做出比其他候选者更强的断言，那么，相对于这样的知识，关于每一个候选者的断言有着相等的概率。" 无差别旅游市场营销策略就是指旅游企业把整个市场作为自己的目标市场，根据旅游者的共同要求，只以单一的产品，运用单一的营销组合，力求适合尽可能多的旅游消费者的需求。如早期麦当劳公司生产的主要食品是适合美国人口味和生活节奏的汉堡包，所有的连锁企业都只生产标准质量的汉堡包，单一的餐馆建筑以及特有的黄色双色门的"M"，甚至连广告用语也只有一种——"世界通用语言·麦当劳"，以一种产品和一种营销组合征服了世界的消费者。又如北京的故宫、长城，西安的秦始皇兵马俑，安徽的黄山等这些独一无二或富有民族特色的自然资源和人文资源的景区、景点也是采取一种旅游产品、一种营销策略满足所有旅游者的需要。这种策略的优点是能使旅游服务标准化和批量生产，有利于降低生产和服务成本，提高服务技巧和劳动效率。同时单一的市场营销能减少营销费用和成本。但这种策略易使旅游企业忽略市场需求的差异，对市场需求的变化反应迟钝，市场适应能力差，增加旅游企业的经营风险。

6. 多样性旅游

旅游需求最明显的三大变化：其一是越来越多的人追求在生态良好的地区完成自己

的旅游生活，生态成为旅游者追求的核心目标；其二是越来越多的人追求文化浓郁的旅游目的地，在求知欲望的驱动下，丰富自己的人生经历，感悟人类文明；其三是越来越多的人追求情感氛围更重的旅游环境，通过旅游来促进亲情、爱情、友情，促进人际交往过程中的情感传递。归纳这三大变化，又可以具体地描述需求变化中的主要特点，大致有五点：第一是个性化。有个性化才有多样化，在旅游市场上既有趋同的倾向，又有个性化强烈发展的倾向。第二是休闲化。现在的旅游，人们更多地希望从快游到慢游，在闲散自由中完成自己的旅游生活。第三是体验化。什么事情都希望经历一下，什么事情都希望体验一下，别人能做到的，我也能做到。通过体验，特别是通过深度体验强化自己对自然与人文的感悟。第四是健康化。旅游本身是一种文明健康的行为，在文明健康中完成旅游，在旅游中促进文明健康。第五是自主性。自主性又可以称之为自助性，处处表现为我能、我行。通过自我完成旅游的全过程。这是当今旅游市场需求的五大特点，而且发展得越来越深入。对产业而言，关注市场的变化，适应市场的变化，创造出更好的旅游供给，是每一个管理部门和每一个企业都必须做的事情，而且是做好事情的前提条件。

7. 象征性旅游

差异性旅游市场营销策略就是旅游企业同时为几个细分市场提供服务，针对不同细分市场的特点设计不同的产品，并实施相应的营销组合策略。如美国马里奥特公司其董事长威拉德·马里奥特最初由啤酒馆转行餐馆，进入旅游市场营销行业。随着经营范围的扩大，该公司成为首家供应飞机饮食的公司。第二次世界大战初期，马里奥特又转为从事工厂内饮食服务，开办食品商店，并在工厂、企业、办公大楼、学校、公共食堂、高速公路餐馆等地供应食品。除经营食品外，还经营住宿业。马里奥特公司成为包括旅游产品、食品和接待业的联合企业。

8. 智慧旅游

智慧旅游是游客可以利用现代信息技术，获得便利、快捷、高品质、个性化的旅游服务或旅游产品消费的一种新的旅游概念。简言之，在信息技术的支持下，未来旅游行业将更加智能化、现代化、网络化。无论旅游产品的推广，还是旅游线路的设计等，各种旅游服务信息都在线上发布；从游客方面来看，他们可以利用移动通信设备如智能手机、平板电脑等工具设备，随时随地掌握旅游目的地的相关信息，提前或随时调整旅游活动计划，从而获得良好的旅游体验；从旅游管理部门来看，旅游景区交通管理、住宿管理、景点资源的开发和利用，旅游企业监管、旅游动态的把握等都可借助数字信息技术解决。

深度旅游越来越成为新理念。深度旅游，也称深度游，与观光游、印象游相对而言，它不是走马观花，也不是留影到此一游。当然，深度旅游不只是时间长短的问题，是指游览者在做了大量的调查后，通过旅游去触碰文化、感悟历史、探寻神秘、增长阅历、调养性情、提升境界，有机会自觉、自主地与当地社会和民众进行接触和交流。旅游者可以细细品味旅游地的历史及风情，有更多的时间和机会涉猎当地的风土人情与日常生活，体验到当地的人文特色、生活习俗。旅游者在深度旅游中，不仅能放松心情，还有新的观察、新的体验。

知名学者冯骥才还专门撰文解说深度旅游："顾名思义，就是从表面观光走向深层了解。由于当今的人们，已经不满足走马观花的旅行，希望从异地或异国多得到一些认识与知识，包括历史的、生活的、文化的、生产的、民俗的、艺术的等等方面，感受不同地域所独有的迷人的文化底蕴。这就叫作深度旅游……'深度旅游'是在文化层面上的旅游。它依靠文化，反过来对文化又是一种开掘、展示和弘扬。如果我们大力开展'深度旅游'，想想看——上下数千年，纵横几万里，地域不同，文化相并，将会有多么灿烂多姿的文化被开采和表现出来。古老中国将出现多么瑰丽的文化景观！"

什么是深度旅游呢？显然深度旅游不只是时间长短的问题，而是一种旅游的形态。游览者通过旅游去触碰文化、感悟历史、探寻神秘、增长阅历。通过与当地社会和民众进行接触和交流，旅游者可以细细品味旅游地的历史及风情，有更多的时间和机会涉猎当地的风土人情与日常生活，体验到当地的人文特色、生活习俗，还可以感受更多、思考更多。

也有人将深度旅游理解成"慢调生活"。引用某一家旅行社在伦敦深度游介绍词中的一席话，可以很好地概括深度旅游的意义："成熟、老道、醇厚的伦敦，是值得用脚步来一点一点丈量的。其间可能发生的最浪漫的事，是迷路。穿着轻便鞋，在一种永远都不知道下一刻会看见什么的状态下，伦敦便成了惊喜和伟大的化身。"

三、后现代主义旅游社会工作的特征

20世纪80年代中期后现代主义的影响迅速扩展到社会工作领域，引发了许多学者对社会工作理论价值和方法等多方面的批判和解构。从而后现代主义开始与社会工作出现了历史的交互。后现代主义反对真理体制，认为实证主义的人学专业只会带来主体性的约束和限制，并不能产生真正解放的个体。后现代主义主张通过解构主义，来拆解主流叙事和建构，释放出个体行动的空间和能动性。后现代主义社会工作至少有下面一些特征。

1. 反中心主义与强调生态视角

从人类中心主义转变到生态中心主义，认为包括人在内的自然界万物应互为主体。人类在从事活动的过程中，应当符合生态和谐，更强调人与环境的关系，强调系统思考。

2. 反理性主义与强调事实呈现

不遵循和讲求事物的传统性、逻辑性、经验性、标准性、规则性、实用性，更强调事实本身，强调此情此景，强调人的现实理解与感受。

3. 反权威主义与强调本土化

后现代主义社会工作主张抛弃权威，抛弃教条，忽略理论、概念与既有范式。更强调本土化、在地化，认为本土的问题，用本土的方法去解决，才是最好的解决，解决问题的办法也是最好的办法。甚至认为最好的社会工作方法是没有方法。

4. 反同一性与强调多元包容

反对无差别的同一性或一元性，反对非此即彼的思维方式。反映在社会工作方面，反对千篇一律的方式方法，反对以一种视角看问题，强调多元包容，强调对不同文化的尊重。

5. 反思案主自决与强调价值介入

传统社会工作强调案主自决，而后现代社会工作乃至后现代旅游社会工作则提倡以多元视角看问题，认为并无千篇一律的模式解决社会问题，案主自决也不能解决所有问题，有时候强调案主自决则意味着问题无解，或进了死胡同，而价值介入却有可能解决问题。如旅游景区的一些少数民族，因历史原因，知识文化有限，面对问题并不善于自决，需外力介入。当然前提必须是，所谓的外力必须是专业的、公正的。

6. 反思二元结构与强调参与

后现代主义哲学家大都对尼采以来的现代西方哲学的内在矛盾和缺陷进行了揭露和批判。比如，他们指出，尼采、弗洛伊德、海德格尔虽然摧毁了传统的形而上学（本体论），但仍然没有摆脱形而上学。他们崇尚的"意志""本能""存在"也被确立为世界的本体，存在着明显的逻辑矛盾。又如，他们指出传统理性主义在弘扬理性时不仅忽视、否定非理性因素的作用，而且把理性的作用极端地夸大了，导致了理性的泛化、绝对化、神秘化，使哲学最终变成理性宗教，如此等等。这无疑是有积极意义的，能够给人以启迪。西方传统文化的特点是重视中心、维系结构、尊重历史等，而后现代主义则反其道而行之，以逆向思维分析方法极力推崇边缘、平俗、解构、非理性、历史断裂等，尽管它具有矫枉过正、走向极端的片面性，却也在提醒我们对于社会生活和文化生活中非主流一面的注意，提示我们在分析社会生活、文化生活时，要辩证地看待理性与非理性、中心与边缘、崇高与平俗、结构与解构、连续与断裂等关系，这有利于我们辩证地吸取西方传统文化与后现代主义思潮各自可取的一面，而抛弃各自的缺陷。

战后西方社会由于科技的进步、产业结构的调整升级和资本的全球化扩张的加强，使之在经济、政治、军事等领域都取得了较快的发展，这在一定程度上缓和了资本主义统治下的阶级矛盾和社会矛盾。近些年来，特别是东欧剧变、苏联解体以后，在意识形态领域，歌颂资本主义、美化资本主义；把资本主义作为方向与榜样，似乎成了一种时尚。而后现代主义思潮作为晚期资本主义的"文化逻辑"所表露出来的主体死亡、理想破灭、传统丧失、文化虚无、游戏人生等观念和心态，却从一个侧面折射出了当代西方社会的理想危机、信仰危机和文化危机。此外，后现代主义哲学作为一种社会批判理论，也从不同的角度对当代西方社会的种种矛盾进行了揭露和批判。比如，德里达在《马克思的幽灵》中，为了用事实回击福山的"历史终结论"，一下子列举当今资本主义社会存在的十大弊端。诸如，越来越严重的失业，对无家可归的公民参与国家民主生活的权利的大量剥夺，外债和其他相关机制的恶化使大多数人类处于饥饿或绝望的境地，黑手党和贩毒集团日益蔓延，国际机构受到种种限制，国际法的实施主要受特定的民族、国家操纵……上述事实对于我们全面了解西方社会本质及其发展趋势有一定的启示作用。

当然事物都是一分为二的，后现代主义哲学在西方哲学发展的进程中，既有积极的一面，也有消极的一面，需要进行辩证的分析。消极的一面，突出表现在其人文精神的价值取向上。具体地说，就是其反基础主义、反本质主义、反理性主义等倾向导致放逐理想、躲避崇高、消解责任、无正义、无道德、无进取、享乐当时、游戏人生的态度，这是消极颓废、极其有害的。总的来说，后现代主义哲学自身具有的积极因素并未改变其固有的思想倾向与理论实质。

第二节　旅游社会工作的前景展望

一、旅游社会工作的发展方向

旅游社会工作的目标是针对旅游事业发展中的问题，问题的主体自然离不开人，当然是旅游语境中的人。由此可知，旅游社会工作的发展方向当与其未来预期会产生的一些问题息息相关。但未来的问题一定不是孤立、偶然、毫无端倪地产生的，一定是现有问题的继续，或是隐性问题的显性化，或是萌芽问题的普遍化。

跨境旅游成为旅游新趋势。社工参与到跨境旅游中可做的事情也很多，特别是国际旅游岛更需要旅游社工。国际旅游中生态环保、资源利用、文明旅游、可持续消费、旅游心理应用、游客管理等专门领域就需要大量专业社工。

智慧旅游越来越成为旅游的新方式。智慧旅游，也称为智能旅游。就是利用云计算、物联网等新技术，通过互联网，借助便携的终端上网设备，主动感知旅游资源、旅游经济、旅游活动、旅游者等方面的信息，服务提供者及消费者双方通过互动，一方及时发布信息，一方能够及时了解信息，及时安排和调整工作与旅游计划，从而达到对各类旅游信息的智能感知、方便利用的效果。智慧旅游的建设与发展最终将体现在旅游体验、旅游管理、旅游服务和旅游营销的四个层面。社会工作可以利用智慧旅游知识为旅游兴趣小组、老年生活小组、亲子旅游小组、旅游知识普及小组以及社区工作等提供和开拓新的服务内容。

亲子旅游越来越成为旅游新时尚。亲子旅游是父亲或母亲（当然也包括爷爷或奶奶等亲人），或父母双方为增强亲子关系、培养和校正孩子某方面行为，带有一定目的性，带着孩子一起出游的家庭旅游活动，它亦是继家庭旅游细分后产生的，是更具体的，更关注与孩子需求相关的一种旅游形式。开展多种多样的亲子旅游活动不仅为增加家庭情趣、创建美好家庭增加机会，还可以缓解人们的工作、生活压力，放松心情。

园艺疗法，亦称为园艺治疗，简而言之，是利用从事园艺活动或享受园艺来进行治疗。美国越来越多的卫生医疗机构，从医院到老年护理院再到精神病院等，都比较青睐

"园艺疗法"，将园艺活动作为治疗病人的一种手段。研究发现，"园艺疗法"能够降低或减缓心跳速度，改善情绪，减轻疼痛，对病人康复具有很大的帮助作用。

旅游养老服务。据全国老龄办发布的数据可知，我国城市老年人"空巢家庭"比例已达49.7%，接近一半，探索多种模式的养老服务，呵护"银发族"安享晚年迫在眉睫。"银发族"也是一支旅游大军，是候鸟型旅游养老以及医疗旅游消费的主力军。在这支队伍中，空巢家庭也比较多，因此，在旅游养老或者医疗旅游期间，专业社会工作者为其提供康复、陪护及心理，医务社工、情绪支持方面的服务显得尤为重要，市场需求也证明了这一点。

中国的旅游市场越来越被国际社会所青睐，特别是在国际旅游目的地，来华旅游、工作的国际人士越来越多，旅游暂住，甚至长住的人士也越来越多，在一些外国人聚居的社区中，外来移民或外国居民的融入、就业、适应等成了社会工作一个新的、不可忽视的领域。

修学旅游作为终身学习和终身教育的一个重要渠道，呈现出进出两旺的势头。改革开放后，我国与世界各国的文化交往日益加强，以入境、出境和国内修学旅游为三大类别的修学游已成为旅游市场的一个亮点。2008年，国家开始推行"国民休闲计划"，其中一项重要内容就是从小培养国民的旅游意识，开展修学旅游是这种文化生活的重要表现形式。它不仅具有旅游经济意义，而且具有文化和教育意义，代表着旅游发展的某种未来形态。修学游不仅可作为成长性、发展性社会工作可资利用的一种形式，甚至也可以直接作为社会工作的一种服务形式。

文化是旅游的精髓和灵魂，旅游的本质是文化经历与体验，民族文化旅游更是旅游资源中的珍品，从世界各国的旅游热点看莫不如此。全球化越深入，世界各国交往越密切，民族文化旅游就越成为游客追逐的对象与目标。以多元的文化视角，开展旅游社会工作，既是旅游目的地社会工作者的本土化要求，更是旅游社会工作者必备的素质与技能。

传统的旅游项目一般是重要景点、文化遗存、历史遗迹、美丽山水等，但现代旅游的内容已大大丰富，人们不仅希望看到舞台表演的真实性，更希望看到后台的真实性，不仅希望看到美丽的景点和神奇的自然，也希望看到不一样的生活方式和生活环境。因而，社区旅游就走入了现代和未来——无论农村或城市社区，凡有特色的社区都将成为现代旅游的新的热点。从社区旅游角度考虑旅游目的地的建设，以社会互动理论指导旅游区的规划，亦是旅游社会工作的题中应有之义。

商业观光仍是时代的新宠。虽然商业文化无孔不入席卷全球，但无论是中国的王府井还是美国的曼哈顿，或东京的银座，这些著名的世界商业中心仍然还在吸引全世界的目光。如可口可乐世界（World of Coca-Cola）仍然是美国地标性的旅游景点，每年接待上百万名来自世界各地的游客。可口可乐世界毗邻可口可乐公司总部，是一座高两层、建筑面积约9000平方米的博物馆，也是一座展示可口可乐产品、体验可口可乐文化的室内主题公园。①预期未来的智慧超市、机器人主管的超市将成为新的旅游景点。而人与商品、人与科技的互动过程中，必定会产生一些新的问题，这些问题需要处理，需要社会工作介入。旅游社会工作应关注人们过度地恋物、拜物，或反之的对外物过度敏感而引起的不适，当然，也可以通过组织和运用商业观光、购物，以期减轻压力、舒缓情绪或辅助精神康复等。

在旅游时代，倡导旅游福利、呼吁旅游公平、直面旅游社会问题，是旅游社会工作者的使命和责任之所在。据报道，2012年国庆黄金周期间，北京市旅游委出台三项措施服务市民出游，包括免费发放10万张景区门票；建立首都旅游信息监测指挥平台，疏导人流车流；在八达岭景区增加2500个停车位等。在景区门票价格一片涨声面前，北京旅游部门的举措获得不少称赞，被媒体称之为"旅游福利"。近年来，旅游景点门票涨价广受社会诟病。央视报道称，中国2011年人均月收入约2千元，但是大部分5A级景区的价格超过百元，达到月均收入的5%，甚至10%。门票价格的上涨绝不意味着仅仅是价格的上涨，而是使越来越多的中国人难以进入到5A级或者是4A级，或者不错的景区当中。在国内旅游的各项花费当中，游客的景区门票占比最高。有研究者指出，要把"世遗"等景点门票涨价问题"放在建设和谐社会、追求以人为本这个大系统中去考虑，人们不仅要享受经济公平，还要享受政治公平、文化公平、教育公平。'世遗'的旅游价值建立在文化价值基础上，作为全国、全人类共同的财富，类似的公共文化消费场所决不允许'贵族化'"，并"建议用系统论决策'世遗'涨价"。②"看不起的风景"已成为国内旅游市场的一道硬伤，这实际上提出了一个旅游公平问题。还有更严重的诸如环境污染、生态破坏、文化冲击、旅游就业、旅游疾病、旅游犯罪、旅游安全等一系列旅游社会问题，更是值得旅游社会工作者需要在现在和未来保持持续关注的问题。

二、旅游社会工作的国际视野

社会工作总是与社会问题相伴而生，旅游社会工作亦是紧随旅游业发展的步伐，与旅游业发展过程中产生的问题相伴而生。考察国际社会旅游发展的新趋势新经验，亦有助于开阔旅游社会工作的视野。

美国的旅游业发展过程中，游客管理较有特色。一是利用现代信息技术实现游客分流。旅游点都采用了网络售票方法，通过售卖不同时间段的门票提前分流游客。二是专业导游引导游览。在重要旅游景点，每一个参观时间段的游客就被临时组成一个团队，由一名导游带领参观游览并现场讲解。在一些游览点，导游的讲解加上回答问题时间，控制在一定的时间，一般在五分钟左右。在每个展厅的停留时间，都控制在一个精确的时间范围内。当某个展厅的游客进入下一个展厅时，下一个团队的游客正好进入某个展厅。专业导游保证了游览秩序，提高了游览质量，而精确的时间控制，则保证了场馆的最大利用效率、提高了场馆的游客承载量。三是游线设计引导消费。通过游线设计和空

---

① 任国才《美国景区怎样管理与引导游客》，《中国旅游报》2014年1月3日第6版。

② 方礼刚《建议用系统论决策"世遗"涨价》，《中国青年报》2004年12月21日第2版。

间管理，引导和释放了游客的购物需求，大大增加了景点的收入。[①]四是为外国游客或住户提供办事方便。如申办绿卡、申请老年公寓、获得福利、学习英语、申请免费护理、参加各类兴趣班等。

欧盟一体化也带来了旅游的一体化格局。旅游业已经成为欧盟地区就业人口最多的行业。旅游业占欧盟地区国民生产总值的5%以上，提供了970万个就业岗位，约占欧盟就业人口总量的5.2%。旅游业的间接经济效益占欧盟国民生产总值的10%以上，总共提供约12%的就业机会。欧盟各国的文化渊源同源、基本政治体制相似、区域经济一体化程度高，为区域旅游合作和一体化提供了历史、文化、经济与政治基础。随着欧盟一体化的深入，旅游业的国际合作不断加强，成为当今世界区域旅游合作的典范。2009年12月1日，欧盟《里斯本条约》生效，欧盟首次在一体化文件中写入有关旅游方面的内容。2011年，欧盟提出《新欧盟旅游政策框架》，旨在建设可持续的高品质旅游目的地品牌，设立欧洲旅游网，共同举办重大节庆活动，推广欧洲旅游。2011年5月，欧盟委员会确定"欧洲，全球首屈一指的旅游胜地"（EDEN）为统一的欧洲旅游形象。每年选择一个主题，由欧洲委员会与各国旅游机构密切合作，从参与国家中选择目标、并授予EDEN目的地称号。通过该旅游促进计划，展现"多样性欧洲"的丰富自然资源、历史遗产、传统的庆祝活动和美食等。[②]

日本比较注意为外国游客提供人性化的服务。如考虑到不习惯日本夏季高温潮湿天气的外国人，消防厅配备多语种语音翻译APP，供急救人员在运送外国患者时使用。所有地区的消防总部将最晚到2020年引进外国人拨打119电话时的同声传译系统。厚生劳动省和东京都表示将争取扩大有能力收治外国人的医疗机构范围。鉴于访日前的宣传工作也十分重要，飞机内的介绍和面向海外的广播宣传全面开启。

西班牙是世界旅游大国，他们坚守专业分工领域，只做业内事情。所有的旅游景点都不准开饭馆和咖啡馆，也不准零售任何食品、水和纪念品，更不准乱停车，小贩是绝对禁止的，违者严惩不贷。旅游景点厕所布点合理，而且非常干净，洗手池、洗手液、手纸和烘干机等一应俱全。西班牙有关部门对个别不文明行为采取两种措施：一种是不严重的事件用文明的劝说方式加以制止；另一种是对于个别严重的不文明事件予以报警，由警方出面处理。历史悠久的世界著名水城威尼斯每年平均接待1200万名游客。巨大的客流量严重威胁着当地旅游业可持续发展的能力。为了减少旅游业的负面影响，当地政府以及旅游主管部门制定了一系列游客行为管理政策，采取"软硬兼施"的方法，首先大力开展环境保护教育和宣传活动，以培养和提高旅游者以及当地居民的旅游资源环境保护意识，形成环保内在驱动力。其次，在加强旅游者环保意识教育的同时，切实加强执法力度，从而有效地规范了游客行为、保护了旅游资源环境。[③]

---

① 任国才《美国景区怎样管理与引导游客》，《中国旅游报》2014年1月3日第6版。
② 王兴斌《欧盟区域旅游一体化的启示》，《中国旅游报》2014年1月3日第6版。
③ 张文、李娜《国外游客管理经验及启示》，《商业时代》2007年第27期。

◆思考与练习题◆

1. 后现代旅游社会工作产生的理论背景是什么？特征是什么？

2. 后现代旅游观念对旅游社会工作有何影响？

3. 怎样运用后现代观念开展旅游社会工作？

参考文献

［1］莫拉莱斯，谢弗.社会工作：一体多面的专业［M］.顾东辉等，译.上海：社会科学出版社：2009.

［2］奥尔多·利奥波德.沙乡年鉴［M］.侯文蕙，译.长春：吉林人民出版社，1997.

［3］彼德·辛格.动物解放［M］.北京：光明日报出版社，1999.

［4］彼德·罗西.项目评估：方法与技术［M］.北京：华夏出版社，2002.

［5］保继刚.旅游地理学［M］.北京：高教出版社，1999.

［6］普拉哈拉德.金字塔底层的财富［M］.林丹明，徐宗玲，译.北京：中国人民大学出版社，2005.

［7］陈健民.如何在中国用好公民社会理念［J］.探索与争鸣，2007（7）.

［8］陈锦棠.香港社会服务评估与审核［M］.北京：北京大学出版社，2008.

［9］车文博.当代西方心理学新词典［M］.长春：吉林人民出版社，2001.

［10］丁开杰.西方社会排斥理论：四个基本问题［M］.北京：中央编译局，2009（10）.

［11］达仁多夫.现代社会冲突［M］.北京：中国社会科学出版社，2000.

［12］戴维·罗伊斯等.公共项目评估导论［M］.王军霞，涂晓芳，译.北京：中国人民大学出版社，2007.

［13］戴维·迈尔斯.心理学（第七版）［M］.黄希庭，译.北京：人民邮电出版社，2006.

［14］戴维·波普诺.社会学［M］.北京：中国人民大学出版社，1999.

［15］迪尔凯姆.社会学方法的准则［M］.北京：商务印书馆，1995.

［16］法利等.社会工作概论［M］.徐永祥主编.上海：华东理工大学出版社，2005.

［17］方礼刚.性侵幼女案频发，亟需引入驻校社工［N］.中国青年报，2009-05-01（2）.

［18］方礼刚.建议用系统论决策"世遗"涨价［N］.中国青年报，2004-12-21.

［19］范志海.禁毒社会工作的理论、政策与实践［J］.华东理工大学学报，2011（5）.

［20］冯乃康.中国旅游文学论稿［M］.北京：旅游教育出版社，1995.

［21］房列曙等.社区工作［M］.合肥：合肥工业大学出版社，2005.

［22］G·希尔贝克等.跨越边界的哲学：挪威哲学文集［M］.杭州：浙江人民出版社，1999：58.

［23］何雪松，陈蓓丽.当代西方社会工作的十大发展趋势［J］.南京师范大学学报，2005（6）.

［24］何国良，王思斌.华人社会社会工作本质的初探［M］.香港：香港八方文化企业公司，2000.

［25］何增科.公民社会与第三部门研究引论［J］.马克思主义与现实，2000（1）.

［26］杰姆逊.后现代主义与文化理论［M］.唐小兵，译.北京：北京大学出版社，2005.

［27］贾西津.中国公民参与：案例与模式［M］.北京：社会科学文献出版社，2008.

［28］金斯伯格.社会工作评估——原理与方法［M］.黄晨熹，译.上海：华东理工大学出版社，2005.

［29］姜爱侠.心理护理研究概述［J］.科技与企业，2012（13）.

［30］叙事治疗——解构并重写生命的故事［M］.易之新，译.台湾：张老师文化事业有限公司，2003.

［31］科塞.社会冲突的功能［M］.孙立平等，译.台湾：桂冠图书出版公司，1991.

［32］康拉德·菲利浦·科塔克.人类学［M］.北京：中国人民大学出版社，2012.

［33］克里斯托弗·爱丁顿.休闲：一种转变的力量［M］.陈彼得，译.杭州：浙江大学出版社，2009.

［34］卡尔·曼海姆.意识形态与乌托邦［M］.黎鸣，译.北京：商务印书馆，2000.

［35］李春玲，吕鹏.社会分层理论［M］.北京：中国社会科学出版社，2008.

［36］李洁，李云霞.旅游学理论与实务［M］.北京：清华大学出版社，2008.

［37］李增禄.社会工作概论（增订三版）［M］.台北：巨流图书有限公司，2002.

［38］李长秋.旅游心理学［M］.郑州：郑州大学出版社，2006：174.

［39］李星明.旅游者对发展中国家的旅游地社会文化影响研究［J］.华中师范大学学报（自然科学版），2002，36（2）：254-257.

［40］李鸿.涂尔干"法人团体"社会整合观分析［J］.社会科学战线，2008（9）.

［41］李健正，赵维生，梁丽清，陈锦华.新社会政策［M］.香港：香港中文大学出版社，1998：59.

［42］李明政.多元文化与社会工作［M］.台北：松慧有限公司，2011.

［43］李悦.试论中国少数民族戏曲剧种的生成规律［J］.中国戏曲学院学报，

2004，35（3）.

［44］李树华.尽早建立具有中国特色的园艺疗法学科体系（上）［J］.中国园林，2003（3）：17-19.

［45］李松柏.我国旅游养老的现状、问题及对策研究［J］.特区经济，2007，（7）：159-161.

［46］李霞.禁毒社会工作专业思考［J］.云南警官学院学报，2012（8）.

［47］梁陶.我国养老旅游产品开发策略研究［J］.现代商贸工业，2008（7）：117-118.

［48］林万亿.当代社会工作——理论与方法［M］.台湾：五南图书出版公司，2002：577-578.

［49］刘梦.小组工作［M］.北京：高等教育出版社，2003：20-25.

［50］罗明义.旅游经济学［M］.北京：高等教育出版社，1998.

［51］罗伯特·麦金托什，夏希肯特·格波特.旅游学：要素·实践·基本原理［M］.上海：上海文化出版社，1985.

［52］刘晓明，张明.心理咨询的理论与技术［M］.长春：东北师范大学出版社，2002.

［53］陆恭蕙.让民意声音响起来［M］.香港：香港大学出版社，2003：25-26.

［54］莱斯特·萨拉蒙.非营利部门的兴起［M］.北京：社会科学文献出版社，2000：243-244.

［55］马坚.古兰经［M］.北京：中国社会科学出版社，2013.

［56］马林诺夫斯.科学的文化理论［M］.北京：中央民族大学出版社，1999.

［57］马克斯·韦伯.新教伦理与资本主义精神［M］.黄晓京，彭强，译.成都：四川人民出版社，1986.

［58］马克思，恩格斯.马克思恩格斯选集（第一卷）［M］.北京：人民出版社，1977：250.

［59］马聪玲.旅游绿皮书——2001—2003中国旅游发展：分析与预测［M］.北京：社会科学文献出版社，2002.

［60］孟德斯鸠.论法的精神（上、下卷）［M］.北京：商务印书馆，2012.

［61］莫里森.理论犯罪学（从现代到后现代）［M］.刘仁文，译.北京：法律出版社，2004：165.

［62］敖双红.公共行政民营化法律问题研究［M］.北京：法律出版社，2007：70.

［63］彭华民.福利三角中的社会排斥——对中国城市新贫穷社群的一个实证研究［M］.上海：上海人民出版社，世纪出版集团，2007：11-15.

［64］仇立平.社会研究方法［M］.重庆：重庆大学出版社，2008.

［65］史基摩.社会工作概论［M］.古允文等，译.台北：学富文化事业出版公司，2002.

［66］斯坦利．C. 帕洛格. 旅游市场营销实论［M］. 李天元，李曼，译. 天津：南开大学出版社，2007：79-91.

［67］斯大林. 马克思主义与民族问题［M］. 北京：解放军出版社，1949：9-10.

［68］史蒂文·瓦戈. 社会变迁［M］. 北京：北京大学出版社，2007.

［69］史密斯. 东道主与游客——旅游人类学研究［M］. 张晓萍，何昌邑，译. 昆明：云南大学出版社，2002：6.

［70］塞缪尔·亨廷顿. 现代化：理论与历史经验的再探讨［M］. 上海：上海译文出版社，1993：68.

［71］宋玉，曾华源，施教裕，郑丽珍. 社会工作理论——处遇模式与案例分析（第三版）［M］. 台湾：洪叶文化，2010：155-160.

［72］孙文昌，郭伟. 现代化旅游学［M］. 青岛：青岛出版社，2002.

［73］王思斌，关信平，史柏年. 社会工作专业化及本土化实践［M］. 北京：社会科学文献出版社，2006.

［74］王思斌. 社会工作概论［M］. 北京：高等教育出版社，2006：24-26.

［75］王大悟，魏小安. 新编旅游经济学［M］. 上海：上海人民出版社，1998.

［76］王宏斌. 禁毒史鉴［M］. 长沙：岳麓书社，1997：567-568，228-236，340-340，379-380.

［77］王晓红. 英国社会与文化［M］. 西安：世界图书出版公司，2010.

［78］文思慧，张灿辉. 公与私——人权与公民社会的发展［M］香港：香港人文科学出版社，1995.

［79］夏建中. 社区工作［M］. 北京：中国人民大学出版社，2015：42-44.

［80］相秀丽. 现代化：从熟人社会到生人社会［J］. 长春市委党校学报，2000，64（5）.

［81］香港基督教青年会，陈锦棠合著. 社会服务成效评估：程序逻辑模式之应用［M］. 香港：香港博汇出版印务公司，2005.

［82］徐珂. 后现代主义的主要思想理论和成就述评［J］. 北京社会科学，2001（3）.

［83］尹德涛. 旅游社会学研究［M］. 天津：南开大学出版社，2006.

［84］喻小航. 旅游业与服务业的分界［J］. 西南师范大学学报（人文社会科学版），2003（3）.

［85］杨长年. 晚清民间禁烟思想与实践［J］. 船山学，2007（1）：165-168.

［86］张晓萍. 旅游人类学［M］. 天津：南开大学出版社，2008.

［87］张甲坤. 中国哲学——人类精神的起源与归宿［M］. 北京：中国社会科学出版社，1991：16.

［88］张国宪. 旅游心理学［M］. 合肥：合肥工业大学出版社，2008.

［89］张海燕. 旅游企业与社区居民利益冲突及协调博弈研究［J］. 财经理论与实

践，2013（1）：121-124.

［90］张岱年，陈英中.中国思维偏向［M］.北京：中国社会科学出版社，1991.

［91］张晓萍，刘德鹏.人类学视野中的旅游对目的地负面影响研究述评［J］.青海民族研究，2010，21（1）.

［92］张莹，王玥.中国禁毒社会工作的历史沿革研究综述［J］，中国药物依赖性杂志，2014，23（2）：156-160.

［93］周刚.养老旅游开发初步研究［J］.桂林旅游高等专科学校学报，2006，（5）：554-558.

［94］周军，张豫蒙，林绍贵.旅游企业员工流失问题浅析［J］.中州大学学报，2003（4）：18-20.

［95］中国社会科学院旅游研究中心.全球旅游伦理规范［J］.张广瑞，译.旅游学刊（双月刊），2000（3）.

［96］邹统钎，高中，钟林生.旅游学术思想流派［M］.天津：南开大学出版社，2008.

［97］章家恩.旅游生态学［M］.北京：化学工业出版社，2009.

［98］曾华源，高迪理主编.社会工作概论——成为一位改变者［M］.台湾：洪叶文化，2009：80.

［99］郑向敏.旅游安全概论［M］.北京：中国旅游出版社，2009.

［100］郑杭生.社会学概论新修［M］.北京：中国人民大学出版社，1994：555.

［101］赵敏，张锐敏.戒毒社会工作基础［M］.北京：军事医学科学出版社，2011：204-205.

［102］Apostlopoulos Y, Leivadi S, Yiannakis A. The Sociology of Tourism: Theoretical and Impirical Investigations［M］. London and New York：Routledge, 2002.

［103］B Joseph Pine II, James H Gilmore. The Experience Economy［J］. China Machine Press, 2002（5）.

［104］Bowers, Swithum. The Nature and Definition of Social Casework［M］. Westport：Greenwood, 1972.

［105］Crick M. Representations of International Tourism in the Social Sciences：Sun, Sex, Sights, Savings, and Servility［M］. London and New York: Routledge, 2004.

［106］Chris Beckett, Andrew Maynard. Values Ethics in Social Work［M］. SAGE Press, 2017.

［107］Caplan G. Principles of preventive psychiatry［M］. London: Tavistock, 1964.

［108］Hans Selye. History of the Stress Concept［M］. Free Press, 1982.

［109］Greg L Stewarе, Charles C Manz, Henry P Sims Jr.Team Work and Group Dynamics［M］. NY：John Wiley and Sons, Inc, 1999.

［110］Hollis F. Casework：A Psychosocial Therapy［M］. 2nd ed. New York：

Random House, 1972.

[111] Jean Bodin, Kenneth Douglas McRae. The Six Books of Commonwealth [M]. Harvard University Press, 1962.

[112] Kerlin J. Social Enterprise: A Global Comparison [M]. University Press of New England, 2009.

[113] Keynes J M. A Treatiseon on Probability [M]. Macmillan Publishers Ltd, 1921.

[114] Li Ou, Fang Ligang. Joint World Conference on Social Work and Social Development: The Agenda Studies for Localization of Participatory Urban Decision Making [C]. IASSW. June, 2010.

[115] Mckillip J. Needs Analysis: Process and techniques [M]. Thousand Oaks, CA: LSage, 1998.

[116] Merton, Robert King. Social Structure and Anomie [J]. American Sociological Review, 1938 (3): 672–682.

[117] Merton, Robert King. Social Theory and Social Structure [M]. New York: Free Press. 1957.

[118] Ngoh Tiong, Imelda Dodds. Social Work around the Word Ⅱ [M]. Switzerland: IFSW Press, 2002.

[119] Nash. The Anthropology of Tourism [M]. New York: Pergamon, 1996.

[120] Perlman H H. Social Casework: A Problem-solving [M]. Chicago: The University of Chicago Press, 1957.

[121] Ralf Dahrendorf. The Modern Cocial Conflict: An Essay on the Politics of Liberty [M]. London: Weidenfeld and Nicolson, 1988.

[122] Richmond, Mary Ellen. What as Social Case Work? An Introductory Description [M]. New York: Russell Sage Foundation, 1922.

[123] Ridley-Duff R J, Bull M. Understanding Social Enterprise: Theory and Practice [M]. London: Sage Publications, 2011.

[124] Smalley R E. Theory for Social Work Practice [M]. New York: Columbia University Press, 1967, 29.

[125] Solomon B. Black Empowerment: Social Work in Oppressed Community [M]. Columbia University Press, 1976.

[126] Titmuss. Commitment to Welfare [M]. London: Allen and Unwin, 1968.

[127] Marshall T H. Citizenship and Social Class [M]. Chicago, 1973.

[128] Turner L, Ash J. The Golden Hordes [M]. London: Constable, 1975.

后　记

　　该教材的编写缘起于2010年元月，国务院发布《关于推进海南国际旅游岛建设发展的若干意见》，指出要充分发挥海南的区位和资源优势，建设海南国际旅游岛，打造有国际竞争力的旅游胜地。当时已感觉到，我们国家已进入一个全新的旅游时代。

　　据世界旅游组织预测，"到2020年，中国将成为全球第一大旅游目的地，旅游总收入将占国内生产总值的8%，未来增长空间较大"。因此，加快发展和创新发展旅游服务业既是经济社会发展的需要，也是教育工作者和社会工作者义不容辞的职责。

　　旅游休闲的发展必将促进社会的变迁。正如世界休闲组织秘书长克里斯托弗·爱丁顿所言"休闲是一种社会转变的力量"。在旅游休闲这个大背景下，社会工作必然有其独特的需求。2010年，深圳大学召开的第七届中国社会工作教育协会年会上，本人提交的《旅游休闲应当成为社会工作的一个新领域》的论文入选论文集。2013年，史柏年、徐永祥、向德平、易松国等教授应邀来我校，对社会工作专业人才培养方案进行了评审论证，一致认同旅游社会工作符合国际旅游岛经济社会发展需求，可以成为重要的课程方向，专家们对这个创新，给予了高度肯定，也提出了具体的指导意见。2018年4月13日，党中央决定支持海南全岛建设自由贸易试验区，又为国际旅游岛注入了新的内容，也为该教材提供了新的视角。

　　海南国际旅游岛以及自贸区的建设固然为教材的编写提供了历史机遇，但编写的思路和视角并不拘限于海南，而是着眼于以国内为主的国际大视野，海南只是一个重要的研究和参照样本。

　　旅游社会工作是旅游和社会工作的契合。其契合的节点是，旅游急需社会工作，社会工作能促进旅游。目前，旅游休闲文化中缺少社会工作这一重要服务元素，这是我国整体的旅游经济的制约因素。简单地说，旅游目的地所急需的护理、疗养、康复、娱乐场所和服务人员、当地居民及流动人员的融合、边缘青少年的矫正以及安全舒适的旅游环境的创造，让当地人平稳地适应旅游休闲引起的文化、经济差异与社会变迁，为旅游利益相关者提供利益表达渠道，提升利益表达能力，协调矛盾调解等，这些领域急需社会工作的介入。当前我国旅游业界的社工服务极为缺乏，旅游社会工作是社会工作本土化的一个新探索。

　　综观国际国内关于旅游休闲的研究应该说甚为丰富，但多限于旅游、旅游社会学、旅游经济、休闲经济等视角的研究，缺少应用社会学方面的研究，旅游社会工作作为一门专业课程的提出是一个新的尝试。缺少有社会工作参与的旅游休闲是不成熟的，发展必然受限。相信旅游社会工作的研究在不久的将来会成为一门越来越多的学者参与的成熟学科，亦将会产生越来越多的系列成果。

　　依逻辑结构，该教材分为五编，第一编是导言概述。介绍旅游社会工作的源起，及定义、功能、特征与该教材的逻辑架构。第二编是理论基础。主要说明开展旅游社会工作的哲学文化基础、职业伦理、理论依据和所针对的旅游社会问题。第三编是实务方法。从个案、小组、社区及社会工作评估几个方面，以旅游社会工作的视角进行了探讨。第四编是服务领域。从案例出发，关注民族文化、医疗旅游、禁毒戒毒、旅游冲突与危机管理几个与现实结合得较为紧密的领域，提供一个工作思路。第五编是发展展望。主要介绍了旅游社会企业和后现代旅游社会工作。以期为学生、读者的创新、创业、创价值提供理论准备。

　　由于水平有限，加之实践场所和实践机会的限制，该教材还有诸多不足，如实务方法这一部分的旅游视角还显单薄，当在今后的教研过程中进一步得到完善和充实。诚望广大专家、学者、读者不吝赐教！教材中也参考了诸多领域学者的研究成果，华中科技大学社会学院向德平教授拨冗作序；海南热带海洋学院杨兹举教授不仅具体指导了该教材的撰写，还积极支持社工专业，将旅游社会工作作为本科生、研究生的特色课程来开设；海南热带海洋学院全体教师的共同实践也为该教材的撰写提供了重要素材；主任医师矫燕，国家三级心理咨询师海南三亚强制隔离戒毒所符芳林二位老师对该教材的相关章节进行了把关审阅；中国海洋大学出版社的编辑老师，一字一句一符号精心修改、编排，为该教材的出版付出了很多的辛劳。在此一并表示衷心的感谢！

作者

2020年1月于琼园